西南财经大学全国中国特色社会主义政治经济学研究中心
国家经济学拔尖学生培养基地
"中国经济学"规划教材

中国发展经济学

China Development Economics

蔡晓陈 ◎ 编著

中国社会科学出版社

图书在版编目（CIP）数据

中国发展经济学／蔡晓陈编著.—北京：中国社会科学出版社，2022.12
（"中国经济学"规划教材）
ISBN 978-7-5227-1121-8

Ⅰ.①中… Ⅱ.①蔡… Ⅲ.①发展经济学—中国—教材 Ⅳ.①F061.3 ②F120.4

中国版本图书馆 CIP 数据核字（2022）第 230808 号

出 版 人	赵剑英
责任编辑	王　衡
责任校对	王　森
责任印制	王　超

出　　版	中国社会科学出版社
社　　址	北京鼓楼西大街甲 158 号
邮　　编	100720
网　　址	http://www.csspw.cn
发 行 部	010-84083685
门 市 部	010-84029450
经　　销	新华书店及其他书店
印　　刷	北京明恒达印务有限公司
装　　订	廊坊市广阳区广增装订厂
版　　次	2022 年 12 月第 1 版
印　　次	2022 年 12 月第 1 次印刷
开　　本	787×1092　1/16
印　　张	24.75
插　　页	2
字　　数	570 千字
定　　价	98.00 元

凡购买中国社会科学出版社图书，如有质量问题请与本社营销中心联系调换
电话：010-84083683
版权所有　侵权必究

序

发展，无尽的前沿。人们对美好生活的追求无止境，科技进步永无止境，对发展的需求与供给不会停息。

中华人民共和国成立七十多年来，尤其是改革开放四十多年来，中国经济发展取得了举世瞩目的成就。从基础设施建设到脱贫攻坚，从科技创新到对外开放，诸多发展经验，需要在教材层面尤其是本科教材层面进行梳理总结。

从中国发展事实出发阐述经济发展理论并非本书首创，本书也并非是第一本冠名《中国发展经济学》的教材，诸多学界前辈如任保平教授等人此前早有类似著作。与国内外类似教材相比，本教材试图做到如下几点特色与创新。

第一，本教材试图阐述的是中国发展故事。发展经济学本身是"舶来品"。由于其与发展中国家国情的贴切性，自20世纪80年代初被引入之后，其中诸如二元经济等理论要点被学界广泛接受，但是，大多数的发展经济学教材中，尤其是一些引进的国际教材中，如阿根诺的《发展宏观经济学》、巴德汉的《发展微观经济学》以及非常流行的托达罗的《发展经济学》，其中所要阐述的问题，大多是以拉丁美洲、南亚等地区和国家为背景的。中国与这些国家面临的国内外发展环境有很大的区别，如发展独立性、产业路径选择等方面。本书试图在典型事实的提炼、理论权衡选择、政策的解释以及经典理论的验证数据等方面选择中国元素，为此，本教材引用了大量中文文献，尤其是国内的博士学位论文。

第二，本教材试图让教材内容符合现代经济学理论氛围，而不是发展中具体问题的堆砌。首先，本教材构建了一个阐述发展问题的理论框架（见第一章第五节）。在这个框架中，我们区分了发展的基本因素和直接因素，并以全要素生产率为分析主线。全要素生产率的进步是发展的直接体现，为此本教材第二章中阐述了以生产函数为基础的全要素生产率的含义。本教材相当多的章节以全要素生产率的讨论来收束。其次，本教材以典型事实为分析前提。以典型事实为分析前提是现代经济学教材普遍的做法，也是符合由事实到理论抽象的认识逻辑。最后，为与其他经济理论学科的对接，本教材相当多的章节中引入了数理化以及图形表述。

第三，本教材试图从一个另外的角度解读"大推动"理论。对于1943年罗森斯坦 – 罗丹（Paul Rosenstein – Rodan）发表的那篇著名的阐述大推动理论的文章，有很多不同角度的解读[1]，如外部性、工业化进程等。本教材从政府与市场关系角度解读这一理论，根据其中的协调市场思想，认为大推动是解决发展过程中市场失灵的一种手段，并运用"结构刚性"的概念，论证供给侧结构性改革过程中政府干预的必要性。

全教材分七篇。第一篇为基础篇，主要阐述基本概念（第一章）、理论基础（第二章）和影响发展的基本因素——制度与政府、地理、文化（第三章和第四章）。第二篇为要素篇，主要阐述资本与劳动这两个影响发展的直接因素与经济发展之间的互动关系。第三篇到第七篇按照"五大新发展理念"的顺序编排，依次为创新篇、协调篇、绿色篇、开放篇和共享篇。

本教材的难度适合于高年级本科生和研究生。学习本教材大部分章节内容，需要有较好的经济学理论基础。其中第九章讨论技术进步的方向（或称技术进步偏向）的部分内容的数学处理难度较大。

本教材是编著者系列教材的第一本，后续还将继续编著《中级中国发展经济学》《当代中国经济》这两本教材。这本教材与另外两本教材的区别在于：第一，适用对象有所差异。《中级中国发展经济学》以硕士研究生为主要读者，《当代中国经济》则主要适用于低年级本科生。第二，研究主题略有差异。虽然三本教材都将以中国发展为研究背景，但是这本教材在侧重全要素生产率主线前提下，对与中国问题相关的发展理论做了一个较为全面的介绍。《中级中国发展经济学》则侧重于讲述就业问题和数字技术的影响。《当代中国经济》将会以生产要素市场化改革为主线来铺展。

本教材借鉴了很多前人教材的成果，如谭崇台教授的《发展经济学（研究生教材）》、张培刚教授的《发展经济学教程》、姚洋的《发展经济学》、韦尔的《经济增长》等。本教材的部分材料与表述方式直接或间接来自这些参考文献。在此一并对所有本教材引用的参考文献作者表示感谢。

教材编写过程中，一些教师、博士生、硕士生和本科生参与了材料收集、数据处理、制图乃至部分文字初稿的撰写。杨杨博士参与了第一章第一节与第八章，李妍参与了第二章，王金玲参与了第三章，陈秋韵参与了第四章，倪鑫参与了第五章，杨金朋参与了第六章，刘祺和周立莹参与了第七章，李彤参与了第十章，张凯霞教师参与了第十一章第一节，赖娅莉参与了第十二章，汪亚君参与了第十三章和第十四章，余津娴教授参与了第十四章第一节中"排污权交易"知识点的撰写，颜宇博士参与了第十五章和第十六章，张妞参与了第十七章和第十八章，田森老师参与了第十七章专栏17-1的撰写。感谢这些参与者的付出。

感谢西南财经大学经济学院对于本书的出版提供的帮助，感谢本书责任编辑王衡女士为本书付出的辛勤劳动。

虽然我们对本书内容进行了多次修改与校对，但是仍难免挂一漏万，兼之编著者学术水平所限，仍有不足之处。热诚欢迎读者批评指正。

---

[1] Paul Rosenstein-Rodan, 1943, "Problems of Industrialization of Eastern and South-Eastern Europe", *Economic Journal*, 53 (210/211): 202 – 211.

目　录

第一篇　基础篇

第一章　导论 3
第一节　中国经济发展的基本事实 3
第二节　发展的基本概念与度量 8
 一　基本概念 8
 二　发展观的演进 9
 三　发展的度量 11
第三节　发展理论的源和流 13
 一　西方经济学说史中的发展思想渊源 13
 二　中国传统文化中的发展思想 15
 三　发展经济学的演变 16
第四节　经济发展的历史透视 19
第五节　中国发展经济学的理论分析框架 21
本章小结 23
思考题 23

第二章　生产函数与全要素生产率 24
第一节　生产函数 24
 一　生产函数及其性质 24
 二　产出与生产函数的变动 26
 三　生产可能性边界与经济发展 27
第二节　全要素生产率含义及其核算 28
 一　全要素生产率的含义 28
 二　增长核算 30
 三　发展核算 33
第三节　效率 35

一　全要素生产率的分解 ……………………………………………… 35
　　二　无效率的原因 …………………………………………………… 36
　　三　深化改革、营商环境与效率 …………………………………… 40
　本章小结 ………………………………………………………………… 40
　思考题 …………………………………………………………………… 41

第三章　制度、政府与经济发展 …………………………………………… 42
　第一节　制度与经济发展 ……………………………………………… 42
　　一　制度的含义 ……………………………………………………… 42
　　二　制度在发展中的作用 …………………………………………… 43
　　三　制度变迁 ………………………………………………………… 46
　　四　无效制度的持久性 ……………………………………………… 48
　第二节　政府与发展 …………………………………………………… 50
　　一　市场失灵与政府的作用 ………………………………………… 50
　　二　政府的发展职能与政府失灵 …………………………………… 51
　第三节　协调失灵：政府作用的宏观视角 …………………………… 54
　　一　互补性与协调失灵 ……………………………………………… 54
　　二　大推动理论 ……………………………………………………… 56
　本章小结 ………………………………………………………………… 57
　思考题 …………………………………………………………………… 57

第四章　地理、文化与经济发展 …………………………………………… 58
　第一节　地理与经济发展 ……………………………………………… 58
　　一　地理的重要性 …………………………………………………… 58
　　二　地理影响经济发展的机制 ……………………………………… 61
　第二节　气候与经济发展 ……………………………………………… 63
　　一　气候与人均收入 ………………………………………………… 63
　　二　气候影响经济发展的机制 ……………………………………… 65
　第三节　文化与经济发展 ……………………………………………… 68
　　一　文化的内涵 ……………………………………………………… 68
　　二　文化影响经济发展的机制 ……………………………………… 69
　　三　文化的决定因素与文化的变迁 ………………………………… 74
　本章小结 ………………………………………………………………… 77
　思考题 …………………………………………………………………… 77

第二篇 要素篇

第五章 资本形成与经济发展 ··· 81
第一节 资本形成的含义与来源 ··· 81
第二节 资本形成的作用 ··· 83
　　一 索洛增长模型视角下的资本形成 ··· 84
　　二 "贫困恶性循环"中的资本形成 ··· 87
　　三 起飞理论中的资本形成 ··· 89
第三节 金融部门与经济发展 ··· 90
　　一 金融部门与资本形成 ·· 90
　　二 金融抑制与金融深化 ·· 92
　　三 中国金融发展与全要素生产率 ·· 93
　　四 非正规金融与小额信贷 ··· 93
第四节 基础设施 ··· 96
　　一 基础设施的含义及其特性 ·· 96
　　二 基础设施发展战略 ··· 98
　　三 中国高铁对生产率的促进作用 ·· 100
本章小结 ·· 101
思考题 ··· 102

第六章 人口与经济发展 ··· 103
第一节 中国人口增长 ·· 104
　　一 中国人口增长现状 ··· 104
　　二 当前中国人口增长存在的主要问题 ·· 109
第二节 人口增长对经济发展的影响 ·· 110
　　一 消极影响 ·· 111
　　二 积极影响 ·· 113
第三节 人口变迁 ··· 114
　　一 人口变迁的阶段 ··· 114
　　二 死亡率的变迁 ·· 115
　　三 生育率的变迁 ·· 116
本章小结 ·· 122
思考题 ··· 123

第七章 人力资本与经济发展 ... 124
第一节 人力资本对经济增长的影响 ... 124
　一 人力资本的内涵 ... 124
　二 有人力资本的索洛增长模型 ... 125
第二节 教育人力资本 ... 126
　一 中国教育事业发展 ... 126
　二 中国教育存在的问题 ... 129
　三 教育人力资本与工资 ... 132
第三节 健康人力资本 ... 134
　一 中国居民健康水平变化 ... 134
　二 健康与收入 ... 138
第四节 人力资本与全要素生产率 ... 141
本章小结 ... 142
思考题 ... 143

第三篇　创新篇

第八章 创新与内生增长 ... 147
第一节 创新、技术进步与内生增长概述 ... 147
　一 新古典增长理论的缺陷 ... 147
　二 内生增长理论 ... 148
　三 研发、创新与技术进步 ... 149
第二节 产品多样性模型 ... 155
　一 模型的基本要素：最终产出、投入与研发 ... 156
　二 微观经济学基础与多样性的解释 ... 156
　三 模型中的增长效应 ... 159
　四 研发人员比例的提高 ... 160
第三节 熊彼特模型 ... 162
　一 模型的基本要素 ... 162
　二 模型中的增长效应 ... 163
　三 与 Romer 模型的比较 ... 165
第四节 技术转移模型 ... 165
　一 理论模型 ... 165
　二 稳态分析 ... 167
　三 技术转移的障碍 ... 168
本章小结 ... 170

思考题 ·· 171

第九章　技术进步的偏向 ·· 172
第一节　技术进步偏向的含义 ··· 172
　　一　技术进步偏向的直观含义 ··· 172
　　二　技术性定义 ··· 173
　　三　图形解释 ··· 175
第二节　技术进步偏向的增长理论 ··· 178
　　一　创新可能性边界与外生技术进步偏向 ······································· 178
　　二　价格效应与农业诱导性技术进步 ··· 182
第三节　中国技术进步偏向 ·· 185
　　一　二元经济结构与技术进步偏向 ··· 185
　　二　技术进步偏向与收入分配 ··· 186
　　本章小结 ·· 187
　　思考题 ·· 187

第四篇　协调篇

第十章　二元经济结构与发展 ··· 191
第一节　中国二元经济结构变化的基本事实 ·· 192
　　一　中国二元经济结构变化 ··· 192
　　二　农民工的典型事实 ·· 193
第二节　二元经济发展理论 ·· 195
　　一　传统社会的经济机制 ·· 195
　　二　刘易斯二元经济发展理论 ··· 199
　　三　拉尼斯—费二元经济发展理论 ··· 202
　　四　乔根森二元经济发展理论 ··· 204
　　五　不同二元经济发展理论的关系 ··· 205
第三节　二元经济发展理论的拓展 ··· 205
　　一　托达罗三元经济发展理论 ··· 205
　　二　李克强的三元经济结构模型 ··· 208
第四节　二元经济结构与全要素生产率 ·· 209
　　本章小结 ·· 209
　　思考题 ·· 210

第十一章　农业现代化与乡村振兴……211

第一节　农业对经济发展的贡献……211
一　保障粮食供给……212
二　促进经济增长……213
三　外汇贡献……214
四　降低贫困率……214
五　促进工业化与城市化……215
六　提供就业与社会保障……216

第二节　从传统农业到现代农业……217
一　"贫穷而有效"的传统农业……217
二　农业现代化……218

第三节　土地改革……222
一　土地改革的经济分析……222
二　中国土地改革……225

第四节　乡镇企业……227
一　乡镇企业的贡献……228
二　中国乡镇企业的生产率……230

第五节　乡村振兴……232
本章小结……234
思考题……234

第十二章　产业结构变化……235

第一节　产业结构变化的基本事实……235
一　从卡尔多事实到库兹涅茨事实……235
二　中国产业结构变化基本事实……236

第二节　产业结构变化与经济增长……240
一　产业结构对经济增长的影响……240
二　产业结构变化对全要素生产率的影响……240

第三节　产业结构变化的模式与动因……242
一　产业结构变化的模式……242
二　产业结构变化的动因……244

第四节　中国数字核心产业的联系效应……246
一　投入产出表……247
二　数字核心产业及其联系效应……247

第五节　结构刚性与供给侧结构性改革……250
一　结构刚性与企业优化……250

二　协调失灵与结构优化···252
　　三　供给侧结构性改革···255
本章小结···255
思考题···256

第五篇　绿色篇

第十三章　自然资源与发展···259
第一节　自然资源及其有效利用···259
　　一　可再生自然资源的有效利用模型·································260
　　二　不可再生资源最优利用原则·······································262
第二节　资源与经济发展···265
　　一　自然资源和经济增长的关系·······································265
　　二　为什么自然资源限制没有阻碍经济增长·························267
第三节　资源诅咒···269
　　一　资源诅咒及其成因···269
　　二　中国资源型城市发展问题···270
本章小结···273
思考题···274

第十四章　环境与发展···275
第一节　环境问题与市场失灵··275
　　一　中国主要环境问题···275
　　二　环境问题中的市场失灵与政策措施·······························276
第二节　可持续发展···280
　　一　可持续发展思想···280
　　二　从千年发展目标到可持续发展目标·······························283
　　三　中国可持续发展现状··284
第三节　环境与发展相互关系··286
　　一　环境对发展的影响···286
　　二　发展对环境的影响···286
第四节　中国绿色技术效率：案例······································289
　　一　绿色技术··289
　　二　中国粮食生产绿色技术效率：案例·······························291
本章小结···293
思考题···293

第六篇 开放篇

第十五章 对外贸易与发展 ······ 297
第一节 中国对外贸易发展与世界工厂的变迁 ······ 297
　　一　中国对外贸易发展 ······ 297
　　二　世界工厂的变迁 ······ 301
　　三　中国成为世界工厂的原因 ······ 302
第二节 对外贸易与发展的理论观点 ······ 303
　　一　贸易的利益 ······ 303
　　二　普雷维什—辛格假说 ······ 307
　　三　技术差距论 ······ 307
　　四　对外贸易战略 ······ 309
　　五　贸易自由化、贫困与不平等 ······ 313
第三节 对外贸易与全要素生产率 ······ 314
　　一　进出口对全要素生产率的影响 ······ 314
　　二　出口影响全要素生产率的途径 ······ 316
本章小结 ······ 317
思考题 ······ 318

第十六章 利用外资与经济发展 ······ 319
第一节 外部资源的作用 ······ 319
　　一　我国外资引进历程 ······ 319
　　二　外资对经济增长的影响 ······ 322
　　三　利用外资的弊端 ······ 323
第二节 双缺口模型 ······ 324
　　一　基本模型 ······ 324
　　二　缺口的调整与平衡 ······ 325
　　三　双缺口模型的一个数值案例 ······ 326
　　四　双缺口模型的扩展 ······ 327
第三节 外商直接投资与全要素生产率 ······ 328
　　一　直接效应 ······ 328
　　二　间接效应 ······ 329
第四节 全球化与发展中国家 ······ 330
　　一　全球化与"逆全球化" ······ 330
　　二　经济全球化对发展中国家的影响 ······ 333

三　重建国际经济秩序 ·· 335
本章小结 ·· 336
思考题 ·· 337

第七篇　共享篇

第十七章　贫困与发展 ·· 341
第一节　贫困的度量 ·· 341
　一　贫困线的确定 ··· 341
　二　贫困的度量方法 ·· 343
　三　中国反贫困成绩 ·· 347
第二节　贫困的特征与功能性影响 ·································· 349
　一　贫困的特征或成因 ··· 349
　二　贫困的功能性影响 ··· 352
第三节　精准扶贫绩效分析 ·· 354
　一　中国精准扶贫政策概述 ····································· 354
　二　精准扶贫绩效分析 ··· 356
本章小结 ·· 358
思考题 ·· 359

第十八章　不平等与收入分配 ·· 360
第一节　中国收入分配现状 ·· 360
　一　收入分配的概念与度量 ····································· 360
　二　中国收入分配制度与收入分配状况 ······················ 364
第二节　收入分配与经济发展 ··· 368
　一　库兹涅茨曲线 ··· 368
　二　中国库兹涅茨曲线 ··· 369
第三节　收入不平等的成因 ·· 371
　一　教育不平等 ·· 371
　二　土地不平等 ·· 372
　三　地理集聚 ··· 373
　四　技术进步 ··· 373
　五　国际贸易 ··· 374
第四节　收入分配不平等对经济增长的影响 ······················ 374
　一　收入不平等与储蓄 ··· 374
　二　收入不平等与信贷 ··· 374

三　收入不平等与人力资本 …………………………………………… 375
　　四　收入不平等与技术创新 …………………………………………… 376
　　五　收入不平等与产业结构 …………………………………………… 376
　　六　再分配与效率 ……………………………………………………… 377
　　七　收入不平等与社会稳定性 ………………………………………… 378
第五节　收入分配与中等收入陷阱 ………………………………………… 378
　　一　中等收入陷阱 ……………………………………………………… 378
　　二　收入分配与中等收入陷阱 ………………………………………… 379
本章小结 ……………………………………………………………………… 380
思考题 ………………………………………………………………………… 381

第一篇 基础篇

本篇是全书的基础篇，侧重于解决发展理论的一些理论基础问题以及一些基本因素与经济发展的互动关系。全篇分为四章。第一章为导论，介绍一些经济发展的基本概念、度量、基本理念与分析发展问题的总体性理论框架。第二章介绍生产函数与全要素生产率。生产函数是后面章节分析问题要用到的基本工具，全要素生产率这个概念则是整本教材分析问题的主线。第三章和第四章分析了制度、政府、地理、文化等基本因素与经济发展之间的互动关系。

第一章　导论

学习目标

1. 在了解我国经济发展的历史背景以及当前基本事实基础上，领会我国经济发展的成就，深入理解中国发展经济学所要解决的主要问题。
2. 掌握发展的相关基本概念，理解增长与发展的联系与区别。
3. 了解发展理论的源与流，领会中国传统文化中的发展思想。
4. 深入理解中国发展经济学理论分析框架，领会生产率在其中的作用。

经济理论的提出，都是建立在经济实践基本事实基础之上的。本章首先概述中国改革开放以来经济发展的基本事实，以此作为本书后续章节讨论的基础；其次在随后的第二节到第四节中，分别介绍发展的基本概念、经济发展理论的源与流以及从更长的历史视角如何看待发展问题；最后，第五节提出以生产率为主线的分析经济发展问题的基本理论框架，这个理论框架将成为本书后续章节共同的理论基础。

第一节　中国经济发展的基本事实

基本事实1：中国经济增长奇迹

1978年，中国仍是世界上最贫穷的国家之一。按照世界银行的统计数据，当时中国的人均国内生产总值（GDP）只有156美元，与当时最贫穷的撒哈拉沙漠以南非洲国家的人均GDP平均数（490美元）相比，中国连这些国家的1/3都没达到。然而，1978年召开的党的十一届三中全会做出实施改革开放的历史性决策，把工作中心转移到经济建设上来。此后四十多年，中国经济展翅腾飞，创造了人类经济史上不曾有过的奇迹[1]。

改革开放以来，中国经济快速发展，经济总量不断攀升。四十多年里，中国的GDP总量增长了近37倍，1979—2021年的GDP年均增长率达到约9.2%（见图1-1），远高于同期世界经济2.9%左右的年均增速，对世界经济增长的年均贡献率约为18%，成为世界经济增长的重要引擎。从2005年中国GDP总量赶超德国和法国，到2010年超越日本成

---

[1] Yao, Yang, 2014, "The Chinese Growth Miracle", in Philippe Aghion, Steven Durlauf (ed.), *Handbook of Economic Growth*, 2 (7): 943–1031.

为继美国之后的世界第二大经济体,再到2021年约占世界经济的18.5%,中国经济已经实现了经济总量上的飞跃。

与此同时,中国的人均GDP在过去的几十年里也表现出高速增长。如图1-2所示,中国人均GDP的增长速度在1983—2021年持续高于世界平均水平,并且在大多数年份保持了8%以上的增长率。1978年,中国的人均GDP仅为156.4美元,而自2019年开始就突破了1万美元(当年约为1.03万美元)。

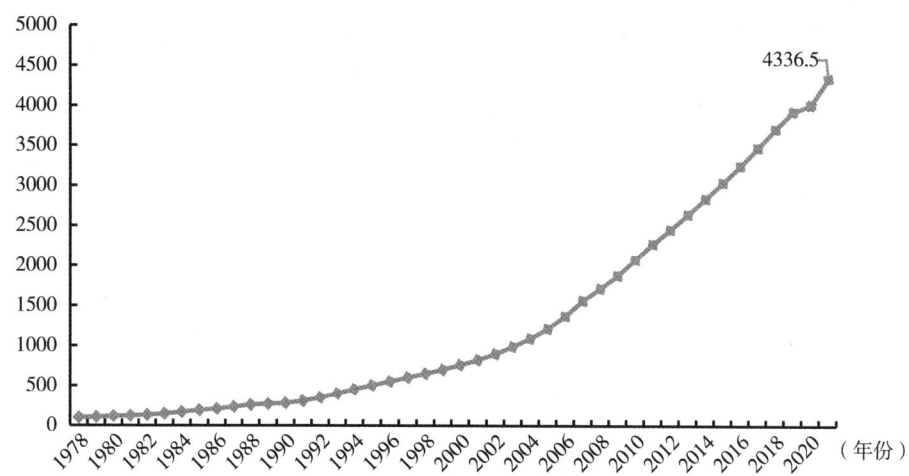

图1-1 1978—2021年中国GDP指数

资料来源:历年《中国统计年鉴》。

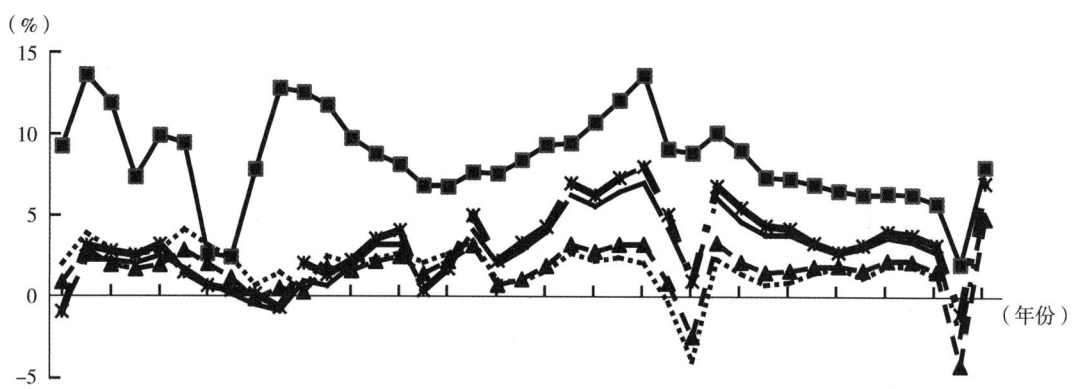

图1-2 1983—2021年中国人均GDP的增长对比

资料来源:世界银行WDI数据库。

基本事实2：要素积累与全要素生产率增长共同推动了中国长期增长

把推动中国经济长期增长的因素分为两类：全要素生产率与要素积累。改革开放四十多年来，在中国的经济增长中，这两类因素都发挥了重要作用，其中全要素生产率增长占比近40%[①]，且每个十年段都在30%以上（详见第二章第二节），其余部分为要素积累的作用，其中主要是资本积累。

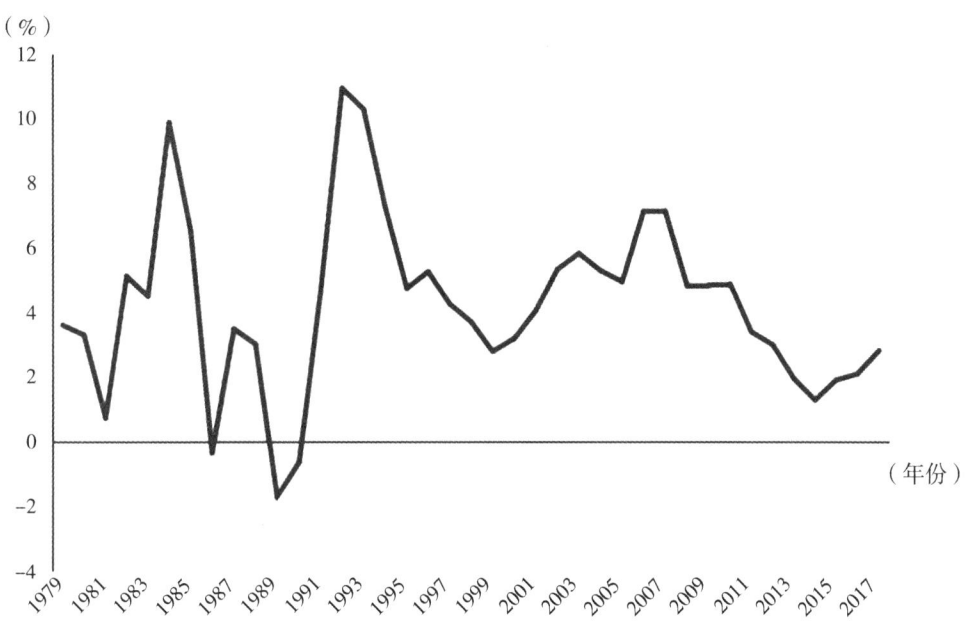

图1-3 1979—2017年中国全要素生产率增长率

资料来源：蔡晓陈：《中国各区域的技术进步速度与方向比较研究》，西南财经大学出版社2020年版。

基本事实3：中国经济增长呈现显著阶段性特征

改革开放之前，以建立和发展重工业为重点，初步建成了新中国的工业体系，为后续的经济发展打下了一定的产业与人力基础。这一阶段的经济增长虽然较快，但是和改革开放之后的平均增速相比，仍有明显差距。1953—1978年，中国GDP增速的平均值达到6.7%左右，远远低于1978年后约9.2%的平均增长水平（见图1-4）。此外，我们也发现，中国的经济增速在1978年前呈现出较大的波动性，而在1978年后较为稳定。

改革开放后的四十多年，以2012年经济进入新常态为分界点，可以分为前后两个阶段。在前一个阶段，中国由计划经济体制成功转向市场经济体制，经济从封闭转向开放并持续高速增长，人民生活水平显著提高。从2012年起中国GDP增速开始回落，告别了过去三十多年平均10%左右的高速增长，这也就意味着中国经济进入了社会主义新时代后的

[①] 蔡晓陈：《地区全要素生产率比较研究》，西南财经大学出版社2019年版。

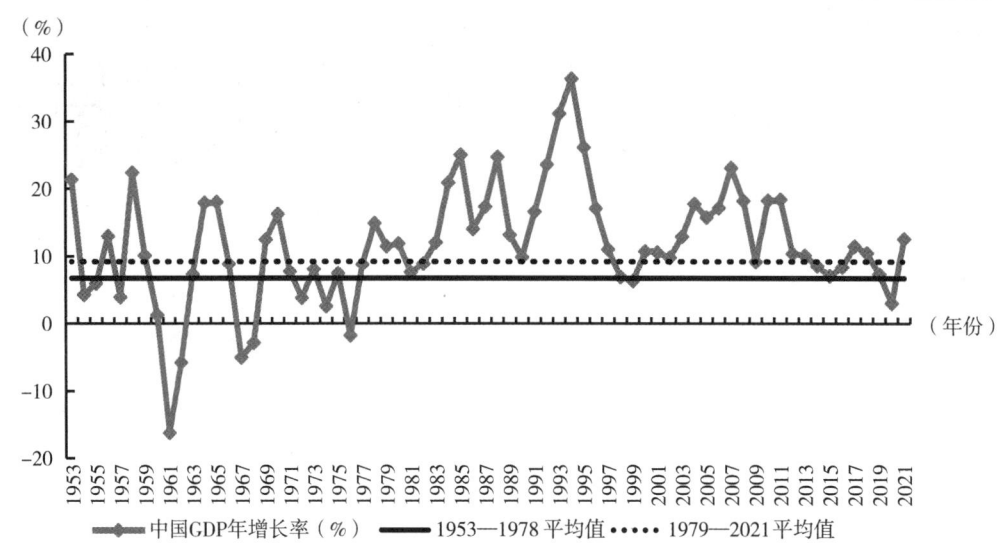

图 1-4 1953—2021 年中国经济增长的阶段特征

资料来源：国家统计局。

换挡阶段。从高速增长转为中高速增长。中国经济新常态下，高质量发展也应运而生。

基本事实 4：地区发展不平衡依然突出

在中国经济快速发展的背后，区域间经济发展程度的差异在不断扩大。图 1-5 描绘了 1978—2021 年中国四大区域人均 GDP 的变动情况。从中可以看出，1978—1992 年，四大区域的人均 GDP 之间的差距很小而且变化不大，但在 1992 年后，中部地区和西部地区相对于东部地区的差距开始逐渐拉大，特别是在 2000 年后，这种差距的增长趋势由于东部和东北部地区的快速增长变得更为明显。此外，我们也看到在 2012 年之后，东部和东北部地区以及中部和西部地区之间的人均 GDP 增长均呈现出"W"形交错进行，中西部地区的人均 GDP 增长有所加快，这也使其与东部地区的差距有进一步缩小的趋势。

基本事实 5：减贫取得伟大成就

贫困是经济社会发展要解决的首要问题。在经济发展的早期阶段，各国的绝对贫困问题都非常严重。中华人民共和国成立以来，尤其是改革开放以来，中国始终将反贫困作为最主要的政策目标之一。中国反贫困是人类历史上规模最大、速度最快的反贫困斗争。中国减贫的做法和成就也加速了世界减贫进程，为全球减贫事业作出了巨大贡献。全球极端贫困人口从 1990 年的 19 亿人降至 2015 年的 8.36 亿人，中国的贡献率超过 70%，成为首个实现联合国减贫目标的发展中国家；按照每人每天 1.9 美元的国际贫困标准，从 1981 年年底到 2015 年年底，中国贫困发生率累计下降了 87.6 个百分点，年均下降 2.6 个百分点，同期全球贫困发生率累计下降 32.2 个百分点，年均下降 0.9 个百分点，中国减贫速度明显快于全球。

中国长期有组织、有计划地大规模开发式扶贫，尤其是 2013 年精准扶贫方略的实施，

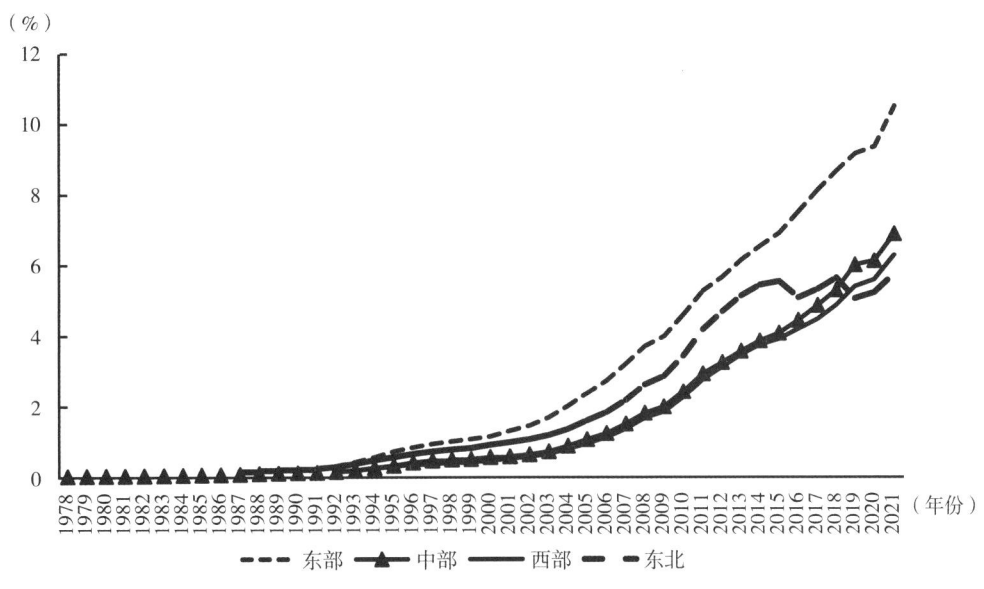

图1-5 1978—2021年中国地区间人均产出差异

资料来源：国家统计局。

走出了中国特色扶贫开发道路，为全球减贫提供了中国智慧和中国方案。至2020年，中国已经彻底解决了绝对贫困问题。世界银行前行长金墉认为，中国扶贫事业是"人类历史上最伟大的事件之一"①。美国库恩基金会主席罗伯特·库恩则指出："未来的历史学家在撰写我们这个时代的编年史时，其中一个特写章节很可能就是中国的精准扶贫。"②

基本事实6：关键领域改革层层突破，关键技术取得重大进展

搞社会主义条件下的市场经济，既无现成的理论模板，也没有成功的实践先例。把社会主义与市场经济进行有机结合，建立社会主义市场经济体制，是中国的伟大创造。从党的十二大正式使用了"计划经济为主、市场调节为辅"的提法，到党的十八届三中全会的"使市场在资源配置中起决定性作用"，市场化改革不断推进，社会主义市场经济体制更加完善和成熟。在不断探索的过程中，土地制度、户籍制度、分配制度、住房制度等关键领域改革获得层层突破。

而在关键技术领域里，中国也取得了极大进展。20世纪60年代，中国自行研制的第一颗原子弹、氢弹先后爆炸成功，从而揭开了中国导弹和火箭领域的新纪元。从"神舟"系列载人飞船到探月工程的"嫦娥5号"2020年12月携带月球样品着陆地球，再到2021年5月15日天问一号火星探测器所携带的祝融号火星车及其着陆组合体成功着陆于火星，中国航空航天方面已经跻身世界前列。袁隆平的杂交水稻、超级计算机、祖冲之号量子计

---

① 转引自葛根卓蕾《新时代精准扶贫思想与实践研究》，硕士学位论文，西北民族大学，2020年。
② 转引自葛根卓蕾《新时代精准扶贫思想与实践研究》，硕士学位论文，西北民族大学，2020年。

算机，屠呦呦的青蒿素，中国在越来越多的领域走在世界科技前列。

本书将在以上基本事实基础上，探讨经济发展的基本理论问题，包括：发展中要解决的主要问题是什么？发展的推动因素和障碍是什么？我国是如何解决不同的发展问题的？其成效如何？

第二节 发展的基本概念与度量

一 基本概念

（一）经济增长与经济发展

经济增长和经济发展是两个不同的概念，它们虽有联系，但也有区别。经济增长是指国内生产总值（GDP）或国民总收入（GNI）的增长。经济发展是指随着经济的增长而发生的社会经济多方面的结构性变化。这些变化包括投入结构的变化、产出结构的变化、产品质量品质结构的变化、一般生活水平和分配状况的变化、卫生健康状况的变化、文化教育状况的变化、自然环境和生态的变化、城乡人口结构的变化诸多方面。

由上可见，经济增长内涵较窄，经济发展内涵较广；经济增长是一个数量概念，经济发展既是一个数量概念，又是一个质量概念。没有经济增长，就不可能有经济发展。值得注意的是，尽管经济增长是经济发展的必要的、先决的条件，但是经济增长并不必然带来经济发展。

从个体角度来看，经济发展是指大多数人福利的改进。个人福利的改进包括三个方面，即收入增加、更为健康以及接受更良好的教育。教育之所以直接影响福利，不单单是因为教育形成的人力资本提高了获取收入的能力，更是由于良好的教育会使我们有更多的选择权。

（二）发展经济学

发展经济学（development economics）是一门以发展中国家经济发展问题作为研究对象的经济学分支学科。它是在第二次世界大战后世界殖民体系土崩瓦解的背景下顺应时代要求而产生的。

经济学一般关注的是稀缺的生产性资源如何有效配置，以及如何实现这些资源的最优增长，来生产或提供数量和品种范围都不断扩大的商品和服务。发展经济学研究领域更广泛。除了关注稀缺的生产性资源的有效配置及其持续增长，它还更为直接地研究影响发展中国家人民生活水平大幅改进的经济、社会、政治因素以及体制机制。与发达国家不同，在发展中国家，大部分商品和资源市场都高度不完善，有时甚至没有市场，消费者和生产者只能获得有限的信息，社会和经济体更容易发生重大的结构性改革，多重均衡（而不是单一均衡）的可能性普遍出现。

（三）发展中国家

发展中国家（developing countries）与发达国家（developed countries）相对应，前者指

经济比较落后但正在发展中的国家，而后者包含经济已经发展过的国家。这两个术语自 20 世纪 70 年代以来使用最为普遍。发展中国家有时又称为欠发达国家。

发展中国家通常按照人均收入水平来界定。例如，根据 2015 年 4 月世界发展指标（World Development Indicators）数据，世界上 214 个经济体按照 2013 年人均国民收入（人均 GNI）可分为四组：①低收入经济组，人均 GNI 在 1045 美元及以下，包括 34 个经济体，2013 年人均 GNI 平均为 652 美元；②下中等收入经济组，人均 GNI 在 1046—4125 美元，包括 50 个经济体，人均 GNI 平均为 2485 美元；③上中等收入经济组，人均 GNI 在 4125—12745 美元，包括 55 个经济体，人均 GNI 平均为 7488 美元；④高收入经济组，人均 GNI 在 12746 美元及以上，包括 75 个经济体，人均 GNI 平均为 36601 美元。高收入经济体中，又区分经济合作与发展组织（OECD）成员国和非 OECD 经济体，前者有 31 个国家，后者有 44 个国家和地区。

通常把低收入和中等收入经济体都归于发展中经济体。高收入国家不等于都是发达国家，有些国家虽然收入很高，如中东产油国卡塔尔、沙特阿拉伯等收入水平都很高，但不能说它们是发达国家。这些国家比较特殊，其经济结构和体制既与发达国家存在很大差别，又与一般不发达国家也有很大的不同，但基本上还是属于发展中经济体范畴。

二 发展观的演进

所谓发展观，是指对发展的目标、路径等与发展相关基本议题的看法。第二次世界大战以后，全球发展观演进经历了如下六个阶段。

20 世纪 50 年代：发展等同于经济增长。从 20 世纪 40 年代末到 60 年代初，"发展"被认为就是提高全体人民的物质生活水平，而提高物质生活水平的途径就是发展经济，发展等同于增长。基于这一发展观，这一时期的发展经济学家都把研究重点放在如何加速落后国家经济增长这一主题上。他们认为资本积累和工业化是促进经济快速增长的关键，因此，提出了各种各样的促进资本积累和实现工业化的途径和战略。

20 世纪 60 年代：发展包含增长加结构变化。到 20 世纪 60 年代中期，增长与发展这两个概念明确地区分开来。被普遍接受的观点是："不发达国家存在的问题不仅仅是增长问题，还有发展问题。发展是增长加变化，而变化不单在经济上，而且还在社会和文化上，不单在数量上，而且还在质量上。"[①] 这一发展观认为，发展所包含的内容比增长要丰富得多，复杂得多。不过，发展的含义无论扩展得多宽，经济增长仍然是发展的主要内容之一，经济增长仍然是经济发展的重要目标。基于对发展中国家经济结构问题的关注，这一时期的发展经济学中结构主义分析思路大为流行，并成为发展经济学分析中的显著特色。

20 世纪 70 年代：强调贫困、失业和分配不公问题的改善。到 20 世纪 60 年代后期和

---

① ［德］汉斯·辛格：《社会发展最主要的增长部门》，《国际发展理论》1965 年第 3 期；转引自陈雯《科学发展观与构建社会主义和谐社会的辩证关系研究》，博士学位论文，武汉大学，2010 年。

70年代，由于许多发展中国家经济增长过程中并没有带来广大民众尤其是穷人生活质量的改善，越来越多的人谴责把经济增长作为发展的目标。标志着这一时期发展观转变的重要文献是英国发展经济学家达德利·西尔斯1969年在新德里举行的国际发展协会第11届世界大会上的演讲。西尔斯指出："对于一个国家发展来说，应该提出的问题是，贫困发生了什么变化？失业发生了什么变化？不平等发生了什么变化？如果这三个方面都变得较不严重，无疑，这个国家就经历了发展。如果这三个中心问题中一个或两个恶化了，特别是三个问题都恶化了，那么，即使人均收入成倍增长，把这种结果称为发展也是不可思议的。"① 受西尔斯这篇演讲的影响，反贫困、改善收入分配、增加就业等话题在此之后成为发展经济学研究的主要关注问题。

20世纪80年代：环境与可持续发展。进入20世纪80年代，由于人口膨胀、资源耗竭和环境污染问题越来越严重，国际社会和学术界对可持续发展问题表现出越来越浓厚的兴趣。这一时期发展观转变的重要标志是由挪威首相布伦特兰领导的联合国世界环境与发展委员会在1987年发表的布伦特兰报告《我们共同的未来》。该报告全面系统地阐述了发展与环境之间的关系，其已成为可持续发展研究的经典文献。世界银行1992年发表的《世界发展报告》进一步阐述了布伦特兰报告的观点，对环境与发展之间的关系作了更为详细的分析。实际上，可持续发展的思想渊源可以追溯到古典政治经济学时期的马尔萨斯。马尔萨斯1798年在《人口原理》中论述了当时最为重要的资源土地对经济增长的约束作用。1962年美国女生物学家莱切尔·卡森的《寂静的春天》和1972年罗马俱乐部发表的著名研究报告《增长的极限》则对当代人们关注环境问题造成了早期的舆论与思想影响。但是直到布伦特兰报告之后，资源与环境问题才真正获得发展经济学学术界的广泛关注。

20世纪90年代：以人为本的发展。早在1971年，古雷特指出，发展包含三个核心内容，即生存、自尊和自由②。维持生存的资料包括食物、住所、健康和保护。自尊是指一个人要被当作人来看待，一个人在社会上要感到受人尊敬和尊重，而不是被他人作为工具来使用。所有这三个核心价值构成了发展的本质。但是，以人为本的发展观的流行和普遍被人接受则是在20世纪90年代，以联合国发展计划署1990年首次提出人类发展这一概念为标志。

21世纪：多维的发展观。进入21世纪，多维发展观开始逐渐流行。多维发展观认为，发展是一个经济、社会、文化等相互作用的多维过程，经济、社会、文化、政治等因素相互影响并共同作用于发展的进程，它们都是发展目标的一部分，又相互制约③。多维发展观以联合国计划开发署（UNDP）于2010年在《人类贫困报告》中的多维贫困指数（MPI）与《人类发展报告》（与世界银行共同发布）新的人类发展指数（NHDI）的发布为标志。

---

① ［英］达德利·西尔斯：《发展的意义》，《国际发展理论》1969年第12期；转引自陈雯《科学发展观与构建社会主义和谐社会的辩证关系研究》，博士学位论文，武汉大学，2010年。
② Denis Goulet, 1971, *The Cruel Choice: A New Concept in the Theory of Development*, Atheneum.
③ Michael P. Todaro, Stephen C. Smith, 2014, *Economic Development*, Pearson Education Limited.

实际上，中华人民共和国成立以来，中国政府的发展观也经历了一系列的变化，从赶超发展观，以经济建设为中心、以人为本的科学发展观，到党的十九大的以人民为中心的发展思想。中华人民共和国成立以来的中国政府发展观的演进大体上也与全球发展观的演进是契合的。中国的发展观，践行并丰富了全球发展观。

三　发展的度量

对最主要研究目标的度量，是经济学研究的事实起点。比如，宏观经济学中，首先需要对宏观经济进行度量，主要就是度量 GDP。这一部分，我们将探讨度量发展的三个方面的基本指标：按购买力调整的实际收入；以寿命、营养不良和儿童死亡率来衡量的健康状况；以识字人数和在校受教育人数来衡量的教育程度。

实际收入。人均国民总收入 GNI 是衡量经济活动综合水平的最常用指标，通常被用作反映不同国家相对经济福利状况的综合指标。GNI = GDP + 国外要素净支付，其中国外要素净支付是指来自国外的本国主体拥有的要素收入与在本国的外国主体拥有的要素收入之差，前者如本国在海外投资利润、本国居民在国外务工收入。大部分国家的人均 GNI 和人均 GDP 相差不大，所以我们经常看到文献中用人均 GDP 来替代人均 GNI。

直接使用官方外汇率将国家货币值转换为美元会夸大发达国家与发展中国家的人均国民总收入的差距。为了修正这一问题，研究人员尝试使用购买力平价（Purchasing Power Parity，PPP）系数替代汇率作为换算比例，来比较不同国家之间的相对国民总收入和国内生产总值。购买力平价系数以美国作为比较基准，简单来说，是指 1 美元在美国所能购买的商品和服务，在别国购买所需要的当地货币单位数。一般来说，由于发展中国家工资水平比较低，因此非贸易服务的价格也很低。很显然，如果发展中国家的国内价格较低，用购买力平价方法计算的人均国民总收入就要高于用汇率作为换算比例所得出的人均国民总收入值。比如，如果用汇率换算，2008 年中国的人均国民总收入只是美国的 6%，但是用购买力平价方法来换算，该比例为 13%。以购买力平价衡量的 GDP，中国在 2015 年就超过了美国。

健康和教育指标。除了人均收入，居民的健康状况和受教育水平也是一国发展的重要方面。虽然健康状况和受教育水平与人均收入有一定的相关性，但是人均收入不能涵盖全部的发展含义与目标。前面我们说过，从个体角度来看，经济发展是指大多数人福利的改进。健康和受教育本身就是福利应有之物。

衡量健康的指标通常包括平均预期寿命、营养不良比例、5 岁以下儿童死亡率和毛出生率等，衡量教育的指标通常包括入学率、成人识字状况、平均受教育程度等。平均预期寿命就是指新生儿童在出生时，受到普遍存在的死亡风险的威胁下，预期可以存活的年数。营养不良是指食物摄入量太少以致难以维持正常的活动水平，即通常所说的饥饿问题。识字率是根据报告或据估计的具有基本读写能力的成年男女的比例。

新人类发展指数（NHDI）。1990 年，联合国开发计划署创立了人类发展指数（HDI），此后每年在其年度报告——《人类发展报告》中公布各国 HDI 得分与排名。2010 年 10

月，联合国开发计划署公布了新人类发展指数（NHDI）。新指数还是基于生活水平、教育和健康这三个方面，这三个方面也就是我们前面提到的度量发展的三类单一指标。与 HDI 相比，NHDI 有多项显著的变化：用人均国民收入（GNI）代替了人均国内总产值（GDP）；对教育指数彻底进行了修改，区分了一国全部人口中实际教育普及水平以及预期的孩子入学水平，而 HDI 中使用的成人识字率和入学率，在 NHDI 中的权重与地位相应地有所降低；每一层面的较高基准（最大值）都已经提高到了观测最大值而不是给出一个预定值；基于对 2007 年津巴布韦收入的估计，人均收入低基准值降低了；新人类发展指数用自然对数来反映收入的边际收益递减，而 HDI 是用常用对数（以 10 为底的对数）；由具体指标得分到指数的计算方法上，NHDI 采用的是几何平均方法，而 HDI 是用算术加权平均方法。

中国 2013 年 NHDI 是 0.719，世界排名 91，当年是中国的人类发展指数从有统计以来，首次从中人类发展指数跨入高人类发展指数。2021 年中国的 NHDI 是 0.768，世界排名 79，比 2015 年排名上升了 19 位。

专栏 1—1　　　　　　　　NHDI 是如何计算的

我们以中国 2010 年的数值（见表 1—1）为例来表明 NHDI 是怎样计算得出的。

表 1—1　2010 年中国 NHDI 计算

指标	值
预期寿命（年）	73.5
平均受教育年数（年）	7.5
预期受教育年数（年）	11.4
人均 GNI（购买力平价）（美元）	7263

资料来源：UNDP, *Human Development Report*, 2010, pp. 216–217。

$$\text{预期寿命指数} = \frac{73.5 - 20}{83.2 - 20} = 0.847$$

$$\text{平均受教育指数} = \frac{7.5 - 0}{13.2 - 0} = 0.568$$

$$\text{预期受教育指数} = \frac{11.4 - 0}{20.6 - 0} = 0.553$$

$$\text{教育指数} = \frac{\sqrt{0.568 \times 0.553} - 0}{0.951 - 0} = 0.589$$

$$\text{收入指数} = \frac{\ln(7263) - \ln(163)}{\ln(108211) - \ln(163)} = 0.584$$

$$\text{人类发展指数} = \sqrt[3]{0.847 \times 0.589 \times 0.584} = 0.663$$

第三节　发展理论的源和流

一　西方经济学说史中的发展思想渊源

西方经济学说史为后来的发展理论提供了充足的养分，我们在此择其要者而述之[①]。

（一）重商主义

重商主义（Mercantilism）产生、流行于15世纪至17世纪中叶的西欧。当时的西欧处于封建社会的晚期，即封建制度瓦解和资本原始积累时期，各个国家都曾流行过重商主义的思想，推行过重商主义的政策。

重商主义涉及经济增长问题的基本思想包括：第一，并不存在利息率会自动调节到适宜水平的自然趋势，利息率往往居高不下，而高利息率是社会财富增长的主要障碍。重商主义者甚至明白利息率决定于流动偏好和货币数量的道理，因此，他们非常重视金银货币数量的不断累积。第二，重商主义者意识到货币数量不足造成物价低廉以及竞争过度造成贸易条件不利之害。第三，重商主义者是"怕货"思想的最早提出者。第四，重商主义者强调国家权力的重要性，主张国家对经济的干预。

（二）亚当·斯密

在古典政治经济学家中，首先对经济增长问题作出全面系统分析的是亚当·斯密（Adam Smith，1723—1790）。斯密的经济增长理论涉及几个方面的问题，如国民财富的性质、人口变动、资本积累、对外贸易、经济政策和经济增长前景。

斯密的基本观点为：经济增长是一个宏观问题，它表现在社会财富或国民财富的增长上，因此，国民财富的性质和来源必须得到说明；国民财富的增长决定于两个条件，即劳动生产率和从事生产劳动的人数，而影响劳动生产率的是分工，从事生产劳动的人数多寡则和人的增减有关，更取决于资本的丰歉，因此，人口、分工和资本积累等问题必须得到分析；国民财富的增长，在一个封闭的社会里，要受到本国资源和技术条件的限制，因此，研究经济增长问题必然涉及对外贸易问题；经济增长既然是一个宏观问题，与国家的决策就必然密切相关，因此，研究经济增长问题就应当研究经济政策；经济增长是一个长期的过程，从长期来看，一国的经济增长可能有多种前景，因此，不仅要注意经济增长的现状，还应当研究其未来。

（三）大卫·李嘉图

大卫·李嘉图（David Ricardo，1772—1823）把研究重点从生产转向分配，他是从经济增长进程的角度去探究分配的。李嘉图的主要理论要点包括：第一，国民财富的增殖取决于劳动数量的扩大和劳动生产率的提高，并特别强调财富的物质形式和价值形式的区别。第

[①] 谭崇台：《西方经济发展思想史》，武汉大学出版社1995年版。

二，报酬递减规律对经济增长起约束作用。第三，资本积累的扩大是使国民财富增长的根本原因。第四，主张实行贸易自由。第五，利润率有下降趋势，对经济增长前景悲观。

斯密和李嘉图的经济增长理论，对后来的发展经济学影响巨大，他们的思想中值得借鉴之处主要体现在：第一，他们是在当代经济发展理论兴起以前比较完整、比较系统地研究经济增长问题的经济学家。第二，斯密和李嘉图的经济增长模式，是一个开放的模式，都十分强调对外贸易对一国经济发展所起的积极作用。第三，斯密和李嘉图的时代是英国资本主义上升的时代，他们的理论有一定的反封建主义残余的色彩。

（四）马尔萨斯

托马斯·罗伯特·马尔萨斯（Thomas Robert Malthus，1766—1834）从供给和需求两个方面分析了影响经济增长的因素。从供给方面看，他的经济增长学说基本上继承了英国传统的经济理论，他把资本、人口、土地和技术看成是决定经济增长的基本因素，从需求方面看，马尔萨斯认为，经济增长取决于现有人口对产品的需求和购买能力；供给和需求在决定财富增长上起同等重要的作用[①]。

马尔萨斯以其人口理论而著称于经济学界，他把一个国家的贫穷与不发达归结为人口增长超过生活资料增长而造成的经济停滞。他的人口与经济发展的思想可以概括为以下几点：第一，人口增长和生活资料（主要指粮食）的增长的不同性质，导致了二者的不平衡增长。第二，要是人口增长和生活资料增长保持较好平衡，首先应该增加生活资料的供给，但根本的途径是控制人口的增长。第三，抑制人口增长的两种方式，即积极抑制和预防抑制在经济发展的不同阶段上的作用。第四，人口转变的思想。

马尔萨斯人口理论与有效需求观点对现代经济学的影响非常巨大，其人口理论不但是发展经济学人口理论的重要组成部分，也是可持续发展理论的重要思想基础，其有效需求观点是凯恩斯《就业、利息与货币通论》[②]的直接思想来源。在决定经济增长的原因的研究上，他将分析的重点从供给转向了需求，并对"供给会创造自身的需求"的定律提出了怀疑和批评。马尔萨斯没有找到有效地增加需求的途径，但是看到了就业水平和经济增长取决于国民收入在积累和消费之间分割的比例。

（五）李斯特

弗里德里希·李斯特（Friedrich List，1789—1846）是德国历史学派的先驱者，其经济发展思想形成于19世纪三四十年代。当时，在西方主要国家当中，英国已经基本上完成了工业革命，成为独步一时的经济强国，法国和美国等国的工业革命正在蓬勃开展，而德国仍然是一个落后的农业国家。及时总结英国等国如何通过工业进步促进经济发展的经验，为加速德国的经济发展提供政策依据，这是李斯特构建其理论体系时所面临的历史任务。李斯特的经济发展思想主要体现在以下三个方面。

第一，关于工业进步与经济发展关系的论述。他在这一方面的论述，包括以工业进步

[①] [英]托马斯·罗伯特·马尔萨斯：《人口论》，郭大力译，北京大学出版社2008年版。
[②] [英]约翰·梅纳德·凯恩斯：《就业、利息和货币理论》，宋韵声译，华夏出版社2005年版。

为中心的经济发展阶段论、对工业进步与农业过剩人口关系的分析和工业进步过程中的资本形成问题。

第二，生产力理论。在西方经济学说史上，李斯特无疑是第一位对生产力构成要素进行专门研究的学者。他强调生产力构成应从多方面来考虑，并最先明确提出"精神资本"的概念，他提出了"生产力的均衡与协调"的理论命题，并提出国民经济各部门应当均衡、等比例、协调发展的见解。但他不懂得上层建筑与经济基础的关系，未能推出科学的结论，最终造成他在生产力均衡理论上的荒谬，这同他对生产力构成要素、精神资本的定义及其构成的分析不严密不无关系。

第三，国家干预学说及贸易保护的政策主张。李斯特主张落后国家在经济发展过程中，尤其当原始状态下的纯农业国向工业国转变的时期，应当加强政府干预。他主张发展中国家应根据本国国情和国际背景，把握时机，采用正确的贸易政策增进本国制造业乃至整个经济的发展。他有关实行有节制的、多样化的、适度的保护税率的想法及强调对处于发展初期阶段的制造业部门尤其是在国民经济中居于重要地位的部门实行保护的理论，成为当今发展经济学贸易理论中的关税结构理论和保护幼稚工业理论的重要思想来源。

（六）熊彼特

约瑟夫·阿罗斯·熊彼特（Joseph Alois Schumpeter，1883—1950），美籍奥地利经济学家，他以"创新"理论为核心，提出了独特的经济发展理论体系，被称为发展经济学的"早期先驱者"之一。熊彼特的创新理论对后来的内生增长理论发展影响非常大。熊彼特认为，创新才是经济发展的本质，即经济增长仅仅是数量的增加，而经济发展必定是出现新的东西。创新有五种形式，即新的产品、新的生产方法、新的市场、原材料或半制成品的一种新的供应来源、新的组织方式。创新是一种"革命性"变化，意味着创新的突发性和间断性的特点。创造性破坏是熊彼特最有名的观点，这种观点认为：创新就是不断地从内部革新经济结构，不断破坏旧的、创造新的结构。同时，熊彼特强调了企业家在创新中的作用，他认为创新的主体是企业家。

此外，熊彼特采取了动态均衡的、制度的与历史的、统计与数学的方法的共同运用研究方法，也对后来的经济发展研究方法有重要影响。

二 中国传统文化中的发展思想

中国古代漫长的传统文化中，形成了儒、释、道、法、墨等诸子百家，它们都有着丰富的经济发展思想。当然，详细论述这一课题远远超出了本书的研究范围，在此仅择《管子》一书中的三四要点简而述之[①]。

管子，即管仲，齐桓公相，春秋时期法家代表人物，被誉为"法家先驱""华夏第一相"。《管子》一书后人大多认为是托名管仲的一部论文集，这本书被美国《经济思想史》

---

① 本书第四章以及其他章节中，也有中国传统文化中的经济发展思想若干要点论述。

称之为中国的《国富论》①,该书中有关论述涉及现在被称之为经济伦理、供需理论、产业结构、数量理论、反周期财政政策和市场理论等思想。

关于人的经济动机,《管子·禁藏》认为:"夫凡人之性,见利莫能勿就,见害莫能勿避。其商人通贾,倍道兼行,夜以续日,千里而不远者,利在前也。渔人之入海,海深万仞,就波逆流乘危百里,宿夜不出者,利在水也。故利之所在,虽千仞之山无所不上;深源之下,无所不入焉。故善者势利之在,而民自美安,不推而往,不引而来,不烦不扰,而民自富,如鸟之覆卵,无形无声,而唯见其成。"也就是说,人是趋利的,经济利益动机能激发人的创造性,所以经济管理者利用好了人的趋利性,就能做到民富。

关于产业结构关系,《管子·法法》重农而不抑商,把"士农工商"四民都当作"国之石民",主张农工商业协调发展,"农夫不失其时,百工不失其功,商无废利,民无游日,财无砥墆",这样才能实现财富流通。

关于分工与专业化,《管子·乘马》中曾说:"是故事者生于虑,成于务,失于傲。不虑则不生,不务则不成,不傲则不失。"这里的"务"是指专务于某一事情,其实就是分工与专业化的意思。在管仲看来,社会分工越细致则专业化程度越高,这和商业发展是密切联系在一起的。

在《管子》的全部经济思想中,轻重论最为重要。轻重论涵盖了从市场价格变化、货币、对外贸易、财政政策与土地政策等诸多内容。"有余则轻,不足则重",这就是供求理论,意即供过于求则价格下跌,供不应求则价格上涨。"重则见射,轻则见泄",这就是价格调整市场均衡的意思,即价格上涨,人们则买进,价格下跌,人们则抛卖。"币重而万物轻,币轻而万物重",这就是指的相对价格。在这些关于市场行为认识的基础上,《管子》中进而涉及运用市场价格尤其是货币政策手段干预国际贸易与刺激工农业生产乃至协调产业结构等丰富内容。

三 发展经济学的演变

发展经济学自诞生以来七十多年经济发展思想的脉络,主要有结构主义、新古典主义、新古典政治经济学这三条基本思路,大致可分为四个阶段②。

(一) 20 世纪 40 年代末到 60 年代中期:结构主义

这一时期,以缪尔达尔(Myrdal, G.)等为代表的一批发展经济学家采用结构主义分析方法,便逐渐成为发展经济学的主流学派。结构主义思想得到当时绝大多数发展经济学家的接受和支持,也深深地影响着发展中国家的发展模式。但是,结构主义并没有使发展

---

① Harry Landreth, David C. Colander, 2001, *History of Economic Thought*, South-Western College Pub.
② 谭崇台:《发展经济学的新发展》,武汉大学出版社 1999 年版;郭熙保、习明明:《发展经济学研究的最新进展》,《山东大学学报》(哲学社会科学版)2010 年第 3 期;钟超:《发展经济学经济发展思想三种思路的比较分析》,《新疆财经学院学报》2004 年第 4 期。

中国家从不发达走向发达，一些国家甚至出现了有增长无发展、农业停滞、失业率上升、收入不公、社会差距悬殊、社会矛盾加剧等局面。结构主义的经济发展目标是以单一的数量增长为指标的经济增长，将工业化等同于经济增长，而经济增长等同于经济发展。

结构主义认为发展中国家的经济现实完全不同于发达国家，其市场是不完善的、价格是刚性的、经济不可能自动地达到均衡状态，因此，发展中国家的经济发展就不是静态的既定资源的优化配置问题，而是动态的可投资资源的供给增长与社会经济结构的调整问题。

结构主义认为落后的发展中国家不可能把国家兴盛的希望寄托于市场经济，必须进行社会改革，充分地发挥国家的职能作用，有计划地进行资本积累，走工业化的发展道路。结构主义的研究内容就只限定在资本积累、计划化和工业化三个方面，即为结构主义"三唯论"：唯资本论、唯工业化论和唯计划论。

唯资本论。只有物质资本及其形成速度的快慢才是促进或阻碍发展中国家经济增长的首要条件，其代表观点有纳克斯（Nurkse, R.）的"贫困恶性循环论"、纳尔逊（Nelson, R.）的"低水平均衡陷阱"、罗森斯坦-罗丹（Rosenstei-Rodan, P. N.）的"大推动论"、罗斯托（Rostow, W.）的"经济起飞论"、"哈罗德—多马数量模型"（Harrod, R. F., Domar, E. D.）等，它们从不同的角度或不同的层次强调了储蓄增长、资本形成及积累对发展中国家经济增长的极端重要性，认为资本积累与资本形成是发展中国家经济发展的唯一决定因素。

唯工业化论。代表人物有斯塔利（Staley, E.）、曼德尔鲍姆（Mandelbaum, K.）等，他们认为发展中国家大多数是以传统农业为主的国家，工业化程度相当低，所以新独立的发展中国家的发展道路就是实现工业化。发展中国家必须实现工业化发展战略，通过进口替代、优先发展重工业等来逐步实现国家的工业化。刘易斯（Lewis, W. A.）则认为，农业剩余劳动的转移是工业资本积累和扩大的源泉，工业化是吸收农业剩余劳动力从而提高农业劳动生产率的唯一途径，并且实现工业化还可以消除城乡差别、支持并推动农业的现代化，从而改变发展中国家的二元社会经济结构。

唯计划论。荷兰经济学家丁伯根（Tinbergen, J.）对经济规划进行数理研究和经济分析，对计划化思想和主张起了很大的推动作用。发展中国家经济落后，商品经济不发达，传统农业占主导地位，人口增长快且数量大，国民素质较低，管理水平低，金融和技术市场尚未形成，法律制度缺失，社会经济等方面存在二元结构特征，特别是市场机制不完善，劳动力、价格等因素存在刚性。所以，发展中国家要发展经济，就不能依靠市场，只能依靠国家的职能来有计划地集中使用稀缺的社会经济资源用于国家急需发展的项目，同时国家制定经济发展计划来实现经济的发展。

（二）20世纪60年代中期至70年代末：新古典主义

结构主义本身并没有形成一个完整的、统一的理论体系，只是各种观点或模式的堆砌和集合，它缺乏微观理论基础、忽视微观个体对于经济刺激的反应、忽视农业发展、忽视市场机制的作用。由于结构主义的诸多理论缺陷和实践指导上的失败以及东亚国家在经济上的成功案例，从20世纪60年代后期开始，新古典主义便在发展经济学中重新"复活"

而迅速成为发展经济学的主流思想。

新古典主义提出了以下主要观点：第一，经济发展目标应是以满足人的基本需求为目标的社会经济综合发展，索洛（Solow, R. M.）的新古典增长模型强调资本与劳动的替代关系和科技的作用，补充和发展了片面以资本为主的哈罗德—多马模型。第二，舒尔茨（Schultz, T. W.）提出了人力资本理论，纠正了片面强调物质资本的缺陷。其他发展经济学家如费景汉（Fei, John C. H.）、拉尼斯（Ranis, G.）、托达罗（Todaro, M. P.）等从各自不同的角度也强调了发展中国家的农业应该是经济发展中的主导部门，对农业理论进行了系统化和理论化分析。第三，哈伯勒（Haberler, G.）批评了贸易条件长期恶化的观点，重新强调对外贸易对发展中国家经济发展的拉动作用，并倡导出口替代发展战略。第四，新古典主义还吸取了发展中国家在经济发展实践中的经验教训，提出了新的理论观点和实践指导，如社会—成本收益论、以新古典福利经济理论假设为基础的社会项目评估理论及方法、收入分配与贫困问题、麦金农（Mckinnon, R. I.）和萧（Shaw, E. S.）的发展中国家货币金融理论、经济人理性等观点。第五，新古典主义重点强调了微观经济基础、市场机制和资源配置效率等问题对发展中国家经济发展的重要性。

（三）20世纪80年代初至90年代末：新古典政治经济学

新古典主义在理论和实践中也存在许多方面的缺陷，首先，新古典主义以市场是完善的、具有完全对称的信息，且交易费用是零等这些不现实的假设为前提，并且对现实过分地抽象，片面夸大市场机制的作用，忽视了制度在发展中国家经济发展过程中的重要作用。再次，市场也会失效，其不但表现在公共品和外部性等问题上，还表现在市场机制只能在空间上有效配置资源，无法在时间上对资源进行合理利用上，斯蒂格利茨（Stiglitz, J. E.）相信市场会因现实中的信息不完全而失效，即新市场失灵。

新古典政治经济学思路有两个显著的特点，其一，对新古典主义复兴思潮的批判和反对。它批评新古典主义把政治、法律、制度、意识形态等视为经济运行体系的既定不变因素或外生变量，而重新强调经济发展决不仅仅是纯经济现象，它受到政治、法律、制度、文化等非经济因素的深刻的、具有决定性的影响。其二，它既承袭了新古典主义思路的基本范畴和理论概念（如效率、均衡、最优化等），在方法论上又使用了新古典政治经济学的分析方法（如成本—收益分析、均衡分析等）。

新古典政治经济学的经济发展思想表现在三个方面，即新制度经济学的兴起、新增长理论的繁荣、可持续经济发展观的产生。新制度经济学把政治、法律、意识形态等非经济因素融入发展经济学的理论体系中；新增长理论重视对知识外溢效应、人力资本投资、研究与开发、收益递增、劳动分工与专业化、边干边学、开放经济和垄断化等新问题的研究，这些问题都与政府的政策和制度有关；可持续发展观是一种在本质上与传统发展观截然不同的发展观，它把经济发展与生态环境、自然资源、人口、制度、伦理道德、社会观念、技术进步、共同富裕等诸多因素结合在一起研究，深化了人们对发展中国家经济发展概念的认识和理解，丰富了发展的内涵。

（四）21 世纪以来：新发展经济学

发展经济学近二十年的文献，大部分都侧重于实证研究，注重随机分析和工具变量的选择[①]，一个显著的标志是 21 世纪后的两卷《发展经济学手册》内收录的论文实证文献占了相当大的篇幅。其中也存在一些思路与理论的新进展，这种进展总体与反对"华盛顿共识"有关。新发展经济学，推动了增长与发展理论的融合，重新表述了贫困陷阱理论的发展或大推动理论[②]，与旧发展经济学相比，它至少有四个方面的显著特征：第一，新发展经济学试图回到古典的和统计的方法上，同时在研究发展的属性时它包括并拓展了主流经济学的方法。第二，新发展经济学继续以最优化的分析方法为基础，而没有考虑社会及历史结构，而后者正是古典发展经济学和政治经济学的重要组成部分。第三，新发展经济学大量采用新增长理论的内生技术变化和内生制度分析，特别是对人力资本的引进使新发展经济学取得了很大的进展。第四，重新思考了政府与市场的作用。由于信息不对称，市场力量不能自动实现资源的最优配置，政府在促进发展中有积极作用。这些观点批判了新古典主义关于政府失灵的假定，他们认为政府并不总是失灵的，即使失灵也有程度的高低之分，作为政策决策者，需要一个能够解释政府为什么和在什么情况下失灵表述清晰的理论。

第四节　经济发展的历史透视

如果将视野向前延伸，我们会从历史中发现更厚重的发展研究课题。图 1-6 比较了中国和西欧在公元元年到 2000 年的人均 GDP 水平。结合其他历史资料，从图 1-6 中，我们可以发现一些有趣的现象。

第一，无论是中国，还是西欧，从人均 GDP 来看，在漫长的历史中，经济发展基本处于停滞状态。西欧是在 1800 年之后才开始较快速度增长的，中国长期持续快速增长则是在中华人民共和国成立之后的事情。换句话说，我们习以为常的现代经济增长速度，其实在整个人类历史上倒是新鲜事物，最近一两百年来才开始出现的。

为什么人类历史上经济长期处于停滞？这一两百年来的现代经济发展为何与更早的长期历史存在根本性的差异？这些问题的回答，我们在第十章的马尔萨斯模型中会有所解释（参见第十章第二节中的"传统社会的经济机制"）。

第二，欧洲经济快速增长与工业革命有莫大的关系。在欧洲漫长的中世纪，从 5 世纪持续到 15 世纪（476—1453 年），瘟疫横行，总体经济增长非常缓慢。1300 年前后，欧洲爆发了严重的黑死病，整个 14 世纪的 100 年中，欧洲有约 2500 万人死于黑死病，占当时欧洲人

[①] 郭熙保、习明明：《发展经济学研究的最新进展》，《山东大学学报》（哲学社会科学版）2010 年第 3 期。
[②] Murphy, Kevin M., Andrei Shleifer, Robert W. Vishny, 1989, "Industrialization and the Big Push", *Journal of Political Economy*, 97 (5): 1003-1026.

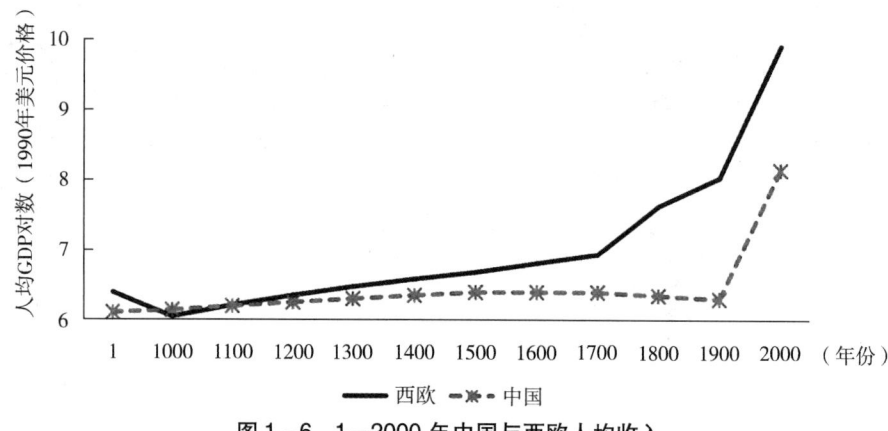

图1-6 1—2000年中国与西欧人均收入

资料来源：https://www.rug.nl/ggdc/historicaldevelopment/maddison2010。

口的1/3，疫情甚至持续到了15世纪。黑死病后，欧洲人均GDP较快增长。但是，直至始于18世纪60年代的第一次工业革命结束（19世纪中期）之后，欧洲经济才快速增长。

工业革命使资本成为主要生产要素。与劳动力和土地相比，资本显而易见更容易累积增长，这为工业革命后经济更快增长提供了可能性。同时，也正是早期的经济增长与工业革命之间显而易见的关系，此后发展中国家在早期发展过程中，都非常注重工业的发展。

第三，中国经济的快速增长发生在中华人民共和国成立之后。13世纪前后，西欧人均GDP超过中国。此后，中国在1700年之后，人口快速增长，1820年中国人口占世界总人口的37%，人均GDP甚至在下降，鸦片战争之后尤为明显，到1950年中国人均GDP不足世界平均的1/4（见表1-2）。中华人民共和国成立以后，中国人均GDP之所以快速增长，源于这一段时间启动的大规模工业化。

表1-2 中国人口和人均GDP与世界平均值之比

	1700年	1820年	1900年	1950年	2000年	2016年	2018年
	人口（百万）							
中国	138	381	400	547	1249	1373	1385
世界	514	1034	1540	2510	6028	7288	7470
中国占世界比重（%）	27	37	26	22	21	19	19
	GDP（10亿，2011年价格，国际元）							
中国	1543	846	972	799	4730	12569	13102
世界	—	1102	2212	3351	9915	14700	15212
中国占世界平均比重（%）	98*	77	44	24	48	86	86

注：*为根据同一数据库2010年版计算所得。

资料来源：https://www.rug.nl/ggdc/historicaldevelopment/maddison，2020。

关于中国为何没有在明朝启动工业化，学术界有所谓的"李约瑟之谜"之说。李约瑟在其《中国科学技术史》①中提出了一个极富挑战性的问题：既然中国在古代的科学技术已经如此发达，为什么工业革命没有发生在中国？对这个问题有多方面的解答②。

迄今为止，已经提出了许多关于李约瑟之谜的解释，这些解释大体上可以分成六类，每一类解释了部分的事实，有的解释了为何中国历史上人口快速增长与经济较为发达，有的解释了西欧为何启动了工业革命的部分原因。第一类是中央集权说。由于地理上的原因，欧洲形成众多竞争的小国，而中国则形成了大一统的帝国。相互竞争的小国政府容易接受新事物，如发现美洲大陆的哥伦布生于意大利，为了他的航海计划，先后投靠了三四位欧洲君主，最后才得到西班牙皇室的支持。如果欧洲统一在一个拒绝哥伦布要求的君主之下，则欧洲对美洲的殖民可能永远不会发生。第二类是制度说。这种观点认为，中国古代社会没有产生资本主义的原因在于财产所有权没有得到应有的尊重和保护。第三类是戴尔蒙德所说的"英雄理论"：技术创新是少数"英雄"的活动，而"英雄"的数量以及创新的数量取决于人口的大小和技术创新的难易程度。中国之所以在历史上能够领先世界，是因为当时的技术比较简单，可以靠经验积累来完成，所以，中国较大的人口基数更容易产生技术创新。但是，现代技术不是建立在经验而是建立在科学实验基础上的，因此人多并不能保证更多的技术创新。第四类是思维方式说。李约瑟本人认为，中国之所以没有产生现代科学，是因为中国人重实用，而轻分析。第五类是资源约束说。明清之际的中国江南地区之所以没有发生工业革命，是因为工业革命的至关重要的资源煤炭在北方，运至江南的成本太高。第六类是人口约束说。这种观点认为，中国之所以在工业革命之前一千多年里领先世界，而后又被欧洲所赶超，是因为中国受到人口众多而资源匮乏的限制。由于中国人口众多，其就必须全力发展农业技术，以至于到欧洲工业革命时，中国的农耕技术远远领先欧洲，这包括复种、灌溉、密植、耕种工具的改良等。但是，农业技术的改进所带来的收益完全被新一轮的人口增长所吞噬；而人口的增长又进一步带动农业技术的改进。如此往复，中国在较高的农业水平上维持了巨大的人口。相反，中国工业的发展却受到了有限的资源的约束。

第五节　中国发展经济学的理论分析框架

我们建立一个如图1-7所示的中国发展经济学的理论分析框架。在这个分析框架中，生产率，或者更具体的来说，全要素生产率将是本书的主要线索。社会主义的根本任务是

---

① [英]李约瑟：《中国科学技术史（第一卷）：导论》，袁翰青、王冰、于佳译，科学出版社2018年版，英文原书为1954年出版。

② 姚洋：《发展经济学》，北京大学出版社2018年版。

解放和发展生产力①。正如下文以及后续章节将看到的那样，以生产率，更具体的来说，以全要素生产率为主要分析线索，是与中国经济发展实践相一致的。

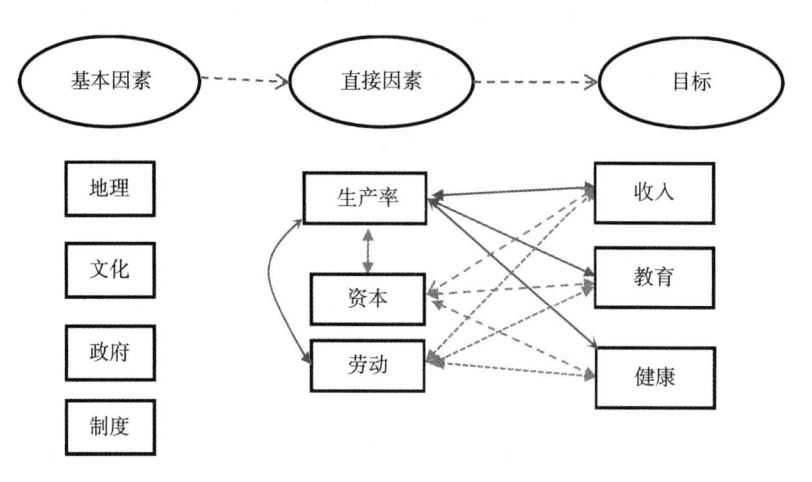

图1-7 中国发展经济学的基本理论框架

发展主要目标包括收入、健康和教育。收入又分为总收入、人均收入与收入分配，其中涉及增长、贫困与收入分配等问题。与通常的经济增长目标不同的是，健康和教育本身也是发展目标，而不仅仅是发展手段。

影响经济发展的因素非常多，这个框架中把这些因素分为直接因素与基本因素，前者包括生产率、资本和劳动，后者包括地理、文化、政府与制度等。主要作用机制是基本因素影响直接因素，直接因素影响发展目标。当然，有些直接因素会对基本因素有反作用，但这不是主要的。但是，发展目标与直接因素之间的相互影响更为明显。

生产率是影响发展直接因素的最主要变量，也是本书的主要分析线索。生产率来自三个方面，一是技术进步，二是效率改进，三是结构升级。当然，我们也可以将结构升级看作效率改进的一部分，但是通常研究的效率问题中并不包括结构问题，而且发展中国家结构问题更为突出，因此有必要将它单独列出来。

劳动投入中包括劳动投入数量和质量两个方面，前者与劳动力数量、就业率相联系，后者主要来自健康人力资本、教育人力资本、在职培训人力资本和工作经验等，后文中我们主要讨论健康人力资本和教育人力资本，这两个方面其实也是发展目标。

基本因素相对于直接因素来说是更慢的变量，其中的地理包括地理位置或区位、自然资源、气候与环境等。文化与一个国家的历史经历有关，而这在很大程度上取决于该国的

---

① 严格来讲，生产力和生产率这两个词有很大差异。但不可否认的是，它们本质上具有同一性，并且从度量的角度来看，实际上是难以区分的。参见张德霖《两大理论体系中的生产力与生产率理论的比较研究》，《经济研究》1990年第1期。

地理环境以及由此形成的人口与资源紧张关系和群体对此作出的反应。与文化习俗等对人的行为形成"软约束""潜规则"的因素相比，政府政策和制度则是"硬约束"或"显规则"，它们共同构成了个体与群体的规则约束空间。在第三章和第四章中我们将阐述这些基本因素对发展的影响。

本章小结

1. 我国经济发展，尤其是改革开放以来的经济发展，在总量增长、脱贫攻坚、关键领域改革以及关键技术突破方面取得了突出成就，尤其是总量经济增长方面的成就，被誉为"中国经济增长奇迹"。我国经济增长表现出明显阶段性特征，且地区发展不平衡依然突出。要素积累与全要素生产率增长共同推动了中国经济长期增长。

2. 经济增长和经济发展是既有联系又有区别的两个不同的概念。从经济整体角度来看，经济发展是指随着经济的增长而发生的社会经济多方面的结构性变化。从个体角度来看，经济发展是指大多数人福利的改进。

3. 人类的发展观，经历了从20世纪50年代的"发展等同于经济增长"到21世纪的"多维发展观"的演进。新人类发展指数（NHDI）是多维发展观下度量发展的基本方法。中国的发展观，践行并丰富了全球发展观。

4. 西方经济学说史中的发展思想渊源可以追溯到重商主义、亚当·斯密、熊彼特等流派或学者，中国传统文化中也有丰富的经济发展思想。

5. 发展经济学自诞生以来七十多年经济发展思想的脉络，大致可分为结构主义、新古典主义、新古典政治经济学以及侧重微观实证研究的新发展经济学四个阶段。

6. 各国经济快速增长，与工业革命有莫大的关系。

7. 在中国发展经济学的理论分析框架中，生产率、资本投入和劳动投入是影响多维发展目标的三个直接变量，其中生产率是最主要的；其他如地理、文化、制度和政府行为等是更为基本的因素，它们主要通过作用于直接变量而影响发展目标。

思考题

1. 经济增长与经济发展有何异同？
2. 你如何看待发展观的演进？
3. 发展经济学第一阶段与第二阶段有何不同？
4. 选择两个我们讨论过的影响发展的因素，讨论它们是否存在内生性问题？
5. 查找你所在的省（自治区、直辖市）自中华人民共和国成立以来的地区生产总值和人均地区生产总值，解释它们之间变化背后的原因。

第二章 生产函数与全要素生产率

学习目标
1. 理解生产函数及其性质。
2. 理解全要素生产率的内涵，熟悉它的五个常见具体来源。
3. 掌握增长核算与发展核算方法。
4. 了解全要素生产率的分解。
5. 理解无效率的原因。

党的二十大报告提出，"坚持以推动高质量发展为主题……加快建设现代化经济体系，着力提高全要素生产率"[①]。全要素生产率是本书的主要分析线索，也是本书核心变量。本章从生产函数出发，阐述生产率与全要素生产率的含义，详细解说全要素生产率的各个不同组成部分。

第一节 生产函数

一 生产函数及其性质

生产函数是我们分析很多问题的重要工具，它是指生产要素投入量与最大产出量之间的关系。任何类型的"投入—产出"关系或类似关系都可以用生产函数来刻画，比如一个国家或地区用资本投入（K）、劳动投入（L）来生产 GDP 或地区生产总值，一个行业用资本投入、劳动投入以及其他生产要素来生产出增加值，一个企业用机器和工人来生产出产品，农户用土地、劳动、农资来生产农产品，企业投入研发经费和科研人员来"生产"发明，学校用教室和老师来培养出学生，乃至老师用时间和笔墨来批阅作业，等等，都可以用生产函数来表述。实际上，生产过程中需要用到很多不同的投入。例如，一个企业生产离不开厂房、库房、机器设备、员工、电力或者从其他企业购进的半成品等生产投入。但是，除了在第十二章讨论投入产出表，本书在绝大多数情况下只会分析资本和劳动

---

① 习近平：《高举中国特色社会主义伟大旗帜　为全面建设社会主义现代化国家而团结奋斗——在中国共产党第二十次全国代表大会上的报告》，人民出版社 2022 年版，第 28 页。

这两种初级投入（primary input）与产出之间的关系，不考虑中间投入（intermediate input）对产出的影响。生产函数的代数表达式为：

$$Y = F(K,L,A) \qquad (2-1)$$

其中，Y 为产出，A 为全要素生产率，F 表示函数。产出可以是 GDP、地区生产总值、行业增加值或产品数量。资本投入是指物质资本的投入，它是由历史上物质资本投资形成的机器设备、厂房、机场、高速公路等资本存量投入生产性活动中的提供的资本服务流，通常可以简单处理成资本存量。劳动投入 L 则既可以包括劳动服务的数量，又可以包括劳动服务的质量。全要素生产率的具体含义将在本章第二节对它进行展开分析。在投入生产要素相同的情况下，A 提高意味着更多产出。

我们先讨论没有技术进步的情形，也就是生产函数由（2-1）式变为 $Y = F(K,L)$。对生产函数 F 性质的假设是非常重要的，因为它往往蕴含着所讨论问题的结论。生产函数通常会有关于边际收益与规模报酬这两个方面的假设。

假设 1：要素边际产量为正且递减

边际产量又称为边际报酬或边际生产力，从生产角度来看，它度量了增加最后一单位投入所增加的产出量；从要素回报来看，如果要素市场是完全竞争的，它等于单位要素的回报率。"边际产量为正"是一个使用非常广泛的假设，它表明其他要素投入不变，某一要素增加会使产出增加。边际产量递减则是指某种要素逐渐增多对产出增加的效应逐步减弱，这主要是因为生产过程中有其他固定投入，由于可变要素投入的增加，从而使要素组合从原来的较为匹配的状态转变为越来越不匹配的状态。例如，一块一百亩的耕地，刚开始时五个农民耕种，恰好耕种完，如果增加一个农民变成了六个农民耕种，虽然可以通过进一步精耕细作增加总产量，但是增加的总产量很可能没有原来的平均产量那么多，这就是边际产量递减。

劳动的边际产量为正且递减，用公式表示为：$MP_L = dY/dL > 0$ 和 $\partial MP_L/\partial L < 0$，这些式子中隐含着资本投入不变。图 2-1 刻画了资本投入固定不变时产出

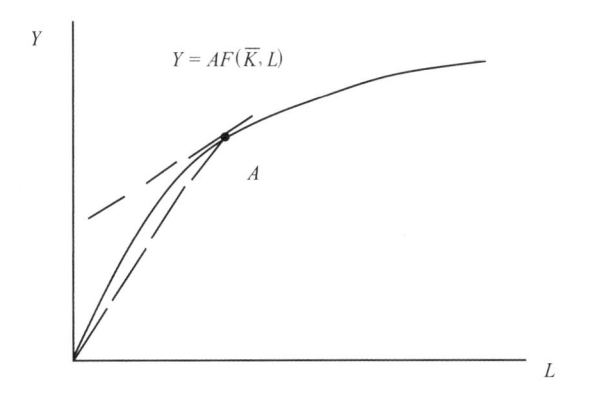

图 2-1 资本投入不变时的生产函数曲线

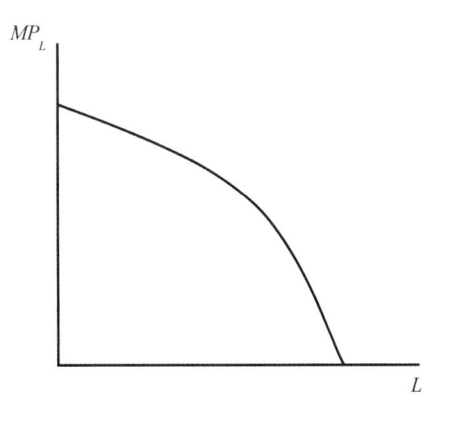

图 2-2 资本投入不变时的劳动边际产量曲线

和劳动投入之间的关系。图2-1中，点A的平均产量等于点A与原点连线的斜率，即点A产量除以劳动投入；点A处的边际产量等于其切线斜率，即产量的变化量除以劳动投入的变化量。劳动的边际产量为正且递减如图2-2所示。图中曲线位于横轴上方即为边际产量为正，曲线的斜率为负即为劳动的边际产量递减。

同理，资本边际产量为正且递减用公式表示为：$MP_K = \partial Y/\partial K > 0$ 和 $\partial MP_K/\partial K < 0$。

假设2a：规模报酬不变，即所有要素同比例增加时，产出增加的倍数也恰好与要素相同

在数学上，规模报酬不变其实是指生产函数是一次齐次的，用公式表示为：

$$F(xK, xL) = xF(K, L)$$

图2-3给出了单一投入要素下规模报酬不变条件下的生产函数曲线，此时生产函数为 $Y = F(L)$，其中横轴表示某种生产要素，纵轴表示产出，这时产出与投入同比例增加规模报酬不变假设应用相当广泛。

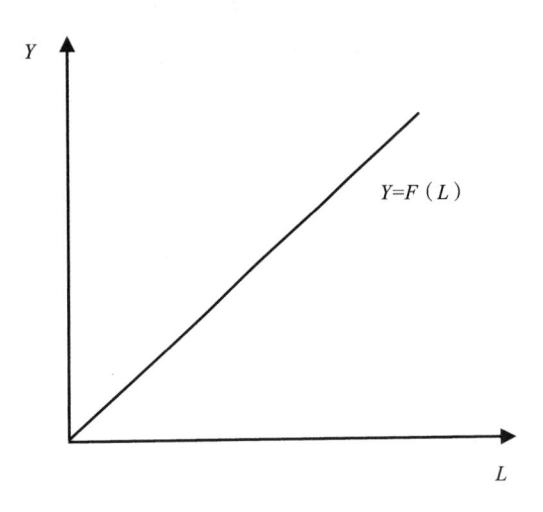

图2-3 规模报酬不变的劳均生产函数

如果生产函数是规模报酬不变的且要素市场完全竞争，则要使工资率w等于劳动的边际产品，资本回报率R等于资本边际产品，从而有欧拉分配净定理：$Y = RK + wL$。欧拉分配净定理显示，产出等于资本和劳动这两种竞争性投入的报酬之和。

假设2b：规模报酬递增，即所有要素同比例增加时，产出比要素增加的倍数更多

对于单个企业来说，规模报酬递增表示规模大的企业比规模小的企业更有效率，在集约化大规模生产中，生产的各部分可实现更加有效的分工协作；规模报酬递减表示规模小的企业比规模大的企业更有效率，因为厂商生产规模过大，使生产的各个方面难以得到有效的协调，从而降低了生产效率。对于整体经济规模报酬递增的原因，我们将在第八章中详细讨论。图2-4刻画了单要素规模报酬递增生产函数，其切线斜率不断增加。

二 产出与生产函数的变动

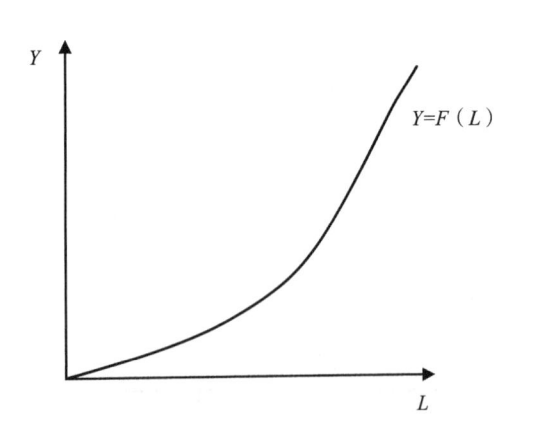

图2-4 规模报酬递增的劳均生产函数

要素投入的变动不会改变生产函数。在

没有技术进步的情况下，要素积累会使产出沿原函数曲线向右移动，如图2-5中点D变动到点A；反之，要素减少会使产出沿原函数曲线向左移动。

前面讲了无技术进步时的生产函数曲线变化，现在简单讨论有技术进步的情况。A代表全要素生产率。在既定生产要素下，全要素生产率提高会使生产函数向上移动，如图2-6中点A变动到点B；相反，全要素生产率降低会使生产函数向下移动，如点A向点C变动。

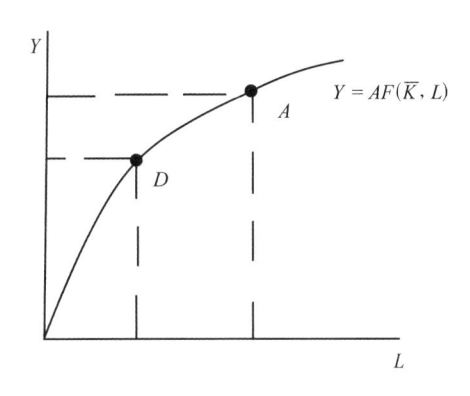

图2-5　无技术进步时生产函数曲线上点的移动

三　生产可能性边界与经济发展

生产可能性边界表示一个经济体在既定可得的生产要素与生产技术下最大产量的各种组合。在不存在技术进步和要素积累变动的情况下，生产可能性边界不会移动。以一国的工业和农业为例，生产可能性边界如图2-7所示。

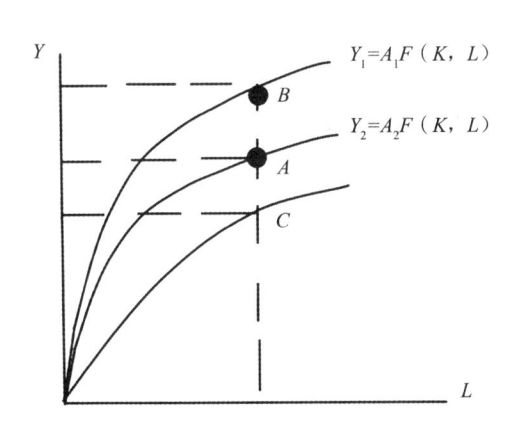

图2-6　有技术进步时生产函数曲线上点的移动

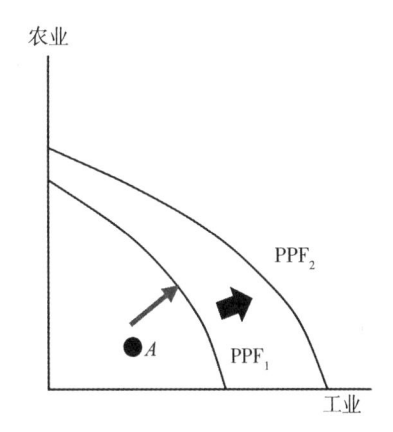

图2-7　生产可能性边界

生产可能性边界上的点代表实现了资源的充分有效利用，而内部的点表明还存在资源的浪费，因此，内部点向边界移动表示效率的提高，如图2-7中点A移向生产可能性边界PPF_1。技术进步或生产性资源增多使生产可能性边界向外移动，如图2-7中生产可能性边界由PPF_1移动到PPF_2。

第二节 全要素生产率含义及其核算

一 全要素生产率的含义

(一) 从生产率到全要素生产率

所谓生产率，本质上都是指产出与投入之比。在研究分析问题的时候，我们经常要问：不同国家间，哪个的生产率更高？农村部门和城市部门哪个生产率高？直观上讲，同样多的投入能生产更多产出的生产率更高，或者生产同样产出用的投入更少者生产率更高。但不幸的是，我们遇到的现实问题中往往很难找到"同样的投入"或"同样的产出"，我们遇到的现实问题中往往是投入和产出都不同的个体，因此，我们需要找到一个比较的基准，即求出产出与投入的比值，也就是求出平均来讲每一单位投入的产出。

当只用一种投入生产一种产出时，用产出与投入之比来衡量生产率是准确无误的，因为这种计算度量出了这种要素的所有贡献，乃至刻画了导致这种单一产出增加的全部原因。但是，当用多种投入来生产一种产出时，例如农民用劳动和土地两种投入生产粮食，仍然用上述方式来计算生产率，即用产出量除以投入量，就不那么好操作了。首先，第一个问题就是，现在有两种甚至更多投入，产出（如果只有一种的话）除以哪一种投入呢？实际上，产出除以任一要素投入如劳动投入都是可以的，但这时候计算出来的是偏要素生产率或单要素生产率[①]。单要素或偏要素生产率也是我们常用的分析工具，如劳动生产率会用于很多微观与宏观问题的分析，而且劳动生产率的短期周期性行为与全要素生产率非常类似。但是，从概念上讲，偏要素生产率存在一个问题，那就是我们计算出来的如劳动生产率，并不能反映劳动这种要素的贡献。就像数学中求导一样，偏导数的值取决于其他变量取值，劳动生产率的大小往往可能反映的是资本的作用，例如人均资本存量多的国家或地区通常劳动生产率高，这往往不能说明这些国家或地区的工人更"聪明能干"，而是反映他们拥有更先进的生产工具。

由此导致的用产出与投入比来度量生产率的第二个问题就是，如果我们想要要素的全部贡献，在多投入的情况下，需要把不同类型的投入进行某种"加总"平均，这样计算出来的生产率就不会出现上面那种偏要素生产率类似的不能反映要素贡献的情况。这种将不同类型要素投入加总平均计算总的或综合的投入水平，以此去除产出，计算出来的就是全要素生产率。但是，如何"加"总平均呢？下面我们将讲到，这显然涉及很多计算的技术细节。

(二) 全要素生产率的内涵

从上文的分析中我们也知道了全要素生产率的本质含义：将所有要素投入加总起来看

---

① [澳] 科埃利等：《效率与生产率分析引论》（第二版），王忠玉译，中国人民大学出版社 2008 年版。

作是综合的或者全部的投入要素，全要素生产率就是考察这种综合的或全部的生产要素的生产效率问题，即用产出去除以这种综合的投入要素，这实际上也是全要素生产率的名字来源。

上面的概念实际上也说明了全要素生产率的测量方法。在宏观经济学和发展经济学中，测量全要素生产率时往往考虑的是资本和劳动这两种投入。那么，这样测量出来的全要素生产率内涵是什么呢？它可能包括哪些具体内容呢？如果全要素生产率提高了，代表了什么具体含义呢？具体政策层面上我们应该怎样提高全要素生产率呢？要回答这些问题，实际上是要对全要素生产率进行解剖。笼统来讲，上面那种方法测量出来的全要素生产率实际上是包括了除资本与劳动这两种要素外所有其他能影响产出或经济增长的所有因素。也就是说，在影响经济增长的因素中，除了资本和劳动，其他未知的、已知的因素都进入了全要素生产率，所以有经济学家戏称全要素生产率是"对我们无知的度量"。从实证或测量的角度来看，全要素生产率实际上是一个非常含混的概念，包括了很多具体的内容。以下一些具体内容是全要素生产率来源的重要组成部分。

第一，最容易想到的应该是全要素生产率包括技术进步。全要素生产率的这种含义在经济学文献以及一些公开报道中是最为常见的，乃至在经济增长理论文献中，全要素生产率与技术进步具有等同含义。但我们需要记住的是，经济学家们（尤其是研究经济增长的经济学家们）并不是认为全要素生产率就是技术进步，有时在技术进步与全要素生产率之间画等号，是因为在理论文献中区分二者有时没必要甚至没可能。此外，全要素生产率中技术进步这一构成部分具有特别的含义，其一，它是全要素生产率中最活跃、变动最大的部分；其二，技术进步的程度决定了其他构成部分（尤其是效率）的变动范围。

第二，全要素生产率中还应该包括效率改进。效率改进可能来自宏观社会管理的进步，这使更多资源被用于生产性活动；也可能来自企业微观管理的进步，这导致企业更为高效地生产。许多经济理论文献发现，效率改进对全要素生产率的贡献比技术进步还大。当然，如果是依赖实证证据做出这一结论，需要对全要素生产率进行分解，至少分解为纯技术与效率两部分。我们这里说的效率是指在同样的技术和投入要素情况下产出的不同，也就是实际生产活动位于生产可能性边界之内，或者说资源未能有效利用。哪些具体原因会阻碍生产位于生产可能性边界呢？一是非生产性活动，也就是社会资源被浪费在没有实际投入生产的很多活动中。二是资源未能充分利用，"怠工"、失业、产能过剩。

第三，全要素生产率中还包括结构变化。这是一种来自发展经济学家的观点，其根源在于发展经济学早期的"结构主义"学派。早期的结构主义学派认为，经济社会结构变化会导致经济发展。结构变化提高全要素生产率的观点为早期的结构导致发展的观点提供了一个具体解释机制。结构变化提高全要素生产率的逻辑相当简单，当生产要素从低生产率部门或行业撤出转移到高生产率部门或行业时，投入没变，产出增加，从而全要素生产率提高。

第四，全要素生产率包括其他要素的价格变化带来的影响。虽然全要素生产率冠名"全部要素"，但是我们实际测量中，并不可能包括所有生产过程中使用的投入要素，其原因在于数据的可获得性并不支持我们这么做。通常情况是我们只能勉强有劳动投入、资本投入的数据可用,而且劳动投入与资本投入的测量本身也会有相当大的误差。在生产过程中被使用的能源、信息以及其他中间投入,常常不在我们的考虑范围之内。当这种情况出现时,假设某种要素比如能源的价格上升,从企业角度来看,能源相对价格更贵了,因此在给定产出情况下,需要重新调整投入要素的组合,比如会雇用更多的劳动力或使用更多的资本投入,由于计算全要素生产率时投入要素中没有考虑能源,而只是考虑了资本和劳动,这样,产出不变,资本和劳动投入增加,从而我们计算出来的全要素生产率必定下降,而实际情况是,我们上面讲到的企业的技术与效率并没有变化。

第五,全要素生产率包括运气好坏的成分。在经济发展过程中,诸如历史背景、地理位置、气候与自然资源等运气因素有时是相当重要的,因为它们会影响全要素生产率。历史背景会通过制度遗产对社会发展的进程与全要素生产率产生广泛的影响。地理位置的好坏会影响到贸易成本从而影响全要素生产率。气候与自然资源有时候就是生产过程中投入要素的一部分,比如农业生产本身就非常依赖土地与气候条件。

二 增长核算

增长核算是将一个国家或地区经济增长进行分解,最常见的做法是分解成两个部分,一个部分是要素积累增长的部分,另一个部分是全要素生产率增长的部分。因此,进行增长核算实际上是要回答这样的问题:一个国家或地区经济增长中,有多少是由要素积累增长引起的,有多少是由全要素生产率增长引起的?实际上,我们也可以将相同或类似的方法应用于微观企业或中观行业层面上。1957 年,索洛发表了名为"Technical Change and the Aggregate Production Function"的文章,这篇影响力巨大的文章进一步奠定了增长核算的理论和方法基础①。

增长核算需要假定一个技术进步为希克斯中性的新古典生产函数:

$$Y(t) = A(t) \cdot F[K(t), L(t)] \quad (2-2)$$

需要注意的是,这里的新古典生产函数不是哈罗德中性(或劳动增进型)的,这一点与理论模型有所不同。把生产函数设定为希克斯中性的是为了便于下面操作时把全要素生产率增长率和要素增长率分离开。对 (2-2) 式两边取对数并对时间求导可得总产出的增长率:

$$\dot{Y}/Y = \dot{A}/A + \left(\frac{AF_K}{Y}\right) \cdot \dot{K} + \left(\frac{AF_L}{Y}\right) \cdot \dot{L} \quad (2-3)$$

将 (2-3) 式等号右边第一个括号中的表达式同时乘以和除以 K,第二个括号中的表达式同时乘以和除以 L,可得:

---

① Solow, R. M., 1957, "Technical Change and the Aggregate Production Function", *Review of Economics and Statistics*, 39: 312 – 320.

$$\dot{Y}/Y = \dot{A}/A + \left(\frac{AF_K K}{Y}\right)\cdot(\dot{K}/K) + \left(\frac{AF_L L}{Y}\right)\cdot(\dot{L}/L) \qquad (2-4)$$

在要素市场是竞争性的情况下，那么每种要素投入的边际产品就等于其要素价格，也就意味着 AF_K 等于资本的租金率 R，AF_L 等于工资率 w。因此，$AF_K K/Y$ 是资本租赁报酬占总收入的份额，$AF_L L/Y$ 则是劳动的工资报酬占总收入的份额。

在规模报酬不变的新古典假定下，资本与劳动的收入份额之和等于1。如果用 $\alpha(t)$ 表示资本的收入份额，$\alpha(t) = AF_K K/Y$，那么我们可以把（2-4）式改写为：

$$\dot{Y}/Y = \dot{A}/A + \alpha(t)\cdot(\dot{K}/K) + [1-\alpha(t)]\cdot(\dot{L}/L) \qquad (2-5)$$

换言之，总产出的增长率 $\dot{Y}/Y$ 等于TFP的增长率 $\dot{A}/A$，加上两种要素投入的增长率的加权平均，这里的权重则是相应的收入份额。

$$\dot{A}/A = \dot{Y}/Y - [\alpha(t)\cdot(\dot{K}/K) + [1-\alpha(t)]\cdot(\dot{L}/L)] \qquad (2-6)$$

（2-6）式中全要素生产率的增长率被表达成了产出增长率与要素增长率的加权和之差，也就是产出增长率中扣除要素增长率后剩余的部分就是全要素增长率，这也就是全要素生产率增长率被称为索洛剩余的由来。实际操作中，要计算 $\dot{A}/A$，需要 Y、K 和 L 的增长率以及劳动者报酬份额这四类数据。我们可以进一步用全要素生产率增长率占产出增长率的比重即 $(\dot{A}/A)/(\dot{Y}/Y)\cdot 100\%$ 来表示全要素生产率对经济增长的贡献。

用这种分解方法进行的一些经典研究所得结论出人意料：一些典型的快速增长的经济体，如亚洲四小龙，它们有的其实主要是靠要素积累推动经济增长的，其政策含义很明显：这种增长模式并不可持续（见专栏2-1）。

专栏2-1　　两个城市的故事

经济增长核算一个有影响力的应用是Young[①]对中国香港和新加坡经济增长动力的研究。中国香港和新加坡长期以来一直是经济学家研究经济增长的热门对象，它们都是第二次世界大战后世界上增长最快的经济体之一。1960—1996年，中国香港人均GDP年增长率为6.1%，新加坡年增长率为7%。基于中国香港和新加坡具有一定的相似性，人们可能会预测他们也会有相似的经济增长来源，然而，经济学家Young的一项详细研究发现，中国香港和新加坡的经济增长大不相同，这让人们大吃一惊。

Young使用了与本章所述类似的增长核算方法，来分析1966—1990年中国香港和新加坡的增长情况。他发现，尽管生产率增长对中国香港的收入增长起到了很大的作用，但新加坡的收入增长几乎完全是由要素积累驱动的。在中国香港，生产率以每年2.3%的

[①] Young, Alwyn, 1995, "The Tyranny of Numbers: Confronting the Statistical Realities of the East Asian Growth Experience", *Quarterly Journal of Economics*, 110 (August): 641-680.

速度增长；在新加坡，可比数字为每年0.2%。

Young的发现被视为新加坡的坏消息，因为要素积累带来的经济增长不可能无限地持续下去。正如我们在第五章中所看到的，一个提高投资率的经济体，随着经济走向新的稳定状态，将经历过度增长，但这种增长最终会消亡。为了保持增长速度不变，投资率必须不断提高。事实上，在新加坡投资占GDP的比例从1966年的11%上升到1990年的40%。当然，投资率不可能永远上升。同样，新加坡劳动力的教育水平以不太可能持续到未来的速度迅速提高（1966—1990年，受过高中教育的劳动力比例从15.8%上升到66.3%）。

1994年，经济学家Paul Krugman[①]在 Foreign Affairs 杂志上发表了一篇颇具影响力的文章，认为Young的观点符合逻辑：新加坡的要素驱动型增长很快就会放缓。除非该国能够促进生产力增长，否则新加坡注定要走苏联的道路，苏联几十年来由于要素积累而迅速增长，但最终由于生产力的失败而停滞不前。

1996年，针对Krugman文章引发的争议，新加坡开始推动生产率的增长。政府发起了一系列活动，让企业分享生产理念并张贴海报，告诉工人"做好工作会让你感到自豪"。甚至，新加坡街头出售食品的4.6万名摊贩也通过政府提供的烹饪和管理培训、集中厨房和特许经营等项目而获得成功。

1978—2017年，中国全要素生产率获得较快增长（见图2-8和表2-1），年均增速为4.21%，同期中国GDP年均增速为10.7%，全要素生产率增长对经济增长的贡献接近40%。在这四十年间，1988—1997年这十年中全要素生产率对经济增长的贡献最大，达到42.25%；而2008—2017年贡献最少，仅为31.52%。全要素生产率既有技术进步，又包括效率提升。直觉来看，我国全要素生产率变化的大部分是来自改革带来的效率提升，当然也有相当部分是来自技术进步。1978年以后，中国先是释放了农村的活力，后来逐步释放了城市的活力，再后来逐步放开了人口流动以及加入世界贸易组织，经济活力进一步释放。1978—2008年，市场经济体制逐步建立，劳动力资源从"隐蔽性"失业的无效配置状态逐步得以改善，其他市场效率也得以极大释放。但是2008年之后，改革难度增加，边际效用递减，导致了全要素生产率对经济增长的贡献反而下降。所幸的是，此后我国研发投入极大增加，相信在扩张生产可能性边界方面能发挥极大的作用，以弥补失去由生产可能性边界内部的点向边界移动所带来效率提升机会的不足。

[①] Krugman, Paul, 1994, "The Myth of Asia's Miracle", Foreign Affairs, 73 (November/December): 62–78.

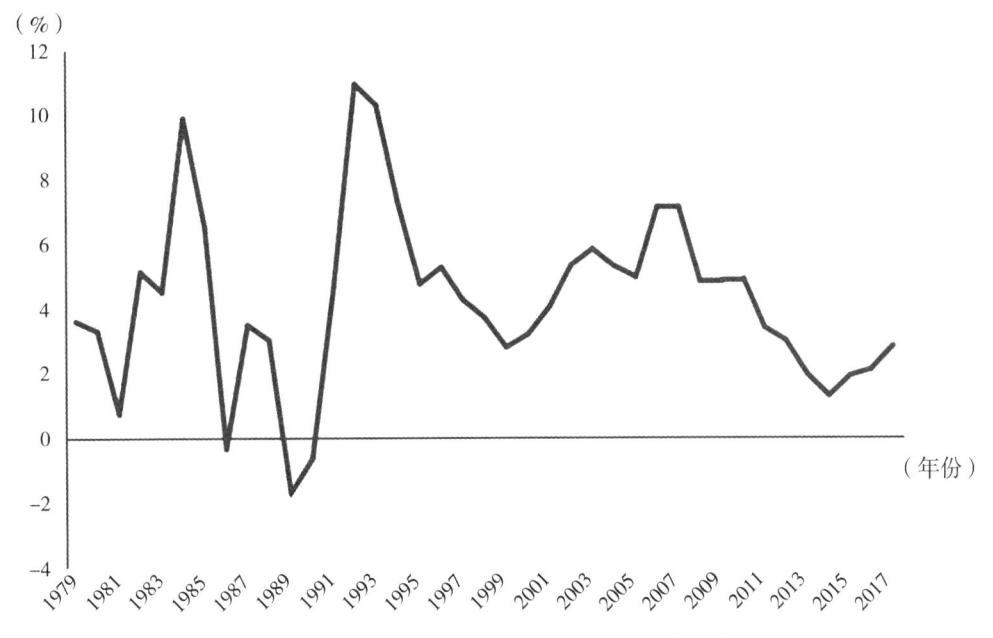

图 2-8 1979—2017 年中国全要素生产率增长率

注：全国 GDP、资本存量和劳动投入由蔡晓陈（2020）通过各省相应数据相加所得，与《中国统计年鉴》中全国数据有一定偏差。全国劳动者报酬份额为各省劳动者报酬份额的加权和，权数为各地区产出增加值。其他数据处理细节参见蔡晓陈（2020）。

资料来源：蔡晓陈：《中国各区域的技术进步速度与方向比较研究》，西南财经大学出版社 2020 年版。

表 2-1 1979—2017 年中国增长核算　　　　　　　　　　　　单位：%

年份	产出增长率	资本增长率	劳动增长率	TFP 增长率	TFP 对经济增长的贡献
1979—2017	10.70	12.25	1.89	4.21	39.30
1978—1987	10.07	10.18	3.10	4.06	40.27
1988—1997	11.21	12.31	2.20	4.74	42.25
1998—2007	12.91	14.34	1.49	4.93	38.19
2008—2017	9.84	13.40	1.07	3.10	31.52

注：全国 GDP、资本存量和劳动投入由蔡晓陈（2020）通过各省相应数据相加所得，与《中国统计年鉴》中全国数据有一定偏差。全国劳动者报酬份额为各省劳动者报酬份额的加权和，权数为各地区产出增加值。其他数据处理细节参见蔡晓陈（2020）。

资料来源：蔡晓陈：《中国各区域的技术进步速度与方向比较研究》，西南财经大学出版社 2020 年版。

三　发展核算

发展核算（development accounting）的目的是用于解释劳动生产率水平差异，也被称为水平核算（level accounting），它考察地区间劳动生产率差异有多少是由于劳均资本差异所致，有多少是由于全要素生产率差异引起的。劳动生产率与劳均收入、劳均产出在这里具有等同的含义。该方法最早实践者为 Denison[①] 和 Walters[②]。令生产函数为柯布—道格拉斯型：

$$Y = AK^{\alpha}L^{1-\alpha} \quad (2-7)$$

其中，Y 为实际产出，K 为资本存量（资本投入），L 为劳动投入。则地区 1 和地区 2 生产函数分别为：

$$Y_1 = A_1 K_1^{\alpha_1} L_1^{1-\alpha_1} \quad (2-8)$$

$$Y_2 = A_2 K_2^{\alpha_2} L_2^{1-\alpha_2} \quad (2-9)$$

两个地区生产率比值为：

$$\frac{A_1}{A_2} = \frac{\dfrac{Y_1}{K_1^{\alpha_1} L_1^{1-\alpha_1}}}{\dfrac{Y_2}{K_2^{\alpha_2} L_2^{1-\alpha_2}}} = \frac{Y_1/L_1}{Y_2/L_2} \bigg/ \frac{(K_1/L_1)^{\alpha_1}}{(K_2/L_2)^{\alpha_2}} \quad (2-10)$$

（2-10）式显示，两个地区的生产率差异，实际上是其劳动生产率差异中扣除了劳均资本存量差异后剩下的部分。从这个计算方法可以看出，进行发展核算时实际上得到的是任一地区（地区 1）与比较基准地区（地区 2）全要素生产率比值。如果有很多地区，我们可以将每一个除了基准地区外的地区按照（2-10）式进行计算，得到除了基准地区外的每一地区的相对劳动生产率、相对劳均资本存量以及相对全要素生产率，而基准地区的这三个指标都是取值为 1。

我们还可以进一步计算全要素生产率差异对解释劳动生产率差异的相对重要性。令 R_i^y、R_i^p、R_i^f 依次为任一地区 i 的劳均产出、全要素生产率、劳均资本与比较基准地区的比。两个地区的劳均产出比值是全要素生产率的相对比值与劳均资本相对值的乘积：

$$R_i^y = R_i^p \times R_i^f \quad (2-11)$$

（2-11）式取对数得到：

$$\ln(R_i^y) = \ln(R_i^p) + \ln(R_i^f) \quad (2-12)$$

计算左右两边方差得到：

$$Var(\ln(R_i^y)) = Var(\ln(R_i^p)) + Var(\ln(R_i^f)) + 2Cov(\ln(R_i^p), \ln(R_i^f)) \quad (2-13)$$

其中 Var、Cov 分别为方差和协方差。生产率的相对重要性为：

$$\frac{Var(\ln(R_i^p)) + Cov(\ln(R_i^p), \ln(R_i^f))}{Var(\ln(R_i^y))} \quad (2-14)$$

图 2-9 是以北京为比较基准计算的各省（自治区、直辖市）相对全要素生产率均值

[①] Denison, E., 1967, *Why Growth Rates Differ?*, Washington, DC: Brookings Institution.
[②] Walters, D., 1968, *Canadian Income Levels and Growth: An International Perspective*, Ottawa: Economic Council of Canada.

及其标准差。相对全要素生产率均值衡量的是总体生产率进展情况,标准差衡量的是各地区间的差异。以1998年为分界线,在此之前相对全要素生产率均值在上升,标准差也在增加,全要素生产率相对重要性超过60%;在此之后全要素生产率均值在下降,但是标准差也在减小,全要素生产率相对重要性降到60%以下。直观来看,在西部大开发之前,我国各省都发展较快,但是东西差距也在拉大,西部大开发战略的实施,使中西部地区经济运行效率提高较快,全要素生产率和劳均产出的区域性差异有所减小。

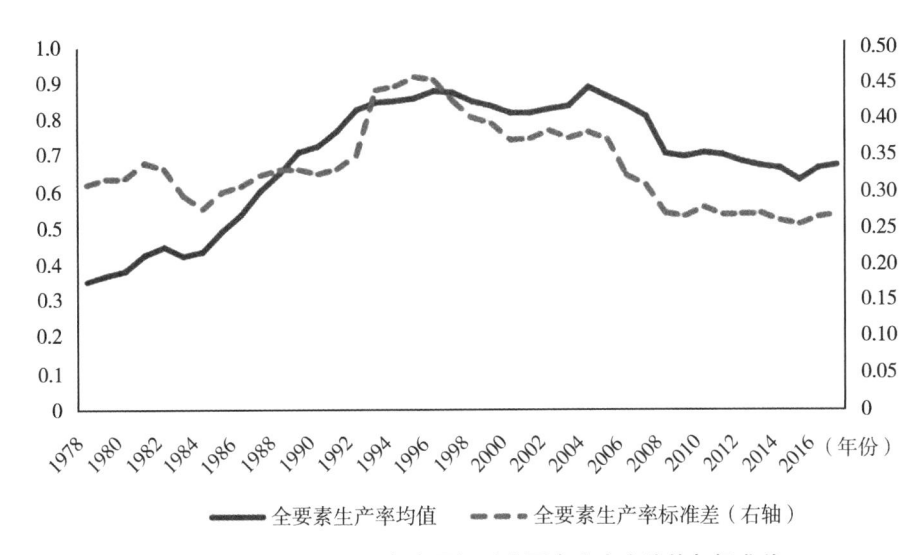

图2-9 1978—2016年中国相对全要素生产率均值与标准差

注：北京=1。
资料来源：蔡晓陈：《地区全要素生产率比较研究》，西南财经大学出版社2019年版。

第三节 效率

一 全要素生产率的分解

上一节中我们讨论了全要素生产率的内涵。基于数据可得性的生产率考虑,全要素生产率一般分解为技术进步和效率这两个组成部分。技术代表如何使用要素开展生产的知识体系,效率则测量的是技术与生产要素在何种程度上被利用。一个简单的数学表达式为：

$$A = T \times E \qquad (2-15)$$

其中,A、T、E 依次为全要素生产率、技术和效率。数据包络法(DEA)、随机前沿方法以及一定的计量方法可以实现技术与效率的分解[①]。表2-2中为用DEA方法所得的我国

---
① [澳]蒂莫西·J.科埃利等：《效率与生产率分析引论》（第二版），王忠玉译，中国人民大学出版社2008年版。

1978—2001年累积全要素生产率指数（在DEA方法中被称为曼奎斯特生产率指数）及其分解成的技术进步指数和效率指数[①]。全国平均的累积TFP增长率为57.8%，其中技术效率的提高为31.13%，技术进步率为23%，效率重要性超过技术进步。中部和西部都有类似特点，东部则相反，技术进步的重要性超过了效率的重要性[②]。也就是说，生产率之间的差异大部分可以由效率差异来解释，除非存在巨大的技术差距。

表2-2 1978—2001年中国累积全要素生产率指数及其分解

	东部平均	中部平均	西部平均	全国平均
生产率	1.6609	1.653	1.3933	1.578
技术	1.4982	1.059	1.0922	1.230
效率	1.1109	1.557	1.2833	1.3113

资料来源：颜鹏飞、王兵：《技术效率、技术进步与生产率增长：基于DEA的实证分析》，《经济研究》2004年第12期，表4。

二 无效率的原因

本小节结合具体案例来论述四种不同形式的经济无效率，并分别探讨其无效率的原因。

（一）非生产性活动

正因为资源具有稀缺性，经济学才会深入探讨资源的合理配置问题。投入非生产性活动的资源越多，意味着投入生产的资源就越少。生产性活动可以创造出经济价值，而非生产性活动无疑是对资源的一种浪费。人们从事非生产性活动，无非是出于一己之私，涉及再分配问题，也就是说这些活动对个人是有利的，但是并没有增加整个社会的财富。这甚至可能是为了牟取暴利，不惜铤而走险触犯法律，如偷盗、抢劫。正如马克思所言，资本如果"有百分之五十的利润，它就铤而走险；为了百分之一百的利润，它就敢践踏一切人间法律；有百分之三百的利润，它就敢犯任何罪行"[③]。

非生产性活动的一个典型例子就是寻租（rent seeking）。寻租是指通过向政府机构或相关人员支付钱财以换取政府行政权力所赋予的垄断地位并谋取垄断利润或经济租（economic rent）的非生产性活动。当企业供给某种产品，且该产品没有相近的替代品时，这样的企业就是垄断企业。垄断可以分为两类：一是自然垄断，由于规模经济而产生；二是政府制造的垄断，这正是某些企业通过寻租想要达成的目的。寻租行为破坏了企业间的良

---

① 颜鹏飞、王兵：《技术效率、技术进步与生产率增长：基于DEA的实证分析》，《经济研究》2004年第12期。
② 需要注意的是，DEA方法测量出来的全要素生产率指数其实是相对值，即与某个基准地区的比值。在颜鹏飞和王兵（2004）一文中，上海是每年计算所得的效率前沿基准，即上海每一年的效率指数均为1。
③ 《马克思恩格斯选集》（第2卷），人民出版社1972年版，第265页。

性竞争，为少数人提供了获取超额利润的机会。

寻租会导致垄断，垄断又会导致低效率和无谓损失（deadweight loss）。垄断者的边际收益总是小于其物品的价格，而追求利润最大化需要满足边际收益等于边际成本，因此，垄断会造成无谓损失，如图2-10中阴影区域所示。

一些国家的政治游说活动其实就是寻租。美国"枪支暴力"问题屡屡发生，控枪法案却难以落实，除了文化背景的原因，还有来自游说集团的阻碍。"美国全国步枪协会"作为美国共和党的主要支持者和捐助者之一，使用来自百万会员的庞大资金对政府官员进行游说，每年的寻租活动支出达上亿美元。

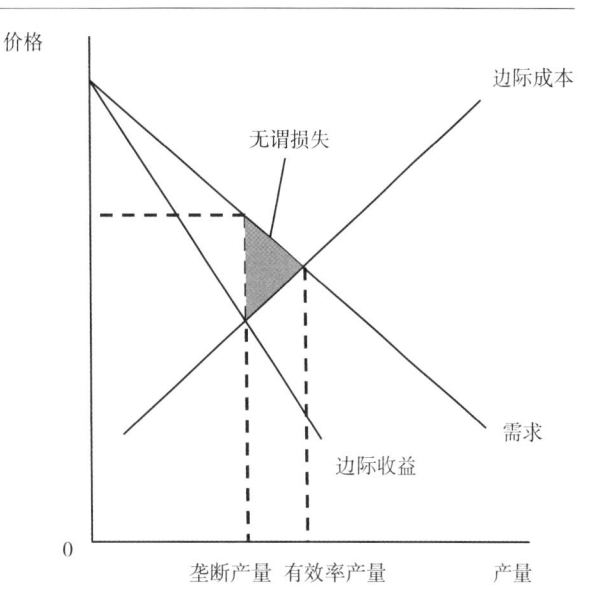

图2-10 垄断造成的无谓损失

（二）资源闲置

资源闲置就是资源未被利用或者未得到充分有效的利用，这种闲置也会导致经济的无效率。资源闲置的第一个原因是经济。1929—1933年大萧条期间，美国GDP猛降了30%，引发了工厂店铺倒闭、生产机器停工等一系列连锁反应，无数家庭在失业浪潮中难以维系。资本主义经济危机的周期性使周期性失业始终存在，周期性的失业和资本闲置也始终存在。从这个意义上讲，经济无效率的恶果无法根除。

资源闲置的第二个原因是政策。北宋军事颓势日显，很大程度上是受"三冗"所累。"三冗"之一的冗官使北宋官僚机构臃肿、人员冗杂。首先，北宋崇文抑武，每次科举录取人数较前朝大大增加，加上北宋的进士及第无须再次考核，即可获得一官半职，且大多都是虚职，挂着名就能领俸禄。其次，北宋的恩荫制度使官僚、贵族的后代能够轻易做官，享受特权。由于奉行祖宗之法，北宋官员队伍日益冗杂，行政开支也随之扩大，最终成了拖垮北宋的诱因。国企改革之前，许多国有企业内部人浮于事，出现"一个和尚挑水喝，两个和尚抬水喝，三个和尚没水喝"的尴尬局面，这也是一种资源的闲置。

（三）要素错配

上述两类无效率是由于资源没有被用于生产，而要素配置不当是指资源被用错了地方。同样的资源，如果被放在其他地方，可以更有效率地生产出更有价值的产品。经济无效率的形式之一是要素的部门配置不当（misallocation among sectors）。它可以发生在城市地区和农村地区之间，也可以发生在一国内任何不同区域之间，还可以发生在不同行业部门之间。

想要弄懂要素的部门配置不当为何发生,我们需要先明了这样一个问题:资源怎样在部门间的配置中才能发挥出最大价值?

我们做出一个简单假设,经济体中只有部门 A 和部门 B 这两个部门,两部门产出之和就等于经济体的总产出。在各部门资本投入量保持不变的情况下,劳动力在两部门之间如何配置,才能实现总产出的最大化呢?

图 2-11 显示的是部门间劳动的合理配置。横轴 L 代表各部门的劳动量,纵轴 Y 代表产出。两条劳动边际产量曲线分别是各部门劳动量的函数。从左往右表示部门 A 的劳动量,从右往左表示部门 B 的劳动量。两曲线交点表示两部门劳动边际产量相等且劳动力得到充分利用,该点即两部门劳动量的最优配置。

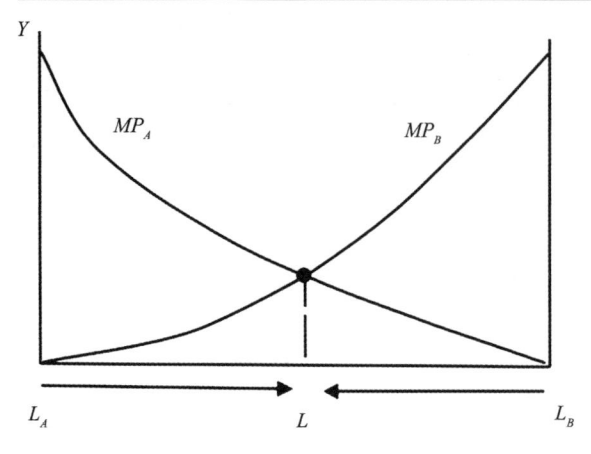

图 2-11 两部门资本投入量保持不变的情况下部门间劳动的合理配置

再假设两部门劳动边际产量不相等的情况。此时,配置在部门 A 的劳动量过多,部门 A 的劳动边际产量低于部门 B 的劳动边际产量。当劳动力从部门 A 转移到部门 B,部门 A 的劳动边际产量会增加而部门 B 的劳动边际产量会下降,但部门 B 产出的增加将大于部门 A 产出的降低量,最后直至两部门边际劳动生产率相等,则经济总体产出的增加量等于图 2-12 中的黑色三角形。

在自由的市场经济中,劳动力会自发地在部门间实现合理配置。这可以从工资角度解释。在资本量不变时,如果两部门的劳动力市场都是完全竞争的,实际工资就等于劳动的边际产量。若部门 B 的实际工资更高,劳动力就会从部门 A 向部门 B 转移,而由于劳动的边际产量递减,部门 B 的实际工资随之降低,直至两部门实际工资相等。若部门 A 的实际工资更高,也是同理。最终情况是,同样的劳动投入无论在哪个部门都可以获得同等报酬,劳动力得到了充分回报。两部门的劳动边际产量相等,即实际工资相等。因此,当两部门的劳动边际产量相等时,可以达到最大的经济总产出。亚当·斯

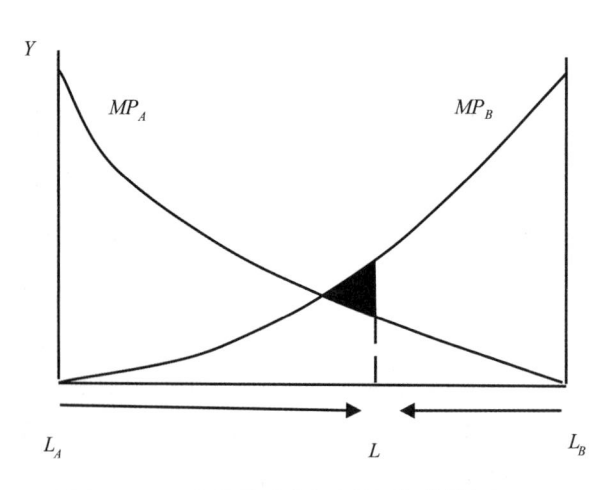

图 2-12 两部门劳动边际产量不相等的情况下部门间劳动的合理配置

密在《国富论》中用"看不见的手"来形容理性人追逐私利的同时,也促进了社会利益,其效果甚至比其真正想促进社会利益时所得到的效果更好。

当然,上述的前提是在理想状态下。很遗憾,在现实中,最优配置是无法实现的,主要受到两个方面的阻碍。一是流动性障碍。更换工作部门或地点需要克服经济、技能、文化、心理等各方面的障碍。一些欧美国家比中国工资水平高,但光是签证、语言、生活费就足以打消许多人的热情。所以,即便知道更换部门后可以获得更好的工资待遇,一些人也不愿意换。这样就产生了边际产量的差异,差异会随障碍的增大而增加。与过去相比,如今的交通和通信技术都比较发达,流通成本大大降低,削弱了流通性障碍,经济变得更有效率。二是工资不等于边际产量。最优配置的前提是假设工资等于边际产量,若这一前提不成立,显然劳动力就无法在部门间自发地流动。若将一个家庭看作经济体,一个人就视为一个部门,父母当然不会因为儿子好吃懒做就不给他饭吃,此时,个人获得的报酬也不等于其边际产量。

如果我们已经理解了要素合理配置受到的阻碍,显而易见,若能克服上述阻碍,要素在部门间的配置就能得到优化。以"亚洲四小龙"之一的中国台湾省为例,从农业向制造业的重新配置是其经济飞速增长的一个主要原因。1966—1991 年,中国台湾从农业部门向其他部门转移对经济增长的贡献占到了年经济增长率 5.4% 的 0.7 个百分点。再看美国,1880—1980 年,农业劳动力比例从 50% 降至 3%,其平均工资上升到工业劳动力工资水平的 69%。劳动力地区之间的流动,最壮观的例子就是中国。改革开放后,劳动力在从农业转移到工业时,同时也从农村转移到了城市,从西部内陆转移到了东部沿海。

企业之间也存在要素配置不当的问题,类似于要素的部门配置不当。企业间在组织、技术、管理等各方面都存在差异,在自由竞争的环境中,企业遵循优胜劣汰的原则,资源会自发实现合理配置,从生产率低的企业转移到生产率高的企业,进而提高了经济体的整体效率。但是,当企业与企业进行合谋垄断,小企业让出部分利益以换取大企业的提携,这种情况下,小企业的部分要素就不能完全被大企业吸收。实施贸易保护主义的政府通过向外国产品征收高额税收,也会破坏要素的合理配置。

(四)技术阻塞

技术阻塞是在不存在技术壁垒的情况下,"知其可为而不为之",不采用更有效的技术。这种形式的无效率乍一看令人困惑,显然,技术进步是大势所趋,绝没有倒退的道理,怎会有人阻止先进技术的应用与推广呢?事实上,技术阻塞往往是出于利益团体的短视和私欲。

第一次工业革命以机器取代人力、兽力,以大规模的工厂生产取代个体工场手工生产,使社会发生了巨大的变革,对人类的现代化进程起到不可替代的作用。它把人们推向一个崭新的蒸汽时代的同时,也不可避免地对原有生产关系产生了巨大冲击。英国 19 世纪初的卢德运动就是在拿破仑战争严酷的经济环境与新纺织工厂的恶劣工作条件中酝酿形成的。"卢德分子"们主要反对广泛被使用的、造成众多有技术的纺织业者失业的自动织机,这些织机可以由廉价雇用而没有技术的劳工操作。许多工厂以及其中的机器在卢德运动中被失业工人焚毁。现在,"卢德分子"或"新卢德分子"一词用于描述工业化、自动化、数字化或一切新科技的反对者。

2020年,一些欧美国家的民众抵制5G技术,认为是5G带来了辐射甚至新冠病毒,在英国,数十座信号塔遭到纵火或暴力破坏,而这些都是3G或4G信号塔,并不能发送5G信号。这类被广泛报道的反智主义现象是"逆全球化"的一种反映。

大部分情况下,技术阻塞是出于利益团体为私利所做的考量。关于技术阻塞有三个结论:第一,先进技术可以造福整个社会,却会损害到某些人的利益。经济学家约瑟夫·熊彼特提出了"创造性破坏"理论(见第一章和第八章)来解释技术进步的负面影响,新技术在创造更多福利的同时必然也会挤压旧团体的利益空间。第二,不光是普通民众,政客名流也可能会带头反对新技术,只要有足够大的利益驱使。第三,技术阻塞可能成功也可能失败,成败关键在于角力双方的强弱。

三　深化改革、营商环境与效率

自1978年以来,我国不断深化改革,从农村的土地承包责任制到国有企业改革,从户籍制度到教育体系,从住房制度到社保体系,等等,逐步理顺整个社会的资源配置关系,极大地提高了整个社会的运行效率,是我国全要素生产率提高的主要来源之一。2013年11月召开的党的十八届三中全会通过的《中共中央关于全面深化改革若干重大问题的决定》提出,使市场在资源配置中起决定性作用,即"凡是能由市场形成价格的都交给市场,政府不进行不当干预"。

近几年推进的"放管服"(简政放权、放管结合、优化服务)极大地改善了中国营商环境,也成为提升中国宏观经济运行效率的重要手段。自2003年起,世界银行就发布了年度《营商环境报告》。该报告从10个领域衡量了营商环境,即开办企业、办理施工许可证、获得电力、登记财产、获得信贷、保护少数投资者、纳税、跨境贸易、执行合同和办理破产。2018—2020年的报告中,中国营商环境排名都大幅上升,2017年度排名第78位,2018年度排名第46位,2019年度进一步上升到第31位。《2020营商环境报告》(记录的是2019年度数据)指出,中国在开办企业、办理施工许可证等八个领域的改革取得突破进展。

本章小结

1. 生产函数是分析发展问题的核心工具。经济学家通常假定生产函数具有如下性质:要素边际产量为正且递减、规模报酬不变或递增。规模报酬递增在发展中经济体更为常见。

2. 全要素生产率考察综合的或全部的生产要素的生产效率问题,它将所有要素投入加总起来看作综合的或者全部的投入要素,用产出去除以这种综合的投入要素。它的具体来源包括技术进步、效率改进、结构变化、(模型中未考虑到的)其他投入要素的价格变化以及"运气"的好坏(地理、气候、历史等因素)。

3. 增长核算是将一个国家或地区经济增长分解为要素投入增长与全要素生产率增长两部分,它要回答的问题是一个地区经济增长中有多少是由要素积累或全要素生产率增长引起的。普遍认为,中国全要素生产率增长对经济增长的贡献占比较高。

4. 发展核算目的是用于解释劳动生产率水平差异,即国家或地区间劳动生产率差异有多少是由于劳均资本或全要素生产率差异所致。在中国省级地区劳动生产率差异的解释因素中,全要素生产率的差异超过了人均资本存量的差异。

5. 生产率可以分解为技术与效率,生产率之间的差异大部分可以由效率差异来解释。

6. 无效率的原因包括非生产性活动、资源闲置、要素错配、技术阻塞等。

思考题

1. 为什么测算生产率比测算产出、物质资本和人力资本更困难?
2. 请简述发展核算与增长核算的含义。
3. 请简述绝对收敛和条件收敛的含义。
4. 发展核算与增长核算之间的区别是什么?
5. 要素积累和生产率在解释不同国家之间的收入水平差异时各占多大比例?
6. 要素积累和生产率在解释不同国家之间的收入增长差异时各占多大比例?
7. 什么是效率?效率、技术和生产率三者之间有什么关系?
8. 假设 A 国和 B 国的生产函数均为 $y = Ak^{1/2}$,相关数据如下表所示。请计算两个国家的生产率水平 A。

	A 国	B 国
劳均产出(y)	100	200
劳均资本(k)	100	100

第三章 制度、政府与经济发展

学习目标
1. 理解制度的含义，熟悉制度影响经济发展的机制。
2. 了解制度变迁的经济逻辑。
3. 了解市场失灵中政府的作用，理解政府的发展职能和政府失灵。
4. 领会协调失灵的思想，深入理解大推动理论。

所有经济行为主体都是在既定的制度与政策空间约束下行动并对经济激励作出反应的。制度和政府政策是影响发展的基本因素，在很多情况下，相对于资本等变量来说，制度和政府政策是慢变量，但是，从更长的时间维度以及更大的行为主体视角来看，制度和政策又是内生的，它们也是对环境作出反应的结果。

党的二十大报告提出，"构建高水平社会主义市场经济体制"[1]。其中既包括一些基本经济制度，如坚持和完善社会主义基本经济制度，毫不动摇巩固和发展公有制经济，构建全国统一大市场，也包括一些具体的政府政策内容，如深化简政放权、放管结合、优化服务改革、完善产权保护、深化要素市场化改革、加强财政政策和货币政策协调配合、加强反垄断和反不正当竞争等。

制度和政府政策有很大关联性，本章第一节基于新制度经济学的视角阐述制度与经济发展的关系，而第二节和第三节都是阐述政府干预市场活动的必要性，也就是市场失灵，其中第二节是阐述微观上的市场失灵，第三节是阐述宏观上的市场失灵即协调失灵。

第一节 制度与经济发展

一 制度的含义

我们日常生活中经常说到的"制度"这个词，它的含义其实是非常含混不清的。即使是以制度为主要研究对象的新制度学派中，不同的学者对制度的界定差异也较大。

---

[1] 习近平：《高举中国特色社会主义伟大旗帜 为全面建设社会主义现代化国家而团结奋斗——在中国共产党第二十次全国代表大会上的报告》，人民出版社2022年版，第29页。

制度是能够约束人们行为的一系列规则①。这种规则包括经济规则、社会规则和政治规则等。制度不仅对人们在社会活动中能为和不能为作了规定，而且在更广义上，制度也是人们在现实中所形成的各种经济、社会、政策、组织或体制的集合体，是一切经济活动与种种经济关系产生和发展的框架。

制度可以分为正式制度和非正式制度。正式制度，也称正规制度，是指那些书面的、成文的并明确由国家或组织执行的制度。经由集体同意的制度，即通过某种社会加总机制，被利益相关者所同意、所接受的制度，一般比不成文的规则更精确。非正式制度，或非正规制度，是不成文的、很多时候没有明确执行者的制度。它没有很明确的加总过程，可能是在长期的演化过程中形成的一种社会均衡。非正式制度由社会规范、文化、价值观和习俗等组成。

正式制度和非正式制度在共同规范着人们行为的同时，往往也存在着复杂的相互作用。首先，法律往往会随着文化和社会规范的演变而变化；其次，当实施一套与现行社会规范不一致的正规法律或正式制度是非常困难的；最后，正式制度往往会强化非正式制度的影响。一般认为，正式制度只有在与非正式制度相容的情况下才能发挥作用，否则，意识观念等原因会导致人们存在抵触情绪，从而使正式制度丧失功效。

二 制度在发展中的作用

新制度经济学派阐释了制度的重要性，它们的一个核心观点是：制度最重要。新制度经济学家诺斯观察到，1600—1850年，航运制度和市场制度发生了变化，降低了海洋运输成本，因此海洋运输业中虽未出现大的技术进步，最终海洋运输的生产率却得到了提高。所以，诺斯认为"制度提供了一种经济的刺激结构，随着该结构的演进，它规划了经济朝着增长、停滞或衰退变化的方向"②。

制度（以及政府政策）有时被称为社会基础设施（social infrastructure），意在表明它和道路、桥梁等基础设施一样提供公共服务。在经济增长核算分析中，全要素生产率有相当大的比例可以归于制度的改进。制度的作用可以分为两类，一是激励要素积累，二是节约交易成本。

（一）激励要素积累

对于经济发展而言，制度最重要的功能是提供激励并由此不断扩展生产可能性边界，也就是激励要素投入与积累，提高生产能力。制度激励可以使投入生产的劳动投入、资本投入乃至技术创新增加。

改革开放前，我国采取计划经济体制下的社会的收入分配模式，城市绝大部分都是通过国家的指令性和指导性的行政计划来实现分配，农村则是村集体"吃大锅饭"，在同一

---

① ［美］道格拉斯·C.诺思：《制度、制度变迁与经济绩效》，杭行译，格致出版社2016年版。
② 谭崇台：《发展经济学》（研究生教学用书），山西经济出版社2001年版。

个单位或村集体，干得好与坏，收入差异不大，对工作努力程度激励明显不够，出现了很多"出工不出力"的现象。改革开放后，逐步实现了按劳分配，极大激发了劳动者的积极性，这一制度变革是我国改革四十多年来经济飞速发展的重要制度基础。

生产性投资的激励制度对于经济发展尤为重要。经济起飞的一个必要条件是生产性投资需要达到一定的比例，但是传统社会的习俗与正式制度却鼓励人们奢侈性消费或者将储蓄用于非生产性用途，如修建豪华墓地。因此，要实现经济起飞，必须转变正式与非正式制度，鼓励人们为了寻利而投资。西班牙、葡萄牙虽然历史上曾经拥有大量的财富和先进的技术，但其国内腐朽落后的封建制度阻碍了财富和技术用于商业用途，因此未能成为现代经济增长的"领头羊"。

在激励人们投资活动的制度体系中，产权制度是最基本的制度。产权是指资产的所有权，这种所有权表现为对财产的占有、使用、收益、处置。当产权面临风险时，无论涉及的是占有权，还是使用权、收益权、处置权，投资意愿都会下降。一个明显的例子是美国的长臂管辖。美国制定国内法律规定，购买使用了很少比例（25%）美国技术或原材料投入的设备，美国有权规定其用途，剥夺了购买者的使用、收益与处置权。这种长臂管辖必然影响人们购买含美国技术的资产的意愿。

发明创造通常都是基于寻利动机，因此，让发明者从他们的劳动成果中获得更多利益能提高技术创新的速度。各国专利法正是基于这一激励动机而设计。《中华人民共和国专利法》第一条明确指出："为了保护专利权人的合法权益，鼓励发明创造，推动发明创造的应用，提高创新能力，促进科学技术进步和经济社会发展，制定本法。"世界上最早的专利法《1474年威尼斯专利法》也明确指出："［如果］规则有利于天才们创造出作品或发明设备，那么其他人可以了解这些作品或设备，但不能建造这些东西，否则就是剥夺发明人的荣耀，更多的英国人利用他们自己的聪明才智……并且为造福整个国家创造巨大的效用。"[①]

（二）节约交易成本

人类的经济活动可以分为生产性活动与交易活动。制度安排可以节约交易成本。与激励要素积累功能不同，制度节约交易成本主要是提高静态资源配置效率。交易成本来自交易前准备合同的费用和交易后监督与执行合同的费用，包括发现价格和寻找交易者、谈判与订立合同、执行合同与违约救济措施等费用。交易费用受到商品和服务的多维属性、信息不对称和机会主义行为、分工和专业化程度等因素的影响[②]。随着分工与专业化程度加深，交易变得越来越复杂，交易成本越来越高。高昂的交易成本会导致市场失灵。

第一，信息问题及其制度化解决。即使是一个简单的交易，也会涉及很多信息问题。当买卖的一方比另一方拥有更多关于产品质量的信息，我们将它称为信息不对称（详见下一节）。信息不对称可能会导致两种后果，一是逆向选择，即对于事前的状态（如产品质

[①] 转引自 Weil, D. N., 2013, *Economic Growth*, 3rd., Pearson Education。

[②] North, D. C., 1987, "Institutions, Transaction Costs and Economic Growth", *Economic Inquiry*, 25 (3): 419 – 428.

量)的信息不对称;二是道德风险,即对于事后的行为或状态的信息不对称(如签订保险合同后被保险的人冒险行为)。处理这些信息需要花费成本,搜寻处理信息的成本属于交易成本的一部分。当双方信息不对称较为严重时,会阻碍交易进行。

信息问题可用制度化方式解决,如相关法律会规定信息披露规则,即交易的一方有义务披露与此交易有关的信息。例如,房子的出让方必须披露一栋房子过去修理或损坏的信息;一家公开上市的公司必须披露公司商业交易和公司治理有关的信息。十多年前,二手房中介交易市场混乱,买家很多时候无法知道房屋的准确信息,后来链家等中介作为信息生产方,推行真实房源信息等相关制度,便利了二手房交易。评级机构作为信息生产方与链家作用类似。行业准入规则可要求候选人进入一定的领域时应当获得相应的证书或通过特定考试,以此作为进入某一专业领域的规则,来筛选出一部分不合格的人。以医生为例,大多数国家都严格规定了医疗专业人员的资格,这样患者便可以区分合格与不合格的医生。产品保修等有法律效力的承诺以及品牌也是表明产品和服务提供方降低信息收集成本的手段。

第二,承诺问题及其制度化解决。当交易的双方有一方违背他向另一方所做的承诺,就会导致承诺问题。承诺问题在交易中普遍存在,因为很多交易并不是一手交钱一手交货后就完事,经常发生的是交货先于付款或者反之,甚至一手交钱一手交货时也存在产品保修保质等后续问题。

交易双方签订一份合同,使承诺具有法律效力。一旦某一方毁约,另一方便可以去法院要求惩罚毁约方。交易双方都知道一旦自己违约就会被法律这一正规制度所惩罚,双方都不会轻易违背承诺,如此一来,正规制度起到了强大的威慑作用,减少双方事后扯皮的交易成本。

第三,合作问题及其制度化解决。现实生活中很多问题需要合作。如果每一方都从自己利益角度出发作出选择,最终结果很可能是对双方都不利,这就产生合作问题。囚徒困境就是一个典型的合作问题的例子。

警方逮捕了两名犯罪嫌疑人 A 和 B 进行审问,试图让两人招供他们的共同犯罪行为。两个犯罪嫌疑人分别关在不同房子里,彼此不能串供。如表 3-1 所示,若 A、B 两人都招供,将被判处 2 年监禁;若都不招供,则被判最长 6 个月的监禁。当 A 招供而 B 不招供,A 将被立即释放而 B 将被判 10 年监禁,反之亦然。博弈论告诉我们,最终将出现纳什均衡,即双方都招供。在囚徒困境中,双方都只追求自身利益会导致所有人的结果都是次优的。囚徒困境也经常被当作自由放任制度无效率的标志。

表 3-1 囚徒困境

	B 保持沉默	B 招供
A 保持沉默	两人均获刑 6 个月	A 获刑 10 年,B 立即释放
A 招供	A 立即释放,B 获刑 10 年	两人均获刑 2 年

合作问题中的制度解决方案，实际上是解决相关方的成本收益分摊问题。如果不按照制度规定开展行动，就会受到制度更大的惩罚。由此可见，制度的执行力是能够使它有效运行的保证。

三 制度变迁

制度不是从来就有的，也不是一成不变的。那么制度如何产生的呢？供求分析是制度分析的一般工具。一项制度的出现是制度的需求力量与制度的供给力量均衡的结果，环境的变化打破了原有成本收益均衡，因而有了新的制度供给与需求从而实现新的制度均衡，这是制度分析的最基本的思想[1]。因此，制度需求分析的关键在于对制度的成本与收益的比较。

（一）制度供给与需求

从社会整体来看，只有制度的总收益大于其成本，才为制度的出现提供了经济的合理性。一项制度之所以能在社会存在，是因为它在激励要素积累与降低市场交易的成本方面能给人们带来收益（这种收益有很多表现形式，有时是减少当事人的风险、直接的经济收益或是实现当事人更高的伦理观或道德观取向而带来的心理满足），并且这个收益超过制度制定与执行本身的成本。前者形成制度的需求，后者主导了制度的供给。边际收益等于边际成本同样决定了制度的"均衡"。

能够影响从制度安排中获得收益的因素就是影响制度需求的因素，其中主要影响因素有三点。一是产品和要素的相对价格变动。相对价格的变动是制度变迁的源泉，它会改变人们之间的激励结构，同时改变人们相互的谈判地位，由此导致重新缔结合约的努力。二是技术进步。首先，技术本身规模递增的特性会产生新的收益，从而影响制度需求；其次，技术促使现代工业化城市形成，外部效应由此产生并推动制度进一步发展；最后，相关技术的出现让信息成本、组织成本下降，从而影响制度需求。三是市场规模。现实中，产业规模扩张会同时受到技术和资本的约束，而资本的形成和供给是制度安排的结果。可以设想，如果没有现代融资体系，建立大规模的工业则基本不可能。因此，市场规模的扩张有利于新制度安排的出现。

能够影响制度创新、制定与执行成本的因素都会影响制度供给。一是制度安排规模的大小。一项新制度规模安排的越大，则成本越高，也越不利于新制度的供给；反之，则有利于新制度的产生。二是现存的知识累积。一个社会的知识累积量，往往决定这一个社会寻求和创造一种新制度安排的时间和成本。三是现有的制度安排。一方面，原有的初始制度选择会对现存制度的产生刺激和惯性作用；另一方面，现存制度安排下所形成的既得利益集团，会增加制度变迁的谈判费用，从而阻碍制度的供给。四是规范性行为准则。规范性行为准则根植于文化传统，因而对制度安排的选择和制度供给会产生深刻的影响。新制度安排需要与之相容，才能有利于新制度的推行；否则，将会遇到很大的阻力。

---

[1] ［美］道格拉斯·诺斯、罗伯斯·托马斯：《西方世界的兴起》，厉以平、蔡磊译，华夏出版社 2017 年版。

有两点值得注意。第一，宪法秩序既影响制度的需求，又影响制度的供给。一方面，宪法秩序规定了基本的经济关系如产权，因而能影响创立新的制度安排的预期收益，也就影响着对新制度的需求。另一方面，宪法秩序是制定制度的制度，或者说议事规则，它当然会影响到制度创新时的时间成本。第二，制度区别于普通的商品和服务，其供给往往不是单一生产者或厂商，而是一个涉及很多个体的集体行动。在集体行动的过程中，作为集体成员的当事人，在缺乏约束的情况下，通常会有坐享其成的思想，由此会导致"搭便车"问题，因此严重影响集体行动的后果与效率。

（二）制度变迁

前面我们讲了制度供给和需求的影响因素。这些因素的变化导致制度的变迁，即从旧制度改变或创新为新制度。由于制度的成本收益中包含了经济因素外的很多历史文化、社会习俗、法律体系等因素，这些非经济因素直接影响制度变迁，有时甚至就是制度变迁的一部分，因而制度变迁过程是个很复杂的过程。

当制度供给与需求中有某些方面发生变化，也就是受到外生冲击时，如果新制度相对潜在利益超过推行新制度的成本，原有的均衡将被打破，就会引发制度变迁。首先是初级行动团体发现了有利可图的机会，做出制度创新的决定。所谓初级行动团体，就是制度变迁过程中的一个决策单位，可能是一些人或组织，他们能认识到存在一些现在难以获得的收入，通过他们作出某项制度安排。然后是次级行动团体的行动。次级行动团体也是制度变迁中的一个决策单位，他们主要帮助初级行动团体进行制度安排。不同的是，他们只能通过一些策略性决定帮助初级行动团体获取潜在收入，而不会使潜在收入有任何增长。初级行动团体和次级行动团体都是制度变迁过程中的实施主体[①]，他们的角色类似于一项动议的发起方和执行方。

制度变迁存在时滞问题[②]。而制度变迁中的时滞，是指潜在利润出现，到使利润内部化安排革新之间的时间间隔。它包括三项活动所需的时间：第一，"认知和组织"，即发现潜在收入和组织行动团体的时间；第二，"发明"，即设计新制度安排的时间；第三，"菜单选择"，即面对制度安排的选择集，从中比较和挑选出最佳安排的时间；第四，制度变迁的启动时间。一般而言，潜在利润越大越确定，则启动时间越短。

制度变迁的方式也不是单一的，存在诱导性制度变迁与强制性制度变迁之分。诱导性制度变迁是指由识别了获利机会的组织通过自下而上的改革实现制度变迁。换言之，这种制度变迁是人们在响应制度不均衡引起的获利机会而自发进行的行为，也就是人们受到利益的诱导而进行的制度变迁。诺斯认为，只要在预期收益大于零的情况下，制度的供给将

[①] 制度变迁由谁来实施是不确定的。推动制度变迁的主体存在三个层次：个人、自愿性组织和政府，因此衍生出制度变迁的三种方式：个人推动的制度变迁、组织推动的制度变迁和政府推动的制度变迁。现实中的制度变迁究竟属于哪个层次，取决于各个层次安排中收益和成本的比较，以及制度安排中受影响团体所拥有的影响力。其他条件不变时，预期净收益最大的那一层即制度变迁的推动力量；制度变迁通常涉及利益再分配时，受影响团体的权力越大，越能左右制度安排的选择层次。

[②] 张培刚：《发展经济学教程》，经济科学出版社2001年版。

是一个自发过程①。诱致性制度变迁具有改革主体来自基层、程序为自下而上、带有边际革命和增量调整性质、在改革成本的分摊上向后推移、在改革的顺序上先易后难，先试点再推广和从外围向核心突破相结合、改革路径是渐进式等特点。它必须由某种在原有制度安排下无法获得的获利机会引起。

强制性制度变迁强调了国家作为一种制度供给力量在制度变迁中的作用，是指通过政府自上而下地颁布政策、制定法律等方式实现制度变迁；是国家在追求租金（利益）最大化和产出最大化目标下，通过政策和法令引入并实施的②。相应地，强制性制度变迁通常的特点为：政府为制度变迁的主体、程序是自上而下、带有激进性质及存量革命性质的。强制性制度变迁的一个重要特点是制度供给成本低。集体层面上的制度供给会遇到严重的"搭便车"问题③，这会直接损害制度的供给能力。而国家作为一国经济中能够合法使用强制力的垄断性主体，能够以比竞争性组织低得多的价格提供制度性服务。为了使社会中的制度安排保持最优水平，国家干预必不可少。

四　无效制度的持久性

前面我们说过，判断一个制度是否合理的标准是：从社会整体来看，制度的总收益大于其成本，是这种制度存在的合理性。现实中我们会看到很多无效的制度长期存在，这可能是很多国家长期落后的制度原因。为什么这些无效制度会长期存在呢？有两个具体的理论解释了无效制度的持久性，即路径依赖与集体行动困境。这两种解释都在制度供给方面，前者关注的是供给成本中增加，后者使供给失灵。

我们先来看路径依赖的解释。制度变迁的路径依赖观点认为，制度路径选择与物理中的"惯性"相似，一旦进入某条路径，无论这条路径好坏，都会沿着这条路径继续向前。为什么会有"惯性"呢？其实是由于由旧制度到新制度的转换成本很高，类似于经济活动中有高额的固定成本，即使存在更优的制度路径，也会沿着原有路径走下去。也就是说，现有制度是无效的均衡，但是新制度有供给成本，即使新制度能获得一定收益，如果新制度的收益扣减成本后的状况还不如旧制度，那么旧制度能持续下去是可期待的事情。

上面的分析中我们隐含假定了人们能够完全判断新旧制度的成本和收益，如果考虑到人的理性程度是有限的，路径依赖会进一步强化。有限理性使人们难以展望未来，从而难以识别出不那么好的制度。前面我们所说的影响制度供给成本的因素，规模效应、学习效应、技术（制度）生态效应和预期增强效应等自我强化机制的作用下，路径依赖就形成并稳固下来了。

---

① ［美］道格拉斯·C. 诺思：《制度、制度变迁与经济绩效》，杭行译，格致出版社2008年版。
② 林毅夫：《关于制度变迁的经济学理论：诱致性变迁与强制性变迁》，载盛洪主编《现代制度经济学》（下），北京大学出版社2003年版。
③ ［美］V. W. 拉坦：《诱致性制度变迁理论》，载［美］R. 科斯等《财产权利与制度变迁——产权学派与新制度学派译文集》，刘守英译，上海三联书店1991年版。

换个角度来看，原有制度路径很可能不是制度供给者深思熟虑地预期了未来数十年甚至上百年可能出现的情况后做出的决策（实际上也不可能做到这一点），而是由于历史上当时的特定条件下某些"无关紧要的事件"或"小概率事件"所促成的。

在5G频率技术选择中，有一种观点认为，美国之所以落后中国，是因为美国更多选择的是覆盖范围小、成本高的毫米波频段（频率为30G—50GHz的频段），而中国选择的是厘米波频段（频率为3G—30GHz的频段）。美国之所以选择毫米波频段，是因为美国早期发展电信主要不是为了商用而是军用，军用占用很多的厘米波频段。这样，美国5G商用技术制度选择，就由于最初的军事目的这一看似无关的事件，被锁定在特定路径上，形成了制度路径依赖。

我们再来看集体行动困境的解释。制度创新性供给需要集体行动，因为无论制度制定还是执行都不是某个人或少数人的事情。在分散的个体决策下，一个集体或集团有共同目标和共同利益并不一定能完成集体行动，因为集体中的个体很容易具有基于成本收益的计算"搭便车"选择，即不付出成本而坐享他人之利，在这种个体的理性下，很容易产生集体的非理性。简单来说，出现了私人收益（或成本）和社会收益（或成本）之间的偏离，集体的共同利益并不是其中制度供给者个体或小集体的最优利益[1]。这个理论得出三个有趣的结论：一是小集团比大集团更容易达成合作；二是大集团的大个体更有利于合作的达成；三是具有选择性激励机制（组织内的每一位成员区别对待并且"赏罚分明"）的集团更容易达成合作。

制度供给者的私人收益（或成本）和社会收益（或成本）之间的偏离更极端的情况是，新的更好的制度，符合社会整体的利益，但对制度供给者来说却是绝对损失。这时候新的制度更难以出现，旧的无效制度更可能会持续下去。

专栏 3-1　　　　　　　　　　民主与发展

民主（democracy）是来自古希腊语的词语，意为"人民的力量"，也就是人民当家做主。我国采取的民主制度是协商式民主，其中有协商也有选举。当前西方社会所称的民主制度，实则在民主与"一人一票式"选举之间直接画等号。据称，这种民主制度有利于收入再分配、公共服务的供给、关键资源分散控制、社会流动性与行政团队的追责[2]。但是通观现实，维护西方选举民主的理论观点，其中逻辑大多似是而非。例如，选举民主更有利于公共服务供给观点，这与众多选举民主国家或地区公共服务供给方面行事效率拖沓冗长的通常观察不符。再例如，选举式民主有利于对行政团队的追责观点，与2020年新冠疫情暴发以来这些国家或地区防疫乏力现象以及几乎毫无追责迹象相悖。这种选举式民主选出来的执政团队，实际上对于行政绩效仅有非常微弱的有限责任，似乎更符合相关研究中的"流寇"模型而非"坐盗"的理论假设。

---

[1]　[美]曼瑟尔·奥尔森：《集体行动的逻辑》，陈郁、郭宇峰、李崇新译，上海人民出版社1995年版。
[2]　[美]热若尔·罗兰：《发展经济学》，金志农译，中国人民大学出版社2016年版。

第二节 政府与发展

现代经济的发展离不开政府的作用,对于经济落后的发展中国家而言尤为如此。市场失灵是政府干预经济的普遍理由。经济发展除了要实现资源有效配置外,还有实现减贫等与效率无关甚至有时是相互冲突的目标。这些更为广泛的目标显然无法通过市场配置资源来实现。本节中我们依次阐述市场失灵与政府的发展职能,第三节我们专门阐述一种特殊的市场失灵即协调失灵。

一 市场失灵与政府的作用

一般认为,导致市场失灵的原因包括垄断、外部性、公共物品和信息不对称等因素。关于外部性以及公共物品的进一步讨论,参见第十四章第一节。

(一)垄断

垄断即一个或少数几个企业[①]占有某个市场。与竞争市场相比,非竞争市场产出较少,产品或服务价格较高。垄断一般有三种成因:自然垄断、资源垄断与行政垄断。自然垄断即生产成本使一个生产者比大量生产者更有效率,这样市场力量的结果自然而然地形成了垄断。这是最常见的垄断形式。资源垄断是由于关键资源由一家企业所拥有。行政性垄断则来自政府给予一家企业排他性地生产某种产品或提供劳务的权利。在发展中国家中,尽管企业可能较小,但是分离的孤立市场的普遍性却使垄断力量广泛存在。

电力行业就是一个自然垄断的明显例子。发电和电力传输需要建水坝、变电站并铺设电线网络,如此一来,初始投资数额巨大。但投资完成后,每多生产与传输1单位电力所需的边际成本极低。与之类似的还有水处理和交通基础设施行业。在高固定成本、低边际成本的前提下,生产技术需要一个可以掌控整个市场的大企业,引入竞争反而是无效的。

自然垄断情况下,解决办法可以是由政府提供这样的服务或产品,也可以是由政府控制的私人企业提供。但后者可能存在私人企业向政府提出涨价要求的现象。

(二)外部性

外部性,又称溢出效应、外部影响、外差效应等,是指未能计入单个生产者或消费者正常价格的成本和/或收益的现象。外部性可以分为正外部性和负外部性。正外部性是经济主体的活动使他人或社会受益,而受益者无须花费代价。他人的创新,政府提供的基础设施,或发展带来的多样化经济环境甚至更小的个人对物业的改善都属于正的外部性。正外部性投资活动的边际社会收益超过边际私人收益,也就是投资者给社会"做了贡献",

---

[①] 严格意义上的垄断是一个企业独占,有多家企业属于寡头市场。但是现实中反垄断也包括这样的寡头企业。

这意味着其他人可以获得部分收益，投资者自己并没有获得全部收益而承担了全部成本，因而正外部性活动的激励偏低，就会导致商品或服务的产出过低。

教育是一个明显的正外部性投资活动。由于教育不仅提高受教育者能力，还能使人成为具有责任感的公民；个人收入越高，政府的税收收入也越高。因此，作为会产生正外部性的公共物品，教育也由政府提供。

负外部性是某个经济主体的活动使他人或社会受损，而造成损害的人却并未为此承担成本。负外部性投资活动的私人边际成本低于社会边际成本，因而存在对这类活动的过度激励，也就是有负外部性的经济活动过多了。森林砍伐造成的环境破坏问题就是负外部性的突出例子。伐木公司获得了木材的经济收益，但是造成的雨水流失、土壤腐蚀和农田生产力下降等环境问题由别人承担。

对于有外部性的活动，政府可以通过完善市场制度，将外部性考虑在内，使私人边际收益或成本与社会边际收益或成本一致，如明确产权、创建以前不存在的市场等。

（三）公共物品

公共物品与私人物品相对，是指具有消费或使用上的非竞争性和受益上的非排他性的产品。所谓非竞争性，是指某人对公共物品的消费并不会影响其对其他人的供应，即在给定的生产水平下，为另一个消费者提供这一物品所带来的边际成本为零。所谓非排他性，是指某人在消费一种公共物品时，不能排除其他人消费这一物品（不论他们是否付费），或者排除的成本很高。公共物品被认为有很大的正外部性。公共物品与正外部性物品着眼点不一样，前者强调的是这个物品为大多数人共同消费或使用，而不是为一个人单独提供。国防是典型的公共物品。

（四）信息不对称

信息不对称是指交易中的双方拥有的信息不同，一方拥有的信息多而另一方拥有的信息少。掌握信息比较充分的一方，往往处于比较有利的地位，而信息贫乏的一方，则处于比较不利的地位。一般而言，卖家比买家拥有更多关于交易物品的信息，如二手车买卖，但反例也可能存在，如医疗保险。信息不对称分为两种情况，一是事前的信息不对称，即逆向选择；二是事后的信息不对称，即道德风险。

竞争性市场的分析大都假设所有买方和卖方都对市场中的产品有完全信息。如果消费者缺乏信息，他们就不能比较产品的价格和质量，从而成为牺牲者，而卖方则从中获利。信息的不对称导致市场失灵，即资源无法有效配置，严重时会使市场无法运行[①]。当前，我国正在大力治理的"大数据杀熟"，就是大数据平台利用信息优势获得市场优势的典型案例。

二 政府的发展职能与政府失灵

当存在市场失灵时，人们很容易就想到通过政府政策或计划的手段来配置资源。尽管

---

① 姚洋：《发展经济学》，北京大学出版社2018年版。

市场和政府都是配置资源的手段,但不可忽视的是,市场是配置资源的主要手段。2013年11月9日,党的十八届三中全会上明确提出:"经济体制改革是全面深化改革的重点,核心问题是处理好政府和市场的关系,使市场在资源配置中起决定性作用和更好发挥政府作用。"尽管市场是配置资源的决定性作用,但是在发展中国家,政府除了矫正市场失灵在资源配置中发挥作用,还在其他方面履行发展职能[1]。

(一)政府的发展职能

第一,维护政治与宏观经济稳定。一个国家如果政治和经济形势不稳定,显然不能发展起来。维护政治与宏观经济稳定性是政府最重要的发展职能。稳定这种公共物品也只能由政府提供。当前,我国"防范化解重大金融风险、做好金融稳定发展工作问题"就是维护经济形势稳定的举措。

政府集中决策维护政治稳定还在于克服分散政治过程的弱点。如果事事靠民众集体决策,政治决策可能是非常分散的。阿罗不可能定理从理论上证明,在满足四个条件的情况下,任何集体决策都不可能形成具有逻辑一致性的结果。比如,当社会面对A、B、C三个选项的时候,集体决策对这三个选项的排序不可能满足逻辑一致性,如出现A优于B、B优于C以及C优于A的情况,这显然不符合偏好的传递性原理。在现实生活中,美国加州在重大事务上的全民公决为阿罗不可能定理提供了一个佐证。加州是美国通过美西战争从西班牙人手里抢来的,开发非常晚,直到19世纪末时还非常混乱。"进步运动"开始之后,加州形成了重大事务须经全民公决的传统。在这种情况下,增加税收的提案往往被否决,但增加支出的提案往往被通过。比如,加州是美国最富有的州之一,但其教育质量却位居50州最后几名之一,原因是加州的房产税税率很低,而教育经费却是由房产税提供的。

第二,培育与发展市场。与成熟的市场经济体相比,发展中经济体不但市场失灵更严重,很多时候更是市场缺失,也就是根本没有发育出相应的市场。这种情况下,政府培育市场不可或缺。我国碳排放权交易市场就是政府不断摸索总结经验培育出来的。2011年,按照"十二五"规划纲要关于"逐步建立碳排放交易市场"的要求,中国在北京、天津、上海、重庆、湖北、广东及深圳7个地区启动了碳排放权交易试点工作。2013年起,7个地方试点碳市场陆续开始上线交易,有效促进了试点省(直辖市)企业温室气体减排,也为全国碳市场建设探索了制度,锻炼了人才,积累了经验,奠定了基础。2017年12月,经国务院同意,国家发展和改革委印发了《全国碳排放权交易市场建设方案(电力行业)》。这标志着中国碳排放交易体系完成了总体设计,并正式启动。2020年年底,生态环境部出台《碳排放权交易管理办法(试行)》,印发《2019—2020年全国碳排放权交易配额总量设定与分配实施方案(发电行业)》,正式启动全国碳市场第一个履约周期。2021年7月16日,全国碳排放权交易市场启动上线交易。发电行业成为首个纳入全国碳

---

[1] 洪银兴、任保平:《新时代发展经济学》,高等教育出版社2019年版;[美]林恩:《发展经济学》,王乃辉等译,格致出版社2009年版;张培刚:《发展经济学教程》,经济科学出版社2001年版。

市场的行业，纳入重点排放单位超过2000家。

第三，促进对外开放。对外开放包括贸易开放和金融开放甚至人员的对外交往，是经济增长的发动机。经济上的对外开放对于鼓励国内的生产者采用新技术以降低成本和开发新的产品是非常重要的，国际竞争对于提高国内经济的效率起到了决定性的作用。通过消除国际贸易的壁垒，一个国家自己所拥有的人口数量和国内市场规模不再是达到更大经济规模的制约条件。1978年之后，对外开放是我国的基本国策之一，即使在新冠疫情期间面临复杂的国际形势，我国依然坚持全方位、高质量的对外开放政策。

第四，实现一些社会与科技目标。国家在经济发展过程中还要实现一些社会与科技目标，如提供公共教育、实现科技突破、减少贫困、处理环境问题、收入均等化、医疗服务等，这些目标有些方面与经济有直接的关系，有些方面则关系不大，但都是社会之必需，这些目标的实现只能靠国家来推动。

第五，推动大规模的经济活动。如大型基础设施建设和推动产业发展等大规模的经济活动，市场能发挥的作用比较有限。从各个国家的实践来看，政府推动较为有效。本章第三节和第十二章分别讲述大推动理论以及产业结构调整中的一个共同理论基础，即协调失灵。

（二）政府失灵

市场失灵，让政府干预有其必要性。但是，政府在采取的立法司法、行政管理及经济等各种手段干预经济配置资源过程中，也存在政府失灵，即政府配置资源无效率。20世纪70年代西方国家的滞胀是政府失灵的典型现象。在这一背景下，西方学者在分析政府与市场的关系问题时，改变了重视市场失灵而忽视政府失灵的局面。

政府失灵表现在四个方面：第一，政府决策或公共政策失效。公共决策可能达不到预期效果，或者达到了预期效果但是造成的成本比收益还大，或者带来了其他严重的负面影响，这些情况都是政府决策或公共政策失效。公共决策失误或政策失效的主要原因来自公共决策过程本身的复杂性和困难以及现有公共决策和方式的缺陷。具体来说主要有三种表现：其一，现有的各种公共决策规则的缺陷。直接命令还是投票决定，直接民主与间接民主，无论是哪一种决策规则，都有其固有缺陷。其二，信息的不完全与时滞问题。市场失灵一个重要原因是信息不完全不对称，政府同样会遇到信息不完全性问题，甚至可能更严重。很多政府议事规则冗长，政策从动议、制定到执行，所需时间很长，不足以应对市场体系迅速变化。其三，政策执行上的障碍。政策的有效执行信赖于各种因素或条件，官僚体系的效率、民众对政府的信任程度以及对政策的接受程度等，都会影响到政策的效果。

第二，公共物品供给的低效率。首先，公共物品本身所追求的是社会效益而非经济效益，但是社会效益的衡量缺乏准确的标准和可靠的估算方法与技术，并且由此引发出对公共物品提供机构的运行绩效评估的困难。其次，公共机构垄断了公共物品的供给，缺乏竞争机制，它本身也就没有很强的动机去提高效率，反而有时可能过分投资，生产出多于社会需要的公共物品。再次，由于前述原因，官僚主义可能为了增加自己的升迁机会或是扩大自己的势力范围，而追求机构及人员规模的最大化。最后，要对提供公共物品的机构进行监督会遇到很明显的信息不对称问题，即机构外的人很难了解这个机构的运行细节。

第三，政府规模和财政预算的扩张。政府内部并不是单一的主体，有各种"条条块块"甚至特殊利益集团。每一个部门都有尽量扩张本部门人数规模和预算的冲动，而局外人很难监督这些扩张诉求是否必要。19世纪初期，欧洲国家赋税收入占国民收入的8%—10%，而现在国家财政占国民收入的30%—50%。在美国，整个政府支出占国民生产总值的比例由1929年的10%，1949年的23%上升到1987年的34%。导致现代政府扩张的主要原因有：政府作为公共物品的提供者和外在效应的消除者导致扩张，政府作为收入和财富的再分配者导致扩张，利益集团的存在导致扩张，官僚机构的存在导致扩张，财政幻觉导致扩张。

第四，寻租与腐败。政府在运用行政权力对企业和个人的经济活动进行干预和管制时，妨碍了市场竞争的作用，从而创造了少数有特权者取得超额收入的机会。这种超额收入被称为"租金"[①]。谋求这种特权以获得租金的活动，即为寻租。在第二章中，寻租是非生产性寻利活动，与生产性寻利活动能增加社会福利决然不同。寻租活动会造成经济资源配置的扭曲，阻止了更有效的生产方式的实施，这是对经济资源的直接浪费与低效使用。

第三节 协调失灵：政府作用的宏观视角

上一节中我们讨论了微观经济学中常见的市场失灵。这些市场失灵是政府干预经济的理论基础。在本节中我们讨论一种在发展理论文献中更为突出的市场失灵——协调失灵。协调失灵来自互补性的概念。虽然互补性这一概念被应用于很多理论模型中，如Romer的内生增长模型[②]，但是协调失灵已经演变成了一个相对独立的理论[③]。协调失灵赋予了发展中国家政府干预经济另外的理由。

一 互补性与协调失灵

（一）互补性

所谓互补性（complementarities），是指一个行为主体采取某种行动时增加了其他行为主体采取类似行动的动机或激励。这里的行动主体可以是消费者、就业者、企业或机构等不同行为主体。

互补性说明的是不同行动主体之间的策略或行动正向相互依存关系。日常生活中，互

[①] J. M. Buchanan, 1980, "Rent Seeking and Profit Seeking", in J. M. Buchanan, James M., Robert D. Tollison, Gordon Tullock (eds.), *Toward a Theory of the Rent-seeking Society*, Texas A&M University Press.

[②] Romer, P. M., 1990, "Endogenous Technological Change", *Journal of Political Economy*, 98: S71–S102.

[③] Michael P. Todaro, Stephen C. Smith, 2014, *Economic Development*, Pearson Education Limited.

补性现象十分常见。你送我一个礼物表达善意，那么我也要回送你一个礼物表达善意，"投桃报李"。互补性根源于外部性，是行为主体之间相互都会有正的外部性才会导致互补性，正是各自都有正的外部性，行为才有可能相互强化。

我们举几个典型的例子来说明互补性的含义。第一个例子是软件行业与硬件行业的投资。在经济活动中，行动的动机就是利润。当硬件厂商投资增加时，会刺激软件厂商也去增加投资，因为软件厂商增加投资会获得更多利润，这就是经济投资活动中的互补性。反过来，软件厂商是否增加投资也会影响到硬件厂商的利润。

第二个例子是工人专业技能的供给和企业对专业技能的需求。生产某些产品需要专业工人具备某种技能。如果工人不具备这种技能，相应企业无法生产。反过来，如果没有相应企业对这种技能的需求，工人不会去培训这种技能。这样，工作技能的供给与需求之间，就出现了"鸡生蛋蛋生鸡"问题。进一步来看，具备这种技能的工人越多，就有越多的相应企业开展生产；对这种技能工人需求越大，进一步刺激了这种技能的供给。

第三个例子是分工与市场范围之间的关系。关于这二者的关系，亚当·斯密在《国富论》中就已经说过：分工促进生产力的进步从而促进市场范围的扩大，但是分工反过来又受到市场范围的限制[1]。发展中国家农村地区市场的发展就能很好地说明这个观点[2]。农村地区专业化程度越高，生产与交易效率越高，越有利于促进农村市场的发展。但是要形成一个专业化的农业市场，需要足够数量的相关生产者，也就是市场要有一定的规模为基础才能产生专业化农业市场。

（二）协调失灵

互补性进一步隐含着两个概念：多重均衡与协调失灵。多重均衡就是有多个稳定的均衡状态。互补性为什么会出现多重均衡呢？由于互补性下，相关各方的行为能相互激励。当这些行为主体激励不足时，各自会选择一个较低的行为水平，形成一个低水平的均衡。反过来，当行为主体之间的激励较强时，各自会选择一个较高的行为水平，形成一个高水平的均衡。我们再回到软件行业与硬件行业的例子中。在 20 世纪 90 年代之前，软件行业不发达，视窗操作系统还没有出现，这对硬件产业不是一件好事，因为操作不便，对电脑需求没有那么大，硬件需求没有那么广，这时候的电脑或其他电子产品价格较贵，形成了一个低水平的均衡。视窗操作系统开发出来后，刺激了对硬件的需求，反过来又促进了硬件生产效率的提高，从而导致电脑等电子产品价格下跌，这又进一步扩大了软件应用市场，如此反复，软件与硬件相互促进，这就形成了一个高水平的均衡。

有互补性关联的行为主体之间，如果不能协调一致地行动，则不会达到好的效果，这种现象被称为协调失灵（coordination failure）。具体来说，协调失灵是一种状态，由于行为主体之间不能相互协调他们的行为或选择，导致这种状态是一个比较差的结果。协调失

---

[1] ［英］亚当·斯密：《国民财富的性质和原因的研究》，郭大力、王亚南译，商务印书馆 2015 年版。

[2] Emran Shahe, Forhad Shilpi, 2012, "The Extent of the Market and Stages of Agricultural Specialization", *Canadian Journal of Economics*, 45（3）：1125-1153.

灵意味着有多重均衡。如果相互协调了，就出现好的均衡结果，不能协调就出现差的均衡结果，即协调失灵了。

协调失灵的情形，无论在日常生活中还是在经济发展中都是非常普遍的。在博弈论中阐述"信任博弈"时，就会出现协调失灵问题。在一个地方的产业发展中，引进某一龙头企业时，如果没有相关配套企业或产业，那么这个龙头企业必定生产效率低下。

本节仅从非常抽象的层面上了解互补性与协调失灵的概念，在第十二章第五节中我们在产业结构调整问题上给出一个具体应用这些概念的理论模型。

二 大推动理论

大推动就是指多个行业部门同时进行投资以推动经济发展。大推动理论是互补性和协调失灵概念的一个重要应用。这个理论是1943年由罗森斯坦-罗丹（Paul Rosenstein-Rodan）在其发表的一篇关于东欧工业化的文章中首先提出来的[1]。1989年，墨菲等[2]对大推动理论进行了现代化表述，也就是用动态优化的数学语言表述这一问题。此后，克鲁格曼[3]和巴苏[4]对这一模型进行了简化。

某种意义上，大推动理论和罗斯托的起飞理论（见第五章）要解决的问题是一样的。现代经济增长步入正轨的起始阶段是极其困难的，而一旦步入了正轨，维持增长则要容易得多。为什么启动经济增长如此困难呢？罗森斯坦-罗丹给出的答案是存在协调失灵。他在那篇文章中首先提出了一系列协调问题。如何解决协调失灵这种特殊的市场失灵呢？他给出答案是政府大推动，也就是全面的、同时的投资。墨菲等的文章进一步将问题细化为[5]：由传统经济转入现代经济过程中，需要大推动的条件是什么？或者说哪些情况下需要政府大推动？哪些情况下市场激励可以自发实现由传统经济转向现代经济？

我们考虑经济如何由传统生产方式转变为现代生产方式的问题，也就是如何启动现代经济增长。启动经济发展其实就是启动工业化。工业各产业部门之间相互依赖、相互形成市场需求，这就是产业间的互补性。比如，办一个鞋厂，就要购买服装厂、纺织厂、食品厂乃至钢铁厂等行业的产出，这也被称为市场需求的不可分性。就单个企业来说，在一定限度内，规模越大平均成本越低。所以，互补性导致现代化的生产是规模报酬递增的。对整个经济来说，开办的工业企业越多，市场需求越大，平均成本反而会越低。规模报酬递

---

[1] Rosenstein-Rodan P., 1943, "Problems of Industrialization of Eastern and Southeastern Europe", *Economic Journal*, 53: 202–211.
[2] Murphy Kevin M., Andrei Shleifer, Robert W. Vishny, 1989, "Industrialization and the Big Push", *Journal of Political Economy*, 97: 1003–1026.
[3] Krugman Paul, 1995, *Development, Geography, and Economic Theory*, Cambridge, Mass.: MIT Press.
[4] Basu Kaushik, 1997, *Analytical Development Economics*, Cambridge, Mass.: MIT Press, pp. 17–33.
[5] Murphy Kevin M., Andrei Shleifer, Robert W. Vishny, 1989, "Industrialization and the Big Push", *Journal of Political Economy*, 97: 1003–1026.

增的生产函数为多重均衡创造了条件。如果开办的工业企业比较少,相互总需求较少,工业生产成本比较高;反过来,如果开办的工业企业比较多,相互总需求较多,工业生产成本比较低。这样会形成两个稳定的均衡,低水平均衡和高水平均衡(一个更具体的类似模型参见第十二章)。

我们也可以换一个角度来看。有一个新增的企业,在考虑用现代生产方式还是传统生产方式开展生产。现代生产方式会有较大的固定成本投入,但是边际产出较高。传统生产方式没有固定投入,但是边际产出较低。这个企业在它的产品市场需求较大时采用现代生产方式比较划算,在它的产品市场需求较少时采用传统生产方式较划算。这样的话,如果市场中别的企业较多采用现代生产方式,从而使总需求较大,那么这个新增的企业也应该采用现代生产方式。反之,则应该采用传统生产方式。企业的选择是对称的,即别的企业也面临这个企业同样的选择,所以最终形成了低水平稳定均衡和高水平稳定均衡。

本章小结

1. 制度是能够约束人们行为的一系列规则。制度的主要作用是激励要素积累、节约交易成本。我们可以用成本与收益的比较来分析制度的变迁。路径依赖与集体行动困境的逻辑解释了无效制度的持久性。

2. 在发展中国家,政府除了在应对垄断、外部性、公共物品、信息不对称等传统市场失灵中发挥作用,还具有发展职能,包括维护政治与宏观经济稳定、培育与发展市场、促进对外开放、实现一些社会与科技目标、推动大规模的经济活动。

3. 由于互补性的存在,相关各方的行为能相互激励。当这些行为主体激励不足时,各自会选择一个较低的行为水平,形成一个低水平的均衡,这就是协调失灵。

4. 工业各产业部门之间相互依赖、相互形成市场需求,这就是产业间的互补性。这时,政府推动多产业齐头并进的发展是合理的,即为大推动,因为开办的工业企业越多,市场需求越大,平均成本会越低。

思考题

1. 举例说明,何为互补性与协调失灵?
2. 何为大推动理论?
3. 制度如何激励要素积累的?举例说明。
4. 为什么无效制度能持续下去?你能找到一个具体例子吗?
5. 发展中国家政府职能与发达国家有何不同?

第四章 地理、文化与经济发展

学习目标
1. 理解地理因素影响经济发展的机制。
2. 理解文化因素影响经济发展的机制。
3. 领会中国传统文化对我国当前经济发展的作用。

本章继续阐述两类基本因素对发展的影响,即地理和文化。第一节主要阐述地理因素中的地理位置的重要性,第二节阐述地理中的气候对发展的作用,与自然资源和环境相关的气候议题我们放在第十三章和第十四章,第三节阐述文化对发展的影响以及文化与经济发展之间的互动关系。

第一节 地理与经济发展

我们都是生活在一定的地理空间中,地理空间对人类经济生活无疑会有很大影响。地理位置这个"变量"一个突出的特点是,它几乎完全是外生的。我们很难影响一些基本的地理位置,如出海口、山脉。

一 地理的重要性

(一)地理与人均收入

地理是世界或某一地区的自然环境及社会要素的统称,包括山川湖泊和季节更替等。经纬度是用来衡量一个国家所处地区的坐标方式,它表示一国与赤道间的距离。图 4-1 显示,一国的人均收入和纬度,即到赤道的距离之间存在明显的强相关关系。可以看出,纬度的绝对数值较低的国家,人均 GDP(现价美元对数值)也越低,并且在 0—20 度的纬度范围内分布十分集中。反之,一个国家离赤道越远,一般也就越富裕。并且,这种相关性中也不会存在反向因果关系,也就是说,一个国家不会因为自身的经济处境越好,就距离赤道越远,因为地理这种要素具有难以发生变化的特性,一个国家所处的纬度是先天决定的。当然,这种纬度与经济的分布情况也并不是绝对的,如图 4-1 中的新加坡,虽然它与赤道的距离十分接近,但人均收入水平仍保持在较高的水平。毕竟,除了纬度,能够影响人均收入的要素还有许多,而纬度给各个国家带来的影响也并不一定都得到充分发挥。但从总体的趋势看来,我们仍不可否认纬度和人均收入息息相关。

纬度与收入之间的正相关性告诉了我们哪些信息呢?首先我们可以排除的是收入对纬度的影响可能性,因为地理上的纬度是不变的。那么纬度是如何影响收入的呢?本节我们将阐述其中的机制。

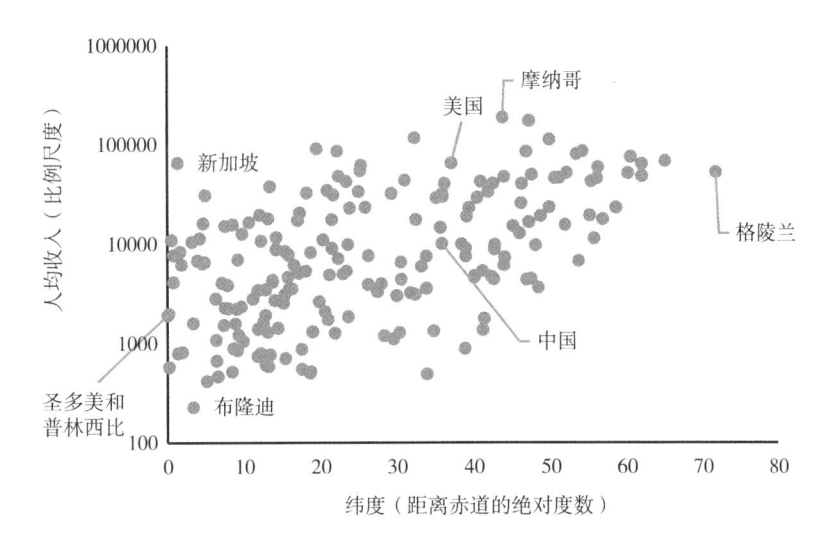

图 4-1 纬度与人均收入的关系

资料来源:世界银行 WDI 数据库和地球在线(http://www.earthol.com/)。

(二)地理决定论

在阐述地理如何影响收入的具体机制之前,我们先来看看社会科学中的地理决定论。地理决定论又称地理环境决定论,这种观点认为自然条件是经济与文化地理分布的决定性因素,即地理因素是经济发展最重要因素,它最终决定了跨国间人均收入水平差异、各国政治与社会形态乃至国际政治。

贾雷德·戴蒙德1997年出版的《枪炮、病菌与钢铁:人类的命运》[1] 是地理决定论的最新代表。其主要观点为:地理上的好运气是形成当前国际格局的重要原因。从人类的历史进程来看,定居农业是人类文明的重大转折,对随后的经济分化起着至关重要的作用。决定定居农业的有营养价值的谷物种子和动物的驯化纯属地理上的偶然性。地球上具有营养价值的56种天然种子中有32种幸运地分布在了亚欧大陆,而只有4种生长在撒哈拉以南的非洲地区,2种生长在南美洲。野生动物的驯化也是如此,亚欧大陆拥有人类可驯化的14种动物中的13种。地理上的这种偶然性,直接造成了亚欧大陆的生产力高于非

---

[1] [美]贾雷德·戴蒙德:《枪炮、病菌与钢铁:人类社会的命运》,谢延光译,上海译文出版社2016年版。

洲、美洲等其他地区。进一步地，定居后的欧洲人从动物身上获得了对特定病菌如天花和麻疹的抵抗力。所以，当欧洲殖民者征服其他地区时，这些病菌大肆传播，对没有抵抗力的原住民造成了灾难性的后果，更加重了殖民与被殖民的格局，显著的例子就是欧洲人在美洲殖民早期，利用这种细菌武器杀死的美洲原住民远比枪炮杀死得多。

美国地理学家埃尔斯沃思·亨廷顿是地理环境决定论更早的代表人物，他认为历史上气候发生的变化影响了人类的健康、态度及成就，甚至影响了人类的文明。他在1907年出版的《亚洲的脉搏》中研究了13世纪蒙古帝国的衰亡过程，提出气候遵循着缓慢的有规律的变化趋势，以几个世纪为周期，发生脉动变化，进而对经济、社会等方面产生了一定的影响。1915年他在代表作《文明与气候》中论证了地球上文明的分布与理想气候的分布是一致的。通常而言，气候适宜的国家或地区，文明相应较为兴盛，若气候发生变化，文明则随之发生变化。

地理决定论曾经在历史上作为解释发展差异的一种理论非常流行，在一定程度上解释了人类社会发展的规律。但这种理论将地理环境作为解释人类社会发展的唯一变量，忽略了人类的主观能动性，很难解释大多数问题，如美国在第二次世界大战之后的崛起等。

（三）中华民族的地理开拓

一直以来，中国先民们就在祖国大地各处进行开拓，"筚路蓝缕，以启山林"，逐渐将这片土地改造成适合人类居住并孕育出中华文明的肥沃土地。

史前文明时期，先民们已由深山野岭走向陆地平原，聚落而居，从事着采集与渔猎活动。这一时期，中国大地上的史前文化可以划分为六大区系①：以燕山南北长城地带为重心的北方区系；以晋陕豫三省接邻地区为中心的中原区系（黄河中游为主）；以环洞庭湖与环四川盆地为中心的西南部（长江中游）区系；以山东及其邻境为中心的东部（黄河下游）区系；以环太湖为中心的东南部（长江下游）区系；以鄱阳湖—珠江三角洲一线为主轴的南方区系。

中原区系在不断的部落联合过程中逐渐显示出地理上的优势，最终在部落的基础上发展为国家。自夏进入国家阶段，夏人以及从属于它的方国（联合城邦制国）、部落就开始了以嵩山南北地区为核心的扩展。商灭夏后，从经营"有夏之居"开始，以郑州商城和偃师商城为核心四向扩展，如东南江淮地区，商人以至巢湖以东的大城墩一带，东方是商人发展的区域，济南大辛庄一带都是商人的势力范围。"中国"一词在此时意指商都或其基本控制地区。商人在与周边方国、部落交往过程中，一步步将中原人的视野跨出了黄河流域。周武王克商后，不断东扩，其中成王分封数百国，东至于海，南到长江中下游地区。至战国末期，华夏文化所及之地，已经跨越淮河流域，抵达长江流域，江河两大流域农耕区开始连为一体，此后以这一农耕核心区为开疆拓土的基点。三代时期，基本境土的中心为城邑，远离城邑的地方人口稀少，仍属荒蛮。

秦一统后至南宋，江河流域核心农耕区的开发逐渐由黄河流域转向长江中下游，经济

---

① 苏秉琦：《关于考古学文化的区系类型问题》，《文物》1981年第5期。

重心南移。经济重心南移的一个重要推动因素是因自东汉末年开始的战乱（西晋"永嘉之乱"、唐中期"安史之乱"、北宋末年"靖康之难"）导致北方人口大规模南迁。随着南迁人口的逐渐增多，至唐中期南方地广人稀面貌不再，转而逐步形成了人多地寡的局面。人口压力导致了耕种技术进步的需求，而来自北方的人口带来的更为成熟先进的耕种技术形成了技术供给，二者的结合催生了南方地区农业生产率的两次重大提升。南方这两次技术进步目的是为了缓解人口压力，用经济学术语来讲就是技术进步是偏向于土地要素的。

南方地区第一次农业重大技术进步发生于唐中期。在此之前，南方地区尚属地广人稀，农业生产方式为火耕水耨的易田制，也就是先火烧野草，然后播种水稻，未烧死的野草长到七八寸时将它薅掉并灌水令其腐烂，并且休耕一年以增加土地肥力（易田制）。在人口压力下，放弃易田制，采用土地连作法，为除杂草，从北方的复栽（"拔而栽之"，即将秧苗拔起，薅草后原地栽种）发展为秧播（先在小块秧田密植培育水稻幼苗，到一定高度后移栽到面积更大的田块中）。这样，复栽技术将土地利用效率从50%提高到100%。

南方地区的第二次农业重大技术进步发生于南宋。南宋时期大量习惯面食的北方人南下，推动了冬小麦不断向南方扩展。在当时朝野的共同推动下，南方地区形成了一年两熟稻麦复种制，以及与此相适应的水旱轮作的耕作体系，即同一块耕地，八九月排水变为旱地种植冬小麦，待来年四五月收割完小麦后灌水变为水田种植水稻。农作物一年两熟提高了土地利用效率，并且在此基础上大力发展精耕细作，进一步由提高土地利用率转向提高亩产，为江南赢得了经济重心的地位。

二 地理影响经济发展的机制

（一）地理位置与贸易

国际贸易可以使一个国家专业化地生产其具有比较优势的产品，从而提高生产力水平。同时，对外开放会促进技术的转移，在国家间形成更有效率的经济组织。地理位置会影响贸易，一个国家的地理位置对贸易的影响决定了一国贸易成本和开放程度。

一方面，海洋运输是最便宜的货物运输方式，因此与海洋的距离是一国贸易成本的重要影响因素。到海洋的距离越近的国家，运输的成本越低，更能从贸易中获利，也更倾向于对外贸易，进而得到经济发展。以占进口总值的比率表示的各国货物进口成本，美国为3.6%，西欧为4.9%，东亚为9.8%，拉丁美洲为10.6%，撒哈拉以南非洲为19.5%，这种运输成本的差异与各国到海洋的距离密切相关[1]。早在18世纪，亚当·斯密就在《国富论》中写道："由于水路运输比陆路运输更廉价，能被更多厂商负担得起，所以通过水路运输，为各种工业开拓了更广阔的市场。并且在沿海地区和可通航的河流两岸，各种工业开始细分和自我完善。与之相对应的是，通常要间隔很长一段时间，这些改善才会延伸

---

[1] Weil, D. N., 2013, *Economic Growth*, 3rd, Pearson Education.

到一国的内陆地区。"① 中国东部沿海地区自改革开放以来经济发展水平和内陆地区相比遥遥领先,其中一个重要原因就是长三角与珠三角地区更是邻近海洋,水系发达,自古以来就是交通航运枢纽。

地理位置决定了一国贸易开放程度的另一方面是一个国家或地区与主要经济中心的距离。平均而言,一个经济体离世界上主要经济体距离每增加 1000 千米,则运输成本增加 1%;两国之间的距离每增加 1%,它们之间的贸易额占国内生产总值之比就会下降 0.85%。

国际贸易引力模型可以形式化距离对贸易的影响。国际贸易引力模型类比牛顿的万有引力定理(两个物体间的引力大小与物体的质量成正比,与物体间的距离成反比),预测两国间的贸易规模的方程为:

$$T_{ij} = A \times Y_i \times Y_j / D_{ij} \tag{4-1}$$

其中,A 是常量,T_{ij} 是国与国之间的贸易额,Y_i 是 i 国的国内生产总值,Y_j 是 j 国的国内生产总值,D_{ij} 是两国间的距离。

(二)地理聚集与溢出效应

富裕国家或地区往往在地理空间上彼此靠近。从世界范围而言,西欧就是这一现象最好的例子。中国的江浙沪地区、珠三角地区和环渤海经济圈也同样如此。

产生地理聚集的第一种可能解释是跨境"溢出效应",也就是一个富裕国家或地区对其邻居的经济发展有正面影响,这种正面影响体现在工作机会、创新观念、稳定环境等方面。如果一个国家或地区较为富裕,它的一些产业会就近向其邻居转移,这会给后者创造就业机会。近年来我国较多产业向东南亚国家转移就是这种现象。富裕国家或地区也会通过吸引其邻国或邻近地区居民来就业从而给后者创造就业机会。对于一个欠发达地区而言,如果其邻近地区经济发达、科技先进,那么它就有了便利的技术模仿榜样以及便利的培训机会,从而可以节省技术和知识创新的成本,使之更快速地达到发展经济的目的。空间溢出效应是空间计量经济学的主要研究内容之一。

产生地理聚集的第二种可能解释是,邻近的地区共同拥有一些对经济发展有利的要素,如气候、资源、文化特征等。很多人认为,中国、日本、韩国的经济之所以快速发展,是因为三国都处于东亚文化圈内,一方面,中日韩都接受了勤俭的儒家思想,因此倾向于高储蓄,进而经济增长;另一方面,中日韩都受到中国商帮文化的影响。明清之际,在两淮间商帮兴盛,如徽商、潮汕商帮、粤商等。这些商帮以地缘关系乃至亲缘关系为纽带,做生意时最讲究信誉,相互信任,而信任可以节省交易成本。

(三)地理与政府治理效能

在交通和通信技术不发达的时期,地理环境是国家或地区疆域的大小和政府治理方式选择的重要制约因素。古希腊与古罗马早期均采用联邦制;在罗马帝国分崩离析之后,欧洲始终处于分裂的混乱状态,分解为许多国家或政治实体,在 1600 年,欧洲就有近 500

---

① [英]亚当·斯密:《国民财富的性质和原因的研究》,郭大力、王亚南译,商务印书馆 2015 年版。

个政治实体①。造成欧洲众国林立局面的一个重要原因就是欧洲被很多天然屏障所分割，如阿尔卑斯山脉、比利牛斯山脉、英吉利海峡等，在地理层面上很难完成统一。与欧洲相反，中国只有四个核心地带，其中黄河和长江核心地带占明显优势地位，而且两个占优势的核心地带早在公元前5世纪就通过运河连成了一体。公元前486年（鲁哀公九年），吴王夫差为"观兵中国"的称霸愿望，开凿了沟通江、淮、河、济"四渎"（古人认为这四条河流独流入海）间的联系。战国初期魏惠王（公元前361—353年）开通的鸿沟水系进一步联通了黄河与淮河②。正是由于这种地理条件与运河的便利，使自秦完成统一之后，中国采取了大一统的中央集权制度。秦之后，不管朝代更迭、国家征战还是外族入侵，大一统的集权国家观念变成了中国的重要政治文化基因。

地理环境不但影响了一国疆域大小与治理方式，甚至还影响到一国内部的行政区划。"随山川形便"历来是我国行政区划的基本原则之一。《左传》这样记载了赵盾弑君的史实：

> 赵穿攻灵公于桃园。宣子未出山而复。大史书曰："赵盾弑其君。"以示于朝。宣子曰："不然。"对曰："子为正卿，亡不越竟，反不讨贼，非子而谁？"

其中"未出山而复"与"亡不越竟"是指同一件事，这意味着当时晋是以山为界。

国家疆域面积广大且大一统对经济增长的好处主要在于大市场和分工。疆域广大且统一的国家在实际控制的疆域面积之内进行贸易较为容易，而贸易会促进经济的增长。统一带来的大市场还可以带来更好的分工，中国江西景德镇以生产瓷器闻名，早在宋朝时期，就因为其青白瓷质地优良，进而专门生产瓷器。

第二节 气候与经济发展

一 气候与人均收入

气候是一个国家或地区地理条件的重要组成部分。气候是指一个地区大气的长期平均状况，它的基本要素为气温、降水、风、光照、云等因素及其季节性变化。气候不仅是人类生存和生产活动的重要环境条件，也是人类物质生产不可缺少的自然资源。

气候主要由纬度决定，但大气环流、地形地势等自然因素对其影响也相当大，例如我国云南地区虽然处于热带，但因为云贵高原的海拔抵消了纬度较低的影响，所以四季如春，适宜居住。同样，人类的活动对气候也有一定的改造作用，例如植被种植对局部地区湿度的改善，我国沙漠化比较严重的阿拉善等地通过人工造林的方式，不但对水土流失的

---

① Weil, D. N., 2013, *Economic Growth*, 3rd, Pearson Education.
② 韩茂莉：《中国历史地理十五讲》，北京大学出版社2015年版。

防治起到了重要作用,也改善了该地的气候条件。

在纬度位置、海陆分布、地形地势、大气环流、洋流等因素的共同作用下,世界气候大致可以分为12种类型。每种类型在温度和降雨方面有着很大的区别,因此对人类的生产生活也造成了不同程度的影响。气候与经济发展程度有密切的关系(见表4-1)。表4-1中的前三个气候带同属于热带,这些地区最冷月份的平均气温都不低于18℃。可以看到它们的总人口占世界人口的24.3%,且贫穷落后,人均收入只有世界收入水平的43%。亚热带与热带地区气候较为接近,也和热带一样贫穷落后。而温带的四种气候类型(Cf、Cs、Dw、Dw),除了相对较小的温带季风气候(主要为东北亚地区)[1],一般都是世界最富有的地区。温带地区人口占世界人口的34.9%,其人均收入是世界平均水平的1.94倍。西欧有96%的人口生活在温带地区;北美有88%的人口生活在温带地区。相反,拉丁美洲和下撒哈拉非洲只有12%和4%的人口生活在类似地区,南亚则完全没有温带地区。

表4-1 气候类型及经济表现

类型	气候特征	土地占比(%)	人口占比(%)	人均GDP与世界平均之比
热带雨林(Af)	全年高温多雨	4.0	4.4	0.64
热带季风(Am)	全年高温,分旱、雨两季	0.8	2.4	0.41
热带草原(Aw)	全年高温,分干、湿两季	10.8	17.5	0.38
冬干温暖(Cw)	亚热带;夏季高温多雨,冬季温和少雨	4.3	16.0	0.44
常湿温暖(Cf)	地中海,无严寒酷暑,年降水均匀	7.7	19.5	2.24
夏干温暖(Cs)	夏季炎热干燥,冬季温和多雨	2.2	4.3	2.1
常湿冷温(Df)	冬长低温,降水均匀	23	5.8	1.9
冬干冷温(Dw)	低温,冬季寒冷干燥	6.2	5.3	0.64
草原(Bs)	半干旱,且分布不均	12.3	11.8	0.55
沙漠(Bw)	干旱,年降水量低于38毫米	17.3	6.2	0.58
高地(H)	海拔越高气温越低	7.3	6.8	0.78
极地(E)	终年严寒,降水稀少	4.0	<0.1	—

资料来源:Gallup John, Jeffrey Sachs, 1998, "Location: Geography and Economic Development", *Harvard International Review*, 21 (1)。

此外,半干旱草原、干旱沙漠以及热带草原占陆地面积最大,依次为12.3%、17.3%和10.8%;常湿温暖的地中海气候、热带草原以及半干旱草原气候类型下生活的人口最多,依次为19.5%、17.5%、11.8%;但从人口密度来看,冬干温暖的亚热带、常湿温暖

---

[1] 根据地理学上的柯本分类法,Df、Dw属于寒带,Cw属于温带。此处略有不同。

的地中海气候、夏干温暖气候类型人口密度最大，似乎是最适合人类生存繁衍的地区。

二 气候影响经济发展的机制

动植物的生长、繁殖都依赖于气候，即使科技发展到现在，农业很大程度上也要"靠天吃饭"。在科技不发达的时期，气候对农业生产方式乃至人类的生存方式有决定性的影响。

我国有一条非常重要或者说神奇的 400 毫米等降雨量线[①]。这条线大致经过大兴安岭—张家口—兰州—拉萨—喜马拉雅山脉东部，它是我国的干湿分界线，在这条线的西北方为半干旱地区，东南方为半湿润、湿润地区。在这条线的两侧，一边是森林、一边是草原；一边是农耕、一边是游牧；一边建围墙、一边任驰骋；一边人口密集、一边人烟稀少。

早在史前时期，聚落的环境选择就与 400 毫米等降水线有关[②]。内蒙古的西辽河流域，受地形影响，来自东南方的降水沿山地呈"C"形分布，其中"C"形的边缘随地形抬升而面迎水汽，年降雨量增至 400 毫米，并因降水增加为森林和草原等多种生态系统的存在提供了条件。距今 8000—6500 年和 7100—6400 年的兴隆洼和赵宝沟文化时期，以采集和渔猎为生存方式的先民们，为方便觅食并获得兼有林地和草地的双重动植物资源，将聚落选择在林缘地带。

我国历史上农耕文明与游牧文明的碰撞、历代疆域变化以及各类政治、军事事件，大多围绕这条线展开。农耕民族曾经不止一次地突破 400 毫米等降水线，如汉、唐，但农耕生产方式向北最远只能扩展到这条线。而北方的草原游牧部落也曾入主中原，但他们突破了这条自然环境划定的界线后，也会感到自己的畜牧生产不太适合，要么再返回草原，要么转化为农耕民族。因此，农耕民族为抵御游牧民族的侵扰而修筑的万里长城，几乎与 400 毫米等降水线重合。

（一）气候与农业生产率

农业是世界上最重要的一个部门之一，对发展中经济体来说尤为如此。2019 年农业就业人口占世界总就业人口 27%，农业增加值占世界 GDP 的 4.01%。就发展中国家而言，这些比例更高，农业增加值占 GDP 比重为 8.63%，女性劳动力农业就业占比为 31.37%，男性劳动力农业就业占比为 32.45%，其中低收入国家依次为 26.2%、63.45%、56.85%。因此，农业生产率对人均收入有重要影响（农业的更多贡献参见第十一章）。

上一小节我们得到的温带人均收入更高的结论，部分来自温带的农业生产率更高（见图 4-2）。热带地区和温带地区的农业劳动生产率指标差异极大，温带富裕国家的劳均产量是热带发展中国家的 300 倍。你也许会认为富裕国家与发展中国家农业劳动生产率的差异来自农业生产过程中农业机械、肥料投入、劳动力的人力资本投入等投入要素方面的差

[①] 王玉海：《人地关系地理基础与中国区域发展战略演进》，《郑州航空工业管理学院学报》（社会科学版）2022 年第 2 期。

[②] 韩茂莉：《中国历史地理十五讲》，北京大学出版社 2015 年版。

异,实际上,在使用相同的资本、劳动力和化肥投入的情况下,热带湿润地区的耕地比温带湿润地区的耕地产量低 27%,热带干燥地区的耕地产量低 31%。温带干燥地区的耕地比温带湿润地区的耕地产量低 15%[①]。

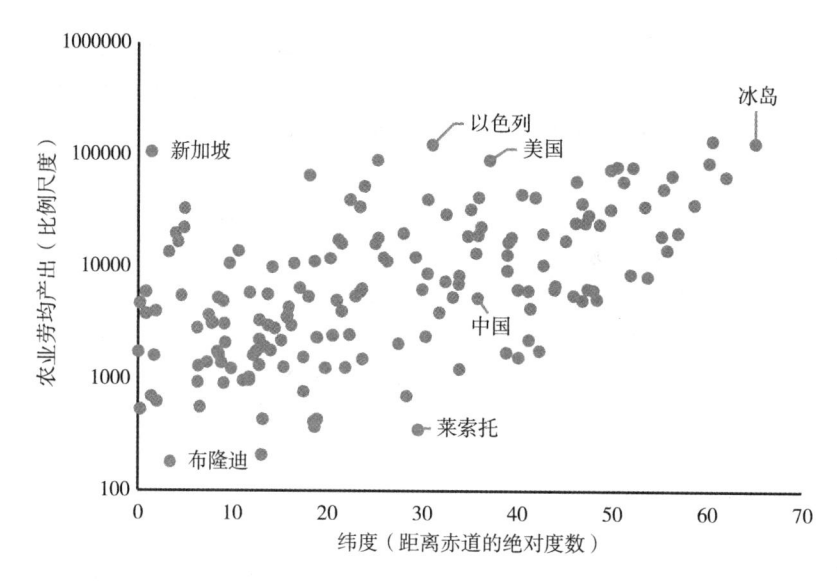

图 4-2 纬度与劳均农业产出的关系

资料来源:世界银行 WDI 数据库和地球在线(http://www.earthol.com/)。

这种现象看起来与我们常识相违背。在我们的直觉中,热带地区农作物可以一年多熟,因而生产率会更高。但是与温带气候相比,热带气候在生产作物方面确实也存在一些不利因素:第一,热带地区尽管雨量充沛,但降雨的模式不利于农业发展。在大部分热带地区,季节性的雨季和长时间的旱季交替出现,容易形成暴雨,从而造成洪水,导致水土流失。第二,温带地区的日照夏季昼长夜短,冬季昼短夜长的模式更替,这样更利于作物生长,与之相比,热带地区日照时间相对固定,不适应小麦和玉米等主要谷物的生长方式。第三,热带没有霜冻期。当地面温度降到冰点以下时,就会发生霜冻。低温会杀死一些危害农作物生长的害虫,从而控制动植物疾病的传播。我国民间谚语"瑞雪兆丰年"说的就是这个道理。反过来,热带地区有丰富的昆虫和微生物,使有机质迅速分解为矿物质成分,导致耕地迅速失去肥力。

(二)气候与健康

气候影响人的健康是它影响经济发展的另外一种方式。热带地区是典型的健康环境较糟糕的地区。热带地区盛行着对人类有害的疾病,包括疟疾、黄热病、昏睡病和血吸虫病

---

① Gallup John, Jeffrey Sachs, 1998, "Location: Geography and Economic Development", *Harvard International Review*, 21 (1).

等。热带地区疾病的集中是由两个因素造成的。第一，热带地区不结冰，有利于寄生虫和带病昆虫的繁殖，这一点和我们上面说的气候影响农业生产率相同。第二，非洲热带地区人类（原始人）已经生活了几百万年，当地各种致病病毒和寄生虫的宿主有充足的时间进化以适应环境，而温带地区如欧洲人类居住历史只有几万年，攻击人类健康的致病病毒和寄生虫相比之下要少很多。正是因为这个道理，如果你要去非洲旅行，旅行社会建议你打多种疫苗以抵御非洲地区的这些古老而顽强病毒。

在所有热带疾病中，疟疾对经济增长的影响最大。世界卫生组织（WHO）发布的《全球疟疾报告2020》估计，2019年全球疟疾病例总数达到2.29亿，过去4年这一数据几乎没有变化。2019年有40.9万人死于疟疾，2018年则为41.1万人。过去几年全球90%以上的疟疾病例来自非洲地区，自2000年以来，非洲地区的疟疾死亡病例减少了44%，但近年来进展缓慢[1]。1945年以前，疟疾感染的高风险地区包括希腊、西班牙、意大利和美国南部的大部分地区，而如今，疟疾几乎完全局限于热带地区。我国也在改革开放前控制住了疟疾（见专栏4-1）。

专栏4-1　　　　　　　　　新中国疟疾防治史[2]

2021年6月30日，WHO宣布中国通过消除疟疾认证，这是我国继天花、脊髓灰质炎、淋巴丝虫病、新生儿破伤风之后消除的又一个重大传染病。

疟疾是我国流行历史最久远、危害最严重的传染病之一。疟疾俗称"瘴气病""瘴疬""打摆子"等。四种人体疟疾（恶性疟、间日疟、三日疟和卵形疟）在我国均曾流行。重症疟疾的症状凶险，常导致死亡。据记载，我国早在公元前1562—1066年殷商时代的甲骨文及青铜铭文上就有古"疟"字的记载，由此可见那时候的人们就深受疟疾之苦。中华人民共和国成立前，我国约4.5亿人口中受疟疾威胁的人口在3.5亿以上，每年至少有3000万例疟疾病人，其中30多万因疟疾死亡。20世纪60年代初和70年代初我国曾出现两次大范围暴发流行，最高峰在1970年，全国疟疾发病人数超过2400万。随着防治历程推进，我国疟疾防控和救治能力显著提升，疾病负担大幅度降低。2016年，我国报告最后一例本地原发疟疾病例。

中华人民共和国成立后，我国对疟疾经历了从防治到控制与消除的五个阶段。第一个阶段是重点调查与防治（1949—1959年），主要是组建专业机构队伍，开展重点调查和防治。第二个阶段是控制严重流行（1960—1979年），主要通过在疟疾严重流行地区以全人群服药和传染源控制为主的防治策略，并建立区域疟疾联防联控机制，控制了大规模疟疾暴发流行，大幅度降低了疟疾发病率和死亡率。在这一

---

[1] WHO官网，https://www.who.int/publications/i/item/9789240015791。
[2] 中国疾控中心，转引自https://m.gmw.cn/baijia/2021-06/30/1302383384.html。

阶段，我国首位诺贝尔医学奖（2011年）获得者、药学家屠呦呦1972年成功提取出了用于治疗疟疾的药物青蒿素。第三个阶段是降低发病率（1980—1999年），主要根据不同媒介分布区疟疾流行特点和不同媒介的生物学特性，采取不同的综合性防控措施。第四个阶段是巩固防治成果（2000—2009年），主要针对黄淮平原出现的疟疾疫情回升和局部暴发，加强疟疾的及时诊断和规范治疗，采取疫点人群服药、媒介控制及健康教育等综合措施。第五个阶段是消除疟疾（2010—2020年），2010年启动《中国消除疟疾行动计划（2010—2020年）》，将全国流行县分4类实施强化控制或消除策略。2020年实现消除疟疾目标，并于2021年6月30日通过了世界卫生组织的消除疟疾认证。

疟疾局限于贫穷的热带地区这一结果，是不是因为贫穷所以难以防治疟疾所致？Kiszewski等通过构建"疟疾生态"指数表明，疟疾主要是由适于疟疾生长传播的气候特性引起的[①]。"疟疾生态"指数包括这样的一些适于疟疾传播的气候环境指标：一国气温对蚊子繁殖的易感性，降雨、较高气温、从人体摄取营养的蚊子种类的流行程度。疟疾生态指数与实际疟疾发病率（受疟疾威胁的人口比例）正相关，其中低疟疾生态指数国家或地区疟疾实际发病率几乎为0，而在疟疾生态指数很高的国家或地区，感染疟疾的风险几乎为100%。

第三节 文化与经济发展

一 文化的内涵

从中国文字起源来看，"文"的本义为各色交错的纹理（见图4-3）。在此基础上，"文"又有若干引申义，如天文、人文等，分别指天体运行的纹理或规律、人类社会运行的规律。"化"的本义为改易、生成、造化，如"化而为鸟，其名曰鹏"（《庄子·逍遥游》）。西汉以后，"文"与"化"方合成一个整词，意义就是"以文教化"，或与天造地设的自然对举，或与无教化的"质朴""野蛮"对举。随着时间的流变和空间的差异，"文化"逐渐成为一个内涵丰富、外延宽广的多维概念，导致给文化下一个准确的定义是很困难的。对于经济发展来说，文化中，通过"教化"而内化为指导

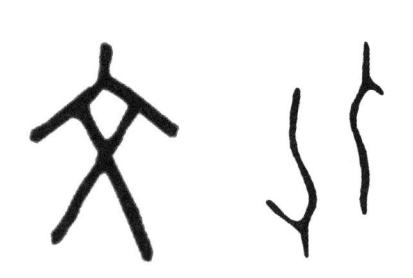

图4-3 "文"和"化"的甲骨文

---

① Kiszewski, Anthony, Andrew Mellinger, Andrew Spielman, Pia Malaney, Sonia Ehrlich Sachs, Jeffrey D. Sachs, 2004, "A Global Index Representing the Stability of Malaria Transmission", *American Journal of Tropical Medicine and Hygiene*, 70 (5): 486–498.

人们行为的价值观是最为重要的，包括传统习俗、生活方式、行为规范、思维方式、态度、社会网络等相关因素。按照经济学术语来说，文化、价值观是影响个体行为选择模型中的主观偏好的，它先于具体选择而存在，但是又可能在不断的选择过程中得以改变。

二 文化影响经济发展的机制

（一）思想开放

经济增长的源泉来自创新，尤其是与技术进步密切相关的创新。思想开放地区的人更容易接受外来的与新的事物，当然更容易接受外来的技术与管理经验，也更容易接受本国的经济与社会改革，从而会有更多提高全要素生产率的机会。

对于明清时期的中国为何落后于欧洲，在某种程度上就可以由是否愿意采纳国外的新技术来解释。当时的欧洲比较愿意采纳别国所提供的新技术。1851年5月1日，英国在完成工业革命之后，由于体验到了工业生产带来的生产力提升的红利，进而举办了第一届世界博览会来展示各项新技术和新奇事物。相对而言，当时的中国对于新技术的接受程度相对较低。1793年乾隆在给乔治三世的那封著名的信中写道：

> 奉天承运皇帝敕谕英咭利国王知悉……天朝抚有四海，惟励精图治，办理政务，奇珍异宝，并不贵重。尔国王此次赍进各物，念其诚心远献，特谕该管衙门收纳。其实天朝德威远被，万国来王，种种贵重之物，梯航毕集，无所不有。尔之正使等所亲见。然从不贵奇巧，并无更需尔国制办物件……特此敕谕①。

其实，中国文化基因中并不缺乏开放思想。秦之前，夏人是中原土著，而商人是来自渤海湾沿岸，后南迁入中原，周人则是自西部黄土高原辗转迁入中原。汉与唐时期外族进入中央政权的高官很多。宋与元逐渐成为世界上最大的对外贸易国。

（二）勤俭

经济发展需要资本投入和劳动投入，显而易见，勤俭价值观更强的国家或地区，劳动投入多，储蓄和资本投入多，发展相应地也会较快。中国改革开放四十多年来的快速发展，与我们历史上形成的勤俭传统价值观有关。在中华民族几千年的历史中，节俭一直以来都被认为是一种美德。中国人节俭美德的记述最早可追溯到夏商周时期，《尚书》中就有了"克勤于邦，克俭于家"的思想观念，可见勤俭的思想观念在中国人的心目中的重要地位。勤俭价值观也就造成了中国较高的储蓄率，自改革开放以来，中国的储蓄额持续不断增长，这也对中国的金融发展带来了正面的影响，让原本不完善的金融体系得到了极大的发展空间，投资体系与规则也逐步建立，资金流入各个企业，带动了经济不断发展。

---

① 转引自沈艾娣、张丽、杨阳《〈乾隆皇帝谕英王乔治三世敕书〉与有关传统中国对外关系之观点在20世纪早期的形成》，《全球史评论》2021年第1期。

社会学家马克斯·韦伯认为,新教伦理对资本主义精神的形成有巨大影响,他甚至断定,新教徒"认为个人有增加自己的资本的责任,而增加资本本身就是目的"①。也就是说,新教徒投资增加资本,并不一定是利益计算后的结果,在他们计算之前,他们主观偏好中就认为投资是应该做的事情。

在多个学科流行的一种观点认为,东亚地区的高速增长来源于高储蓄率,而东亚各国或地区之所以有高储蓄的共同行为,是因为它们都受到儒家文化提倡勤俭节约这一思想观念的影响。例如,《论语·学而》认为:"道千乘之国,敬事而信,节用而爱人,使民以时。"近年来一些研究进一步探讨了文化对储蓄率的影响(见专栏4-2)。

专栏4-2 储蓄率差异之谜——文化还是经济?②

现代社会发展过程中存在这样的一个基本事实:东亚国家的储蓄率水平显著高于世界其他地区,尤其是高于西方国家。如果从文化信仰的角度来看,东亚国家则大多信奉的是儒家文化,而西方国家更多地受基督教文化影响。因此我们猜想,文化因素是否能够对储蓄行为产生显著的差异性影响(见图4-4)?

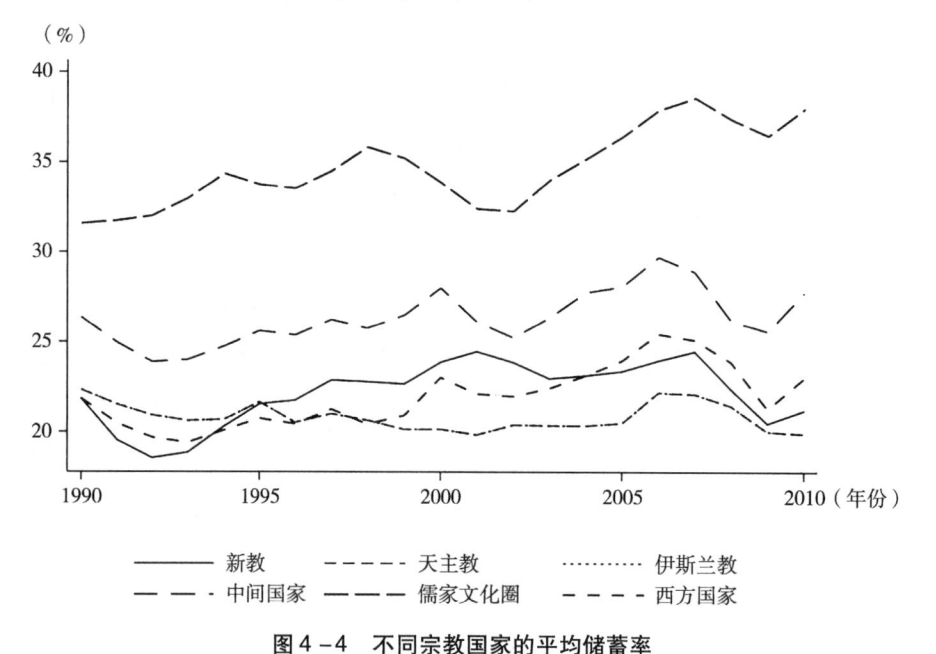

图4-4 不同宗教国家的平均储蓄率

资料来源:路继业、张冲:《储蓄率差异之谜:文化还是经济?》,《管理与经济学进展》2019年第3期。

---

① [德]马克斯·韦伯:《新教伦理与资本主义精神》,马奇炎译,北京大学出版社2012年版。
② 路继业、张冲:《储蓄率差异之谜:文化还是经济?》,《管理与经济学进展》2019年第3期。

宗教信仰是文化在社会组织层次和价值观念层次的重要组成部分，在很大程度上能够反映一个国家或地区的文化特性，也通过社会组织和价值观念深刻地影响着人们的行为。路继业和张冲的研究发现，宗教信仰和储蓄率之间存在重要联系，而且不同宗教国家的储蓄率存在显著差异。他们的研究根据国家的宗教信仰分为6组，即新教（PRO）、天主教（CAT）、伊斯兰教（ISL）、中间国家（MED，即新教和天主教比例持平的国家）、西方国家（WEST）和儒家文化圈（CFU，即东方国家），并将6组国家的平均储蓄率曲线描绘在图4-4中。由此发现：第一，"儒家文化圈"，即东方国家的平均国民储蓄率远高于西方国家；第二，新教国家平均国民储蓄率稍高于伊斯兰国家，但二者差距并不明显；第三，在西方国家内部，除了中间国家，其他三个宗教国家的平均国民储蓄率相互交错，差异不大；第四，尤其是2004年以来，三者离西方国家的平均水平越来越近，差距也越来越小，也就是说三者有逐渐融合的趋势。由此可见，东西方文化（宗教信仰）之间的不同显著且有差异地影响了其储蓄率水平；但就西方国家而言，文化因素并不能很好地解释其内部储蓄率的差异。

（三）信任

信任是一个社会迅速发展的前提，对经济发展具有正向关系。信任总是与社会个体之间的关系相联系，作为社会关系交往的润滑剂，它渗透于社会交往之中，折射出社会个体对人类本性的基本信念。随着传统社会向现代社会的转型以及全球化时代的到来，人类交往的时空约束被弱化，国家和地区间的隔离状态被打破，全方位的联系、沟通和相互影响日益增强，从而对信任提出了更高的要求，需要社会成员之间、各种社会组织之间建立基本的必要的信任。

从经济学的角度来说，信任可以减少经济活动中的交易成本，提高经济运行的效率，从而推动经济发展。比如，厂商在签订合同的时候，信任可以降低自己选择不合作的可能性；减少相互试探猜疑，减少预期的损失可能性；减少相互为了确保对方合作而在合同设置上的讨价还价时间；可以使合同得以更好地执行下去，降低执行成本。消费者和厂商的相互信任也可以推动需求增加且长期稳定以及供给的增加和质量技术不断发展。

投资与投资收益之间存在时滞，因此投资活动中信任显得更为重要。基于世界价值观调查数据，可以用来研究投资率与信任之间的关系。始于1981年的世界价值观调查试图用调查问卷的方法测量如信任、勤劳等诸多人的主观态度，其中关于信任水平的调查中提问了被访者："一般而言，你认为大多数人都可以信任吗？"而按照平均值来看，35.8%的受访者认为大部分人都可以信任。但是答案的差异也有很大，61.2%的挪威受访者认为大部分人都可以信任；而巴西只有6.7%的受访者给出这样的答案。图4-5显示了"认为大多数人是可以信任的人口比例"与"投资占GDP的百分比"之间的散点图，可以看出，投资率与信任正相关。但是散点之间的离散度比较大，这也反映出除了信任，还有别的重要的（甚至是比信任更重要的）因素影响投资率。

投资占GDP的百分比（1960—2004年平均值）

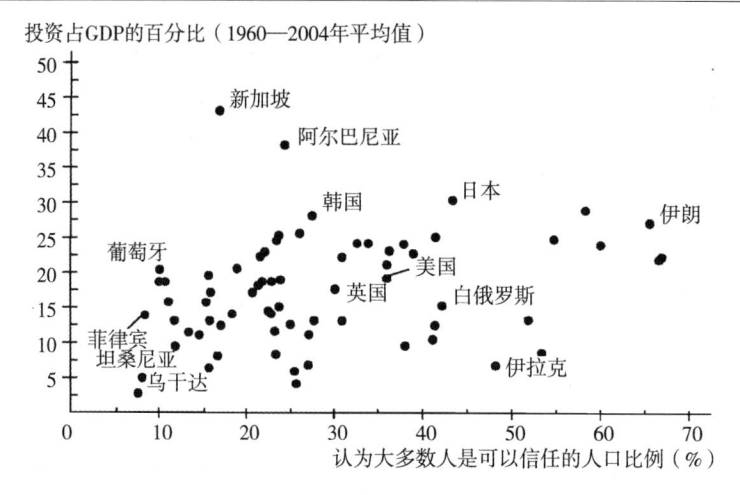

图 4-5 信任与投资率

资料来源：[美] 戴维·N. 韦尔：《经济增长》（第二版），王劲峰等译，中国人民大学出版社 2011 年版。

（四）社会资本

社会资本即社会关系网络，是指行为主体通过社会网络进行交往，建立的紧密关系，从而建立信任或获得资源分配时的优势。用中国的俗语来说就是"朋友多，好办事"。

人是社会性生物，总要参与各种社会交往，例如亲戚朋友之间的联系、职场联系以及因业余爱好而产生的人际交往等。这些社会关系有的是其他活动的副产品，比如你爱好书法，参加了书法交流活动，自然而然地就有了一些人际交往。有些社会联系则是刻意为之，比方说在两个公司正式进行交易之前，项目的负责人之间在私下约定一次聚餐，以加深对彼此的了解。

中国人传统的社会关系网络呈现"差序格局"①，这种格局即使在现在也对我们的人际关系有深远的影响。所谓差序格局，是指人际交往以自己为中心，血缘、亲缘、地缘等关系像水波纹一样推及开，形成一圈圈的、亲密程度由近及远的关系网络。例如，中国传统人际关系中有"五服"之说，意指在父系中，以自己为中心，上下追溯五代共计九代，即"高祖、曾祖、祖父、父亲、自己、儿子、孙子、曾孙、玄孙"，这九代以外的本家族的人是"出五服"的人，关系较远。

社会关系网络之所以被称为社会资本，是因为它能给参与者的其他经济活动带来正面影响，乃至推动整体经济发展。社会资本影响整体经济发展的一个例子是意大利南北方经济差异②。由于大航海时代，商业资本主义快速发展，在北方出现了一个历史上非常著名的商人团体——热那亚商人。这种商人之间的互相信任和依赖使意大利北方人更加友爱和

---

① 费孝通：《乡土中国》，人民出版社 2008 年版。
② [美] 罗伯特·D. 帕特南：《使民主运转起来：现代意大利的公民传统》，王列、赖海榕译，中国人民大学出版社 2015 年版。

具有契约精神，并且喜欢集体活动。这种文化延续到现在，意大利北部地区的社区成员彼此也相互关爱，并且更愿意参与制度的建立，积极参加投票，促进政府改善治理，从而在政治制度和社会发展方面都远远地将南部地区甩在了后边。

社会资本的第一种主要作用机制是信任。交易双方通过频繁的社会联系从而建立了信任，这样能够减少合约履行中的监督成本和交易成本，有利于交易的开展，乃至促进整体经济发展。社会学家詹姆斯·科尔曼在描述社会资本产生的信任时曾举了纽约钻石批发市场犹太商人的例子：

> 在谈一宗生意时，一个商人会把一袋宝石移交给另一个商人，让后者在闲暇时私下检查这些宝石，但是没有任何正规的保证，以确保后者不会用一个或更多的劣质宝石，甚至用人工材料制作的复制品来调换。这单生意可能价值成千上万美元。对于这个市场的正常运行而言，审查对于这种自由交易很重要。如果没有审查，市场可能会出现麻烦，而且效率很低。[①]

社会资本的第二种主要作用机制是传播信息。通过社会联系，我们可以获得工作机会、技术等诸多方面的信息，这些信息往往对我们是非常重要的。本书所说的诸多技术溢出效应，一个主要途径就是通过各种正式或非正式的社会关系网络传播技术信息。社会关系网络传播信息方面一个有趣的命题是社会学家马克·格兰诺维特提出的"弱关系的力量"[②]。与我们联系最频繁的人掌握的信息往往与我们掌握的信息具有高度的同质性，因此对我们价值不大，而那些与我们联系不那么频繁的人拥有的信息往往是异质性的，反而价值更大。

社会资本的第三种主要作用机制是惩罚。如果一个人违背交易承诺，另一方会通过社会关系网络传播这个信息，那么违背承诺的人会丧失未来与社会关系网络中其他人交易的可能性，会受到来自这种关系网的严厉惩罚。

值得注意的是，社会资本并不总是具有生产性，很多时候仅仅具有分配性，而且会把交易机会给了那些不是最具有生产性的人，从社会总体来看，这时的所谓社会资本是反生产性的。如果交易一方为政府时，可能会导致寻租。

（五）社会能力

社会能力是一个国家在现代市场经济中利用经济机会的社会和文化素质[③]，其包括：大规模企业组织和管理的经验；一国国民通过专业化和贸易等途径充分利用市场经济的能力；具有与经验科学相适应的观点和见解——相信事实因果，反对迷信巫术；具有重视生

[①] [美] 詹姆斯·S. 科尔曼：《社会理论的基础》，邓方译，社会科学文献出版社1999年版。
[②] Granovetter, M., 1973, "The Strength of Weak Ties", *American Journal of Sociology*, 78.
[③] Abramovitz, Moses, 1986, "Catching Up, Forging Ahead, and Falling Behind", *Journal of Economic History*, 46 (June): 385–406.

命的社会观，而不是把生命看作不如精神存在重要。其中后两点属于开展市场经济的价值观，前两点为开展市场经济的宏观与微观能力。总体来看，我们可以将一国"社会能力"类比一个人的"学习意愿和学习能力"。通常，一个学习意愿与学习能力强的人，即使在某一领域知识储备不足，起步水平较低，但由于其具有较强的学习能力，他也可以快速吸收新知识，从而较快地提升自身的水平。

对比日本和印度两国发展状况很能说明社会能力的重要性。在明治维新过后，日本旧的封建体制在两年之内迅速解体，整体社会转而对当时最发达国家的学习。在第二次世界大战之后更是如此，成为战败国的日本转而将目光放在了成为富国的目的之上，在此基础上一心一意寻求发展，很快就成为当时世界第二大经济体。与之相反的是，印度长期以来的等级和种姓制度造成了社会机能的失调，虽然英国的殖民给印度带来了可以借鉴的制度和管理体系，但是只有属于上等种姓的印度人才能步入国家的管理行列，这反而进一步造成了阶级之间的固化，加重了印度社会的功能不全和人民的隔阂，进而对经济发展产生负面的影响。

社会能力中的价值观部分，类似于宗教"世俗化假说"[1]，即随着人们变得越来越富裕，宗教对经济的影响应该下降。特定宗教教义也许会在经济发展的特定阶段提供了精神动力，但是，宗教对经济很难说具有长期的正面影响。最新的研究结论证实了这一观点[2]：世俗化先于经济变革，在排除了收入和宗教之间的双向因果关系后，世俗化的变化预测了20世纪全球国内生产总值的变化。

三 文化的决定因素与文化的变迁

决定文化的主要因素是宗教。上面各小节中我们也以宗教为文化的一部分举了若干例子，但是促成一个国家的人们信仰什么宗教的力量非常复杂，本小节分析一些易于经济分析的影响文化的因素。

（一）文化的决定因素

个人有什么样的态度、价值观很大程度上取决于他之前的生活经历。一个国家、民族的文化也同样如此，它所处的自然与经济社会环境在这个民族和国家文化塑造过程中发挥着重要作用。在这里我们分析气候、自然资源以及人口密度这三个因素对文化的影响。

气候和自然资源对于人们的节俭观念有重要影响。处于温带气候的国家或地区，由于农作物的成熟是季节性的，在冬季时无法种植和收获食物，因而在其他季节就必须开始准备冬季的食物、住处和保暖设施。比如，我国的东北地区，冬季存在严寒，经常有大面积的积雪，获取蔬菜、水果等作物非常不便，于是东北地区在房屋建筑时会设计专门用于储

---

[1] [德] 马克斯·韦伯：《新教伦理与资本主义精神》，马奇炎译，北京大学出版社2012年版。
[2] Ruck, Damian J., Bentley, R. Alexander, Lawson, Daniel J., 2018, "Religious Change Preceded Economic Change in the 20th Century", *Science Advances*, 4 (7): 1–7.

藏蔬菜的地窖，在寒冬来临前储备足够的食物。这样的气候就促使北方的居民养成提前计划的价值观，也就易于形成储蓄、节俭的习惯。

自然资源会对文化产生影响，这种影响有时甚至可能是负面的。俗话说，生于忧患、死于安乐。很多价值观是在生产生活实践中逐渐习得的。如果一个国家具备使人们不用努力工作就可以生存的资源，那么这个国家有可能将缺乏"必须努力工作"的文化。我们前文说到的意大利南北方经济的分化，除了北方具有良好的社会关系，也同样因为南方在地理上的资源更加富足，有足够自给自足的农业产出，导致南方地区的居民不用努力就一度能过上充裕的生活，进而在工业化的浪潮中逐渐衰败下去。并且，资源丰富的国家可以避免现代化，在思想方面也可以更不开放，例如石油对海湾国家的影响就是如此，丰富的石油资源导致国家仅仅依靠单一卖油产业就可以获得充足财富，相应地，由于没有迫切的改变的需要，新兴技术和社会价值很难在这些国家传播，这些国家受到宗教的桎梏也就更深。

人口稠密的地区可以促进劳动的分工、提升组织能力和政府效率，从而提高社会能力。一个自给自足的人口稀疏的地区既没有交易的需要，而且交易成本也更高，从而会较少地发生经济贸易，进而阻碍商业能力的形成。反之，人口稠密的国家或地区有更多的交易机会，交易成本也更低，而市场范围的扩大有助于形成劳动分工。同样的道理，人口稠密的地区更需要政府协调不同个人和群体间事务，从而促进了国家和中央政府的形成，国家和中央政府的产生又会对正式组织、成文法、书面合同提出了需求。这些包括政府管理经验在内的组织管理经验正是社会能力的重要组成部分。

图4-6反映了1961—2020年人口密度与经济增长之间的关系。在通过对人口密度和经济增长关系的研究后，我们可以得出结论，人口密度和经济增长率之间存在着正向的相关关系。许多增长最快的地区都位于东亚，包括新加坡、中国和韩国。这些国家的人口非常稠密，并且具有悠久的商业文化传统、经济专业化分工以及中央政府的统治。而许多增长很慢且人口稀少的国家都位于非洲和南美洲，它们的特点是农业自给自足、经济专业化水平低以及缺乏中央政府的管理历史。

（二）文化的变迁

我们以文化的变迁表示文化长期动态变化。一个国家的文化不会是亘古不变的。文化变迁受到种种因素的影响。在现代社会中，影响文化变迁的首要力量是经济增长。随着经济增长，人们的居住场所、时间机会成本、交往范围、接触外来事物会发生变化，必然会摧毁很多传统文化。比如，近一二十年，中国人明显感受到"年味变淡了"，其主要原因是随着经济发展，个人时间机会成本上升，难有机会从事之前很多过年的仪式化活动。再比如，城市化的发展也会打破我们传统的人际交往模式。进城后，原来以家族为核心的社会关系网络逐渐破裂。

文化影响经济发展，经济发展又影响文化变迁，也就是二者相互影响。这会给我们研究文化在经济发展过程中的作用带来相当大的麻烦，即双向因果产生的内生性问题。文化变量的内生性问题还不止于此，测量误差也是文化变量内生性的重要来源。文化本身的复

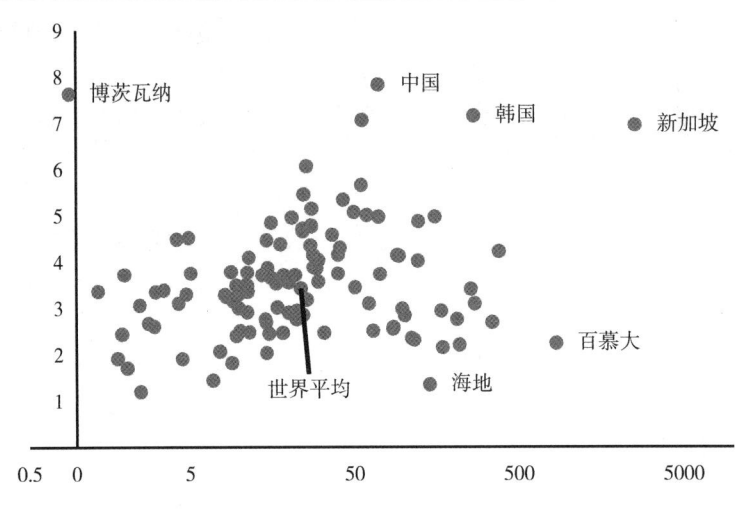

图 4-6 人口密度与经济增长的关系

资料来源：世界银行 WDI 数据库。

杂性、主观性，导致文化变量测量过程中必定有不可避免的测量误差。西方观察家在日本经济腾飞前和腾飞后对大和文化的不同的评论就是一个明显的例子。在明治维新前，西方学者认为日本人随遇而安、不思进取，不可能在经济上有大的成就。而在 20 世纪末，人们用于解释日本经济奇迹的结论则变成了日本人具有吃苦耐劳的精神，并且日本文化的优越性是具有历史传承性的。这种事后的观点也反映出了人们往往采取倒推的方式来研究文化的影响，即根据已有的结果来寻找原因。

影响文化变迁的另一个力量是政府决策。政府会出于经济或非经济的目的改变文化。秦始皇统一六国后，建立起了"书同文，车同轨"的政策，目的是对自己治理范围内的地区进行统一的管理。这样的政策也自然地导致了原本分散的文化逐渐趋同，形成大一统的格局。对外殖民的国家会在殖民地推广本国语言作为官方语言达到征服的目的，这必然改变殖民地的文化。

影响文化变迁的力量还包括媒体，尤其是电视和网络。一方面，电视和网络减少了人们之间的相互交往，降低了社会资本。社会学家帕特南提出，美国社会资本在下降，因为媒体和娱乐方式的不断更迭创新，人们更加不愿像以前一样参加各种运动团体以及与社区居民进行交往，而是选择宅在家里[1]。由于网络媒介的盛行，人们了解世界的范围变得空前广阔。

---

[1] ［美］罗伯特·D. 帕特南：《独自打保龄：美国社区的衰落与复兴》，刘波等译，中国政法大学出版社 2018 年版。

本章小结

1. 地理位置影响贸易成本,跨境"溢出效应"形成的地理聚集、地理环境影响政府治理效能,是地理影响经济发展的主要机制。
2. 气候属于地理因素的一部分。不同气候带人均收入有明显差异。气候对农业生产率既有直接影响,也会影响到人的身体健康,从而会影响到经济发展。
3. 文化主要通过它塑造的人的价值观影响到个体行为选择模型中的主观偏好进而影响到经济发展。文化影响经济发展的机制主要包括:思想开放、信任、社会资本与社会能力。
4. 气候、自然资源以及人口密度是决定一国或地区民众文化与价值观状态的三个重要因素。
5. 文化以及其中体现的价值观本身,也是随着经济发展而变迁的。经济发展程度以及由此决定的个人时间机会成本、政府决策和媒体力量都会影响到文化的变迁。

思考题

1. 如何从地理位置角度解释我国地区发展差异?
2. 一个国家的气候条件通过什么样的途径影响其人均收入?
3. 热带气候的哪些特点使它不利于经济发展?
4. 什么是社会资本?为什么社会资本与信任有关?
5. 什么是社会能力?试从社会能力角度解释中国发展奇迹。

第二篇　要素篇

　　本章介绍两类初始投入要素——资本和劳动投入在经济发展中的作用。第五章阐述的是物质资本形成对经济发展的作用，并且辟出专门的一节——第五章第四节，介绍一类特殊的物质资本——基础设施资本的作用。劳动投入分为两个方面考量，一是劳动者数量，二是劳动投入的质量。前者与人口总量相关，因此我们在第六章中阐述人口与经济发展的互动关系。后者与人力资本有关，我们在第七章中以教育和健康两类人力资本来分别阐述。

第五章　资本形成与经济发展

学习目标
1. 理解资本形成的含义与来源。
2. 理解资本形成在经济发展中的作用。
3. 了解金融部门在资本形成过程中的重要性。
4. 了解基础设施影响经济发展的作用机制，掌握基础设施发展战略选择模型。

中国经济发展基本事实（见第一章）指出，要素积累是中国经济增长的重要推动力。在资本和劳动这两类基本要素中，资本积累无疑更容易，它只受到经济系统的约束。因此，物质资本积累比劳动力甚或人力资本积累更迅速。资本形成在经济发展中作用，历来受到发展经济学家们的关注。本章分四节，第一节介绍资本形成的含义与来源，第二节从三个模型介绍资本形成在经济发展中的作用，第三节阐述金融部门的重要性，第四节解释一类特殊的资本——基础设施的作用，讨论了基础设施先行战略与短缺战略的选择问题。

第一节　资本形成的含义与来源

资本形成，又称为投资①，是指不把它的全部现行生产成果，用之于满足当前消费的需要和愿望，而是以其一部分用之于生产资本品②。从广义上讲，资本形成包括物质资本和人力资本两个方面，但我们习惯上将二者分开论述，通常所说的资本形成仅指狭义的物质资本，即实物形态的机器、工具设备、厂房、建筑物、交通工具与设施等长期耐用的生产资料。第七章我们将专门讨论人力资本的含义和作用。

资本形成是投资的结果，它来源于生产量超过当前消费量的"剩余"，即储蓄。通过投资活动，最后才转变成机器设备、厂房、交通工具、基础设施等物质资本。

---

① 从字面意思来看，"投资"似乎更强调过程，"资本形成"更强调结果。在国民经济核算体系中，如《国民经济核算体系1993》，投资和资本形成含义相同。但是中国统计数据中，由于数据来源原因，两个指标并不完全一致，有时甚至相差20%左右。参见蔡晓陈《中国二元经济结构变动与全要素生产率周期性——基于原核算与对偶核算TFP差异的分析》，《管理世界》2012年第6期。

② Ragnar Nurkse, 1953, *Problems of Capital Formation in Underdeveloped Countries*, Oxford University Press.

通常我们说的储蓄，主要包含居民储蓄（又称家庭储蓄或个人储蓄）、企业储蓄、政府储蓄和国外储蓄四个方面，前三者合称国民储蓄。居民储蓄是个人（或家庭）将其可支配收入中不用于消费的部分。居民储蓄主要取决于个人或家庭收入水平的高低、社会收入分配的平等状况、存款利率的高低以及观念和习俗的改变等。企业储蓄为纳税后的企业利润减去分给股东的股息后的剩余。企业进行储蓄的目的主要是为了扩大再生产。当企业预判未来面临较好的生产和销售形势时，就需要扩大投资，增加产能以更好地满足市场需求。企业储蓄是企业投资的资金来源之一，其他来源包括从银行获得信用贷款、在债券市场上发售公司债券、在股票市场上出售公司股份等。政府储蓄是指政府经常性收入减去政府的经常性支出之差额，前者主要包括税收收入，政府储蓄可以转化为政府投资，从而产生资本形成。此外，政府还可以通过赤字财政政策、发行债券、多印发钞票和通货膨胀等手段来增加政府的收入以开展投资。国外储蓄包含国外官方储蓄和国外私人储蓄。官方储蓄包括外国政府以及国际金融组织（如世界银行、国际货币基金组织）的援助和贷款，一般条件比较优惠，无利息或低利率，期限也比较长；私人储蓄则包括外国私人金融机构和公司企业的贷款和以跨国公司为代表的直接投资。

长期以来，高储蓄率一直被认为是支撑我国经济增长的重要因素。如图5-1所示，1992—2018年，我国的国民储蓄率均值维持在44%上下，其中2010年达到最高值50.9%，是同期世界平均水平的两倍多。在此期间，我国国民储蓄率变化可以大致划分为四个阶段，分别是缓慢上升期（1978—1994年）、调整回落期（1995—1999年）、高速增长期（2000—2009年）和持续下滑期（2010—2021年）。具体而言，1978—1994年，我国国民储蓄率缓慢上升，在1995—1999年调整期间向下回落，此后从2000年开始，储蓄率进入快速持续的上涨阶段，这种趋势得以维持并在2004年之后变得更为明显，到2010年，中国的国民储蓄率达到峰值50.9%，随后逐渐回落。

在我国总储蓄的构成中，居民储蓄占比最大，接近50%，因此居民储蓄的变动对于国民总储蓄的变动影响最大。例如，2010—2018年，居民储蓄率下滑趋势明显（见图5-1），由2010年的42.1%下降至2018年的34.8%，下降了7个多百分点，这也是导致同期国民储蓄率下滑的主要原因。

以上资本形成的四个来源，即家庭储蓄、企业储蓄、政府储蓄和国外储蓄，是从货币形态上而言的。此外，在实物形态上，劳动积累与对外贸易这两个资本形成的来源对于经济发展而言也是重要的[①]。

在发展的早期阶段，许多发展中国家的广大农村地区存在着大量的剩余劳动，在城市也有许多公开的或隐蔽性失业，这些多余的劳动力对生产没有多少贡献（其边际生产力为零），却仍然需要消费。所以，如果将闲置的劳动力动员起来，从事那些不需要多少资本的生产性活动，如建筑、修路、农田水利建设等工作，便可直接增加资本形成，同时农业生产量并不会因此减少。中华人民共和国成立初期倡导的修水渠就是一个典型的例

---

① 谭崇台：《发展经济学》，山西经济出版社2001年版。

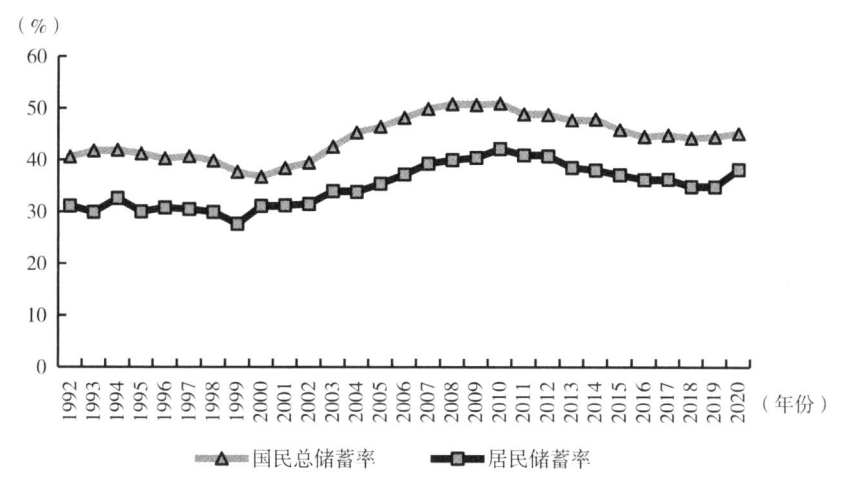

图 5-1 1992—2020 年中国的国民储蓄率和居民储蓄率

资料来源：历年《中国统计年鉴》。

子。治水是困扰中华民族几千年的难题，中华人民共和国成立后，修建现代化的水利设施是经济建设的一个重要课题，因此 20 世纪 50—70 年代，中国修建了众多的大大小小的水利工程，其中有很多的水利工程使老百姓至今受益。例如，河南省林州市的红旗渠，由当地 10 万人民群众主要用两只手前后耗时 10 年开凿而成的"人工天河"，便是劳动积累资本的典型案例。

发展中国家的生产结构以农业和初级产品加工业为主，而它们要进行工业化，最缺乏的就是先进的机器设备和技术。通过对外贸易，可以用本国剩余的农产品和初级制造品出口，换取先进国家的资本品进口，从而达到资本形成的目的。因此，对外贸易也是发展中国家资本形成的一个特殊的、重要的来源。

第二节 资本形成的作用

人均长期收入的提高来自生产能力的增加，资本投入是生产能力的重要组成部分。此外，资本形成在经济发展早期阶段有一些特殊的作用。本节中，我们首先以索洛模型来说明资本形成对收入的影响，然后说明资本形成在打破一个国家或地区摆脱贫困恶性循环中的突破性作用，最后以起飞说理论（罗斯托的经济成长阶段论）来说明资本在经济起飞过程中的关键性作用。

一　索洛增长模型视角下的资本形成

以索洛增长模型为代表的新古典增长模型解释了资本形成对长期人均收入的作用。1956年，索洛发表了一篇名为"A Contribution to the Theory of Economic Growth"的论文，在这篇文章中，索洛提出了一个增长模型，该模型的基本假设和分析方法沿用了新古典经济学的思路和框架，为新古典增长模型奠定了非常重要的理论基础[1]。正是因为这篇论文以及索洛后来对经济增长理论发展做出的一系列贡献，1987年，索洛被授予诺贝尔经济学奖。

索洛模型的假设包括新古典生产函数假设[2]、储蓄率外生、人口增长率外生、折旧率外生以及技术进步率外生，其中新古典生产函数假设是核心。索洛模型的建立主要是围绕两个方程展开的，一个是生产函数，另一个是资本动态方程。我们先考虑没有技术进步的情形，外生技术进步的形式化在后面章节中将加以讨论。生产函数满足新古典假设，其方程式为：

$$Y(t) = F[K(t), L(t)] \quad (5-1)$$

（一）储蓄与资本动态方程

索洛模型另一个重要假设是资本形成率（储蓄率）s是外生的，即：$S = sY$。如果不考虑政府行为和国外部门，总收入（Y）等于消费（C）和储蓄（S）之和，总产出（Y）等于消费（C）和投资（I）之和，根据国民收入核算恒等式得到$I = S$，这实际上也是经济均衡的条件，它代表了总供给和总需求相等，由此进一步得到$I = S = sY$，也就是说投资率和储蓄率是一致的，它们都是外生的。这个外生的储蓄率或投资率从何而来，这并不是索洛模型意图解决的问题，而是所谓的最优储蓄的新古典增长模型要解决的问题，如RCK模型[3]。

索洛模型的第二个关键方程是如下形式的资本动态方程：

$$\dot{K} = I - \delta K \quad (5-2)$$

（5-2）式描述了索洛模型中资本总量是如何积累变化的。首先，该方程左边的$\dot{K}$表示K对时间的导数，如果该值为正，说明资本增加了。其次，最右边一项δK中的δ为资

---

[1] Solow, R. M., 1956, "A Contribution to the Theory of Economic Growth", *Quarterly Journal of Economics*, 70 (February): 65-94.

[2] 包括第二章假设1、假设2a以及稻田条件假设。稻田条件假设为：当资本（和劳动）投入趋向于无穷大（零）时，资本（和劳动）边际产品趋向于零（无穷大）。

[3] Ramsey, F. P., 1928, "A Mathematical Theory of Saving", *Economic Journal*, 38: 543-559; Cass, David, 1965, "Optimum Growth in an Aggregative Model of Capital Accumulation", *Review of Economic Studies*, 32: 233-240; Koopmans, Tjalling C., 1965, "On the Concept of Optimal Economic Growth", *The Economic Approach to Development Planning*, Amsterdam: Elsevier.

本折旧率。资本设备在使用过程中会因被磨损而导致其生产效率下降，或者因技术创新而使现有资本设备过时而相对效率下降，这些都会导致资本折旧。最后，（5-2）式表示的含义为，某一时点的资本变化量等于投资减去折旧，因为投资是新进入生产性资本序列的，而折旧则应当从生产性资本序列里扣掉。

由于储蓄量就等于投资量（$I = S = sY$），所以（5-2）式又可以变化为：

$$\dot{K} = sY - \delta K \tag{5-3}$$

我们可以将总量资本存量的动态方程变形为人均量的资本存量动态方程形式：

$$\dot{k} = sf(k) - (n + \delta)k \tag{5-4}$$

（5-4）式则为索洛模型的关键动态方程，它表明了人均资本存量的动态变化是以下两项之差：第一项是 $sf(k)$，由于人均产出 $f(k)$ 中用于投资的比例是 s，因此这一项为人均实际投资；第二项是 $(n+\delta)k$，也叫作持平（breakeven）投资，意指由于现有资本的折旧和劳动力数量的增加，为了防止 k 不断减少，必须要追加一定数量的投资，所以这一项也代表了使 k 保持在现有水平所需要的必要投资量。根据上述分析可知，如果单位产出的实际投资超过了所需的持平投资，则 k 会上升；如果实际投资小于持平投资，k 会下降；当二者相等时，k 则保持不变。

（二）稳态

索洛模型分析的一个关键结果是稳态（steady state）。在宏观经济学中，我们一般期待经济系统具有某种稳定性，也就是说不会因为某一较小的冲击而跑到另外一个轨道上去，否则的话经济变成了一个发散的系统，是难以分析的。什么是稳态呢？从字面意思上看，它是指一个稳定的状态，也就是具有稳定性的状态。在经济增长理论乃至宏观经济学中，它确实就是指这个意思。但什么样的状态是稳定状态呢？顾名思义，如果经济系统在某一状态附近有所偏离，但它又能回到该状态，或者说在一定范围内经济系统会自动趋向于某一状态，这样的状态就是稳定的，即稳态。需要注意的是，稳态与均衡不是一回事。稳态肯定是均衡点，但均衡不一定是稳态。在经济学里面，均衡是指供求力量对等，比如我们前面的储蓄等于投资，而稳态其实是指经济动态系统的自动恢复能力。

图 5-2 把（5-4）式右边的两项分别表示为关于 k 的函数，其中，持平投资 $(n+\delta)k$ 与 k 成正比，而实际投资 $sf(k)$ 等于一个常数乘以人均产出。可以看出，这两条曲线的差值表示的就是人均资本的变化量 $\dot{k}$，由于 $f(k)$ 满足 $f''(k) < 0$，因此两条曲线在

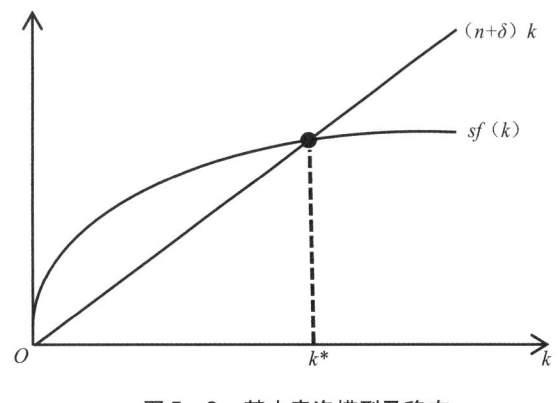

图 5-2 基本索洛模型及稳态

$k>0$ 时只会相交一次，我们可以用 k^* 来表示实际投资与持平投资相等时的 k 值。在 k^* 这一点处满足：

$$sf(k) = (n+\delta)k \quad (5-5)$$

（5-5）式意味着人均资本的变化量 $\dot{k}$ 等于零，该处就是稳态。所以，本模型的稳态条件即为 $\dot{k}=0$。需要注意的是，这个条件只是稳态的必要条件，因为从图 5-2 中可以看出，原点也是满足这个条件的，但原点并不是我们所说的稳态。

我们看一个具体的例子。如图 5-3 所示，假定经济体初始的人均资本为 k_0，那么随着时间的推移，k 会发生怎样的变化呢？在 k_0 处，人均投资量超出了为保持人均资本不变所必需的数量，这就发生了"资本深化"（capital deepening），即人均资本 k 不断增加，这种资本深化的情况一直持续到 $k=k^*$ 为止。在这里我们可以看到，原点不是稳态，因为经济从原点附件开始只会离原点越来越远。当 $k=k^*$ 时，虽然人均资本没有变化，但是资本存量总量 K 增加了（因为人口增长了），这种情况叫作"资本广化"（capital widening）。如果初始的人均资本存量大于 k^*，如图 5-3 中的 k_1，情况又是怎样的呢？在这种情况下，实际的人均投资少于持平投资，这时 $\dot{k}$ 值为负，意味着人均资本量会减少，这种减少趋势会一直持续到人均资本量降为 k^* 为止。

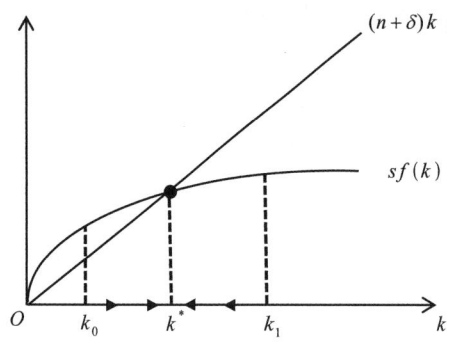

图 5-3 索洛模型的具体例子

由于稳态下的人均资本满足 $\dot{k}=0$，因此，可以利用该式求出稳态下的人均资本量和人均产出。令（5-4）式等于零，并将 C-D 生产函数的具体形式 $f(k)=k^\alpha$ 代入其中可得：

$$k^* = \left(\frac{s}{n+\delta}\right)^{1/(1-\alpha)} \quad (5-6)$$

将 k^* 代入生产函数可求出稳态下的人均产出为：

$$y^* = \left(\frac{s}{n+\delta}\right)^{\alpha/(1-\alpha)} \quad (5-7)$$

以上无技术进步索洛模型的分析显示，稳态下（长期中）的人均产出没有增长。总产出 Y 本身是增加的，它的增长率与人口增长率相同。

（三）资本形成率与人均产出

我们再来看看索洛模型是如何预测资本形

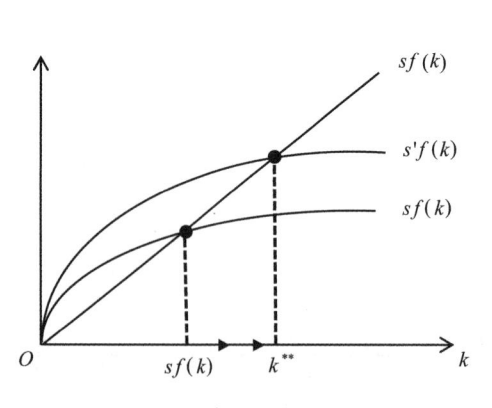

图 5-4 资本形成率增加的影响

成率变动影响的。假定人均产出已经达到了稳态值，若此时消费者把储蓄率从 s 提高到 s'，这会对 k 和 y 造成什么影响呢？结合图 5-4，我们可以看到资本形成率的增加是由曲线 sy 向上移动到 $s'y$，对应于初始的人均资本量 k^*，变化后的人均投资（人均储蓄）超出了为保持人均资本量不变所必需的数量，因此出现了资本深化，这种资本深化会一直持续到 $s'y=(n+\delta)k$ 为止，这时对应的人均资本量达到了一个新的更高的值 k^{**}。

总之，索洛模型预测，资本形成率或投资率越高，人均产出越高。这一结论是否与事实吻合呢？图 5-5 给出了各国 1997—2017 年人均 GDP（取对数）与总投资占 GDP 比例的关系。从总体上看，索洛模型的预测与事实数据是保持一致的：资本形成率高的国家平均要比资本形成率较低的国家人均产出水平更高。

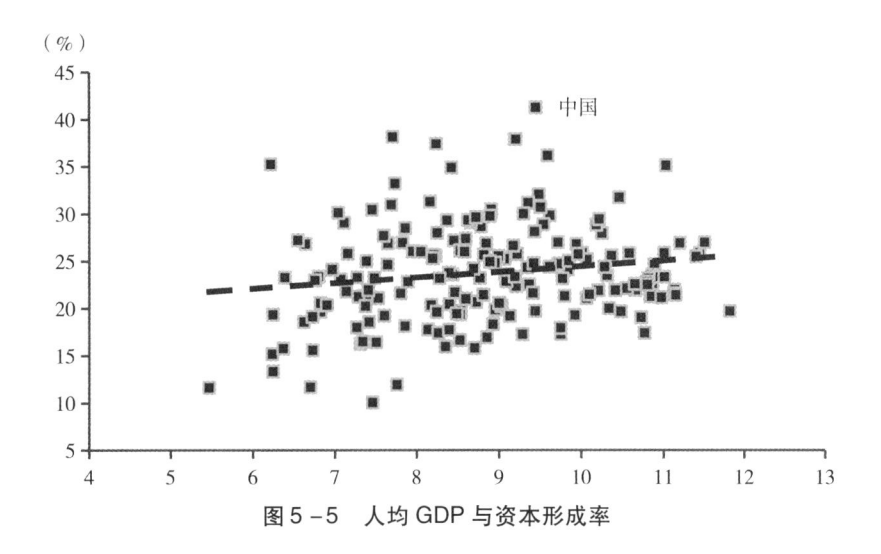

图 5-5 人均 GDP 与资本形成率

资料来源：世界银行 WDI 数据库。

二 "贫困恶性循环"中的资本形成

20 世纪 50 年代初，发展经济学主要集中于探讨发展中国家贫困的原因和摆脱贫困的出路问题。贫困恶性循环理论是当时提出的重要理论之一。所谓贫困恶性循环是指，贫困与影响发展的其他因素相互作用，形成很强的负反馈，形成"多种力量的循环集"（a circular constellation of forces），由此导致落后地区经济增长停滞不前、人均收入水平低下，整个现象表现为"一国穷是因为它穷"（A country is poor because it is poor）[1]。这样的道理也

---

[1] Ragnar Nurkse, 1953, *Problems of Capital Formation in Underdeveloped Countries*, Oxford University Press.

适合于个人,例如一个穷人没有足够的食物,由于处于饥饿状态,他的身体可能很虚弱;由于体质弱,他的工作能力就低,导致收入低,反过来又导致他没有足够的食物,如此形成一个恶性循环。

在影响经济发展的众多因素中,资本形成是最重要的变量。在构成贫困恶性循环的死结中,最重要的障碍是经济落后国家资本积累的循环集。资本的供给受到储蓄意愿和能力所左右,资本的需求则受投资刺激支配,而这两个方面都受到收入水平的影响,由此构成从低收入水平到低收入水平的两个循环。

从供给方面看,资本形成存在着一个恶性循环:发展中国家经济不发达,人均收入水平过低。低收入意味着人们将绝大部分收入用于生活消费,而很少用于储蓄,从而导致储蓄水平低、储蓄能力小;低储蓄能力导致资本稀缺、资本形成不足;资本形成不足使生产规模难以扩大,生产率难以提高;低生产率又引起低经济增长率,低增长率又造成了新一轮的低收入。如此周而复始,形成一个"低收入—低储蓄能力—低资本形成—低生产率—低产出—低收入"的恶性循环。

从需求方面看,资本形成也存在着一个恶性循环:发展中国家经济落后,人均收入低,生活贫困。低收入意味着低消费和低购买力;低购买力引起投资引诱不足(投资回报率低);投资引诱不足导致资本形成不足;资本形成不足造成生产规模狭小、生产率难以提高;低生产率又导致低产出和低收入水平。如此周而复始,形成一个"低收入—低购买力—投资引诱不足—低资本形成—低生产率—低产出—低收入"的恶性循环(见图5-6)。

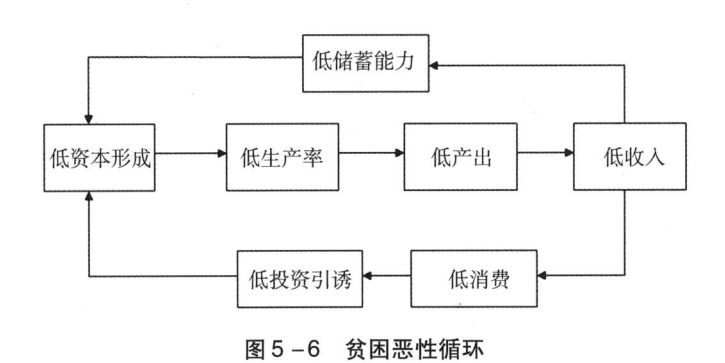

图5-6 贫困恶性循环

低投资引诱是指,在发展中国家经济发展的初期,由于人均收入低,社会购买力和消费水平也低,因而市场容量狭小,商品不易销售出去,企业不愿贸然进行大量投资。例如,在一个绝大部分人穷得穿不起皮鞋的国家,创建一家现代制鞋厂将不是明智之举。如果将上述两个循环联系起来看,即使有投资引诱,却缺乏储蓄用于投资;即使有储蓄,却又缺乏投资引诱来消化储蓄。因此,这两个循环形成一个牢固的死圈,很难打破,导致发展中国家长期处于经济停滞和贫穷的困境之中。

贫困恶性循环理论说明,资本缺乏是产生"贫困恶性循环"的根本原因,资本形成不足是经济发展的主要障碍。因此，要打破这种贫困恶性循环，必须大规模地增加储蓄，扩大投资，促进资本形成，形成各行业的相互需求，使恶性循环转为良性循环。通过同时在许多工业部门之间相互提供投资引诱，使各部门的投资有利可图，资本形成就能实现，恶性循环就能摆脱。因为如果市场狭小，单一行业生产的产品没有市场；相反，各行业同时投资会形成相互需求，扩大市场容量，反过来又保证投资成功，因此投资要"全线进攻"，而不是分散进行。

三 起飞理论中的资本形成

经济史学家罗斯托通过从不同角度观察发达国家经济发展的普遍规律，总结提出了经济发展的起飞理论，即经济成长阶段理论[①]。

第一个阶段为传统社会阶段，是完全没有工业化发展的农耕社会。在这一阶段，人均收入水平低下，是传统的等级制度支配社会的时代。

第二个阶段为起飞创造前提阶段，是经济起飞前的准备阶段。这个时期的经济刚刚开始从长期的以农耕为主的传统社会向现代社会过渡。长期持续的传统社会不会突然开始实现现代经济成长，必须要在社会、政治、金融制度和实现工业化所必需的资本积累等方面有所准备。

第三个阶段为起飞阶段，是人均收入持续增加的开始。金融制度的完善以及资本流动性的提高，促进了投资的增长，导致了工业化的开始。这个时期产业中出现了显著成长的产业，或称主导产业。这一阶段大致对应于各国的第一次工业革命时期。

第四个阶段为走向成熟阶段，是工业化进程中以重工业和化工业为主的工业化阶段。随着资本存量的增加，产业的重心向资本密集型产业转移。

第五个阶段为高额大众消费阶段。随着经济的发展，收入的不平等度下降，多数人生活富裕，以耐用品为中心的需求大幅上升。因此，耐用消费品产业成为主导产业。

第六个阶段为追求生活质量阶段。随着收入水平的进一步提高，人民更加在乎生活品质，对教育、卫生保健、文化娱乐、市政建设、环境保护等的需求增加，因此以服务业为代表的提高居民生活质量的有关部门成为主导部门。这些部门的特点是提供劳务，而非生产物质产品。

六个阶段中最为关键的是起飞阶段，它意味着从传统社会向现代经济社会的转型，是经济摆脱不发达状态的分水岭，就像飞机一样，只有完成了起飞，才能在高空中飞行，因此经济成长阶段理论也被称为起飞理论。要实现起飞必须具备三个条件：一是要有较高的资本形成率，使生产性资本积累占国民收入的10%以上；二是要建立起飞的主导部门，使它发展较快并带动其他部门增长；三是要有制度上的改革，即建立一种能够保证"起飞"的制度，以推动经济的扩张，如允许劳动力流动的制度。一个国家或地区一旦实现了起

---

① W. W. Rostow, 1960, *The Stages of Economic Growth*: *A Non-communist Manifesto*, Cambridge University Press; W. W. Rostow, 1971, *Politics and the Stages of Growth*, Cambridge University Press.

飞，经济就可以"自动持续成长"①，因为较大的积累比例和较强的主导部门，会使经济发展所需要的资本、技术不会感到不足，所需要的原料生产与供给、交通运输、劳动力供给等问题也可以得到解决。

第三节 金融部门与经济发展

一 金融部门与资本形成

储蓄活动和投资活动通常是分离的，储蓄向资本形成的转化主要通过银行等金融中介完成。金融部门对于提高经济效率、转移和分散风险从而服务资本形成发挥着至关重要的作用。金融部门的最基本功能就是资金融通，为资本转移起到"桥梁"作用——方便资金从盈余者手中转移至缺乏者手中，从而优化资源配置、促进资本形成。这种资金转移活动为什么对于资本形成和经济运行如此重要呢？原因在于存款者并不总是那些拥有获利的投资机会的人（企业家），而后者有投资机会却缺乏资金。

我们从如下这个例子来理解这个问题。假设你今年有多出的1000元，也就是1000元的储蓄。如果你没有使用自己的存款获得收益的投资机会，那么你就会持有这1000元而无法获得任何利息收入。假设，企业家A能够将你的1000元用于生产：他可以用这笔钱购买新工具（投资），这样他每年就可以多赚200元。如果你能够和企业家A取得联系，你就可以按照每年100元的租金（利息）把自己的1000元借给他，而你们两个人的经济福利都能够提高。这样，你可以使用你的1000元每年赚取100元的收益，而不是一无所获；此外，企业家A也可以每年赚取100元的收益（从他每年赚取的200元中减去使用这笔资金的100元利息）。如果没有金融市场，你和企业家A之间要完成借贷需要建立直接的联系，这种交易效率是很低的，因为交易中涉及的搜寻成本、甄别交易对手信息成本、签约成本、监督合约成本与风险控制成本相对于单笔交易而言成本很高。有了银行等金融机构后，它们可以依赖于专业的技术知识与更大的借贷规模大大节约单笔交易的交易成本。

金融体系的有效性，取决于它运用专业知识与技能，解决信息不对称问题，从众多投资候选者中找出最有生产性的投资机会，这就是金融要服务实体经济的意思（见专栏5-1）。如果金融体系不能寻找出最有生产性的投资机会，则会造成金融体系的低效率，甚至资金在金融体系内空转与金融风险。

---

① 因为这一观点，这一理论又被称为线性成长阶段论。但是，从一些陷入"中等收入陷阱"的案例来看，这一观点是值得商榷的。更有可能的是，经济发展不是线性的，而是多维非线性过程，每一阶段似乎都会被锁定，即陷入某种陷阱中。

> 专栏 5-1　　　　　　　　　金融服务实体经济[①]

在金融体系的发展过程中，中国历来将金融服务实体经济作为主要目标之一，以此贯彻于整个金融工作的全过程，指导推进着金融发展和金融创新。2007年美国次贷危机暴露了金融和实体经济存在脱节的问题，在国际金融危机的大背景下，实体经济的作用再次凸显，金融创新离不开实体经济，经济社会发展和社会稳定离不开实体经济。国际金融危机后，发达国家采取限制金融创新政策的措施，不断加大金融监管力度，在金融监管方面变得更加审慎。受全球化因素影响，我国金融工作相应地采取了必要措施，在2011年年底的中央经济会议上，确定了金融服务实体经济的原则。

近年来，在新常态下我国实体经济面临系列困难，而造成实体经济发展困境的一个重要原因却来自金融方面，即虚拟经济对实体经济的挤压，出现了企业弃实投虚、社会资本"脱实向虚"、实体经济产业空心化、去工业化现象。例如，很多实体经济的老板苦心经营几十年，但却没有别人炒股两年圈钱套现来得多，那么可想而知，社会资本将越来越多地流入金融、房地产等行业，从而激起层层资产泡沫，致使以制造业为主的实体经济发展停滞甚至萎缩。

我们通过两个实际案例来进一步理解。第一个例子是2020年4月2日瑞幸咖啡承认财务造假，继而摘牌退市。瑞幸咖啡曾是一个成功的金融项目，成立不到19个月就上市，刷新了中国企业在美上市的记录。但这杯带着浓浓资本味的咖啡，已然苦涩难咽。这些年不少类似瑞幸咖啡的互联网金融项目，假以技术创新、模式创新、大数据、新零售、服务于实体经济之名，借金融资本之利器对实体经济进行降维打击，行收割股民和实体产业之实。这种模式对实体产业打击很大。一些企业主试图放弃技术革新，降低产品研发投入，转而学习金融模式，大搞营销，大量融资，甚至迅猛加杠杆。人心浮躁，投机盛行，这无疑是对技术创新最大的伤害。

第二个例子是2020年11月3日上交所发布关于暂缓蚂蚁科技集团股份有限公司（以下简称"蚂蚁集团"）科创板上市的决定。为何号称"全球最大规模IPO"的蚂蚁集团上市会被突然"喊停"呢？原因当然是对系统性风险的担忧。为什么这么说呢？因为蚂蚁金服实际上是一个综合金融服务平台，非金融（支付宝上聊天）、金融（花呗借呗）、类金融（钱放在支付宝上不给利息）和金融基础设施（提供平台）的业务都做，算是全球混业程度最高的。其旗下的花呗、借呗等产品，具有信用供给和分期付款的功能，消费者支付的利息与费用是其盈利的主要来源，因此其内核与银行发行的信用卡已经没有本质差别，但蚂蚁金服却不用背上银行级别的监管，因此就可以近乎疯狂地加大杠杆扩张资金体量——用别人的（主要为投资者和银行的）钱组成资金池，用别人的钱

[①] 刘开雄：《失信，何瑞之有？无幸可言》，《新华每日电讯》2020年4月7日第7版；孙斌：《环球同此凉热（上）》，《期货日报》2021年12月24日第7版。

来放贷，然后拿科技的名义收钱。如果这种模式不出事，放贷收益七成归蚂蚁；一旦出事，98%的亏损属别人（而且多数就是银行）。这就是系统性风险。况且现在蚂蚁金服对全中国的经济渗透率至少在30%，牵扯如此之广，就必须带上"镣铐"，服从监管。只有这样才能稳妥创新、拥抱监管、服务实体、开放共赢，继续提升普惠服务能力，助力经济和民生发展。

2017年中央经济工作会议中明确提出了振兴实体经济的重大任务，旨在正确处理实体经济与虚拟经济的相互关系，纠正金融中重虚轻实、脱实向虚的倾向。2019年2月22日习近平总书记主持中共中央政治局第十三次集体学习时提出，"金融要为实体经济服务，满足经济社会发展和人民群众需要。金融活，经济活；金融稳，经济稳。经济兴，金融兴；经济强，金融强"①。因为以制造业为主的实体经济是国民经济的重要基础，金融业与实体经济是共生共荣的关系。金融不应该是资本的角逐场，金融应为实体经济服务，满足经济社会发展对资金的需要才是金融业的本分。

二　金融抑制与金融深化

发展中国家的欠发达在金融市场上表现为金融市场竞争性不足，利率不能反映资金供求关系。原因有二。其一，因为发展中国家的金融市场分割现象比发达的市场经济体更为严重、普遍，金融市场的各个不同部分之间相互分割，甚至一些经济行为主体不能进入金融市场。例如，农民难以通过正规的银行系统进行贷款，也难以将自己的储蓄购买收益较高的理财产品。其二，一些发展中国家政府人为地压低名义利率，导致实际利率太低，甚至为负数。低利率导致储蓄的吸引力不足，加剧了资本匮乏，金融市场出现了需求大于供给的情况，最终金融系统被迫以"配给"的方式提供信贷，投资效益低下。这种人为压低利率，造成金融体系和经济效率低下的现象，称为"金融抑制"②。

金融深化，又称金融自由化，是"金融抑制"的对称。金融深化是指主张改革政府对金融的过度干预，放松对金融机构和金融市场的限制，减少对利率和汇率的管制，使之市场化，使利率和汇率能反映市场资金供求，从而提高资金使用效率，并最终能起到促进经济增长的目的。金融深化的弊端在于它可能导致金融系统的脆弱性，引发金融危机的风险增大。

---

①　习近平：《论把握新发展阶段、贯彻新发展理念、构建新发展格局》，中央文献出版社2021年版，第308页。
②　McKinnon, R. I., 1973, *Money and Capital in Economic Development*, Washington, DC: Brookings Institution Press; Shaw, E. S., 1973, *Financial Deepening in Economic Development*, New York: Oxford University Press.

三 中国金融发展与全要素生产率

金融发展是指金融交易规模的扩大和金融结构的改善带来金融效率的持续提高，它可以通过促进企业研发投入增加、提高资源在企业间配置效率等机制来提高全要素生产率。

首先，金融发展通过缓解企业融资约束，增加企业研发投入，从而促进企业技术创新。一方面，随着金融规模的扩大，金融体系的融资能力越强，企业获得的融资总量增加，这有助于缓解企业研发投入的融资约束。另一方面，金融效率是金融体系资金配置效率的表现形式，金融效率的提高使资金更多配置于有研发投资需求的企业。因此金融发展是企业研发投入的重要促进因素，而企业研发投入是增强自主创新能力和提高技术水平的重要途径，是实现由要素投入驱动型的传统经济增长方式向技术驱动型的可持续增长方式转变的重要保障。其次，金融体系资源配置功能的一个重要表现是将生产要素从低生产率的企业往高生产率的企业进行配置，导致企业进入和退出生产活动；而企业进入和退出生产活动对于总体生产率的影响非常显著[①]。具体而言，金融规模的扩大表明企业资金需求得到更大的满足，支持了现有高生产率企业规模的扩大和潜在高生产率企业的进入，促使低生产率企业的退出，从而提高了地区企业总体生产率。金融效率的提高意味着金融体系能更大限度地将资金从盈余部门向赤字部门转化并更加高效地进行配置以满足不同生产率企业的资金需求。在现实经济活动中表现为，高生产率的企业从金融体系获得更多的资金以及金融体系更多地将资金配置于高生产率企业，导致高生产率企业的进入和低生产率企业的退出，促进地区企业总体生产率的提高。最后，金融发展能通过促进企业之间的信息交流，提高企业的协同创新水平和管理水平促进企业全要素生产率的提高。实证研究结果[②]证实了以上三种机制对我国全要素生产率的正面作用。

四 非正规金融与小额信贷

所谓非正规金融，是指通过非政府监管渠道，利用非标准化的金融工具，为生产和消费提供各种资金融通服务的形式及其活动。它不仅包括非组织化的民间借贷行为，还包括钱背、私人钱庄、合会、民间集资、民间商业信用、农村合作基金会和其他各类非正式金融组织的融资等组织化行为。钱背，初始为"背着钱东走西走"的借贷中介，后发展为与银行有密切关系的中间人，相当于地下钱庄，他们从银行获取贷款，然后再贷款给其他人，从中获取利差。合会是一种具有非常浓厚资金互助色彩民间的金融组织，合会内部成员的一种共同储蓄行为、互相提供信贷，以此满足彼此之间的信贷需求。

[①] 李玉红、王皓、郑玉歆：《企业演化：中国工业生产率增长的重要途径》，《经济研究》2018 年第 6 期；毛其淋、盛斌：《中国制造业企业的进入退出与生产率动态演化》，《经济研究》2013 年第 4 期。

[②] 杨益均：《企业视角下的金融发展与生产率关联研究》，博士学位论文，浙江工商大学，2018 年。

非正规金融的存在标志着正规金融不能满足企业的金融需求。由于金融交易中存在着广泛的信息不对称现象导致的逆向选择和道德风险问题,包括我国在内的诸多发展中国家的正规金融结构,在与中小企业开展金融交易时,解决信息不对称问题并不具有优势,反而风险大、平均成本高。例如,如果银行要给中小企业贷款,它会发现难以收集中小企业的会计信息,或者相对于交易额来说收集成本高昂,也难以判断中小企业的还款意愿和还款能力;贷款前,违约风险高的中小企业往往有更强的贷款意愿,贷款后,银行监督、执行合同的代价高昂。因此商业银行对中小企业实施信贷配给就成为其理性选择,导致抵押资产及信用等级不足的中小企业陷入融资困境。我国民营企业大部分的资金来源于自有资金,仅20%来源于银行贷款。相反,非正规金融在特定环境下解决信息不对称问题更有相对优势。

一是信息优势。非正规金融组织的信息优势反映在贷款人对借款人还款能力的鉴别上。非正规金融市场上的贷款人对借款人的资信、收入状况、还款能力等相对比较了解,避免或减少了信息不对称及其伴随的问题。非正规金融机构的信息优势还反映在它对贷款的监督过程中。由于地域、职业和血缘等原因,非正规信贷市场上的借贷双方保持相对频繁的接触,不用费力去了解借款人的信息,这种信息上的便利导致贷款人能够较为及时地把握贷款按时足额归还的可能性,并采取相应的行动。

二是担保优势。非正规金融组织关于担保的灵活安排缓解了贫困的农民和中小企业面临的担保约束。首先,许多在正规金融市场上不能作为担保的东西在非正规金融市场中可以作为担保。如房产、土地等,这类物品要么因为政府法令的规定不可以当作担保品,要么因为正规金融机构考虑到管理和处置成本较高而不愿意将之作为担保品。但是,在非正规金融市场上,借贷双方能够绕过政府法律法规以及金融机构关于最小交易数额的限制。由于借贷双方居住的地域相近并且接触较多,因此担保品的管理和处置成本相对较低,不被正规金融机构当作担保品的财物仍可作为担保品。其次,关联契约实质上也是一种担保。关联契约是非正规信贷市场上比较常见的现象,借款人和贷款人之间除了在信贷市场上存在借贷的关系外,还在其他市场上(如商品市场上)存在交易关系,因此双方在签订信贷契约时还把其他市场的交易情况附加到里面。这种存在于信贷市场之外的交易关系,不仅为贷款人提供了关于借款人资信、还款能力的信息,事实上也是一种担保。最后,在非正规金融市场上,还存在一种社会担保机制,或称隐性担保机制。非正规金融市场上的借贷双方不仅有信用关系,还处于一定的社会联系中,如亲戚。在一定意义上,这种社会联系也是一种无形的资源,它能够给当事人带来一定的物质或精神收益。这种社会联系一旦和借款人的还款行为挂钩,就成为一种无形的担保,如果借款人及时足额地还款,这种社会联系就能够得到很好的维持,一旦借款人违约,则这种联系被破坏,其带来的损失可能会抵消违约带来的收益。社会担保机制的存在,使贷款人在经济制裁之外还增加了别的制裁方式,从而对借款人的行为构成约束。

三是交易成本优势。首先,非正规金融机构的操作比较简便,合同的内容简单而实用,对参与者的素质要求也不是很高。而正规金融机构往往要有复杂而漫长的运作程序,操作难度比较大。其次，虽然非正规金融机构的组织和运转也需要花费一定的时间和精力，但是经济落后地区时间和精力的机会成本也较低，这进一步降低了非正规金融机构的交易成本。最后，非正规金融机构本身具有小巧灵活的特点，以及根据实际情况进行的种种创新，也节省了交易成本。例如，私人借贷可以不分白天黑夜地进行交易，减少了借款者的等待成本。此外，借贷双方还可以就贷款的归还期限、利率、归还的方式等进行创新和变通。相反，正规金融机构在相关领域的创新却往往因为各种各样的管制而发生扭曲，导致交易成本的上升。最后，非正规金融契约的执行常常通过社区法则得以实现，从而避免了通过正规法律途径进行诉讼所需的高昂费用。

实践证明，非正规金融部门的这些优势可以有效地用于运作一些小额信贷（microfinance）机构，并且这类活动通常有利于穷人和整个经济。例如，对孟加拉国非正规金融市场的一项调查表明（见专栏5-2），非正规金融机构是正规金融机构的有益补充，因为大多数非正规信贷事实上是正规信贷的一项补充：银行贷款被分割成小块贷给更穷的人，也就是人口中无法参与银行交易的文化程度更低的人群；非正规部门更高的利率实际上反映了更高的回报率，因此这整个过程增加了系统的效率[1]。

专栏5-2　　　　　　　　孟加拉国格莱明银行[2]

孟加拉国的格莱明银行是提供农村信贷的机构中的一个制度典范。"格莱明"一词在孟加拉语中是"农村"的意思。在经过一定年份的调研后，该银行在1983年成立，主要为小型非农作物的农业项目提供贷款。借款者可能只拥有不超过半英亩的耕地或等价于不超过1英亩土地的资产。该银行拥有超过1000家的分支机构，为34000个村民服务。1985—1996年，该银行的资产总额从1000万美元上升到2.71亿美元，其会员从不足20万激增到超过200万。它主要（75%）由借款者所有，其余股份由政府持有。

银行贷款不需要担保物，索取16%的利率，并且偿付记录非常好，约只有2%的贷款在到期1年后仍未偿还。由于不贷款给农作物种植项目，收入较少受到季节因素的影响。贷款被发放给小群体的成员，这样就可以激励群体的其他成员对这笔贷款的使用进行监督并保证贷款的及时偿还。群体成员每周的储蓄额都不得低于最低限额。付款定期少量地进行，以防止借款者由于大量还贷而无以为继。银行实行有力的权力下放制度，银行职员非常敬业，而且受过良好的培训。银行也被看作一个本地机构，这使人们的利益与银行的经营成败休戚相关。贷款主要流向那些无法在其他地方借到款项的人群，因此收益主要由穷人获得，虽然目前为止全国只有小部分贫困人口可以利用这个机会。尽管利率高达16%，而且一些储蓄需求使有效比率提高到33%左右，但它仍被提供给贫困

---

[1] ［美］林恩：《发展经济学》，王乃辉等译，格致出版社2009年版。
[2] ［美］林恩：《发展经济学》，王乃辉等译，格致出版社2009年版。

的借款人,因为申请项目的借款人通常是机会成本极低的失业劳动力或工人。银行数据显示,借款人中失业人口的比例大幅度下降。而且,在借款人中,从被雇佣变为自我雇佣的比例也急剧提高。

第四节 基础设施

一 基础设施的含义及其特性

(一)基础设施的含义

基础设施(infrastructure),又称社会分摊资本或社会先行资本(social overhead capital),是指对生产或/和生活提供共同条件和公共服务的设施和机构。基础设施中有些直接为企业生产提供服务,如铁路、公路、电力系统等,这些基础设施被称为生产性基础设施,它们的主要功能是提高别的企业的生产率。有些基础设施主要功能是为了城乡居民生活服务的,如城市绿化、路灯等,这些被称为生活性基础设施。如教育、科研、环境和公共卫生等基础设施部门间接为企业服务。司法、国防和行政管理系统有时也被称为社会基础设施。本节所论及的基础设施主要是指生产性的基础设施。

基础设施是经济发展和现代化的基本条件,基础设施的状况如何,决定着一个国家和地区经济结构的优劣,进而决定其经济发展的水平和速度,以及现代化的进程。除了提高私人部门的生产效率这一直接作用,基础设施还能在生产多样化、扩大贸易、改善环境、解决人口增长和减少贫困等方面对国家的发展做出关键性的贡献。尤其对于贫困的农民来说,基础设施的改善可以减少成本投入、增加农业产出和通过改善市场进入减少贸易商的垄断,从而起到减贫作用。

(二)基础设施的特点

基础设施具有与其他的资本品不同之处:第一,先行性和基础性。基础设施所提供的公共服务是所有商品与服务生产所必不可少的,若缺少这些公共服务,其他商品与服务的生产便难以进行。第二,不可贸易性。绝大部分基础设施所提供的服务几乎是不能通过进口来解决的。一个国家可以从国外融资和引进技术,但很难设想能从国外整体引进电厂、机场、公路和港口等基础设施。第三,技术上的整体不可分性。一般而言,基础设施只有在达到较大规模时才能有效地提供服务,因此需要大规模的投资,由此导致了较高的资本—产出比。像公路、港口和电信这样的行业,小规模的投资是不能发挥作用的,因为两个城市间的公路不能只修一半、大坝不能只修到河中间、机场跑道不能留半截不修完等。第四,准公共物品性(quasi-public goods)。有一部分的基础设施提供的服务具有相对的非竞争性和非排他性,类似于公共物品。一部分人对基础设施的消费或使用不影响他人的消费或使用。例如公路，在道路足够宽敞的情况下，每个人都可以使用而不受影响。不可能禁止他人使用基础设施所提供的服务，或要花费很高的成本才能禁止。例如小区健身器材属于公共物品，通常难以阻止居民使用。

基础设施的这些特性具有重要的经济含义。由于非排他性，使用者不付费就可享用基础设施所带来的好处，这就是我们常说的"搭便车"行为。相应地，基础设施的投资者在提供服务后较难向使用者收取费用而获得足够回报，再加上基础设施技术上不可分性所需要的大规模投资，私人企业投资意愿低导致依靠完全私人提供基础设施服务就不可能充分满足社会的需要。所以基础设施建设需要政府投资，由政府向不同私人企业分摊成本。基础设施建设一般投资回报周期长，因此，分摊的另一层含义是在时间维度上通过当前以及未来较长一段时间回报来分摊当前的投资成本。近期流行的PPP（Public-Private Partnership，政府与社会资本合作）模式部分解决了单纯依靠政府运营基础设施过程中效率较低的问题。

（三）中国基础设施建设

回顾我国基础设施的建设历程，主要经历了以下几个阶段：从中华人民共和国成立初期到改革开放前期，我国基础设施中的交通运输、邮电通信等的发展处于严重滞后状态，发展速度相对缓慢。1953—1978年我国基础设施资本存量年均增长率仅为7.07%。改革开放初期，基础设施仍然是我国经济社会发展的短板。1979—1989年，我国基础设施资本存量的年均增长率为6.94%。在此期间，我国开始对基础设施发展采取一些短期性对策，利用有限资金加大对重点基础设施的投入，改变基础设施薄弱、缺口的状况，一些水利工程、铁路工程等项目的建成，为经济社会发展打下了良好的基础。20世纪80年代中后期，国家开始认识到基础设施对国民经济发展的重要性，开始对交通、通信等基础设施的发展做出明确部署，并大量增加投资。1989—2003年，我国共发行6600亿元特别国债用于基础设施建设，同时带动大量社会资本的进入，主要用于水利、交通、通信、城市基础设施、城乡电网改造等项目的投资，使国民经济平稳渡过困难时期。1990—2008年，我国基础设施资本存量从11903亿元增长到192378亿元，18年间增长超过16倍，年均增长16.72%。进入21世纪，我国基础设施对经济增长的促进作用日益明显，良好的基础设施条件降低了制造业的生产成本和流通成本，增强了中国产品开拓市场和参与竞争的能力。同时，政府开始鼓励外资和民营资本进入基础设施项目投资，基础设施投资主体和资金来源渠道开始多元化。

经过中华人民共和国成立七十多年的发展，我国基础设施在交通、能源、通信、水利等领域取得诸多世人瞩目的成绩。基础设施作为我国经济社会发展的重要支撑，对提升生产效率、改善人民生活质量起到了巨大的促进作用。但随着社会生产生活模式的不断进化升级，原有基础设施开始难以满足社会高效运作的需求，新一代基础设施建设的呼声越来越高。新型基础设施建设（以下简称"新基建"）则是智慧经济时代贯彻新发展理念，实现国家生态化、数字化、智能化、高速化、新旧动能转换与经济结构对称态，建立现代化经济体系的国家基本建设与基础设施建设。2020年4月20日，国家发改委表示新基建包括信息基础设施、融合基础设施和创新基础设施三个方面：信息基础设施包括以5G、物联网、工业互联网、卫星互联网为代表的通信网络基础设施等，融合基础设施主要指深度应用互联网、大数据、人工智能等技术支撑传统基础设施转型升级，创新基础设施主要指支撑科学研究、技术开发、产品研制的具有公益属性的基础设施。相比传统基建，科技创新驱动、数字化、信息网络这三个要素是所有关于新基建认知中的最大公约数，也是中国下一步经济发展的主要路径。基础设施建设是建设现代化产业体系、全面推进乡村振兴、促进区域协调发展、深入推进环境污染防治乃至健全国家安全体系等方面的重要组成部分。

二 基础设施发展战略

一个国家或地区在选择基础设施发展战略时，存在与其他投资相比而言的优先顺序的权衡。如果注重基础设施的先行性[①]，基础设施建设投资优先于其他投资，如先用资源修好高速公路、铁路等，再来投资建设一些生产企业，这样的选择被称为"基础设施先行战略"。反之，如果优先投资建设生产企业，将对基础设施形成强大的社会需求，倒逼基础设施发展，我们称为"基础设施短缺发展战略"，也就是赫尔希曼所称的"压力论"[②]。

一个国家如何选择这类基础设施发展顺序呢？我们用一个包含等产量曲线以及资本使用者成本概念的静态产出最大化（或成本最小化）模型来加以解释（见图5-7）。使用者成本是研究资本需求时资本服务的价格，意指资本服务的隐含租金值。也可以把使用者成本看作厂商或社会为了取得资本服务而租用资本品时要付出的价格，所以又称为资本租金率。令基础设施资本 I 的使用者成本为 R_I，其他生产性资本 K 的使用者成本为 R_K，成本为 C，产出为 Y，忽略劳动等其他投入。产出问题如下：

$$\begin{cases} \max_{I,K} Y = F(I,K) \\ s.t.\ I \times R_I + K \times R_K = C \end{cases} \tag{5-8}$$

(5-8) 式中生产函数 $F(I,K)$ 满足通常的假设。最优化问题的解为：

$$\frac{MP_I}{R_I} = \frac{MP_K}{R_K} \tag{5-9}$$

最优化问题的解代表在成本一定时的最大产出，从而确定了基础设施资本和其他资本的要素需求，进而确定了基础设施与其他生产性资本投资量。如图5-7所示，最优选择为等产量线与等成本线的切点，在切点处有 $\frac{MP_I}{R_I} = \frac{MP_K}{R_K}$，可写为 $\frac{MP_I}{MP_K} = \frac{R_I}{R_K}$，这说明产出最大化时，要素的边际产出率之比等于要素价格之比。

静态最优化问题的一阶条件确定的基本原则为：基础设施资本与其他生产性资本投资

[①] Paul Rosenstein-Rodan, 1943, "Problems of Industrialization of Eastern and South-Eastern Europe", *Economic Journal*, 53 (210/211): 202-211.

[②] ［美］艾伯特·郝希曼：《经济发展战略》，曹征海、潘照东译，经济科学出版社1991年版。

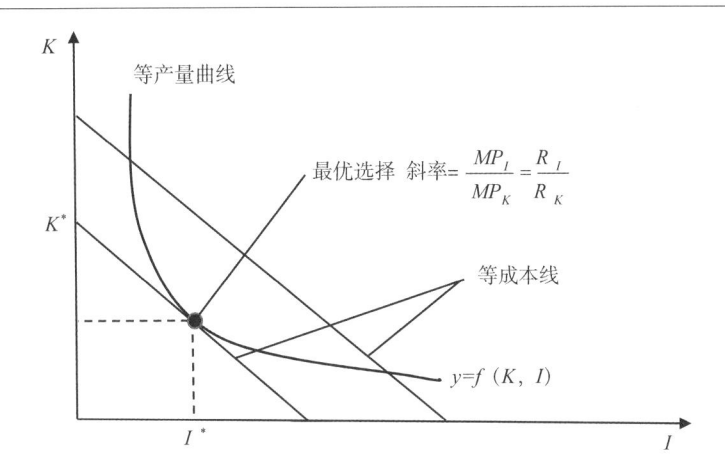

图 5-7 基础设施投资与产业投资静态产出最大化

回报率相等。考虑到基础设施资本的不可分性、投资周期长、外部性等特点，社会最优选择会偏离以上静态最优化问题的一阶条件。尽管在更长时期基础设施回报率较高，但是其投资周期长，短期回报率会明显低于其他的生产性投资。在经济发展早期阶段，收入较低，短期内提高收入压力较大，所以这一阶段无论个体还是整个社会，难以从很长的时间界线内来考虑问题，用于投资的资源有限。因此在更多考虑短期内回报的收入较低阶段，$\frac{MP_I}{R_I}$ 会比长期要低，因而社会投资基础设施偏少，应采用基础设施短缺发展战略。2000 年前，我国各地基础设施大多成为经济发展的限制因素，当时提高人民收入压力很大，资金较为匮乏，所以更倾向于追求短平快的项目。例如，1990 年前后，当时任职上海的朱镕基同志面对上海基础设施瓶颈限制，提出了修建南浦大桥和杨浦大桥，但资金严重缺乏，最终不得不向亚行贷款乃至调用修地铁的资金①。

当收入提高到一定程度以后，严重的资金成本约束得以缓解后，三个方面的原因考虑会使基础设施回报率提高，从而逐步转向基础设施先行战略。第一个原因是时间贴现因子降低，与收入较低阶段相比，收入更高时更倾向于从较长时期内来考虑问题，因此基础设施回报率 $\frac{MP_I}{R_I}$ 提高。第二个原因是基础设施对社会生产率促进作用的变化。基础设施对社会生产率提高不是一个线性过程，随着基础设施增多，基础设施对整个社会生产率改进作用会加大。例如，高速公路或高铁，只有在一定程度上联成网络之后，才能明显提高企业生产率。第三个原因是基础设施的其他功能日益重要。收入越高，人们对生活质量的追求欲望越强，除了提供生产率功能，基础设施便利群众生活的功能日益重要，这是考虑基础设施回报时，非经济回报比重逐步增加，从而基础设施的社会总回报率提高。"要想富，

---

① 肖海文：《上海人眼中的朱镕基》，《人大建设》1998 第 11 期。

先修路"这一简洁口号是我国发展的重要经验。从 1999 年开始，中国逐步解决了严重的资金约束问题，随着一批批涵盖公路、铁路、港口、机场、电站等重要领域重大项目的实施，逐步形成了基础设施先行发展战略这一共识。

三 中国高铁对生产率的促进作用

（一）中国高铁概况

随着秦沈客运专线的运营和 2007 年中国第六次铁路大提速，中国逐步进入高速铁路（High-Speed Rail，以下简称为"高铁"）发展时代。2004 年《中长期铁路网规划》的制订、《中长期铁路网规划（2008 年调整）》的批准，使中国各地开始进入高铁的建设热潮。截至 2021 年年底，中国高铁营运总里程为 4.0139 万千米，稳居世界第一；高铁客运总量最高达约 23.6 亿人次（2019 年）。中国高铁的"井喷式"发展，极大地改变了中国的交通运输结构。作为一种新型的重要交通基础设施，高铁凭借快速、便捷、准时、受天气影响小等优点迅速受到人们的青睐，高铁客运量占铁路客运总量的比重也由 2008 年的不到 1% 增长到 73.6% 以上。

同时，自高铁开通以来，中国铁路总客运量持续增长，其运输结构也发生了巨大变化：高铁的客运量迅速增长，传统铁路交通客运量稳步增长。2008 年的高铁营业里程为 672 千米，到 2019 年迅速增长至 35388 千米，高铁营业里程增长了近 53 倍；高铁客运总量在 2008 年仅有 734 万人，但是到 2019 年达到 23.6 亿人次，增长了近 320 倍；高铁客运量占铁路客运总量的比重也由 2008 年的 0.5% 增长至 2019 年的 64.4%（见表 5-1）。

表 5-1 中国高铁发展基本情况

年份	营业里程（千米）	占铁路营业里程比重（%）	客运量（万人次）	占铁路客运量比重（%）	旅客周转量（亿人千米）	占铁路客运周转量比重（%）
2008	672	0.8	734	0.5	15.6	0.2
2009	2699	3.2	4651	3.1	162.2	2.1
2010	5133	5.6	13323	8	463.2	5.3
2011	6601	7.1	28552	15.8	1058.4	11
2012	9356	9.6	38815	20.5	1446.1	14.7
2013	11028	10.7	52962	25.1	2141.1	20.2
2014	16456	14.7	70378	30.5	2825	25.1
2015	19838	16.4	96139	37.9	3863.4	32.3
2016	22980	18.5	122128	43.4	4641	36.9

续表

年份	营业里程（千米）	占铁路营业里程比重（%）	客运量（万人次）	占铁路客运量比重（%）	旅客周转量（亿人千米）	占铁路客运周转量比重（%）
2017	25164	19.8	175216	56.8	5875.6	43.7
2018	29904	22.7	205430	60.9	6871.9	48.6
2019	35388	25.3	235833	64.4	7746.7	52.7
2020	37929	25.9	155707	70.7	4844.9	58.6
2021	40139	26.6	192236	73.6	6064.2	63.4

资料来源：《中国统计年鉴2022》。

（二）高铁对全要素生产率的促进作用

高铁对全要素生产率的促进作用体现在以下几个方面[1]：一是提高了要素空间配置效率。高铁提高了开通区域之间的可达性，缩短了开通地区之间的时间距离，使空间距离对经济活动的影响被淡化，从而使生产要素在区域间的流动加速，促进了劳动力、资本的有效配置和信息资源的传播，通过资源在空间上的再配置提高了资源配置效率。二是促进了企业创新。高铁可以通过增加对企业科研的支持、鼓励企业科研人员的创新积极性和提高企业科研人员的协同创新能力来影响开通地区的企业创新，进而影响企业的全要素生产率水平。三是减轻了企业短视行为。高铁的开通使开通地区企业在交流和合作过程中提高了企业管理者的管理水平和科学决策，进而减轻企业管理者在决策过程中的短视行为，从而提高企业的全要素生产率水平。四是提高了政府运行效率。政府在中国市场经济活动中扮演着重要角色，政府行为对于一个地区的创新活动和高质量经济增长具有重要作用。由于高铁对一个地区的社会经济发展具有很强的正外部性，给开通地区的经济发展带来了很大的社会福利，为了抓住高铁开通带来的巨大机遇，地区政府通过各种行为来强化开通地区的区位优势，提供各种政策措施来吸引人才和企业的进入，有利于提高经济增长质量。

本章小结

1. 资本形成即为投资，是指将现行生产成果的一部分用之于生产资本品。货币形态上，资本形成来源于储蓄。在实物形态上，劳动积累与对外贸易也是资本形成的重要来源。

2. 资本形成在经济起飞过程中起到关键性作用（罗斯托的经济成长阶段论或起飞理论）在打破一个国家或地区摆脱贫困恶性循环中能发挥突破性作用（贫困恶性循环理

---

[1] 孙广召：《高铁开通对全要素生产率的影响分析》，博士学位论文，山东大学，2019年。

论），它也是影响人均收入的最直接变量（索洛模型）。

3. 金融部门的最基本功能就是资金融通，它促进了资金从盈余者手中转移至缺乏者手中，从而优化资源配置、促进资本形成。所以，金融最基本的功能是要服务实体经济。

4. 金融深化能提高金融服务效率。金融发展促进全要素生产率提高的机制主要包括：通过缓解企业融资约束，增加企业研发投入，从而推动技术进步；优化生产要素在企业间配置；促进企业之间的信息交流。

5. 与正规金融相比，非正规金融在信息、担保、交易成本等方面具有相对优势。

6. 基础设施是指对生产或/和生活提供共同条件和公共服务的设施和机构，它具有先行性和基础性、不可贸易性、技术上整体不可分性、准公共物品性等特性。一个国家或地区，是采取基础设施先行还是短缺发展战略，取决于资产设施资本与其他生产性资本回报率的比较。通常而言，经济发展初期阶段，大规模投资的资金约束、时间贴现因子较高、由于不可分性，少量基础设施对经济促进作用不明显，人们对基础设施的非生产性功能不太关注等原因，更可能采取基础设施短缺战略。

思考题

1. 请简述稳态的含义。

2. 当经济体遭受一些外生冲击（如战争、饥荒等）时，通常会在国家间产生一次大规模的劳动力流动。那么，劳动力存量的一个永久性增长会对该经济体产生怎样的短期和长期影响呢？在索洛模型 $\delta = 0$ 且 $n > 0$ 的情况下考虑这个问题。

3. 在索洛模型中，提高投资率对劳均产出和劳均产出增长率分别有什么影响？

4. 储蓄率是内生变量还是外生变量？我们在解释索洛模型在多大程度上可以解读国家间的收入差异时，这个问题有多大的影响？

5. 为什么一个国家不能通过积累更多的资本从而始终保持增长？

6. 如果全要素生产率下降，用图形分析其对黄金劳均资本量和黄金储蓄率的影响，并解释你的结论。

7. 在索洛模型中，当资本折旧率提高时，会对稳态下的劳均资本量和劳均产出产生怎样的影响？请解释你的结论背后的经济学直觉。

8. 按照索洛模型，一个国家的生产函数为 $y = k^{1/2}$。假设 $k = 400$，投资率为 50%，折旧率为 5%。分析这个国家的劳均产出是处在稳态水平之上、之下或稳态水平。请说明理由。

第六章 人口与经济发展

学习目标
1. 了解中国人口增长现状及其存在的主要问题。
2. 理解人口增长对经济发展的消极影响和积极影响。
3. 掌握人口变迁的规律,深入理解人口变迁背后的推动力量。
4. 会用家庭生育理论。

"人有一双手,却又有一张口",这句话说出了人口与经济发展之间复杂的双向互动关系。人创造了财富,但是又消费了所有财富。自20世纪60年代以来,世界人口增长了1.53倍,同期人均GDP也增长了1.95倍(见图6-1)。但是我们可以看到,人口增长速率略低于人均产出增长速率且人口增长更为稳定。这可能是人口增长除了受经济因素的影响,还会受到强大的社会因素的影响。本章考察人口与经济发展之互动关系,一方面是人口增长如何影响经济发展,另一方面是人口变迁的影响因素,尤其是人口变迁中的经济因素。

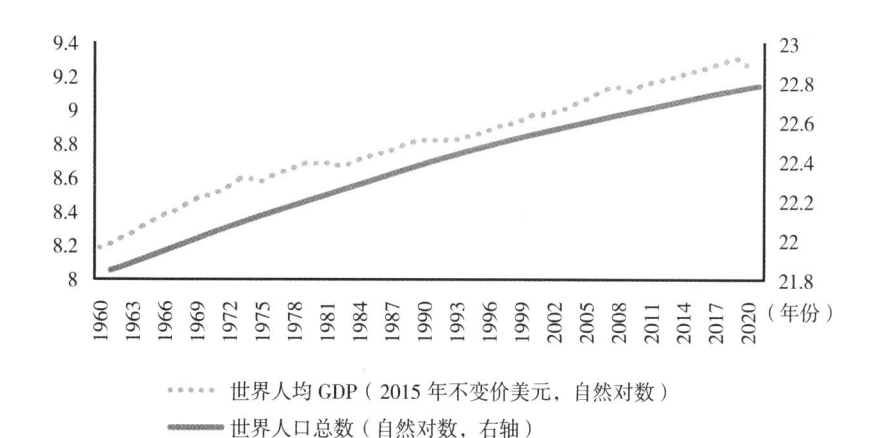

图6-1 1960—2020年世界人口总数与人均GDP

资料来源:世界银行WDI数据库。

第一节 中国人口增长

一 中国人口增长现状

与经济发展相关的人口概念或指标包括人口规模、人口增长率、出生率、死亡率以及人口年龄结构。

（一）中国人口规模

中国是世界上人口最多的国家，截至2021年年底，人口总数已达14.26亿，占世界18%。中华人民共和国成立以来，中国人口数量基本上是呈线性增长的：前三十年间人口从1949年的5.4亿增长至1978年的9.6亿，增长了0.8倍；之后四十年人口进一步增长至2021年的14亿多，为1978年的近1.5倍（见图6-2）。

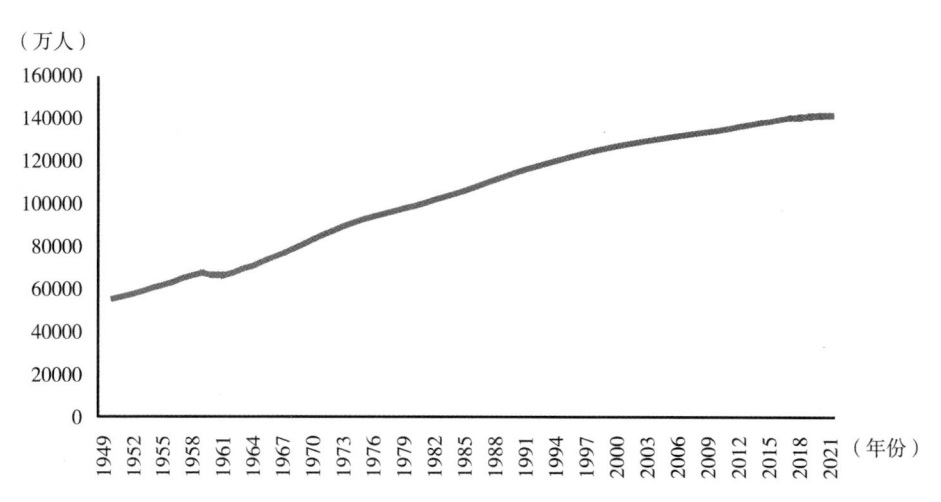

图6-2 1949—2021年中国人口数量的变化

资料来源：中国国家统计局。

（二）人口出生率、死亡率与自然增长率

出生率是每1000人中新生儿的数量，死亡率是每1000人中死亡人口的数量，中国2021年的出生率是7.52‰，这就意味着2021年中国平均每1000人中会增加7.52个新生儿。2021年7.18‰的死亡率，这意味着平均每1000人中会有7.18人死亡（见图6-3）。

人口自然增长率就是出生率减去死亡率。人口增长率[1]习惯上用百分比表示。如图6-3所示,人口增长率的走势和出生率走势基本一致,因为中华人民共和国成立后医疗卫生条件和生活质量不断改善,人均预期寿命不断提高,死亡率在短期内快速下降并稳定在较低水平,所以,中国人口出生率的变化,是中国人口增长率变化的主要驱动因素。

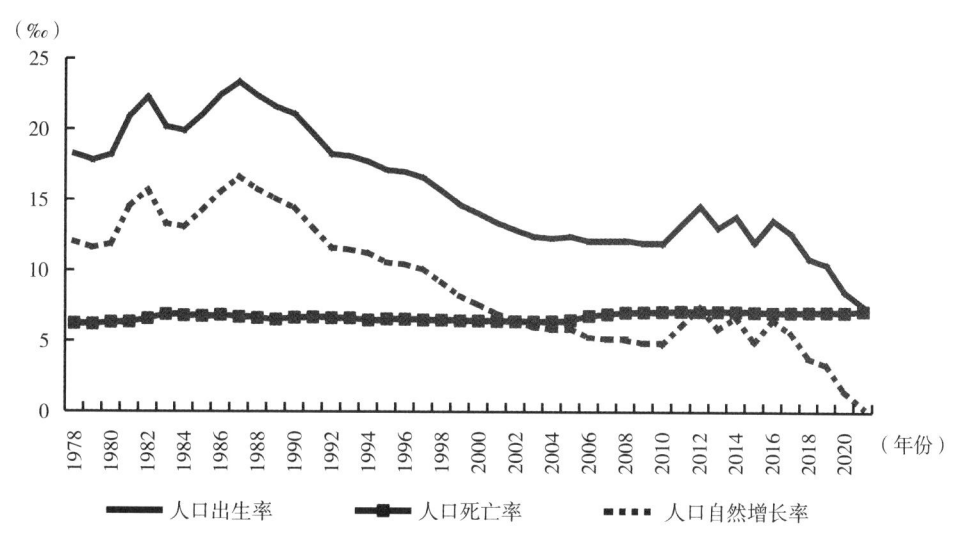

图6-3 1978—2020年中国人口出生率、死亡率和增长率

资料来源:中国国家统计局。

出生率因受性别、年龄及其他人口特征的结构影响,难以充分反映人口的生育水平。分析生育水平时,常见的指标有生育率和总和生育率。生育率是生育婴儿数量与对应的育龄(15—49岁)妇女数相比。比如,如果我们要计算某一时点上的25—29岁妇女的生育率,就是将这一年龄段女性所生育的婴儿数除以该年龄段女性人数。总和生育率则是某一时间截面上各年龄段生育率等权相加,它是一种标准化生育率,一般我们所说的生育率大多是指总和生育率。一般认为,要实现人口替代,也就是说,长期内要维持代际人口平衡,不至于下一代比上一代人口减少,总和生育率需要2.1,也就是平均一个女性一生要生育2.1个小孩。实现人口替代的总和生育率又被称为人口替代率。在一些发展中国家,总和生育率可能达到7或8,甚至更高一些,在发达国家则平均只为2或更低,根据郭显超的研究,20世纪90年代后期中国的生育率明显低于更替水平2.1,即已长期持续处于低生育水平[2](见图6-4)。

---

[1] 实际上,人口增长率=人口自然增长率+人口机械增长率。人口机械增长率是指净迁入人口(迁入人口与迁出人口之差)占总人口的百分比。以整个国家作为分析单元时,我国人口机械增长率很小,可以忽略不计。如果我们的分析单元是国内某一地区或城市,人口机械增长率通常是不可忽略的。

[2] 郭显超:《我国是否存在生肖偏好——基于总和生育率的实证分析》,《南方人口》2020年第3期。

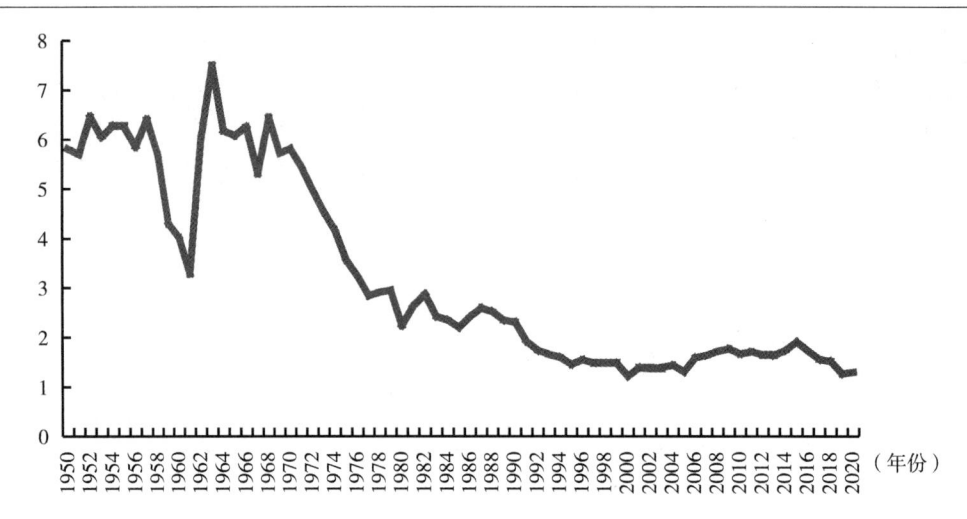

图 6-4　1950—2020 年中国总和生育率

注：1990 年之前的数据来自统计局中国人口主要数据手册，1990 年之后的数据来自统计局历年抽样人口数据计算得出。

资料来源：郭显超：《我国是否存在生肖偏好——基于总和生育率的实证分析》，《南方人口》2020 年第 3 期。

（三）人口年龄结构

当然，高生育率会引致高出生率，但总和生育率并不是决定出生率的唯一因素。这里需要看另一个概念或指标，人口年龄结构，也就是各年龄段人口所占比例。在一个人口年龄结构比较年轻的国家，即使总和生育率不太高，其出生率也有可能很高，原因在于年龄结构比较年轻的国家有更多比例的人口处于生育的年龄。人口年龄结构中最主要的三个指标就是少儿比例（0—14 岁为少儿）、老年比例（60 岁以上为老人）和劳动年龄人口比例（15—59 岁为劳动年龄人口）。人口年龄金字塔是分析人口年龄结构的直观工具。2000—2010 年，中国的人口年龄结构从金字塔形发展为纺锤形（见图 6-5 和图 6-6），人口老龄化趋势明显。

从人口年龄结构中衍生出来的与经济发展和劳动力供给能力相关的指标有三个，分别是少儿抚养比、老年抚养比和总抚养比，其中少儿抚养比是指少儿人口与劳动年龄人口的比值，老年抚养比是指老年人口与劳动年龄人口的比值，总抚养比是少儿人口与老年人口之和与劳动年龄人口的比值。1990—2010 年，中国少儿抚养比不断下降，从 41.5% 下降到 22.3%，2011 年以后，少儿人口抚养比开始缓慢提高，从 2011 年的 22.1% 上升到 2021 年的 26.2%，2021 年又有所回落，为 25.6%（见图 6-7）。1990—1999 年，中国老年抚养比缓慢上升，从 8.3% 上升到 11.9%，但 2000 年之后中国进入老龄化社会之后，老年人口抚养比表现出迅速提高的趋势，2021 年，中国的老年人口抚养比已经提高到 20.8%。1990—2010 年，中国总抚养比随着少儿抚养比的大幅下降而下降，2011 年以后，由于老年人口抚养比的快速上升的叠加，中国总抚养比比少儿抚养比上升得更为明显（见图 6-8）。

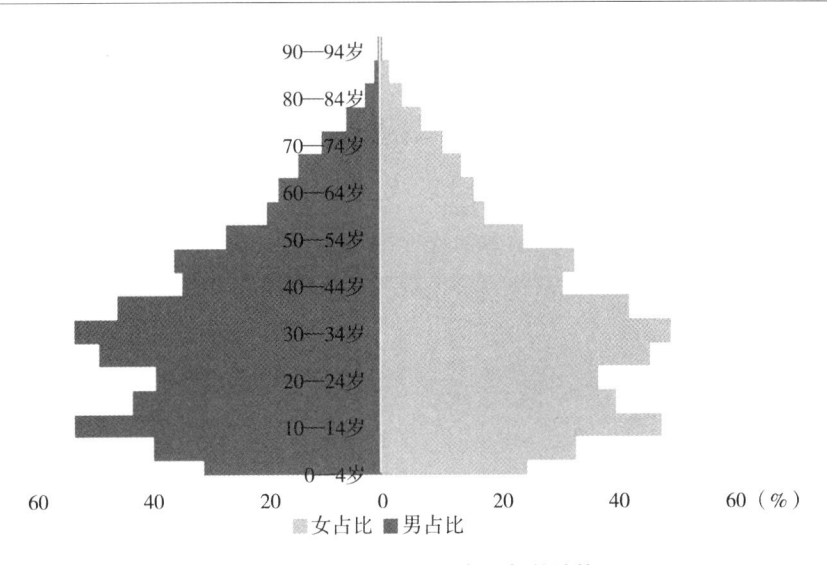

图6-5　2000年中国人口年龄结构

资料来源：中国国家统计局，2000年第五次全国人口普查数据。

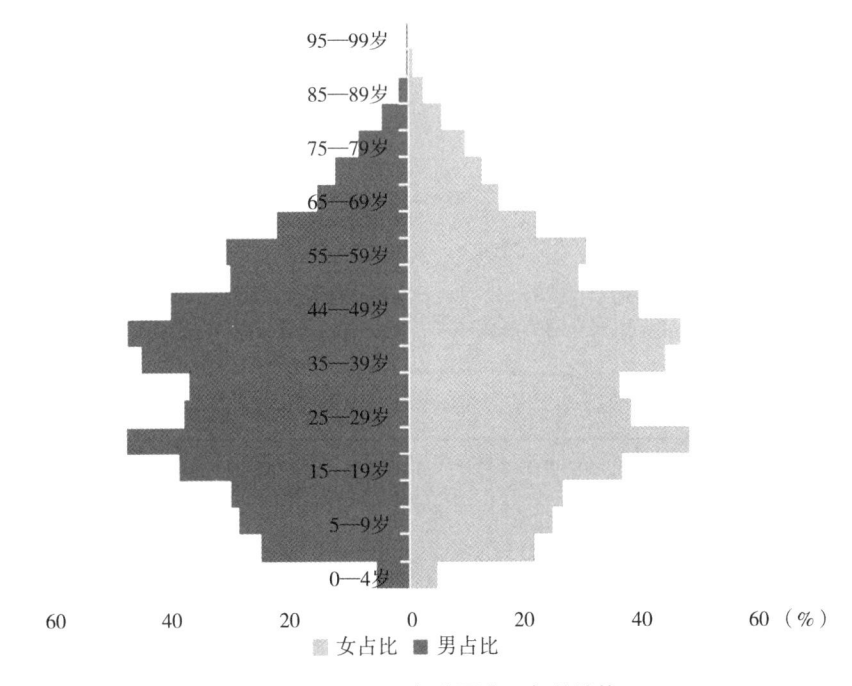

图6-6　2010年中国人口年龄结构

资料来源：中国国家统计局，2010年第六次全国人口普查数据。

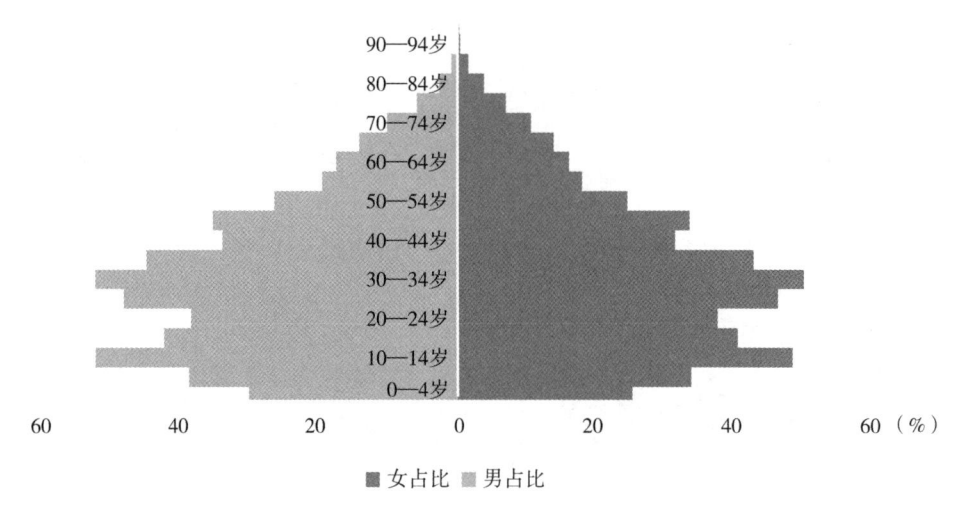

图 6-7 2020年中国人口年龄结构

资料来源：《中国人口和就业统计年鉴2021》，2020年第七次全国人口普查数据。

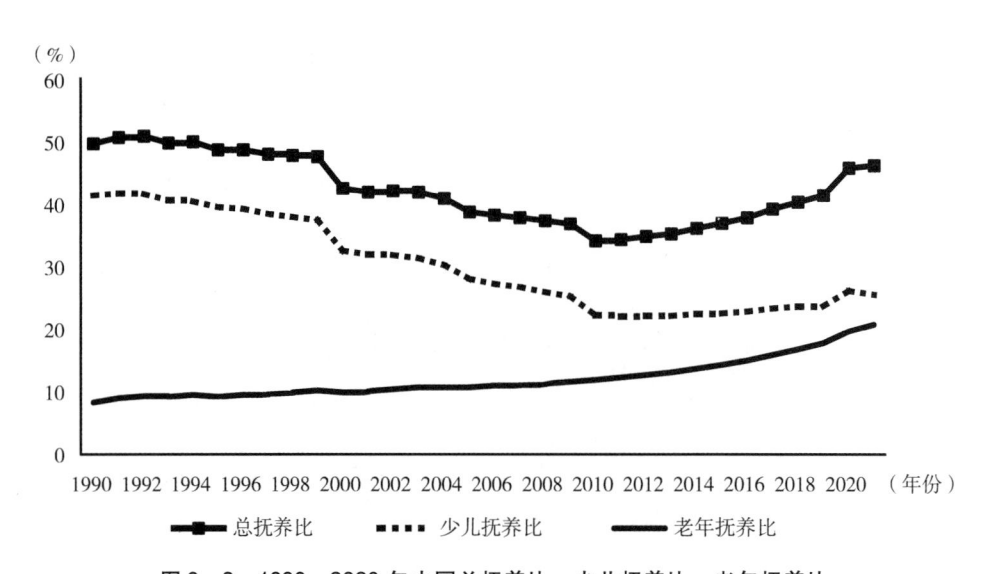

图 6-8 1990—2020年中国总抚养比、少儿抚养比、老年抚养比

资料来源：中国国家统计局。

二 当前中国人口增长存在的主要问题[①]

（一）生育率快速下降

1990年以来中国的总生育率就开始低于世代交替的水平，并在之后的二十年中持续走低。总和生育率持续下降，1970年的总和生育率为5.8，20世纪80年代平均总和生育率降至2.3，2010年总和生育率降至1.18。"单独二孩"和"全面二孩"政策均未能扭转低迷生育趋势。2014年"单独二孩"放开后，出生人口1687万，比2013年增加不到50万。2016年"全面二孩"放开后，出生人口攀至1786万，创2000年以来新高，但2017年就降至1723万，2018年中国出生人口比2017年减少200万，约12%。更为严重的是，育龄妇女规模已见顶下滑，2030年20—35岁主力育龄妇女规模将比2018年减少29%，其中20—35岁生育高峰期妇女将减少41%，后续出生人口恐将大幅下滑，预计2030年将降至1100多万，较2018年减少26%。

生育率下降最终必将导致人口增长放缓，而人口增长放缓会带来劳动力萎缩、老龄化速度加快、人口红利消失等问题。

（二）人口老龄化

2000年11月底第五次全国人口普查，65岁以上老年人口已达8811万人，占总人口的6.96%，60岁以上人口达1.3亿人，占总人口的10.2%，以上比例按国际标准衡量，均已进入了老年型社会。中国老龄化的特点是：第一，老龄人口总量大。到2017年，中国65周岁及以上人口总数已经达1.6亿。第二，老龄化速度快。预计2025年中国就会步入"深度老龄化"社会，距离进入"老龄化"仅用了25年，而美国完成这一过程用了70年，英国用了45年，同样是发展中国家的印度也用了30年[②]。按目前的低生育率状况来看，中国极有可能是世界上从"深度老龄化"到"超老龄化"所用时间最短的国家。第三，"未富先老"。目前中国的人均GDP还未达到世界平均水平，距离发达国家还有不小的距离。2021年中国的人均GDP超过1.25万美元，65岁及以上老年人口占比为14.2%。中国的老龄化程度远远高于同发展水平的其他国家，相应的社会福利体制与养老机制尚未健全，这对中国应对老龄化问题提出了重大挑战。

人口老龄化会给经济发展带来很多挑战。首先是劳动力数量减少对经济增长带来下行压力。其次是抚养比增加导致社会养老负担加重。再次是老龄化导致抚养比上升，还会使储蓄率与投资率下降。此外，老龄化还会通过缓解一国的创新创业能力来影响经济发展。最后是老龄化还会对人均产出带来影响。

[①] 任泽平、熊柴、周哲：《中国生育报告2019》，《发展研究》2019年第6期；隋澈：《中国人口转变对经济增长的影响研究》，博士学位论文，吉林大学，2019年；王广州：《中国劳动力就业状况及变化特征研究》，《中国人口科学》2020年第2期。

[②] 按照国际通行划分标准，当一个国家或地区65岁及以上人口占比超过7%时，意味着进入老龄化；达到14%，为深度老龄化；超过20%，则进入超老龄化社会。

（三）性别比失调

出生人口性别比从20世纪80年代开始逐渐严重失衡，"剩男"问题日益突出。1982年中国出生人口性别比为107.6，1990年超过110，2000年接近118，之后长期超过120，2008年后开始持续下降，2021年已降至110.9，仍处于高位。1990年中国30岁及以上未婚男性仅略超1000万人，2000年超过1600万人，2020年超过4000万人。从城乡分布看，农村"剩男"问题比城市和建制镇更严重，2020年农村30岁以上男性未婚率为7.4%，超过全国平均（6.7%）0.7个百分点。从受教育程度看，一是未上过学的男性未婚率高达15%；二是因为学习深造推迟进入婚姻市场的研究生学历男性，未婚率高达9%。随着1990年以来高性别比的出生人口逐渐进入婚嫁年龄，预计未来"剩男"问题还将更为突出。"个人困扰"的婚姻挤压问题可能演变为"公共问题"的人口安全问题，包括妇女买卖、性骚扰、性犯罪等。

（四）就业矛盾

我国总体的劳动参与率趋于下降。劳动参与率是经济活动人口（包括就业者和失业者）占劳动年龄人口[①]的比率，即劳动年龄人口中愿意参与经济活动的人口数量。2000年16岁及以上人口劳动参与率为78.76%，2010年下降到71.69%，2015年进一步下降到70.61%，2021年进一步下降到68.1%，与2000年相比，劳动参与率整体下降10个百分点以上。可见，16岁及以上人口劳动参与率持续稳定下降趋势明显。

劳动年龄人口由增加转为减少，是我国经济社会形势的重要变化，这标志着我国就业形势的主要矛盾逐步由总量矛盾转向了结构矛盾。劳动年龄人口（16—59岁）规模经历多年持续扩张后，2012年达到拐点，首次出现下降，并持续至今，从2011年最高的9.24亿，降到2020年年底的8.72亿。劳动年龄人口占总人口比例也从2010年的68.8%最高点下降到2020年的62.3%，10年间下降了6.5个百分点。

此外，"就业的结构性矛盾更加突出"，表现为随着技术进步加快和产业优化升级，技能人才短缺问题将更加凸显；部分地区、企业用工需求与劳动力供给存在结构性失衡，造成企业"招工难"与劳动者"就业难"并存；以高校毕业生为重点的青年就业、农业富余劳动力转移就业、失业人员再就业，以及就业困难群体实现就业难度依然很大。

第二节 人口增长对经济发展的影响

人口增长对经济发展有复杂的影响，既有消极的方面，也有积极的方面。这种影响要根据发展阶段与各国具体情况来具体分析。接下来将分析人口增长对经济发展的消极影响和积极影响。

[①] 国际上一般把15—64岁列为劳动年龄人口，中国规定16—60岁为劳动年龄人口。

一 消极影响

（一）导致自然资源紧张：马尔萨斯的观点

从马尔萨斯[①]开始，人口增长对经济发展有负面影响成为人口理论的一个标准观点。马尔萨斯理论的机制是，耕种的土地是重要的生产要素，但它是有限的，人口越多，人均耕种土地面积减少，会导致人均粮食产出以及收入下降，其最终结果是导致低收入的马尔萨斯陷阱（关于马尔萨斯理论的一个正式版本，见第十章）。

人口增长导致的这种自然资源紧张的分析逻辑不但适用于土地这一特定的自然资源，也适用于石油、煤炭、矿产等不可再生的自然资源。以煤炭为例，随着人口增加，消耗的煤炭资源增多，即使仍在煤炭资源枯竭的限度之内，人们首先开采的必将是成本低的煤炭，煤炭消费增多会导致我们不得不开采那些低品位、高成本的煤炭，这将会引起煤炭成本上升，从而阻碍经济。同样的分析逻辑甚至还适用于可再生自然资源。

这种对经济发展非常悲观的论调并不是完全错误的。人类历史上，在人口增加到一定限度而农业生产率增长缓慢的时期，人口增长导致自然资源紧张（尤其是土地）对经济发展产生了相当负面的影响，如中国历史上大多王朝的中后期，以及 14—18 世纪的西欧社会。

（二）稀释人均资本存量：索洛增长模型中的人口增长

从第五章的索洛模型中可知，人均资本存量决定了人均收入水平。当资本成为重要的生产要素时，人口增长会稀释人均资本存量水平，降低了人均劳动生产率，从而对长期的人均收入产生负面影响。

图 6-9 说明了索洛模型中人口增长率提高对人均收入的负面影响。人口增长率提高，使 $(n+\delta)k$ 对应的曲线向上偏转，与 $sf(k)$ 的交点从点 a 变为点 b，导致均衡状态人均资本存量从 k^* 减少到 k^{**}，人均产出 y 也下降。

上面基于索洛模型的讨论我们还没有考虑人口增长率对储蓄率的影响。实际上，更快的人口增长很可能会降低总的储蓄率，至少短期内是如此，因为孩子消费比生产更多，从而也会导致均衡时人均产出下降。更重要的是，人口增长率的上升将会使人口的年龄结构更加年轻，而年轻人相对而言没有多少储蓄。从第五章的索洛模型的分析中我们知道，储蓄率下

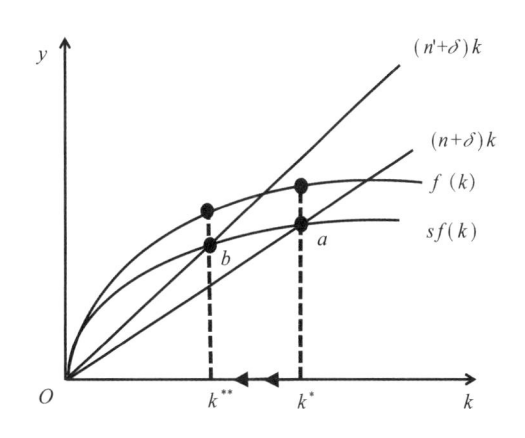

图 6-9 索洛模型人口增长率变化

[①] Malthus, Thomas Robert, 1978, *Principles of Population*, The Commercial Press.

降，人均资本存量下降，劳动生产率下降，人均收入会下降[①]。

（三）环境压力

人口增长过快会给很多环境造成压力。一方面，人口增加，向自然界攫取木材、粮食、渔产品、地表水等资源增多，容易造成生态系统失衡。另一方面，人口增加，会消耗更多的工业品，增加工业排放，污染加剧，破坏臭氧层。特别是在人均收入较低的阶段，如果人口增长过快，会出现"贫困—人口增长—环境破坏"的恶性循环。由于收入较低，生育孩子净收益较高，人口增长更快；同时，在收入较低的阶段，人们的生活、生产方式更加直接依赖自然资源，如生活中用树木作为燃料，因此，人口增长更快会进一步加剧对环境的破坏；环境被破坏会使人们从自然资源中获得的收入更低。如此循环往复，构成了一个恶性循环。很多资源（如牧场、渔场、地表水）以及环境（如森林、污染、臭氧层）具有公共品性质，个人无法将这些资源与环境的成本内部化，过度使用是必然结果，这进一步加剧了人口增长将增加对这些稀缺资源造成的压力。

（四）人口增长、不平等与贫困

相对于子女质量，贫困家庭往往更为关注子女的数量。抚育子女的成本包括直接成本，要给孩子吃、穿，要投资于他们的健康和教育。此外，还有间接的或称为机会成本的部分。父母在抚养孩子过程中损失了挣钱的机会，花在家里带孩子的时间多了，工作挣钱的时间就少了。贫困家庭的机会成本较低，所以他们会选择更多的子女数量。贫困家庭中妇女的工资往往很低，这就使抚养孩子的机会成本下降，并生育更多的子女。同样的道理，如果失业率较高，抚养孩子的成本也会下降，这就又会提高生育率水平。这样形成了"越生越穷""越穷越生"的恶性循环，从而生育率恶化了收入不平等和贫困问题。下一节将具体介绍贝克尔[②]的家庭生育理论，描述影响家庭生育决策的各种因素。

（五）人口增长与城市化

人口增长和城乡人口流动的主要结果之一就是发展中国家城市的快速增长。中低收入国家的城市化人口比例从1990年的35.59%上升到2019年的50.85%（见图6-10）。事实上，几乎所有预计的世界人口增加的部分都会生活在城市中。城市只占地球表面陆地面积的2%，它们却消耗了能源和水等自然资源的75%。发展中国家的城市人口增长速度最快，这对资源造成了巨大的压力。据预测，到2025年发展中国家会有26个城市人口超过1000万，400个城市人口超过100万。

发展中国家城市里的生活条件通常十分恶劣。发展中国家1/3的城市居民居住在贫民

[①] 我国当代著名的经济学家、教育学家、人口学家马寅初在《新人口论》中阐述了与马尔萨斯和索洛模型类似的人口观点。马寅初主要是从人口增长与工业化之间的关系进行论述控制人口的必要性。资金积累是中华人民共和国成立之初的首要经济任务，没有资金积累，工业化就无法完成，中国经济就不可能发展起来。过多的人口消费了太多生产资料，导致资金积累缓慢。

[②] Becker, G. S., 1960, "An Economic Analysis of Fertility", *Demographic and Economic Change in Developed Countries*, National Bureau of Economic Research, pp. 209 – 231; Becker, G. S., Barro, R. J., 1988, "A Reformulation of the Economic Theory of Fertility", *Quaterly Jounal of Econonmics*, 103 (1): 1 – 25.

窟，这些地方拥挤不堪，卫生条件差，缺乏干净水源，有污染和疾病，超过5亿人缺乏干净水源并且导致每年200万人死亡。

二　积极影响

前面的内容主要是从资本、资源的角度讨论人口增长对经济发展的负面影响，但是忽视了人口增长对技术和规模经济的影响。人口增长对于技术进步的影响可以被分为两个部分：第一，人口增长会增加人口密度，从而推动技术进步。这是由博瑟勒普所提出的"需求推动"观点①。第二，人口增长可以增加创新者的数目，因而导致创新增加并促进经济发展，这是"供给推动"观点②。

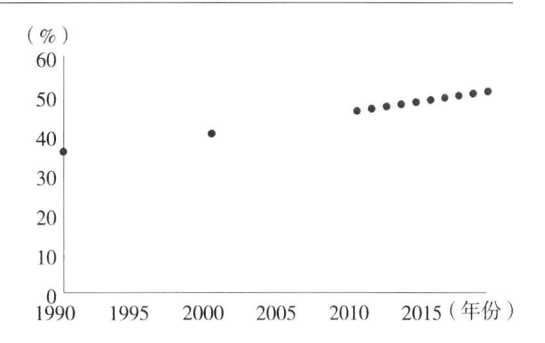

图6-10　中低收入国家城市人口占比

注：2019年世界银行的中低收入国家的划分标准是人均收入低于9386美元。

资料来源：世界银行的世界发展指标数据库。

需求是创新之母，人口压力导致了创新的需求，这一点在农业社会中表现得更加明显。从历史上看，人口的不断上升对食物的供给产生了巨大的压力。面对生存压力，尽管在农业社会，发明创新的速度相对较慢，这些压力有时候会通过马尔萨斯所讲的灾荒和疾病来被动缓解。但是，人们一直在主动寻找解决办法，要么开疆拓土，要么通过发明创新、使用新的生产技术来增加食物的产出。以我国犁的发明史为例。犁是由一种原始双刃三角形石器发展起来的，被称作"石犁"。后来随着冶炼技术的进步，在春秋战国时期出现了铁犁。到了汉代，人们发明出了二牛抬扛式的直辕犁。魏晋南北朝时期，犁耕的主要动力来源变成了牛，以耕、耙等为工具的精耕细作技术越来越成熟。至唐代曲辕犁的出现，我国古代犁具基本定型。显而易见，犁具的每一次技术进步都极大地提高了农业生产率。

人口增加不但会通过粮食的需求推动农业技术的进步，还会通过工业品和服务的需求推动劳动分工与专业化生产、新产品的研发乃至商业模式的变革。博瑟勒普指出：

> 欧洲不断增加的人口密度，推动了专业化的工艺品和制造业的产品开发。在那些高人口密度的地区，数量巨大的消费者居住在一个相对比较小的区域内，这使厂商与消费者的直接接触成为可能，而运输产品的成本也相当低。制造业……需要熟练的劳动力、商人，以及金融服务和管理才能，而这些都集中在城市化的地区。因此，在欧洲制造业首先发展的那些地区，就是人口密度最高的地区……在法国和英国，工业的

---

① Boserup Ester, Grigg David, 1981, "Population Growth and Agrarian Change: An Historical Perspective", *Cambridge Geographical Studies*, 7 (4): 439-441.

② [英] A.P. 瑟尔沃：《发展经济学》（第九版），郭熙保、崔文俊译，中国人民大学出版社2015年版。

聚集只是在以后才出现。①

从生物意义上讲，不同人种间"聪明人"出现的概率相差不大。所以，人口越多，就会出现越多的"聪明人"能够有发明创新的思想，这就是供给推动论的主要逻辑。值得注意的是，这种观点主要适用于发明创新靠能工巧匠推动的时期，并不太适用于最近一两百年来的工业世界。最近一两百年来的发明创新主要参与者是受过系统性科学训练的科学家、工程师。

第三节 人口变迁

本章第二节在解释人口增长如何影响经济发展时，我们是将人口增长作为解释变量，经济增长或经济发展作为被解释变量。在本节中，我们的主要内容以人口增长为被解释变量，考察人口增长受哪些因素的影响，主要考察经济发展水平的变化如何影响人口增长。

一 人口变迁的阶段

所谓人口变迁（demographic transition），是指人口增长由"高高低"（高出生率、高死亡率、低增长率）的原始型模式向"低低低"（低出生率、低死亡率、低增长率）的现代型模式转变的过程。根据西欧社会的人口增长经验，这个过程划分为四个阶段②（见图6-11）。

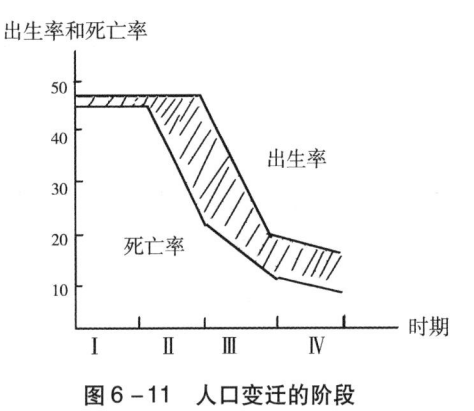

第一阶段，高出生率，大量婴儿出生，但是由于卫生条件，医疗水平差，所以死亡率也高，相互抵消，用图式表示就是"高→高→低"，这个阶段基本上反映了19世纪以前工业化国家的人口变化情况。

第二阶段，发生在19世纪和20世纪初。由于经济开始发展，生活条件改善，死亡率开始降低，但人口出生率并没有下降，结果是人口增长率也增高。用图式表示就是"高→低→高"。

图6-11 人口变迁的阶段

---

① Boserup Ester, Grigg David, 1981, "Population Growth and Agrarian Change: An Historical Perspective", *Cambridge Geographical Studies*, 7 (4): 439–441.
② 有时为了简化分析，将我们这里的第二个和第三个阶段合并为一个阶段，称为传统型模式，这时整个人口转型分为三个阶段。

第三阶段,大致反映了 20 世纪初到 50 年代这一时期的人口增长情况。这一时期死亡率仍然在下降,但下降的速度放慢。由于城市化、工业化的迅速发展,妇女的文化水平和社会经济活动参加率的提高,避孕技术的进步,出生率开始呈下降的趋势,并且下降幅度要大于死亡率下降幅度。因此,这一阶段的人口增长率逐渐降低。

第四阶段,出现在 20 世纪 50 年代以后,出生率下降步伐明显趋缓,死亡率这时因趋于极限而难以下降。这样,低出生率伴随着低死亡率,人口变动逐渐趋于稳定,且增长率趋向于零。

当今发达国家大多已经进入第四阶段,但是发展中国家与发达国家在人口转型方面是有差别的,并不与发达国家人口转型完全吻合。发展中国家的人口转型比发达国家要快得多,尤其是死亡率下降比发达国家尤为迅速。发展中国家目前大多还处在人口转变的第三个阶段,但是有些发展中国家在人口死亡率下降后出生率并没有下降(如非洲和南亚),出现了持续时间较长的"高低高"(高出生率、低死亡率、高增长率)模式。

二 死亡率的变迁

前面我们说过,人口增长率等于出生率减去死亡率。我们先来分析死亡率变迁的影响因素。首先要明确的是,在一个现代社会,以人口死亡作为政策工具是极不人道的[1]。因此,死亡率分析方面,没有政策操作的空间。

过去两个世纪,死亡率大幅下降成为人类历史上一件重要的事实,也是世界人口快速增长的主要原因。死亡率的下降主要受三个因素的驱动。一是生活水平与营养条件的改善。食物的质量和数量显著提高,穿着更干净的衣服,居住在更加宽敞、通风的房子里,使人们更加远离病菌的侵袭,同时也变得更有抵抗力。二是公共卫生体系改善与普及。如大多数人享有清洁的水源和粮食,会定期清理容易滋生蚊虫的地方。三是药物得到更广泛应用,可以治愈许多种疾病,尤其是传染性疾病的防治。

在发达经济体中,影响死亡率的这三个因素总体上是依次出现的:首先是改善营养和生活水平,其次是改善公共卫生措施,最后是医疗进步。经济史学家罗伯特·福格尔认为[2],营养条件改善解释了 1775—1875 年英格兰和法国死亡率下降的 90%,但是之后对死亡率下降的贡献减少了。19 世纪中后期城市发明了现代污水处理系统和自来水供应系统后,大幅度减少了霍乱和伤寒等疾病。20 世纪后,药物治疗才对延长预期寿命有显著的贡献。

而对于发展中国家而言,这三个条件的改善几乎是同时发生的。第二次世界大战前

---

[1] 在 2020 年新冠疫情下,瑞典、英国、美国等西方社会鼓噪的"群体免疫"政策受到国际社会极大抨击。实际上,"群体免疫"理论是生物学家们观察到动物界面对疫情的被动应对现象,可谓现代版的"率兽食人"。

[2] Fogel, R. W., 1997, "New Findings on Secular Trends in Nutrition and Mortality: Some Implications for Population Theory", in Rosenzweig M. R., Stark O., *Handbook of Population and Family Economics*, pp. 433-481.

后，政府和非政府组织迅速引入公共健康技术和现代药物，与此同时，发展中国家总体上生活水平也有较大幅度的提高。这也解释了为什么发展中国家死亡率下降得更为迅速，以及为什么发展中国家能够在比较低的人均收入水平延长预期寿命。预期寿命就是死亡率下降的一种反映与度量指标。

三 生育率的变迁

（一）生育意愿与生育率

在本章第二节中介绍的马尔萨斯模型隐含地认为，在缺乏主动节育手段①情况下，如果食物极大丰富，生育率将会达到生育的生理极限。反过来说，这时的生育率受到生育的生理极限约束与食物或收入约束。实际上，在这样的收入非常低的发展阶段，生育率普遍很高。在中华人民共和国成立之前，一个妇女一生生育有四五个乃至更多小孩是很普遍的。例如，老一辈革命家朱德同志在《回忆我的母亲》一文中写道："母亲一共生了十三个儿女。因为家境贫穷，无法全部养活，只留下了八个。"②

也许你会认为，在这种情况下生育率非常高仅仅是由于缺乏节育技术，现在人生育率之所以低，是因为他们有了现代节育措施。实际情况并非完全如此。在欧洲，在节育措施被广泛运用之前，生育率已经大幅下降了。例如，1910年英国生育率已大幅下降，而当时只有16%的夫妇采用了机械的避孕手段。

在发展中国家，第二次世界大战后生育率下降确实和生育控制有关。1960—2011年，已婚夫妇采用避孕措施的比例从9%上升到61%。但是这个事实并不能证明避孕措施的普及导致生育率下降。因为生育率可以在没有采取避孕措施的情况下降低，如上文提到的欧洲就是如此。实际上，影响实际生育率最重要的因素是人们的生育意愿。也就是说，想不想生、想生多少个才是关键所在③。

图6-12展示的是20世纪七八十年代发展中国家的数据，该数据阐明了生育意愿与实际生育率之间的关系，其中横轴是期望生育率，纵轴为实际的总和生育率，即平均来说一个妇女实际一生生育的子女数量，图中直线为45度线。从图中可以得出两个主要信息。第一，实际生育数量与意愿生育数量高度正相关。这表明，生育意愿是影响实际生育率最主要力量。第二，实际生育数量普遍高于意愿生育数量。如果实际生育数量与意愿生育数量完全一致，图中的点应当都在45度线上。如果实际生育数量与意愿生育数量在统计上一致，图中的点应当较为平均地分布于45度线的两侧。我们观察到，图中的点几乎都在45度线的上方。这就说明，实际生育数量普遍高于意愿生育数量，换句话说，如果人们想要两个小孩，普遍实际生的比两个要多。

---

① 晚婚晚育、母乳喂养等被动型节育手段，也可以降低生育率，并且在历史上的西欧某些地区发挥了重要作用。
② 《朱德选集》，人民出版社1983年版，第110页。
③ Weil, D. N., 2013, *Economic Growth*, 3rd, Pearson Education.

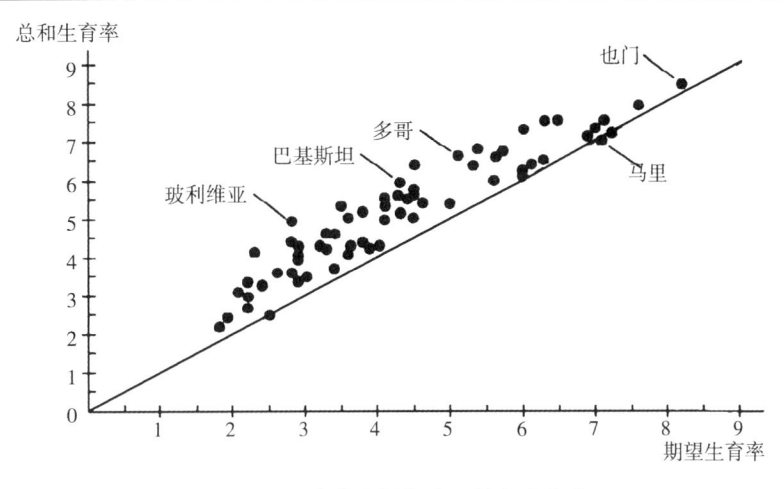

图 6-12 生育意愿与实际总和生育率

资料来源：转引自 Weil, D. N., 2013, *Economic Growth*, 3rd, Pearson Education。

我们下面依次来解释生育意愿受何种因素的影响以及为什么实际生育率会略高于生育意愿。

（二）家庭生育理论

意愿生育率是人们主观选择的结果。美国经济学家贝克尔创造性地运用微观经济学消费选择模型研究家庭生育问题①。

在家庭生育模型中，我们假定家庭选择两种"消费品"，一是孩子，二是其他的消费品 c，这两种"消费品"都是正常"商品"（收入效应为正），家庭的无差异曲线也是如图 6-13 所示中的 I_1 那样的正常形状。子女为什么会带来效用呢？这或许是因为我们偏好于儿孙绕膝的天伦之乐，或许是出于生物的本能，也或许是出于社会文化习俗与舆论环境。

养育孩子的净价格是养育孩子的

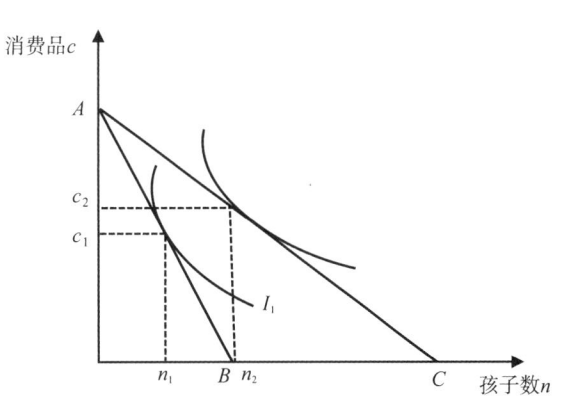

图 6-13 养育孩子的成本下降

注：购买消费品和养育孩子数量初始选择为 (n_1, c_1)，养育孩子的成本降低使得预算线在横轴上移动，导致商品消费和养育孩子数量增加。

---

① Becker, G. S., 1960, "An Economic Analysis of Fertility", *Demographic and Economic Change in Developed Countries*, National Bureau of Economic Research, 1960, pp. 209-231; Becker, G. S., Barro, R. J., 1988, "A Reformulation of the Economic Theory of Fertility", *Quaterly Journal of Econonmics*, 103 (1): 1-25.

成本与养育孩子的经济收益之差。养育孩子的成本包括养育孩子的直接支出与养育孩子的机会成本。养育孩子的直接支出包括在医院生产的医疗费支出与孩子出生后到成年衣食住行、医疗和教育等所有支出，乃至包括子女结婚支出以及对子女购房的经济支持。养育孩子有机会成本的道理也很简单，因为带孩子与陪伴、教育孩子要花时间，可能要放弃一些工作机会。养育孩子可能会有一些经济收益（子女的投资品属性），一般主要考虑两项，一是子女未成年时工作创造的经济价值[①]。二是子女成年后给予父母的经济支持（主要是父母老年的赡养支持）。养育孩子的成本减去孩子的经济收益即为孩子的净价格（以下简称价格）。养育孩子的各成本、收益项因发展阶段、社会风俗而异。

有了"两种消费品"的价格，我们可以构造家庭选择模型的预算线，如图6-13中的直线 AB。预算线表示家庭能够负担得起的消费品和孩子的组合。如果这个家庭没有孩子，把所有的收入用于消费品，那么它能负担得起的消费品将等于预算线与纵轴的交点 A。如果这个家庭把所有的花费都用在孩子身上，那么它可以负担得起的孩子数等于预算线与横轴的交点 B。和所有消费者选择模型一样，最优选择点为无差异曲线与预算线相切的位置，如图6-13中的点 (n_1, c_1)，这时选择的结果是孩子数量为 n_1，其他消费品的数量为 c_1。

孩子养育成本的变化。其他条件不变，如果孩子的净价格下降，比如由于引入了一个好的公共教育体系或者免费的医疗服务使养育孩子的成本降低，那么预算线将由 AB 转动为 AC。新最优选择位于点 (n_2, c_2)，生育孩子的数量为 n_2，而其他消费品的数量为 c_2，二者都增加。反过来，如果其他条件不变，孩子净价格上升，则生育孩子的数量和其他消费品的数量都减少。

收入的变化。其他条件不变，如果收入增加了，预算线如图6-14所示由 AB 平行向外移动到 CD，最优选择点从 (n_1, c_1) 移动到 (n_3, c_3)，孩子和其他消费品数量都增加。这一结论与我们通常观察到的家庭收入越低子女数量越多并不一致。为什么呢？问题出在我们理论分析中的"其他条件不变"上。现实中，在人们收入增加的同时，孩子的净价格会发生更为剧烈的变化，这既有生、养、育子女直接支出上升的因素，更大的原因则是养育子女所花时间的机会成本（尤其是女性的时间机会成本）。根据我们前面的分析，孩子净价格上升，生育子女数量下降。由于孩子净价格上升更为剧烈，净价格上升的影响占主导地位，

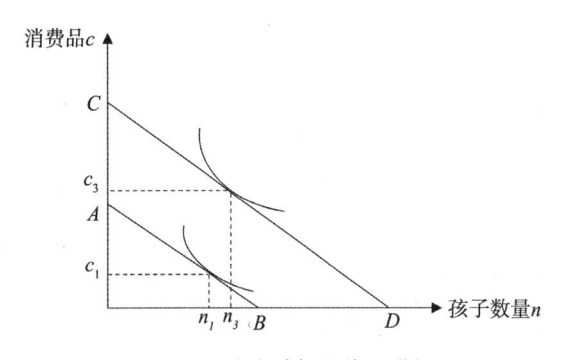

图6-14 生育选择和收入增加

[①] 2015年全球童工增至1.6亿，其中2016—2020年全球童工人数增加840万。据估计，新冠疫情对全球童工造成了前所未有的负面影响，至少导致童工增加0.7个百分点，预计到2022年年底全球将面临再增加900万童工的风险。参见李忠东《全球童工增至1.6亿》，《检察风云》2022年第4期。

所以生育率下降。

偏好的变化。发展经济体与发达经济体的一个重要差异就是经济社会结构会发生更为剧烈的变化,对子女的偏好尤为明显。例如,在中国的传统文化观念中,"不孝有三无后为大""多子多福"是主流观点,但是现在这些观念已经逐渐淡化了。人们观念发生变化会影响偏好,从而改变无差异曲线的形状。图6-15表述了人们对子女的偏好减弱后家庭最优选择的变化。其中 I_1 为观念变化前的无差异曲线,I_2 为对子女偏好弱化后的无差异曲线族。对子女的偏好减弱后,边际替代率下降,无差异曲线变得更加平缓,意味着增加一个子女所愿意放弃的其他消费品数量减少。预算线不变,最优选择点由 (n_1,c_1) 变为 (n_4,c_4)。和预料的结果一样,生育率下降,消费增加。

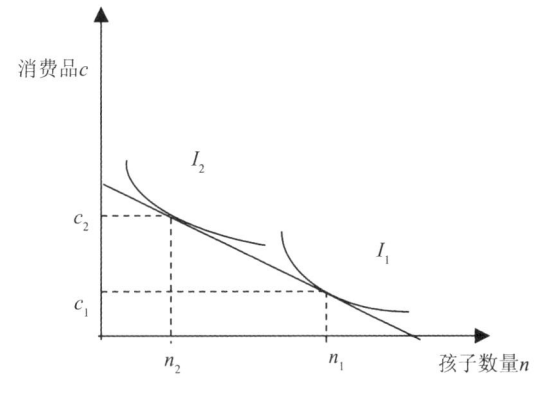

图6-15 生育的偏好减弱

(三)家庭生育模型的应用

生育补贴与计划生育。其他条件不变,生育补贴使孩子净价格下降,征收社会抚养费类的计划生育政策使孩子净价格上升①。因此,生育补贴会使生育率上升,而征收社会抚养费之类的计划生育政策则降低生育率。

社会保障制度。社会保障制度是影响孩子净价格的一个重要变量。在没有社会保障和医疗保健计划的社会或经济部门,如农村社会,养儿育女就是为了防老而投资。当子女给父母老年时提供经济支持时,孩子净价格下降,生育率上升。

父母的收入水平。父母收入水平对养育孩子数量的影响取决于父母获取收入的方式,或者说取决于父母的时间机会成本。如果父母是通过工作获取高收入(有钱没闲),则时间机会成本高,孩子净价格高,生育率相对较低。如果父母获取是通过地租之类的方式获取高收入(有钱又有闲),则时间机会成本低,孩子净价格相对偏低,生育率相对较高。所以有一种观点认为,中国之所以没有能够在清代发展起来,就是因为地主将地租都用到生养更多的孩子上,而不是投资到工商业中。

子女数量质量替代。父母收入与机会成本的变动,会得出一个有趣的推论,即"孩子数量质量替代理论"。这种观点认为,随着父母收入提高,尤其是父母的时间机会成本的增加,父母会发现,生育数量较少但是质量更高的子女会效用更高,其中质量更高是指给子女投入更多的教育资源从而提高子女的文化程度。也就是说,父母会用较少数量但是更高质量的子女,来代替数量众多而质量不高的子女,这就是数量质量替代。父母之所以这

---

① 各国采取的计划生育政策不尽相同。征收社会抚养费的政策不是导致家庭生育模型中预算线转动,而是预算线变成了拐折的分段预算线。

么做，一方面是有更多的收入投入在子女教育上，另一方面是因为数量少的子女花的时间少，从而节约时间成本。

父母的教育水平。较高的教育水平一方面提高父母生育孩子的成本，另一方面降低他们生育孩子的收益。教育不仅提高一个人的收入潜力，而且改变他的世界观，特别地，教育让父母看到了生育孩子之外获得快乐的途径。

父母，特别是母亲的劳动参与。如果母亲不参与正规劳动市场，则她的时间机会成本低，从而孩子净价格低，从而有更高的生育率。女性参与全职的正规劳动力市场一般是城市化的结果。但是我们要注意，这一现象的逻辑关系也可能与上面所说的恰好相反，也就是说，逻辑关系也可能是：由于生育了更多子女需要母亲花更多的时间，母亲不得不退出正规的劳动力市场。

性别偏见的社会规范。重男轻女的社会规范在很多地区有程度不一的反映，其中亚洲尤为严重。这种社会规范根源于女孩的净价格更高，如女性生产率相对较低，其结果是导致家庭生育子女时进行了性别选择。虽然随着社会的发展，产生性别偏见的根源在逐步消失，但是社会规范在人们头脑中并没有立刻消失，影响了家庭生育的性别偏好。一般来说，单纯从生物学的角度来看，由于女性平均寿命更长，人口中男性比例应该略低于女性，但在亚洲，2010年男性与女性比为104.8：100，这种女性在人口统计中"失踪"的现象被称为"消失的女性之谜"。

（四）解释生育意愿与实际生育率的偏离

家庭生育理论中的生育率是意愿生育率。为什么实际生育率会普遍性高于意愿生育率呢？要回答这个"超生"问题，我们需要重新回归家庭生育模型中的生育率概念。家庭生育理论中的意愿生育率实际上是指家庭意愿的总和生育率（TFR）。总和生育率表示一个妇女平均来说生育的孩子的数量。但是，一个家庭所生的孩子数量与这个家庭的父母在年老时能照料他们（提供经济支持或更简单的天伦之乐）的子女数量存在一定的偏差。第一个偏差是由死亡率尤其是婴儿死亡率引起的。也就是说，家庭意愿生育的子女数量一定是生育且存活到父母年迈的孩子数量。但是实际上，并不是每一个子女都能存活到父母年迈之时。这个过程中，造成最大偏差的是婴儿死亡率。家庭的意愿生育率应当是扣除了婴儿死亡率这一不确定性后的净生育率。正如我们前面引用的朱德所说的，在经济越不发达的阶段，婴儿死亡率越高，所以，要想保持一定的目标净生育率，需要生更多子女以弥补不确定性的损失。

净再生产率或净繁殖率（the Net Rate of Reproduction，NRR）是综合考虑了生育率和死亡率影响的一个重要指标。NRR被定义为：给定生育率和死亡率，平均一个妇女一生生育的能够接替其生育职能的女孩数。例如，假设一半的女孩在婴儿期死亡，另一半在生育期生活，那么在生育期生活的妇女平均生育4个孩子，其中一半是女孩。净繁殖率为1，因为1/2生育的可能性乘以4个孩子再乘以1/2（因为大约有一半的孩子是女孩）等于1。考虑NRR的另一种方法是将其视为每一代女孩人数增加的因素。NRR等于1意味着零人口增长。如果NRR等于2，意味着每一代人会翻倍。

如表6-1所示,1956—1990年印度总和生育率急剧下降,由于死亡率下降导致了预期寿命提高,而同期 NRR 保持不变,然后才将 NRR 几乎减少到人口更替水平。

表6-1 印度人口统计数据

年份	总和生育率	预期寿命（岁）	净繁殖率
1955—1960	5.92	42.6	1.75
1965—1970	5.69	48	1.87
1975—1980	4.83	52.9	1.73
1985—1990	4.15	57.4	1.61
1995—2000	3.45	62.1	1.43
2000—2005	2.73	64.2	1.17

资料来源：United Nations Population Division, 2010。

死亡率下降,还会通过子女质量数量权衡机制降低生育率。当死亡率很高时,为了分散风险,父母会选择将有限的资金投入多个孩子身上,这样存活下来的孩子能够带来一定的经济与效用回报。反过来,死亡率降低（通常随着经济发展水平提高、家庭收入提高）后,一方面,家庭要想维持既定的存活下来的孩子能够带来的经济与效用回报,无须分散资源在数量众多的子女身上,而是将资源集中在少量子女身上。超出子女生存所需的资源投入,是对子女的人力资本投资。另一方面,社会对高人力资本的人需求增加了,因此集中资金培养更高素质的孩子是一个合理的选择。

婴儿死亡率仅是导致生育决策中不确定性中的一种,子女不能发挥家庭生育理论模型中所默认的作用的可能性是另一种不确定性的来源。从子女的"消费品"属性来看,如果子女忤逆不孝,何乐之有？从子女的"投资品"属性来看,如果子女在父母年迈时不但挣不到钱,反而啃老,那如何发挥应有的作用[1]？

这些不确定性的影响有多大呢？我们通过一个数值的例子来说明一下。假定每一出生的子女有意愿且有能力给年迈父母提供照料的概率 $p = 0.5$，这包括了子女到父母年迈之际的死亡率、子女没照料意愿的可能性以及子女没能力照料的可能性,而父母认为在年迈时需要至少有一个子女提供精神与物质照料的最低门槛概率 $q = 0.9$，这对夫妇生育的孩子数量 n 需满足：$1 - (1-p)^n > q$。计算可得至少要生育4个子女。也就是说,如果一对夫妇想要在年迈之际有90%的可能性至少得到一个子女的照料,那么他们至少要生育4个子女,如果只有儿子能提供照料,则至少要生育8个子女。

（五）经济发展与生育率变迁

图6-11中将生育率变迁分为了三个阶段,经济发展水平和其他因素如何影响这三个

---

[1] [美]德布拉吉·瑞：《发展经济学》,陶然译,北京大学出版社2002年版。

阶段生育率呢？早期的高生育率阶段（图6-11中Ⅰ阶段和Ⅱ阶段），收入水平很低，没有社会保障，父母养育孩子的机会成本也不高，由于教育回报低，家庭不会过多地投资子女的教育，因而养育孩子的花费比较少，最终结果是孩子净价格低，因而生育率较高。中期的出生率逐步下降阶段（图6-11中Ⅲ阶段）。随着经济的增长，收入水平提高，但这主要来自物质资本投入的增加，而不是人力资本的提高，同时，社会保障制度还没有建立起来。由此带来的影响表现在两个方面。首先，生育子女的边际收益提高，因为劳动力的回报增加，但人力资本的回报没有变化或增加很少。其次，生育子女的边际成本有所增加，但是增加的量并不大。成熟阶段（图6-11中Ⅳ阶段）。收入水平大大提高，人力资本回报增加，社会保障体制不断健全。首先，生育子女的边际收益提高，因为劳动力的回报增加，但人力资本的回报没有变化或增加很少。此时，养育孩子的边际收益下降，同时边际成本上升，父母在数量质量权衡中会倾向于选择质量，而降低生育孩子的数量。

本章小结

1. 当前中国人口增长存在的主要问题包括生育率快速下降、人口老龄化日益严重、性别比失调、就业结构性矛盾。

2. 人口变化与经济发展的关系是双向的，即人口会影响经济发展，又会受到经济发展的影响。

3. 人口增长对经济发展的消极影响主要体现在：导致自然资源紧张（马尔萨斯的观点）、稀释人均物质资本存量（索洛增长模型）、环境压力、过快人口增长可能导致不平等与贫困、快速城市化导致的不利后果。

4. 人口增长对经济发展的积极影响主要体现在：人口增长有利于技术进步、人口越多越可能产生规模经济。

5. 人口变迁是指人口出生率、死亡率和人口增长率表现出来的有规律的阶段性变化。

6. 在发达经济体中，影响死亡率的这三个因素总体上是依次出现的：首先是改善营养和生活水平，其次是改善公共卫生措施，最后是医疗进步。而对于发展中国家而言，这三个条件的改善几乎是同时发生的。这种差异导致了现在的发展中国家面临的人口问题格局与历史上的发达经济体不一样。

7. 人口出生率取决于生育意愿、婴儿死亡率、子女质量数量权衡以及不确定性等因素，其中生育意愿是主要因素。家庭生育理论可以解释生育意愿，其核心思想为：子女的成本与收益的变化决定了父母生育子女的数量。

思考题

1. 为何我国现在人口增长状况不适合于用马尔萨斯理论进行分析？
2. 什么是人口变迁？如何解释我国人口变迁？
3. 结合我国实际情况，分析人口增长的正面与负面影响。
4. 经济增长导致生育率下降的途径是什么？
5. 四大区域中，我国哪个地区人口增长率最低？解释其原因。
6. 为什么年龄结构较轻的国家降低人口增长率更为困难？如果这个国家的总生育率突然降到了2（从而使长期来看人口不变），描述该国人口在达到长期水平之前会怎样发展。
7. 马尔萨斯预测人口过量的依据是什么？他忽略了什么因素？
8. 运用经济学家贝克尔的生育选择模型，分析生育补贴政策对生育意愿的影响？并提出三项适合中国国情的、具体可行的生育补贴政策。
9. 假设一个家庭希望小孩长大成人后能够提供养老，孩子能够在父母年老时提供照顾的概率为1/2（包括子女到父母年迈之际的死亡率、子女没照料意愿的可能性以及子女没能力照料的可能性）。但是，该家庭希望保障的水平更高一些，比如说希望年老时至少有1个子女能够照顾自己的概率 q 大于1/2。描述一下对不同的 q 而言，家庭的生育率决策。首先写下一个相应的模型，然后对不同的 q 值求解相应的结果。
10. 根据第9题的结果，讨论为什么有时候实际生育率会偏离家庭生育理论中的意愿生育率？

第七章 人力资本与经济发展

学习目标
1. 了解人力资本的内涵,领会人力资本的索洛增长模型。
2. 了解中国教育事业发展成就、存在的问题以及工资中的教育人力资本份额。
3. 了解中国居民健康水平变化、健康与收入的关系。
4. 理解人力资本影响全要素生产率的作用机制。

上一章我们讨论了人口数量与经济发展之间的互动关系,本章我们讨论人口质量(人力资本)与发展的互动关系。需要注意的是,无论是以教育形式表现的人力资本还是以健康形式表现的人力资本,它们对于经济发展而言不但都具有工具性价值,而且都具有内在价值,也就是它们本身就是经济发展的目的。

第一节 人力资本对经济增长的影响

一 人力资本的内涵

人力资本是指劳动者的素质或质量,通常具体体现为人身上的知识、技能、经验与健康等方面。劳动者可以通过接受教育、培训的方式来获取知识、提升自身技能水平,从而在劳动和工作中变得更具效率。劳动者的素质之所以称为资本,是因为它具有与物质资本同样的属性。一方面,人力资本同样具有生产性并能获得回报;另一方面,人力资本也是投资的产物,并且人力资本投资是大部分经济体的主要开支之一。与物质资本不一样的是,人力资本获得回报总是与工作联系在一起的,拥有人力资本的工人获得更高工资就是人力资本的回报。拥有人力资本的工人只有工作时才能获得回报,与之相对应的是拥有物质资本的人在闲暇时也能凭借物质资本所有权获得回报。

人力资本同样也会有折旧。健康人力资本与物质资本类似,因使用磨损而折旧。但是,知识与技能形式的人力资本通常会被认为因使用而增加。这在经济学中被称为"干中学",即做得越多越熟练,生产率越高,所以工作经验是人力资本的一部分。知识与技能形式的人力资本更有可能因过时而折旧。例如,20世纪八九十年代计算机刚刚兴起之时,能够熟练打字尤其是用五笔输入法打字是一项重要的工作技能，很多意欲从事办公室工作的人不得不去接受专门培训机构的打字培训，但是随着拼音输入法的进步，尤其是现在语音输入法的出现，人人都能打字，使原来的打字技能变得价值很低甚至于毫无价值。

二 有人力资本的索洛增长模型

我们以教育人力资本为例，通过扩展第五章的基本索洛增长模型来解释人力资本对经济增长与长期人均收入的影响。假设生产过程中，仅有两种投入——物质资本 K 与含人力资本的劳动投入 H，生产函数为：

$$Y = K^{\alpha}(AH)^{1-\alpha} \tag{7-1}$$

其中，A 为以外生速率 g 增长的技术进步。经济中的原始劳动力（raw labor）L 不是全部直接用于生产，而是每个人用比例为 u 的时间用于学习积累人力资本，其余的 $1-u$ 比例的时间用于生产。含人力资本的劳动投入为：

$$H = h(1-u)L \tag{7-2}$$

其中，h 为每个劳动者积累的人力资本。单个劳动者人力资本积累方程为：

$$\dot{h} = \psi u h \tag{7-3}$$

其中，ψ 是学习效率常数，u 代表个人用于学习所花时间的比例。这个公式意味着我们在前人人力资本基础上花一定时间后积累了新的人力资本。个体或人均人力资本增长率为：

$$\dot{h}/h = \psi u \tag{7-4}$$

初始人均人力资本正规化为 1，即 $h(0) = 1$，由此得到人均人力资本为：

$$h = e^{\psi u t} \tag{7-5}$$

人力资本积累率取决于我们的学习效率和在学习上所花的时间。假定人口或原始劳动力 L 的增长率为 0。由（7-2）式可得含人力资本的劳动投入 H 的增长率为：

$$\dot{H}/H = \dot{h}/h = \psi u \tag{7-6}$$

学习效率和学习时间正向影响人均人力资本增长率和含人力资本的劳动投入增长率。物质资本的积累与基本索洛模型无异，公式为：

$$\dot{K} = sY - \delta K \tag{7-7}$$

其中，s 为储蓄率，δ 为折旧率。因此，物质资本的积累来源于投资（储蓄）减去折旧。

定义 $\hat{k} = K/(Ah)$，$\hat{y} = Y/(Ah) = f(\hat{k}) = (1-u)^{1-\alpha}\hat{k}^{\alpha}$，（7-7）式变形为：

$$\dot{\hat{k}} = s \cdot f(\hat{k}) - (\psi u + \delta + g + n)\hat{k} \tag{7-8}$$

稳态时 $\dot{\hat{k}} = 0$，由此确定稳态资本 $\hat{k}^*$ 为：

$$\hat{k}^* = (1-u)\left(\frac{s}{\delta + \psi u + g + n}\right)^{1/(1-\alpha)n} \tag{7-9}$$

稳态时的人均资本存量 $k^* = K/L = \hat{k}^* h$ 和人均产出 y^* 为：

$$k^* = (1-u)\left(\frac{s}{\delta + \psi u + n + g}\right)^{1/(1-\alpha)} \times (Ah) \quad (7-10)$$

$$y^* = (1-u)\left(\frac{s}{\delta + \psi u + n + g}\right)^{\alpha/(1-\alpha)} \times (Ah) \quad (7-11)$$

稳态时人均产出增长率与人均人力资本增长率相同：

$$\dot{y}^*/y^* = \dot{h}/h = \psi u + g \quad (7-12)$$

图7-1展示了学习效率 ψ 提高后的人均收入对数的变化。如果改用更好的教材、选用更科学的教育方法、提供更好的师资力量、投入更多的教育经费，学习效率就会提高。忽略未模型化的学习效率提高的成本，假设 ψ 在 t_0 时刻增加了，则人均收入对数斜率变得更加陡峭，也就是从初始较为平坦的时间路径，在 t_0 时刻变为更陡峭的时间路径。图7-2中的学习时间增加与学习效率提高类似，也是在学习时间增加的 t_0 时刻，人均收入对数斜率从初始较为平坦的时间路径，在 t_0 时刻变为更陡峭的时间路径。但是，由于学习时间与工作时间是竞争性的，所以在学习时间刚开始增加后的一段时期内，人均收入反而是下降的，到了 T 时刻之后，人均收入才会比原来的初始路径的人均收入更高。这其实反映了学习的时间机会成本。

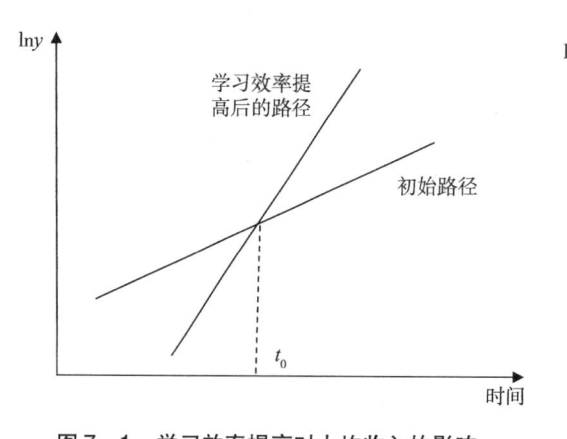

图7-1 学习效率提高对人均收入的影响

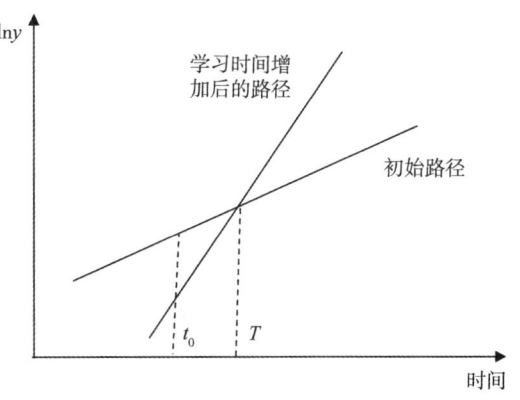

图7-2 学习时间增加对人均收入的影响

第二节 教育人力资本

一 中国教育事业发展

教育是提高人力资本最主要的方式，也是解决发展问题的主要的手段。中华人民共和国成立以来，尤其是改革开放以来，在教育事业上不断加大投入，教育事业不断发展，为我国科技进步、文化繁荣与经济增长提供了有力的保障。

中华人民共和国成立后，尤其是近三十年来，我国教育投入增长迅速（见图7-3）。1991年国家财政性教育经费为617.83亿元，2020年达到42908.2亿元。财政教育经费GDP占比总体不断上升，从1991年的2.8%上升到2020年的4.2%。

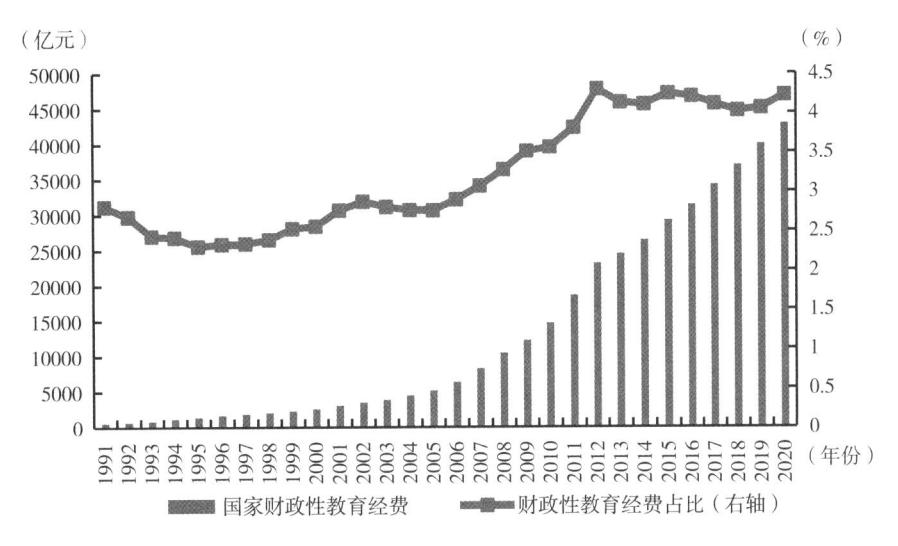

图7-3 1991—2020年中国国家财政性教育经费及占比

资料来源：中国国家统计局。

这些教育投入使我国教育发展水平发展迅速。表7-1报告了自1982年以来我国历次人口普查数据中的6岁以上人口的受教育水平状况。由1982年的5.20年逐步提高到2020年的9.91年，比1982年增加了4.71年。文盲率（未上过学）大幅下降，1982年文盲率为31.87%，到2020年文盲率下降到2.67%，共计下降了29.2个百分点。大专及以上文化程度人口比例逐年提高，1982年大专及以上人口比例为0.68%，到2020年提高到了16.51%，增加了14.83个百分点。

同全体人口受教育年限变化模式相似，我国劳动年龄人口（16—59岁）的平均受教育年限也大幅提高（见图7-4），从1982年的5.73年提高到2020年的10.7年。中国经济发展奇迹，一个重要的支撑就是教育事业的不断发展提供了源源不断的高素质劳动力，其中改革开放前的扫盲运动，对于提高我国全体国民的文化水平起到了非常重要的作用（见专栏7-1）。

表 7-1 历次全国人口普查数据中 6 岁以上人口的受教育水平

		1982 年	1990 年	2000 年	2010 年	2020 年
平均受教育年限（年）		5.20	6.25	7.60	8.76	9.91
受教育程度（%）	文盲或未上过学	31.87	20.61	9.08	4.88	2.67
	小学	39.94	42.27	38.18	28.75	26.41
	初中	20.03	26.50	36.52	41.70	37.03
	高中	7.48	7.30	8.57	15.02	16.13
	中专	—	1.74	3.39	—	—
	大专及以上	0.68	1.59	3.81	9.52	16.51
	其中：大专	—	0.97	2.51	5.52	8.54
	大学	0.68	0.62	1.22	3.67	7.16
	研究生	—	—	0.08	0.33	0.82

资料来源：历次全国人口普查数据。

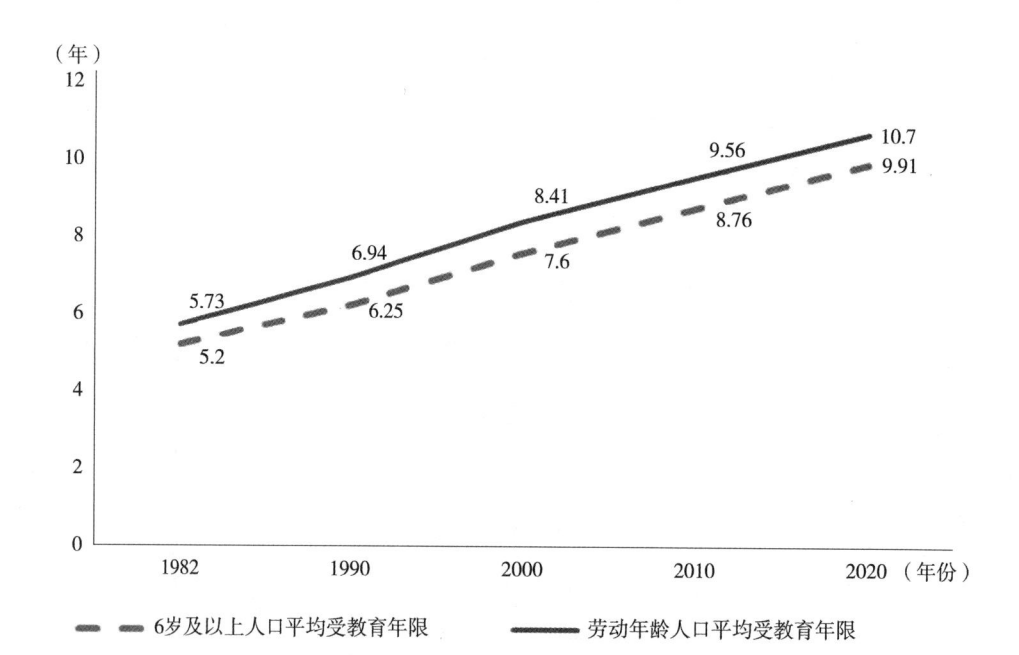

图 7-4 1982—2020 年中国平均受教育年限变化

资料来源：历次全国人口普查数据。

> **专栏 7-1 文盲与中国扫盲运动**
>
> "文盲"一词似乎天生与不发达紧密相连,它与贫穷、营养不良、人均寿命短、婴儿死亡率高等现象都密切相关,因此越贫穷的国家往往文盲比例也就越大。
>
> 根据联合国重新定义的 21 世纪文盲标准,将文盲分为三类:第一类,不能读书识字的人,这是传统意义上的文盲;第二类,不能识别现代社会符号(地图、曲线图等常用图表)的人;第三类,不能使用计算机进行学习、交流和管理的人。后两类被认为是"功能性文盲",他们虽然接受过基本的识字教育,但在现代信息传播高度发达的社会生活存在比较大的困难。我国和大多数国家一样,文盲的统计口径是指不识字并且不会写字的成年人。
>
> 根据 2017 年联合国教科文组织发布的全球教育监测报告,世界文盲总数为 7.5 亿人,世界文盲率已从 20 世纪 80 年代的 30% 左右降至如今的不足 10%。印度是唯一文盲人数过亿的国家,文盲总数约为 2.6 亿人,占世界文盲人口的 35%,超过排名第 2 到第 20 的 19 个国家总和。
>
> 从扫盲运动的开展和结果来说,中国取得了举世瞩目的成就。中华人民共和国刚成立时,全国人口总数为 5.4 亿人,学龄儿童入学率仅为 20%,文盲率高达 80%,部分地区的农村文盲率甚至高达 95% 以上。1950 年 9 月,第一次全国工农教育会议在北京召开后,一场大规模的识字扫盲运动在全国各地迅速展开,西南军区文化干事祁建华发明的"速成识字法"在全国范围广泛推行。1958 年 2 月 27 日,教育部联合共青团中央等部门在北京召开扫盲先进单位代表会。时任国务院副总理兼全国扫除文盲协会会长陈毅在会上指出,扫盲工作是使六万万人民"睁开眼睛"的工作①。通过几十年不间断地开展扫盲运动,到 1982 年第三次全国人口普查时,全国 12 岁以上文盲半文盲人口降至 2.358 亿人,扫盲工作已经初见成效;截至 2020 年,全国 15 岁以上文盲人口从 1990 年的 1.8 亿人减少到 3775.02 万人,文盲率②下降为 2.67%。

二 中国教育存在的问题

通过几十年的发展,中国成功从一个文盲大国、人口大国迈向教育大国、人力资源大国,实现了孔子所谓"有教无类"的千年夙愿。然而,正所谓"十年树木,百年树人",教育是一个慢变量,与快速的经济发展和科技发展需求相比,我国教育发展各种问题也开始显现。

---

① 范兴旺:《新中国三次农民扫盲运动及其历史意义(1949—1960)》,《毛泽东邓小平理论研究》2021 年第 11 期。
② 文盲率是指中国 31 个省(自治区、直辖市)和现役军人的人口中 15 岁以上不识字人口所占比例。

(一) 钱学森之问

经过几十年的发展,我国基础教育做得很好,但是我们的教育体系难以培养出杰出的人才。这个问题经由我国著名科学家钱学森在 2005 年向去看望他的时任总理温家宝提出的,被称为"钱学森之问"。在我国的当下,解决这个问题尤为重要。

某个学科领域杰出的研究成果,大多需要基础科研的突破,更多的是对人类未知领域的探索,而不能从现有科研成果中找到解决问题的线索。我国经济发展快,教育滞后,以应用导向为主,基础研究投入资源相应较少。在之前的发展阶段,这可能是最好的选择,但是当前科技国际竞争与经济爬坡迈坎阶段,面临很多关键技术"卡脖子",基础研究薄弱,导致技术研发缺少引领,与经济发展、科技发展、科技自主性等需求不匹配。

(二) 教育公平

"朝为田下郎,暮登天子堂。"教育历来是我国实现社会阶层流动的最重要手段,科举制度所体现的教育相对公平性也是我国传统社会长期领先于其他文明的主要原因之一。教育的公平性是解决经济发展不平等的最重要措施。然而,近些年我国教育日趋受到挑战,越发成为经济社会不平等的主要原因。教育的城乡差异、"寒门难出贵子""学区房"等现象越来越受到关注。2021 年出台的"双减"政策,将会有助于实现教育公平。

如果我们将接受教育看作一项投资活动与生产活动的话,这一生产或投资的投入要素除了受教育者的时间,家庭收入作为另一个投入要素日益重要。家庭教育差距或地区教育差距来自于教育投入、教育"生产效率"与教育投资回报率的差距。越贫困的地区或群体,受教育的相对时间机会成本越高,教育"生产效率"与教育投资回报率越低。时间投入成本方面,低收入家庭的子女往往需要更早承担养家糊口的责任,而高收入家庭的子女往往更等得起接受教育后再来获得回报。教育资金投入方面,低收入的家庭也难以在下一代教育方面有较大投入。农民工留守子女教育问题是教育"生产效率"方面一个显著的例子。农民工留守子女由于缺乏父母陪伴,学习成绩较差的可能性较大。最后,获取工作机会除了受到教育程度的影响,社会关系网络等其他与家庭背景相关的因素也会起到重要的作用,因而低收入家庭的教育投资回报率也较低。

(三) 教育结构性矛盾

和很多发展中国家一样,我国教育也存在结构性矛盾,即教育的供给和社会需求错位,较为突出表现在职业教育与普通高等教育结构性矛盾问题以及专业之间的社会需求不匹配问题。一方面很多职业技术教育以及很多专业技术人才如芯片制造人才有强大的社会需求,另一方面教育体系不能提供有效供给。

很多学生拥挤进特定类型与特定专业的教育领域,导致发展中国家教育领域有两个典型的负效应,即教育深化和知识失业。从整个社会来看,教育深化与知识失业其实是一种资源错配。具体地说,教育深化是指由于求职者供过于求,现代部门就倾向于雇用受教育程度较高的人去做原来由受教育程度较低的人所做的工作。本来小学毕业即可胜任的职务,现在由中学毕业生代替了,本来中学毕业生胜任的职务,现在由大学毕业生代替了,这种现象就是教育深化,或教育过度。知识失业是指由于受教育者的供过于求而现代部门又跳级雇用各受教育层次的毕业生,以致在求职竞争中,中小学毕业生往往被拒雇用单位的大门之外,甚至大学毕业生也不免遭受同样的命运。它是与教育深化伴生的现象,或者说是教育深化问题的一个侧面。

造成这两种现象的原因,我们可以归结为特定类型劳动者受教育时间过长,如图7-5所示。当参加教育的人很少,由于此时教育成本很高,因此净收益较小;当这一人口数逐渐增加时,教育的规模经济效应会使教育的成本开始递减,因此教育的收益开始递增,直至达到收益的最高点,人力资源配置达到了最优,参与特定教育的人得到了最佳的收益。而当参与特定教育的人口数进一步增加时,过多的受教育人口会使劳动力工资下降,且由于过多的受教育人口会使教学的效率和质量降低,因此要达到与之前相同的教育水平,需要花费更多的成本。此时教育的收益不断减少,且下降的速度递增,出现了教育深化和知识失业。

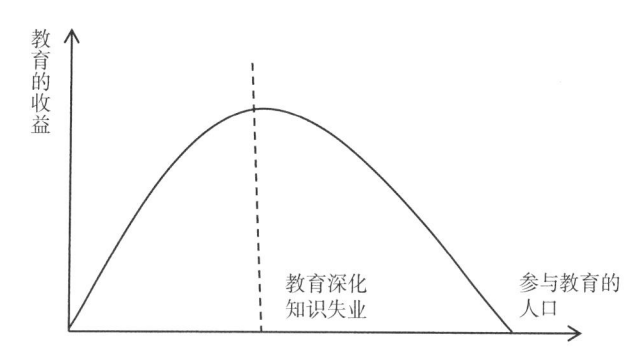

图7-5 教育给个人带来的收益和参与教育的人口的关系

(四) 智力外流

智力外流(brain drain)被用来形容人力资本的国际转移,主要指发展中国家人才流失到发达国家这一现象。除了人才流失这一形式,广大发展中国家的智力外流还有一种隐性的智力外流形式,那就是留在发展中国家的高学历人才,不以解决本国问题为研究方向,而是跟随"国际学术潮流"去研究一些跟本国关系不大甚至完全没关系的问题。

作为发展中大国的中国,其智力外流规模是不容忽视的。尽管近几年中国出国留学人员归国人员数量激增,但是回归率仍较低,尤其是高端人才的回归率明显偏低。中国是世界上最大的人才流失国家,这对急需发展人才的中国而言无疑是一种损失。造成智力外流的原因较复杂,经济方面的原因主要是,由于发达国家人力资本短缺,这些国家纷纷出台吸引人才流入的政策;相对于发展中国家的收入而言,发达国家的高学历人才的收入普遍更高,生活待遇也更好;专业人才集聚所引发的生产力倍增效应也是一个重要原因。

针对这些问题,我国逐步形成并"实施科教兴国战略,强化现代化建设人才支撑"[①]。一方面,坚持教育优先发展,办好人民满意的教育,建设教育强国;另一方面,深入实施人才强国战略,完善人才战略布局,深化人才发展体制机制改革,建设规模宏大、结构合理、素质优良的人才队伍。

[①] 习近平:《高举中国特色社会主义伟大旗帜 为全面建设社会主义现代化国家而团结奋斗——在中国共产党第二十次全国代表大会上的报告》,人民出版社2022年版,第33页。

三 教育人力资本与工资

(一) 教育回报率

教育影响发展的方方面面,如后文中的贫困与收入分配等问题,但教育最主要的影响还是通过教育人力资本影响工资收入。在现实生活中,我们常言"教育投资",这意味着以教育形式表现出来的人力资本和实物资本一样,既要耗费一定的资源,而它一旦被创造出来,又有经济价值。教育的成本不但包括接受教育的直接成本,还包括学费、生活费等,还包括机会成本,也就是接受教育期间放弃工作所能挣的收入。比如,读博士四年期间的总成本,包括学费等直接成本,还包括这四年如果不读博士而是去工作所能挣得的工资。接受教育的时间越长,工作获取收入的时间就越短。

教育回报率一般定义为每多接受一年教育所多获得的收入比例,通常用工资方程回归(又称 Mincer 回归)可以计算得出这一比例。表 7-2 报告了接受不同年限教育与未接受教育的工资比(所有国家的平均),其中接受了四年教育的工资是未上学的 1.65 倍,平均来看,这一学习年限内的平均教育回报率为 13.3% ($1.65^{1/4} - 1$)。小学毕业八年的工资是未上学人的 2.43 倍,5—8 年教育年限的平均教育回报率为 10.4% [$(2.45/1.65)^{1/4} - 1$]。按照这种方式计算我们发现,接受第一个四年教育的回报率最高。

表 7-2 人口按学习年限和工资的分类

最高教育水平	学习年限(年)	与未受教育的工资比率	占人口比例(%) 发展中国家	占人口比例(%) 发达国家
未上过学	0	1	34.4	3.7
小学未毕业	4	1.65	22.6	11.7
小学毕业	8	2.43	11.9	13.4
中学未毕业	10	2.77	16.3	26.5
中学毕业	12	3.16	8.3	16.6
大学未毕业	14	3.61	3.4	15.1
大学毕业	16	4.11	3.0	13.0

资料来源:Barro,Lee,https://cn.knoema.com/atlas/sources/Barro-Lee。

表 7-2 还表明,发展中国家平均受教育年限低于发达国家。发展中国家人口中,未接受教育和接受四年教育的人口比例最大,分别为 34.4% 与 22.6%,发达国家接受 10 年和 12 年教育的人口比例最大,分别为 26.5% 和 16.6%,同时发展中国家接受大学毕业教育程度的人口比例仅为 3.0%,远低于发达国家的 13.0%。

(二) 工资中的人力资本份额

从国民收入可以计算出劳动者报酬份额，从劳动者报酬（工资）中我们也可以计算出人力资本份额，也就是将工资划分为未接受教育的初级劳动力所挣的部分和人力资本所挣的部分以及它们各自占比。众所周知，工资条上并不会列出这两项数据，但是我们根据表 7-2 计算出这一结果。

对于单个劳动力而言，假设其接受了五年的教育，那么他的工资是一个没有接受教育而其他方面完全相同的劳动力工资的 1.82 倍 (1.65×10.4%)。这个人拥有的劳动能力是一个初级劳动力再加上五年教育人力资本，因此如果一个没有接受教育的劳动力工资为 1 元，那么接受了五年教育的劳动力工资就为 1.82 元，那么我们就可以认为多出的这 0.82 元归为人力资本部分报酬，而其余的 1 元还是归因于他的初级劳动力或原始劳动力（raw labor）部分的工资。这个人的人力资本对于工资的贡献率为 45% (0.82/1.82)。

根据表 7-2 显示人口比例以及隐含的教育回报率，分别计算出发展中国家和发达国家的工资中人力资本报酬份额，结果如图 7-6 和图 7-7 所示。图中的实线表示不同教育水平劳动力的工资，这些工资数据都是与未受教育劳动力工资的相对数据。而虚线表示的是未受教育的劳动力的工资。那么对于任意给定的教育水平来说，实线和虚线之间的距离表示由人力资本带来的工资部分；实线和虚线之间的面积表示支付给人力资本的总工资；同样，虚线以下的面积表示支付给初级劳动力的工资；而这两块面积之和，即实线以下的整个面积，就代表了整个经济体所支付的工资总量。

用人力资本产生的工资除以工资支付总量就可以得到支付给人力资本的工资份额。发展中国家的人力资本份额为 49%，发达国家是 65%。我们可以进一步将工资中人力资本份额换算成人力资本报酬占整个国民收入的份额。通常劳动者报酬的经验估计值是 2/3，由此可以得到，发展中国家的国民收入中，人力资本份额为 33%，与物质资本所占份额 (1/3) 大体相当；发达国家人力资本份额 (43%) 甚至比实物资本所占份额 (1/3) 还要大。也就是说，从全世界范围来看，投资于人的教育回报超过了投资于机器厂房等物质资本的回报。

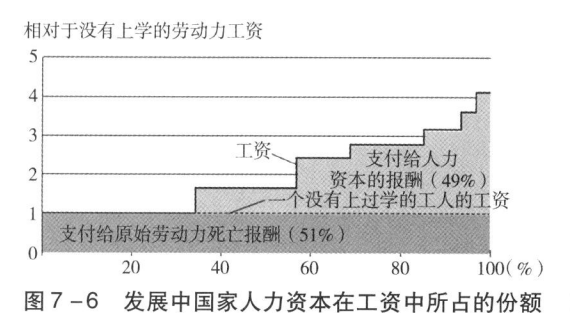

图 7-6 发展中国家人力资本在工资中所占的份额
资料来源：Barro, Lee, https://cn.knoema.com/atlas/sources/Barro-Lee。

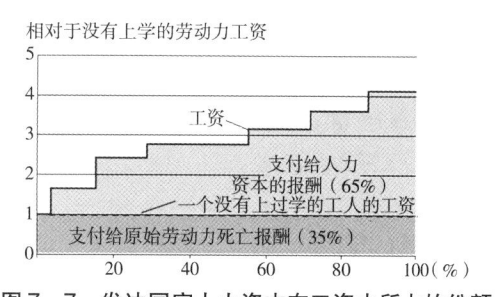

图 7-7 发达国家人力资本在工资中所占的份额
资料来源：Barro, Lee, https://cn.knoema.com/atlas/sources/Barro-Lee。

第三节 健康人力资本

党的二十大报告中，把"推进健康中国建设"作为"提高人民生活品质"四个主要方面之一。联合国 2000 年"千年民意测验"全球调查显示，健康问题一直排在人们最关注问题的首位。健康既是劳动生产力的基础，也是智力、体力和学习能力的基础。身心健康良好的劳动者有更高的劳动效率，也能有更多的时间投入生产劳动，从而为劳动者带来更高的经济收益。Mushkin 将健康引入人力资本的范畴，认为健康是不同于教育的另一种人力资本形式，强调了健康人力资本的投资视角[1]。健康人力资本同教育人力资本一样，在微观上能够提高个人收入，避免贫困的发生；宏观上能够推动经济增长，促进社会发展。

一　中国居民健康水平变化

我们从我国公共卫生体系发展、营养水平、人均预期寿命、平均身高四个方面来分析中国居民的健康水平变化。

（一）中国公共卫生体系发展

公共卫生体系是指在一定的权限范围内提供必要的公共卫生服务的各种公共、民营和志愿组织的总体。公共卫生体系的建设关乎每个人的身体健康和切身利益，公共卫生的发展在一定程度上反映了社会制度、医学技术和个体意识的发展[2]。

中华人民共和国成立初期，各种传染病、寄生虫病流行，广大人民群众的生命健康遭到威胁，如何在经济落后和医疗资源匮乏的情况下，有效预防和治疗流行病，成为一项重要且急迫的任务。面对严峻的国情现实，党和政府高度重视，在全社会大力宣传公共卫生防治，广泛开展爱国卫生运动。在此背景下，我国初步建立了覆盖县、乡、村三级医疗预防保健网的公共卫生服务体系，确定了以预防为主的卫生工作方针，积极开展各种卫生防疫活动，取得了显著成效，保障了人民群众的生命和健康安全。1955 年，卫生部颁布我国第一部《传染病管理办法》，并且详细制定了上报制度和相应的防治措施。针对天花、鼠疫、结核病等流行病，中央政府和卫生部还制定了具体的政策文件，表明了中国共产党人防疫抗疫的坚定决心。自 20 世纪 50 年代起，我国基本控制了鼠疫、霍乱、黑热病等疾病的流行，基本消灭了性病。到 60 年代初，中国通过接种疫苗基本消灭了天花。到改革开放前，有力控制了血吸虫病和疟疾（见专栏 7-2）。

---

[1] Mushkin, S. J., 1962, "Health as an Investment", *Journal of Political Economy*, 70 (5, Part 2): 129–157.
[2] 李洪河：《新中国卫生防疫体系是怎样建立起来的》，《档案春秋》2020 年第 5 期。

> 专栏 7-2　　　　　　　　**防治血吸虫，全国上下送瘟神**[①]

　　血吸虫病，俗称"大肚子病"，是一种由血吸虫引起的寄生虫病，常见于亚洲、非洲、拉丁美洲，会严重危害人民身体健康，并造成人口大量死亡。得了血吸虫病的人，身体逐渐消瘦羸弱，直到骨瘦如柴，腹胀如鼓。我国血防先驱苏德隆教授曾经总结出血吸虫病的"害六生"——害生命、害生长、害生育、害生产、害生活和害生趣。

　　1949 年前后，受到长期战争的影响，血吸虫病在我国的流行情况加重，当时许多南下的解放军也受到了感染，从而引起了党中央对这一疾病的最初关注。20 世纪 50 年代，血吸虫病在全国肆虐，经过反复调查，共有 1000 多万人患病，1 亿多人口受威胁，占了当时全国总人口的 1/5。血吸虫病流行范围之广、影响之深，给当时的党和政府带来了严峻挑战。为了消灭血吸虫病，毛泽东提出了四点防治措施：一、加强党的领导。二、充分发动群众。三、加强对科学研究的组织和领导。四、追加经费研究防治血吸虫病的验方[②]。此外，党和中央还专门设立了中共中央防治血吸虫病领导小组和中央防治地方病小组，提出必须把消灭血吸虫病当作一项政治任务，充分发动群众，和科学技术相结合。之后，全国上下开展了规模宏大的防治血吸虫运动。

　　在党组织的积极领导下，全国的血吸虫病防治工作取得了很大成绩。1958 年，在听闻江西省余江县彻底消灭血吸虫病的消息之后，毛泽东欣然写下了《七律二首·送瘟神》的著名诗篇。20 世纪 80 年代，血吸虫病得到基本控制，不再对公共卫生构成严重威胁。截至 1995 年，已有广东、上海、福建、广西、浙江 5 个省（自治区、直辖市）消灭了血吸虫病。据 2003 年统计，与中华人民共和国成立初期相比，全国的血吸虫病人由 1160 万人降至 84 万人左右，下降了 93%。

　　在这场群众性的血防运动中，尽管取得了显著的成绩，但是依旧存在一些问题，出现了诸多不计成本、追求不切实际目标的现象。一开始甚至推广了一些尚未成熟的防治方法，将民众作为了试验疗效的"小白鼠"，这也导致了 20 世纪 60 年代初血吸虫病在某些地区的卷土重来。

　　新生的共和国在面对艰难的困境时，始终坚持人民生命至上的原则，在抗美援朝、保家卫国的同时，顽强地同血吸虫病这样的"瘟神"做斗争，以此保卫了人民的生命和健康。

改革开放之后，随着社会经济的发展和人民生活水平的提高，人们对健康和医疗卫

[①] 易莲媛：《"送瘟神"与中国卫生事业》，《读书》2020 年第 10 期；阙之玫：《送"瘟神"的开端——新中国第一场重大公共卫生战役》，《档案春秋》2020 年第 4 期。

[②] 王友龙：《卫生防疫，一项重大的政治任务——学习毛泽东同志建国初期关于卫生防疫工作论述札记》，《微生物学免疫学进展》1996 年专刊；转引自张晓丽《论毛泽东与新中国血吸虫病防治事业的发展》，《党史文苑》2014 年第 8 期。

生服务有了更高的要求，由政府统一调控的公共卫生体系显然不能满足人们的需要。因此，公共卫生组织体系开始朝着由政府、企业以及非营利部门共同组成的多元化方向发展。

这一时期大致可以分为三个阶段：第一个阶段是1978年到20世纪90年代中期，主要通过改革医疗卫生机构的规模、条件和水平，提升医务工作者的能力与积极性，从而应对这一时期出现的"看病难""手术难""住院难"的医疗卫生需求。第二个阶段是从90年代中期到2002年，开始了全面综合改革，包括医保体制、卫生体制和药品流通体制改革联动，即"三医联动"，从而应对这一时期的"看病难""看病贵"的医疗需求。第三个阶段是2003年至今，这一阶段主要是着力改善民生、深化改革和体制创新阶段。2003年抗击"非典"成功以后，党和国家高度重视公共卫生服务体系建设，疾病预防控制体系基本建成，卫生应急管理体系和预案体系逐步建立。2020年6月2日习近平总书记在专家学者座谈会上发表了题为《构建起强大的公共卫生体系　为维护人民健康提供有力保障》的讲话。这一阶段，中国有效处置了SARS、甲型H1N1流感、鼠疫、人禽流感等突发公共卫生事件。新冠疫情暴发后，我国果断采取了防控措施，在极短的时间内使疫情得到有效控制，展现了中国在面对突发公共卫生事件时强大的组织协调动员能力、民族凝聚力与工业制造能力。

（二）营养水平

良好的营养是健康人力资本的基础。近几十年来，我国城乡居民的营养状况有了明显改善，营养不良率继续下降。根据中国居民营养与健康监测数据，2012年中国成年居民低体重营养不良率为6.0%，男性为5.9%，女性为6.0%，农村高于城市。其中，18—44岁年龄组低体重营养不良率最高，为7.5%；45—59岁、60岁及以上年龄组居民低体重营养不良率分别为2.5%和6.1%。和2002年相比，2012年中国18岁以上居民低体重营养不良率下降了2.5个百分点，城市居民下降了2.2个百分点，农村居民下降了2.3个百分点（见图7-8）。

城乡居民能量和蛋白质摄入量都能得到基本满足，居民膳食质量明显提高。根据全国营养调查，1992—2012年，中国居民平均每人每日能量摄入量均达到世界卫生组织提出的标准值[1]。2012年中国居民平均脂肪摄入量79.9克，城市高于农村7.6克。和2002年相比，脂肪摄入量增加了3.7克，农村居民摄入量略有上升，但是城市居民摄入量下降，城乡居民差距减少（见表7-3）。城市居民能量与脂肪摄入量略有下降，反映了其膳食质量提高。

---

[1] 世界卫生组织出版的《热量和蛋白质摄取量》一书认为，一个健康的成年女性每天需要摄取1800—1900卡路里的热量，男性则需要1980—2340卡路里的热量。

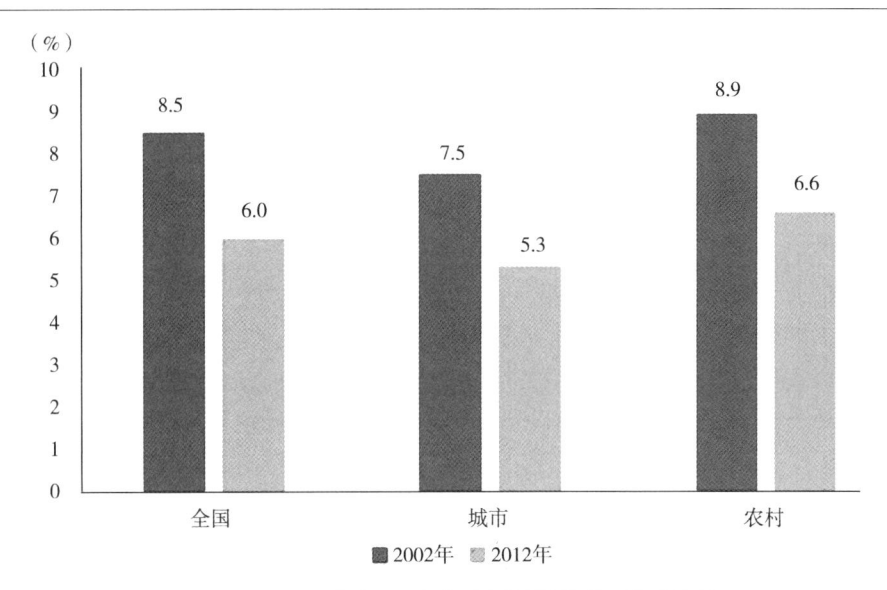

图 7-8 2002 年和 2012 年中国居民营养不良率比较

资料来源：2002 年、2012 年中国居民营养与健康监测数据。转引自《中国卫生统计年鉴 2021》。

表 7-3 中国城乡居民每人每日营养摄入量

营养素名称	合计			城市			农村		
	1992 年	2002 年	2012 年	1992 年	2002 年	2012 年	1992 年	2002 年	2012 年
能量（卡）	2328.3	2250.5	2172.1	2394.6	2134.0	2052.6	2294.0	2295.5	2286.4
蛋白质（克）	68.0	65.9	64.5	75.1	69.0	65.4	64.3	64.6	63.6
脂肪（克）	58.3	76.2	79.9	77.7	85.5	83.8	48.3	72.7	76.2
碳水化合物（克）	378.4	321.2	300.8	340.5	268.3	261.1	397.9	341.6	338.8
膳食纤维（克）	13.3	12.0	10.8	11.6	11.1	10.8	14.1	12.4	10.9

资料来源：1992 年全国营养调查，2002 年、2012 年中国居民营养与健康监测；转引自《中国卫生统计年鉴 2021》。

（三）人均预期寿命

人均预期寿命是衡量一国人口健康状况的重要指标。中华人民共和国成立以来，人均预期寿命不断提高。中华人民共和国成立前中国人口平均预期寿命仅为 35 岁，20 世纪 80 年代增长到 67.9 岁，21 世纪初增长到 71.4 岁，而 2020 年人均预期寿命已经达到 77.9 岁，在 70 年左右的时间里中国人均预期寿命增长了近 43 岁。1981—2020 年，男性预期寿命从 66.4 岁增长到了 75.4 岁；女性预期寿命从 69.3 岁增长到了 80.9 岁（见图 7-9）。

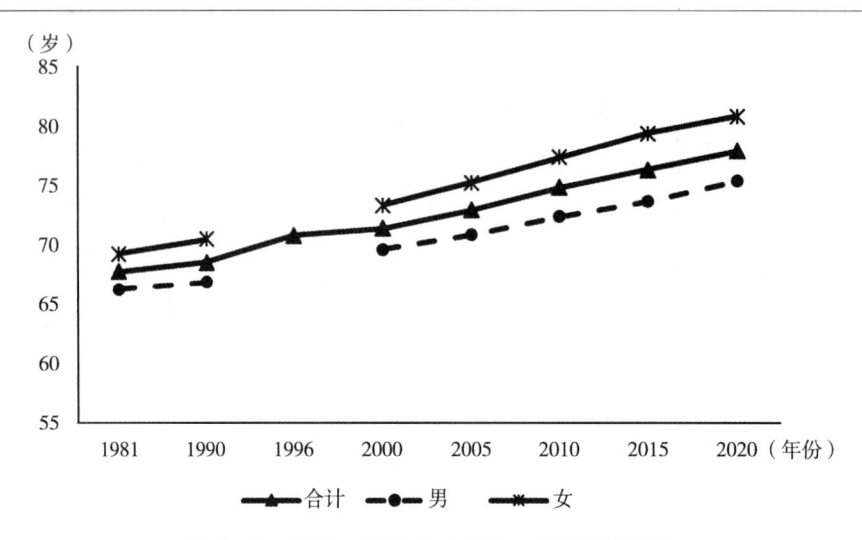

图 7-9 1981—2020 年中国人口平均预期寿命

资料来源:《中国统计年鉴 2022》。

(四) 平均身高

长期来看,在发展的早期阶段,营养改善是身高增长的主要原因[1]。英国每个成年男子每天摄取的热量从 1780 年的 2944 卡路里上升到 1980 年的 3701 卡路里,而英国男人的平均身高在 1775—1975 年增长了 9.1 厘米 (3.6 英寸)。同样,1962—1995 年,韩国每个成年男子每天消耗的热量从 2214 卡路里上升到 3183 卡路里,韩国 20 岁男人的平均身高在此期间增长了 5 厘米 (2 英寸)[2]。

在过去的十几年中,中国居民各年龄组的人均身高均有明显的增长。2012 年,中国 18 岁以上男性、女性的平均身高分别为 167.1 厘米和 155.8 厘米,其中城市成年男性、女性的平均身高分别为 168.0 厘米和 156.7 厘米,农村成年男性、女性的平均身高分别为 166.2 厘米和 154.9 厘米。和 2002 年相比,成年男、女性平均身高均有所增长,但是城市女性平均身高没有增长,城市男性平均身高甚至略有下降 (见图 7-10)。

二 健康与收入

(一) 健康差异对收入的影响

健康影响个人收入乃至整体经济繁荣主要有四种机制[3]。第一,健康的人能有更多时

---

[1] R. W. Fogel, 1997, "New Findings on Secular Trends in Nutrition and Mortality: Some Implications for Population Theory", in Rosenzweig M R, Stark O., *Handbook of Population and Family Economics*.

[2] 转引自 Weil, D. N., 2013, *Economic Growth*, 3rd, Pearson Education。

[3] Bloom, D., Canning, D., 2000, "The Health and Wealth of Nations", *Science*, 287; Bloom, D., Canning, D., 2003, "Contraception and the Celtic Tiger", *Economic and Social Review*, 3.

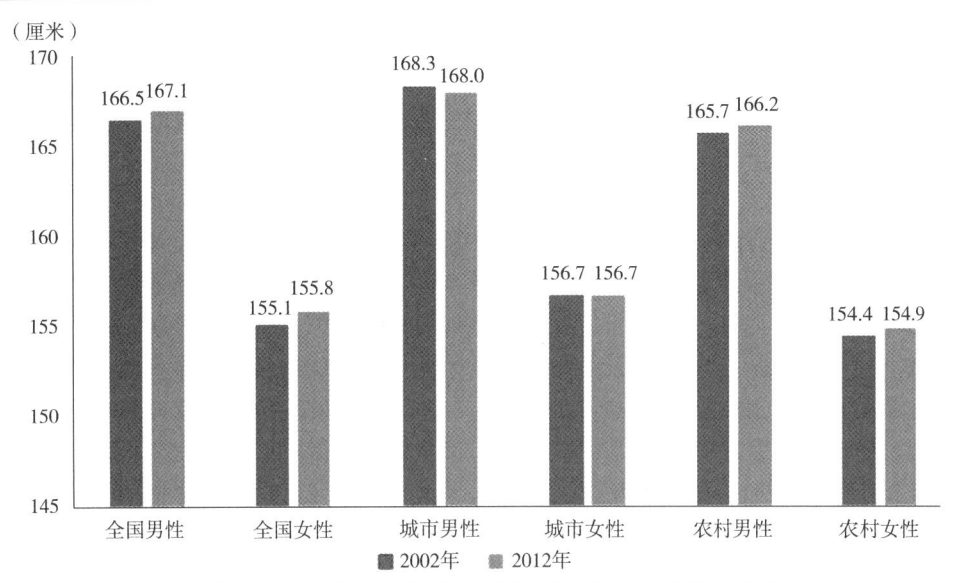

图 7-10 2002 年和 2012 年中国 18 岁以上居民平均身高

资料来源：2002 年、2012 年中国居民营养与健康监测。转引自《中国卫生统计年鉴 2021》。

间来工作和劳动，在体力、脑力和学习认知能力等方面的表现都更加出色，这直接提高了人的劳动生产力。第二，健康的人普遍寿命更长，更有动力增加自己的教育投资，而教育可以在很大程度上提高劳动生产力和增加个人收入。第三，更长的预期寿命使个人在生产阶段进行更多的储蓄，这为经济投资储备了更多的货币资本，这进一步促进收入增长和经济发展。更健康的劳动力同时也会吸引更多的外国投资。第四，更健康的人群意味着更低的死亡率，这会降低家庭大量生育的概率，从而导致人口增长率减少，人口的平均年龄提高。人口结构的变化提高了工作年龄人口的比例，保证人均收入和宏观经济的增长。我们主要从第一种传导机制来讨论健康对收入的影响。

大量研究表明，年幼时的健康状况对日后的身体发育和学习能力有重要影响，先天素质良好的人具有更强的获取知识的能力。在过去的几十年，中国的人均收入具有显著增长。根据刘国恩等的研究，1991—1997 年我国的个人实际收入从 1196 元提高到 1548 元[1]。如果按照 CHNS 对个人一般健康状态分为四个梯度，即很好、良好、一般和不好，那么在这几年中，个人收入随着健康状况的提高而增长，越健康的人越能创造更高的收入，并且随着时间的推移，健康状况之间的收入差异越来越大。健康作为人力资本不仅影响个人的收入生产率，而且这个影响具有明显的梯度关系。健康的边际收入生产率随着健康状况的提高而提高，将"健康不好"作为基准，"健康很好"的边际收益比"健康一般"的边际收益多了 205 元。换句话说，健康更好的人从我国 20 世纪 90 年代的经济转型中所能

---

[1] 刘国恩等：《中国的健康人力资本与收入增长》，《经济学（季刊）》2004 年第 4 期。

获得的经济利益更多。而 Bloom 和 Canning 的研究也表明,以国家为单位的平均预期寿命每增加一年,国家的整个产出会增加 4%[①]。

不仅更好的营养对提高收入有贡献,收入本身也会对现在或者以后的营养摄入产生影响。因为收入更高的人有能力为健康投入更多,如干净的水、良好的居住条件以及安全的工作环境。因此,健康和收入之间是相互影响的,或者说二者都是内生变量[②]。

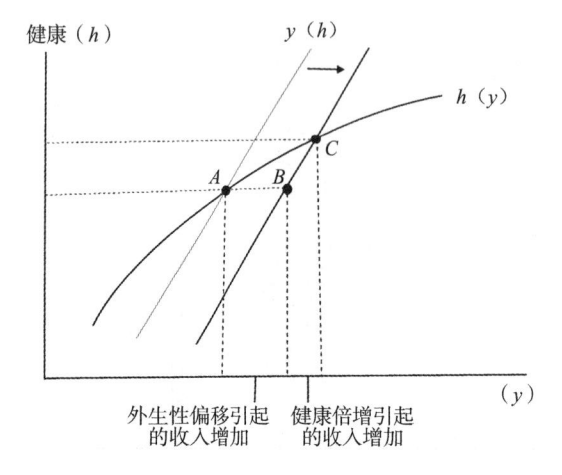

图 7-11 外生性收入移动的效应

图 7-11 显示了健康和收入之间的互动关系。横轴代表人均收入(y),纵轴代表劳动力健康状况(h)。曲线 $y(h)$ 显示了健康对人均收入的影响。曲线向上倾斜,h 的值越高,表明劳动者能够生产越多产品,人均收入也越高。曲线 $h(y)$ 显示了人均收入对健康的影响,该曲线同样向上倾斜,表示较高的收入能够改善身体的健康状况。但是在收入水平很高的时候,该曲线逐渐趋于水平,这说明收入对健康的改善作用在低收入水平上更加明显。

$y(h)$ 和 $h(y)$ 两条曲线的交点决定了收入和健康的均衡水平。假设由于某种外生的原因,比如生产技术进步,导致任一健康水平的劳动力都能够生产更多的劳动产品,这将使 $y(h)$ 曲线右移。如果劳动力的健康状况不变,人均收入从点 A 移动到点 B。但是,这种效应并不会就此结束,产出的提高会改善劳动力的健康状况,而得到改善的健康状况会进一步使产出提高,最终均衡人均收入移到点 C 所示的位置。

(二)贫穷与营养不良

对于低收入者来说,收入与健康之间的相互作用关系则构成了贫困与营养不良的恶性循环。贫穷会带来饥饿和营养不良,导致穷人们的生产能力下降,产出减少。而劳动产品的减少又使穷人们所能获得的报酬减少,消费下降,能够摄入的营养更少,导致更低的劳动生产力,从而陷入贫困的恶性循环。

根据联合国 2020 年《世界粮食安全和营养状况》报告显示,过去五年中,长期营养不良的人口增加了数千万,全球 1/4 人口面临中度或重度粮食不安全。2019 年约有 6.9 亿人正在遭受饥饿的折磨,占世界人口总数的 8.9%,而新冠疫情在世界范围内流行后,到 2020 年年底可能导致长期饥饿人数新增超过 1.3 亿人。这背后是各区域之间的巨大差异。

[①] Bloom, D., Canning, D., 2000, "The Health and Wealth of Nations", *Science*, 287; Bloom D., Canning D., 2003, "Contraception and the Celtic Tiger", *Economic and Social Review*, 3.

[②] Weil, D. N., 2013, *Economic Growth*, 3rd, Pearson Education.

亚洲的饥饿人口数最多，约有 3.81 亿人，非洲第二，有超过 2.5 亿人正面临着食物不足，其后是拉丁美洲和加勒比，有 4800 万人。如果按照现在的趋势继续发展，世界饥饿人口到 2030 年将突破 8.4 亿人，并且非洲将超越亚洲，成为食物不足人数最多的区域，占饥饿总人口的 51.5%。根据世界银行的数据，全球粮食总产量在理论上是够全球消费的，不应该产生过多饥饿人口，但是全球的粮食生产并不均衡。2017 年，美国的粮食总产量高达 4.4 亿吨，人均粮食产量 2690 斤，印度的粮食产量约为 3.136 吨，人均仅有 468.5 斤，而一些非洲国家的数据更低。粮食生产的不均衡导致了分配的不均衡，一方面大量浪费，另一方面却面临着食物不足的威胁。此外，营养食物的成本较高，穷人们也难以负担健康膳食。报告利用实证说明，健康膳食的成本高于日均 1.90 美元的国际贫困线。即使是最便宜的健康膳食，其价格也是纯淀粉的 5 倍。根据最新的估计，世界上约有超过 30 亿人无力负担健康膳食的成本。在贫穷的撒哈拉以南非洲和南亚地区，这一类别的人口数高达 57%。

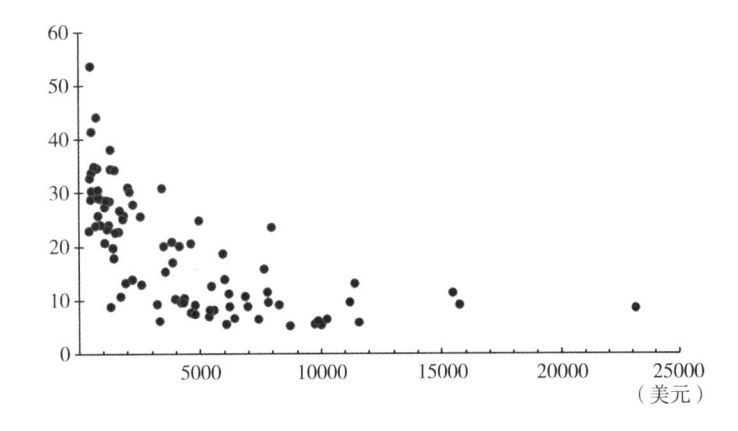

图 7-12 2019 年饥饿指数与人均 GDP
资料来源：国际粮食政策研究所的 GHI 数据库和世界银行 WDI 数据库。

图 7-12 报告了各国全球饥饿指数与人均 GDP 之间的关系。全球饥饿指数（Global Hunger Index，GHI）是由国际粮食政策研究所（International Food Policy Research Institute，IFPRI）于每年 10 月 14 日发布的反映当年各发展中国家中相对于总人口的营养不足率、未满 5 岁儿童的低体重率、死亡率等的综合指数。GHI 刻画了饥饿程度，数值越大表明饥饿程度越深。可以看出，饥饿指数与人均收入有非常强的关系，最饥饿的那些国家都是人均收入非常低的国家，但是有些中等甚至高等收入国家的饥饿指数仍然较高。

第四节 人力资本与全要素生产率

本章第一节中的理论模型说明了人力资本对经济增长的作用。但是该模型中人力资本是作为劳动投入的一部分作用于人均产出，如果我们核算劳动投入的时候已经计算了劳动投入的质量方面的话，它并不会影响到全要素生产率。但是人力资本仍然可能通过如下三个机制间接影响全要素生产率。

第一个机制是创新效应，即人力资本可以通过影响一个国家的创新能力影响该国的全要素生产率水平。正如第八章我们将要看到的那样,技术创新需要受过系统训练的科学家与工程师,因此拥有高素质的人力资本更有利于创新,而仅仅接受初等教育的人力资本无法满足对技术进步的需求。根据孙婧的研究,中国人均人力资本对全要素生产率具有显著的积极影响,人均人力资本存量每提高1%,能够直接促进全要素生产率增加0.570%,其中中等和高等教育人力资本对全要素生产率的促进作用显著为正,而初等教育人力资本的对全要素生产率具有显著的负作用[①]。

第二个机制是技术吸收效应,即人力资本影响了对国际技术溢出的吸收能力,从而影响了全要素生产率。对国外技术的吸收或者称为模仿也是一国技术进步的重要方式。每个国家都会通过对外经济技术交往吸收世界前沿技术,对于发展中国家而言,这一方式更为重要。显而易见,要想吸收国外技术同样需要较高素质的人力资本。国际贸易与国外直接投资是一国获得国外技术溢出的两种主要方式,人力资本通过对这两种方式技术溢出的吸收能力的影响而影响到全要素生产率。以国外直接投资为例,首先,东道国的人力资本决定了接受国外直接投资的数量和质量。一个国家如果文盲率很高,是很难吸引到国外高新技术企业投资的。中国接受国外直接投资之所以规模庞大,一个重要的原因就是我国拥有数量庞大的高素质产业工人和工程师。其次,人力资本是技术溢出的重要载体,因此东道国能消化、吸收到多少技术溢出取决于其人力资本。知识与技术最终要嵌入在人身上,国外直接投资溢出的知识和技术也同样如此。例如,跨国公司在东道国需要雇用大量的劳动力,并且对其员工进行生产技术和管理的培训,在这个过程中,跨国公司的知识和技术就嵌入了当地员工人力资本之中。而东道国的跨国公司员工能够学习到多少国外技术,东道国国内企业能够承接到多少技术溢出,又与他们原有人力资本存量正相关。研究表明,和创新效应一样,人力资本影响全要素生产率的溢出效应也具有门槛效应,即只有接受过高等教育的人力资本才能有效地促进技术溢出效应,初等教育人力资本对技术溢出产生了显著的抑制作用,而中等教育人力资本作用并不显著[②]。

第三个机制是效率效应机制,即人力资本能影响到全要素生产率中的效率部分。效率效应机制不但作用于企业微观管理效率,还作用于经济社会的宏观运行效率。无论对于现代企业生产而言,还是对于现代社会管理来说,受过良好训练、遵守纪律的员工或民众,都会减少大量的沟通协调成本,从而有助于提高全要素生产率中的效率部分。

本章小结

1. 人力资本是指劳动者的素质或质量,通常具体体现为人身上的知识、技能、经验与健康等方面。教育与健康是人力资本的两种主要形式。

---

① 孙婧:《人力资本与全要素生产率》,博士学位论文,复旦大学,2013年。
② 孙婧:《人力资本与全要素生产率》,博士学位论文,复旦大学,2013年。

2. 有人力资本的索洛增长模型表明，人力资本影响长期人均收入，但是短期内会对人均收入有负面影响。

3. 中华人民共和国成立之后，尤其是改革开放之后，我国教育投入增长迅速，从而使我国教育发展水平迅速提高。但是，我国教育体系尚面临着难以培养出杰出的人才、教育不公平、教育结构性矛盾、智力外流明显等问题。随着经济发展水平的提高，教育回报在工资中所占比例越来越高。

4. 健康是不同于教育的另一种人力资本形式。新中国公共卫生体系的快速发展，极大地改善了我国居民健康水平。健康和收入之间存在着非常显著的双向互动关系。

5. 人力资本影响全要素生产率的机制包括创新效应、技术吸收效应和效率效应。

思考题

1. 国家 A 和国家 B 在固有的健康环境方面存在差异。具体来说，对于一个给定的人均收入水平，国家 A 的劳动力将比国家 B 更健康。假设我们观察到，这两个国家具有相同的人均收入水平，但是国家 A 的人比国家 B 的人更健康。对这两个国家与健康无关的生产情况，我们能得出什么结论？画图说明并解释其理由。

2. 营养不良对生产力和经济发展有何影响？

3. 通常认为第三世界国家的教育机能不良（disfunctional），即教育不能真正适应经济和社会的发展，你是否同意这种观点，为什么？

4. 请解释为什么发展中国家高等教育的成本和收益都远比发达国家高？

5. 为什么在许多发展中国家初等教育的投资回报率比中高等教育的投资回报率高？预计随着经济的发展，教育投资的回报率会有哪些变化？

6. 在发展中国家，发展在职培训或业余教育的社会回报率明显高于高等教育的社会回报率，但为什么他们还是大力发展高等教育，而长期忽视在职教育？

7. 对于一个接受了九年教育的劳动力而言，在他的工资组成中，人力资本所占的比例是多少？

8. 假设我们正在比较国家 i 和国家 j，这两个国家除了人口的教育水平存在差异，其他方面都一样。国家 i 的所有成年人都接受了 10 年教育；国家 j 的所有成年人只接受了 4 年教育。计算这两个国家稳态情况下的劳均产出比率。

9. 2000 年某个国家的每个劳动力都接受了 12 年教育。1900 年每个劳动力只接受了 2 年教育。请问：由于教育改善而产生的平均劳均收入年增长是多少？

10. 回忆我们对教育外部性的讨论。你认为外部性（正外部性和负外部性）与健康相关吗？

11. 教育和健康方面的支出以什么方式在发展中国家的需求前景中被扭曲？哪个种类的支出最有意义？

12. 在发展中国家，扩张初等教育使富人的利益向穷人再分配，而扩张高等教育则将穷人的利益向富人再分配，那么，你认为应该对何种教育收取完全成本？

第三篇 创新篇

创新发展是五大发展理念之首。本篇分两章阐述创新在经济发展中的作用。第八章主要阐述创新的微观经济学性质以及三个创新内生增长模型，这三个模型是产品多样性模型、熊彼特创新模型以及技术转移模型。第九章讨论技术进步的结构性问题，即技术进步的偏向。

第八章 创新与内生增长

学习目标
1. 理解创新含义，了解内生增长的基本内涵与基本逻辑。
2. 了解产品多样性模型和质量改进模型。
3. 理解跨国技术转移的障碍以及蛙跳发展的含义。

创新与技术进步是持久收入增长的最重要来源。本章第一节介绍创新的微观经济学性质和内生增长的基本概念与基本逻辑，第二节和第三节是两个内生增长基本模型，前者为产品多样性模型，后者为熊彼特内生增长模型或质量改进模型，第四节介绍技术转移模型，并由此讨论跨国技术转移的障碍以及蛙跳发展等概念。

第一节 创新、技术进步与内生增长概述

一 新古典增长理论的缺陷

在20世纪六七十年代经历了短暂的辉煌之后，有关经济增长的研究陷入了低潮，研究人员对新古典经济增长理论越来越不满意。为什么呢？我们回顾一下索洛模型的结论。如果没有技术进步，索洛模型预测长期增长率为0。这是不符合事实的。引入了技术进步后，能解释长期经济增长，但技术进步是外生的。技术进步是外生的意味着它不是由模型中的行为企业、消费者等主体所确定的。也就是说，作为新古典增长理论中长期收入的唯一决定性因素的技术进步，竟然是经济系统的外来之物，而不是经济活动参与者努力的结果。

造成这种尴尬状况的根源在于新古典增长模型的资本边际报酬递减假设。因此，要摆脱出现新古典模型中的那种在缺乏外生技术进步时经济长期增长率为0的困境，必须延缓或阻止资本边际报酬递减。有三种思路可以做到这一点。第一种思路是扩大资本概念，将其他投入要素即劳动投入"资本化"，也就是认为劳动投入具有与资本投入同样的性质。为什么这样做能延缓或阻止资本边际报酬递减呢？我们来回顾一下资本边际报酬的含义。所谓资本报酬，是指在既定技术水平下，在劳动投入不变的情况下，增加一单位资本投入

所带来的产量增量。资本边际报酬之所以递减，是因为资本和劳动之间存在一个最优比例，当资本与劳动之比超过这个最优比例时，每一单位劳动投入所对应的资本越来越多，资本稀缺性下降，资本的边际生产率下降。如果在既定的技术条件下，由于其他要素即劳动投入与资本具有相同的性质，劳动投入与资本投入始终保持最优比例关系且一起变动，这时扩展的资本投入的边际报酬就不会递减了。

第二种思路是引入正的外部性。当别的企业某种活动如投资对其他企业产生正的外部性时，这会提高该企业的资本边际报酬，从而延缓其资本边际报酬递减的趋势。引入外部性后，在总体经济层面上会出现规模报酬递增的结果。这种做法实际上就是Romer模型。

第三种思路是引入内生技术进步。当技术进步内生化后，尤其是资本投入增加与内生的技术进步关联起来后，资本边际报酬定义中的"既定技术水平"不可能"既定"，而是与资本投入一同增减，这必然会延缓或阻止资本边际报酬递减。技术进步内生化的思路也是解决人们对新古典增长理论上不满意的最直接想法。这种最直接的想法并不难想到，但是很长一段时间，理论上无法实现。其原因在于，将技术进步内生化隐含假设模型中存在某种市场力量，不再是所有市场完全竞争，也就是模型不再是新古典模型。也就是说，完全竞争假设与企业创新是矛盾的。在完全竞争的市场环境中，每个企业销售的产品价格都是相同的，并且企业利润为0，投入资源进行创新的企业无法通过销售收入弥补其研发投入。这实际上是开展研发的企业将其研发成果免费给任一企业使用。固然，如果技术已经被发明出来了，任一企业免费使用是社会福利最大化的，但是显而易见，没有哪一个私人企业愿意做这样的事情①。所以，要想企业投入资源搞研发，必须让它拥有一定的市场垄断力量，通过这种市场垄断力量获取至少足以弥补研发投入的利润。很不幸的是，在Romer②之前，有市场力量的宏观理论模型的表述存在数学困难。

二 内生增长理论

所谓内生增长理论或新增长理论，是指没有外生技术进步的情况下仍能实现长期人均收入增长的理论。特别需要注意的是，内生增长的实现方式并不一定需要技术进步的内生化。实际上，我们上面讨论的延缓或阻止资本边际报酬递减的三种思路都可实现内生增长。

正式的内生增长理论出现的标志为Romer③和Lucas④。但是内生增长的一些观点在此之前已经出现。例如，内生增长理论的最基本版本是"AK理论"（AK theory），该理论模型的生产函数设为$Y = AK$的形式，其实早在1962年Frankel对生产函数的这种形式有所

---

① 这为国有企业开展研发免费或低价提供给整个社会使用开辟了一个理论道路。
② Romer, P. M., 1986, "Increasing Returns and Long-run Growth", *Journal of Political Economy*, 94: 1002-1037.
③ Romer, P. M., 1986, "Increasing Returns and Long-run Growth", *Journal of Political Economy*, 94: 1002-1037.
④ Lucas, R. E., 1988, "On the Mechanics of Economic Development", *Journal of Monetary Economics*, 22: 3-42.

论述。再如，正式内生增长理论的第一篇文献，也就是 Romer[①] 知识溢出模型，其实是 Arrow[②] 的"干中学"概念在宏观上形式化的产物。

实现内生增长的最主要、最直接方式当然是技术进步内生化，也就是通过创新获得技术进步。最早对创新活动进行系统化研究的是约瑟夫·熊彼特，他于1912年在《经济发展理论》一书中首次提出了"创新"（innovation）的基本概念，并形成了最初的创新理论，后又于1942年在《经济周期》一书中将创新应用于解释经济周期。

基于技术进步内生化或创新型增长理论（innovation-based growth theory）有两个基本思路，第一个思路是以 Romer[③] 代表的产品多样性模型，在这个模型中，Romer 提出创新通过创造新的（但不一定是改进的）产品种类来促进生产率的提升。第二个思路是产品质量改进模型或称熊彼特理论（Schumpeterian theory）。这一思路以 Aghion 和 Howitt[④] 以及 Grossman 和 Helpman[⑤] 为代表，主要理论依据是熊彼特的创新观点，即创新会使产品质量升级和改进，质量水平高的产品会替代质量水平低的产品，技术进步会加快原有产品的淘汰，也就是熊彼特所指出的"创造性破坏"过程[⑥]。

三 研发、创新与技术进步

（一）中国创新投入与产出

科技创新是引领发展的第一动力。当前，中国经济已由高速增长阶段转向高质量发展阶段，建设现代化经济体系是中国跨越关口的迫切要求和发展的战略目标，而科技创新是转变发展方式、优化经济结构、转换增长动力，建设现代化经济体系的重要战略支撑，科技创新活动的开展以及科技成果的顺利转化离不开研发的有效投入。

R&D 投入是科技进步的物质基础和重要前提，是直接推动科技进步的主要动力，是经济增长不可或缺的重要因素之一。从图 8-1 中可以看到，在过去的二十多年里，中国的 R&D 经费支出不断增加，特别是党的十八大以来，R&D 经费支出的增速也有了明显的提高。如果我们关注研发投入强度即 R&D 经费占 GDP 的比重这一指标，也会得到类似的结论。R&D 经费占 GDP 的比重不仅是反映科技投入规模的重要指标，也是反映一个国家或地区经济发展方式的指标。世界主要创新型国家的这一指标长期保持在2%以上，其中多数国家保持在2.5%以上，而发展中国家大多在1%以下。根据图 8-1 的描述，我们发现中国的研发投入强度在不断上升，并且在2013年达到了2%，2021年达到2.44%。此

---

① Romer, P. M., 1986, "Increasing Returns and Long-run Growth", *Journal of Political Economy*, 94: 1002-1037.
② Arrow, K. J., 1962, "The Economic Implications of Learning by Doing", *Review of Economic Studies*, 29: 153-173.
③ Romer, P. M., 1990, "Endogenous Technological Change", *Journal of Political Economy*, 98: S71-S102.
④ Aghion, P., P. Howitt, 1992, "A Model of Growth through Creative Destruction", *Econometrica*, 60: 323-351.
⑤ Grossman, G. M., E. Helpman, 1991, *Innovation and Growth in the Global Economy*, Cambridge, MA: MIT Press.
⑥ Schumpeter, J. A., 1942, *Capitalism, Socialism and Democracy*, New York: Harper.

外，为了考虑创新人力资本的投入规模和强度，我们在图8-2中给出了1995—2021年中国的R&D人员全时当量这一国际指标的变化情况，可以看到该指标与R&D经费的增长趋势呈现出一定的相似性。

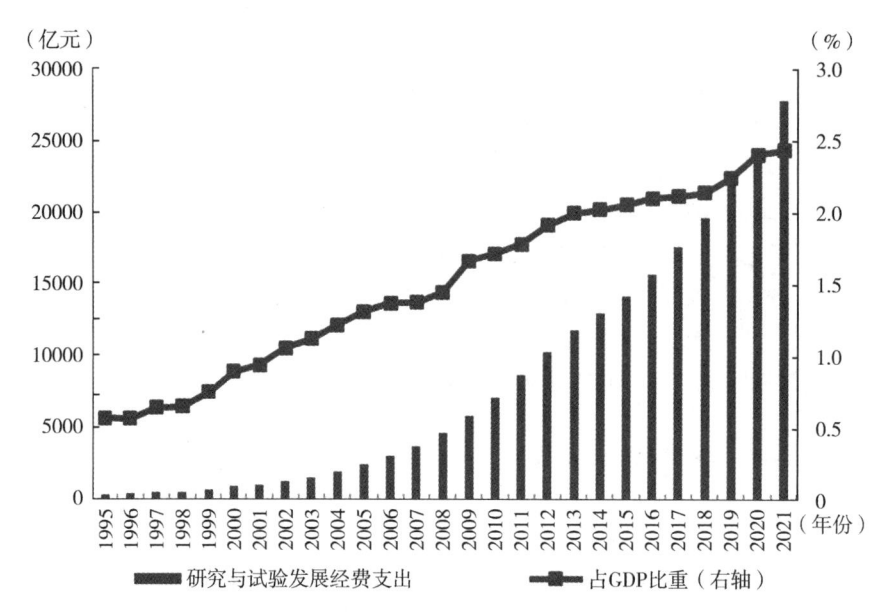

图 8-1　1995—2021 年中国 R&D 研发支出情况

资料来源：中国国家统计局。

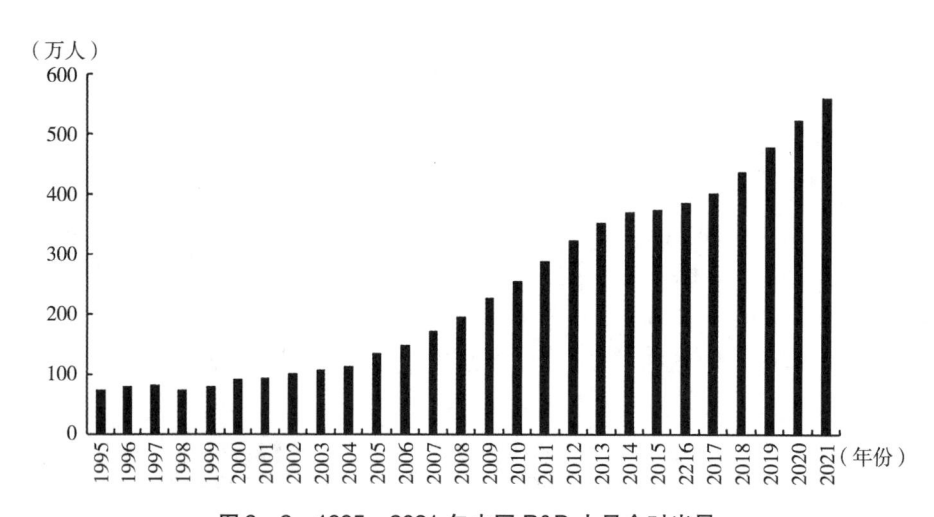

图 8-2　1995—2021 年中国 R&D 人员全时当量

资料来源：中国国家统计局。

当然，R&D 的投入是否能够有效推动经济的增长还取决于其转化为创新产出的能力。在过去的十年里，我国在载人航天和探月工程、载人深潜、深地钻探、超级计算、量子反常霍尔效应、量子通信、中微子振荡、诱导多功能干细胞等方面取得重大创新成果，基础研究在国际的影响力大幅增强，而"十三五"国家科技创新规划等战略的实施，也进一步推动了科技创新在推动产业升级、发展新动能、提质增效中的核心引领作用。专利授权数是创新活动产出的一种重要成果形式，图 8-3 给出了 1995—2021 年我国国内专利申请授权数的变化情况。可以看到，2010 年前我国国内的专利授权数量很低并且增速缓慢，但在 2010 年后的增长速度有了明显的提高。

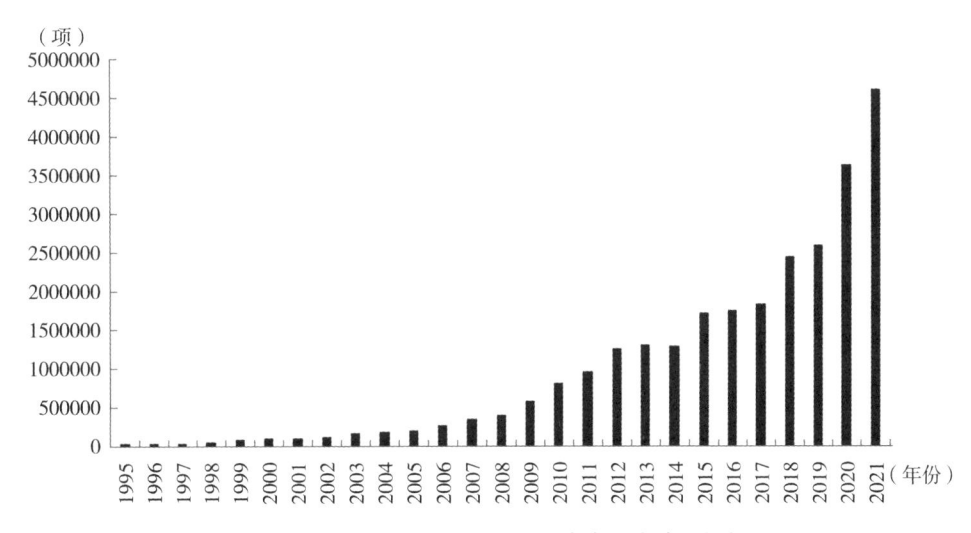

图 8-3 1995—2021 年中国国内专利申请授权数

资料来源：中国国家统计局。

党的二十大报告进一步明确了我国到 2035 年"实现高水平科技自立自强，进入创新型国家前列"[1] 的中长期目标，并提出了一系列完善科技创新体系的举措，如健全新型举国体制，优化配置创新资源、优化国家科研机构、高水平研究型大学、科技领军企业定位和布局，形成国家实验室体系，统筹推进国际科技创新中心、区域科技创新中心建设，加强科技基础能力建设，强化科技战略咨询，提升国家创新体系整体效能等。

（二）生产函数中的技术以及技术进步

科学是指反映客观规律的知识，解决的是"是什么""为什么"的问题。技术是指人们用于生产产品和提供劳务的经验与知识，回答的是"做什么""怎么做"的问题。工艺是指将原材料或半成品加工成产品的工作、方法。例如，制造芯片过程中，光刻原理属于

---

[1] 习近平：《高举中国特色社会主义伟大旗帜 为全面建设社会主义现代化国家而团结奋斗——在中国共产党第二十次全国代表大会上的报告》，人民出版社 2022 年版，第 24 页。

科学，芯片设计属于技术，7纳米制程更多属于工艺范畴，三者都是"知识"。笼统来看，科学更为基础性，而工艺离产品生产更近。随着现代科学应用于生产领域的速度越来越快，科学与技术、技术与工艺界限较为模糊，所以我们通常使用科学技术、工艺技术这样的表述。

在经济学中，我们一般所指的技术是科学、技术和工艺的综合体。经济学当然无法刻画各种不同的生产技术，而是将技术抽象为生产过程中将投入转化为产出的方式，也就是生产函数。例如，若给定一个总生产函数 $Y = F(K, L, A)$，那么生产函数的技术由函数 $F(·)$ 给出，该函数能够解释要素投入是如何转化为产出的。如果我们忽略效率问题，技术进步是指改变了生产要素组合生产的方式，使在同样投入下生产更多的产出。例如，如果我们用更先进的一款或一个版本的计量经济学软件来开展科研，使用同样的资本和劳动力（电脑硬件和我们自己）投入，我们编程更快、计算更快。在前几章提到的含有技术进步的 C-D 生产函数 $Y = K^\alpha (AL)^{1-\alpha} (0 < \alpha < 1)$ 中，生产函数的形式就是反映生产技术，而且这个 C-D 生产函数中的 α 是生产技术的一个关键技术参数，A 就是一个技术进步指标。

技术进步或技术变革的一个重要方面是，它允许一个经济体突破收益递减所带来的限制。我们知道，劳动力的数量不可能无限增长，而物质资本的边际报酬递减会阻碍物质资本的积累导致的永久增长，因此，即使社会中的所有资源都用于生产，经济最终也会达到停止增长的稳定状态。但是，如果我们考虑到技术的进步，只要参数 A 能变大，人均收入就能继续增长。

（三）创新的经济学性质

一个国家通过自己技术创造和接受技术转让都能提高其技术水平。技术创造即创新，就是本国生产出新的技术，技术转让就是通过知识产权交易、成套设备引进等方式从国外购买技术。在创意（ideas）的指导下，通过研发创新活动，实现技术进步或技术变革。创意、创新和技术当然有所区别，但它们是紧密相连的，而且三者都在一定程度上属于"知识"，所以经济学研究中经常会交互使用。

创意就是想法，它能够改进生产技术，一个好的创新能使给定的一组投入得到更多或者更好的产出。历史上金属锡的使用就是一个很好的例子。古代青铜时代（公元前3000年至公元前600年）因锡和铜的合金而得名，锡和铜广泛用于武器、盔甲和诸如盘子和杯子之类的家用物品的制造。到公元1年，锡与铜、铅和锑合金化形成了白蜡，在20世纪被用于制作工艺品。锡的毒性很低，在19世纪早期，人们发现镀锡的钢可以用来制造气密的食品容器，直到今天仍然可以在货架上找到锡罐。在过去的二十年里，人们发现锡和铟的混合会产生一种既透明又导电的固溶体，它被用来制造智能手机的触摸屏。关于锡的不同"想法"使我们可以使用相同的投入来产生更高效用的产出，在上述的生产过程中，每个新的想法都会使生产函数中的技术指标 A 有所提高。

技术的第一个经济学性质是，获得创意也就是创新活动需要投资，需要投入研发人员和资金，这意味着创新是有机会成本的。也许你认为这是毋庸置疑且历来如此的，但实际上并非如此。19世纪中叶之前,技术进步主要是"能工巧匠"在生产过程中"妙手偶得"之产物,而不是人们有目的、有意识投入大量资源开展研发活动的结果。只有现代社会的创新才呈现投入资源庞大、人力资本密集以及系统性等特征。

非竞争性是创意或技术的第二个重要经济学性质。技术与传统的生产要素(如物质资本和人力资本)的区别在于,传统的生产要素是以实物的形式存在(即使是人力资本也是存在于人的大脑中的),但技术本质上是缺乏具体形式存在的思想、知识。这意味着,如果一个人正在使用一把锤子之类的实物资本,那么另一个人就不能使用它,而一个人对某项技术的使用绝不会妨碍其他人同样有效地使用它。技术的这种属性其实就是非竞争性(见表8-1),但技术载体通常是竞争性的。比如,下一代计算机芯片的设计,一旦这个设计方案本身被创造出来,全国甚至全世界的工厂都可以同时使用这种方案来生产计算机芯片,但前提是他们手头要有设计方案。可见,记录了设计方案的稿纸或某种电子存储介质是竞争性的,一个拥有理解该方案技能的工程师是竞争性的,但设计方案——创意(或创新、技术)本身却不是。非竞争性为技术转移提供了可能性,因为技术先进国家将技术转移给别国后不影响它继续使用该技术的生产效率(如果技术受让国和技术转出国用这一技术生产出来的产品在同一市场上有竞争,当然会影响技术转出国的经济利益,但这属于另外范畴的事情)。

表8-1 商品的经济属性

	竞争性商品	非竞争性商品
排他性程度 高 ↕ 低	律师服务 智能手机 海里的鱼 防治害虫的杀虫剂	有线电视编码传输 软件应用程序的计算机代码 沃尔玛门店操作手册 国防 基础研发(R&D) 微积分

资料来源:Romer, P. M., 1993, "Two Strategies for Economic Development: Using Ideas and Producing Ideas", Proceedings of the World Bank Annual Conference on Development Economics, 1992, Washington, D. C.: World Bank。

非竞争性商品的另外一层含义是,它供给额外一个单位的边际成本很小甚至为0。这一论断还意味着运用新技术生产产品的生产函数是规模报酬递增的。例如,生产第一支新冠疫苗成本高昂,因为包括了初始的研发投入,但是此后每支生产边际成本很低,仅包括一些材料、管理之类的费用。也就是说,生产过程中有一个较高的固定成本和较低的边际成本。假设研发和生产中用到唯一的生产要素为劳动投入,生产函数为 $y = f(x) = 100 \times$

$(x-F)$, y、x、F 分别为产出、边际劳动投入和固定劳动投入。这个生产函数的图形如图 8-4 所示,在这个生产函数中,规模报酬递增表现为劳动生产率递增,如 OB 代表的劳动生产率高于 OA。规模报酬递增导致了企业销售商品时无法按照边际成本定价,所以,企业要弥补所有成本,必须有一定的市场力量。

创意或技术的第三个重要经济学性质是低度排他性。有形的物品较容易去阻止别人在未获得允许的情况下使用它,因此一般

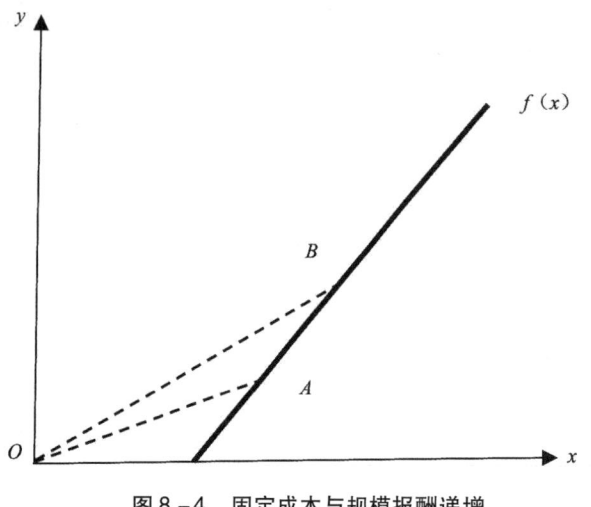

图 8-4 固定成本与规模报酬递增

具有较高的排他性。但是创意或技术本身属于知识,从物理形态上难以排除别人使用。然而,记录技术的载体通常是有形的物品如纸张或某种电子存储介质,它们的可排他性更高。总体来看,技术具有低度排他性。低度排他性促进了知识的外溢,但是降低了创新的激励。由于创新的非竞争性往往与低度排他性联系在一起,因此为了促进创新,需要采取一定的措施来保护发明者的利益,例如发明下一代计算机芯片的企业或者是在一段时间内把设计方案锁在保险箱里(保密),或者是通过版权和专利制度授予获得版权或专利的发明者有权利对其创新方案的使用进行收费(专利体系)。

(四)影响研发投入的因素

大部分的 R&D 研发支出都是由企业私人承担的。2021 年,我国共投入 R&D 经费 27956.3 亿元,其中企业、政府所属的研究机构、高等学校经费支出所占的比重分别为 76.9%、13.3% 和 9.8%。

一家企业从事研发是为了发明一些东西:一种新产品或一种新的、更有效地生产现有产品的方法。如果这家企业成功了,它将能够提高利润。在最好的情况下(从企业的角度来看),它的发明将使它垄断某些产品的销售,从而获得超额垄断利润。此外,一项新发明可以给企业提供一种生产其他企业产品的手段,但会以更低的成本生产。在任何一种情况下,这种竞争优势产生的额外利润都是促使企业首先进行研发的动力,发明的利润越高,企业就越愿意投入研发。这一观察结果表明了影响企业基于利润动机的研发投入的几个因素。

首先,企业在研发上的投入将取决于一项新发明能带来多大的优势。如果对市场上其他企业生产的同类产品在性能上只有很小的提升,或者其他企业可以很容易地复制新技术并将其用于自己的生产,那么从事研发的企业将无法从其研发成本中获益。其次,企业研发意愿的强弱将受到其产品市场规模的影响。市场越大,新发明带来的利润就越大,这种

效应被称为规模效应（size effect）。从规模效应的角度，我们很容易理解为什么只有中国和美国的电商平台发展最快。促进产品或服务出口，是增加市场规模的重要手段，这种手段也增强了企业研发的动力。再次，企业将考虑一项新发明所赋予的优势会持续多久。企业因其发明获得竞争优势的时间越长，就越愿意投入研发来实现这种优势。最后，研究过程中的不确定性将影响企业的研发支出。如果一家企业投资10亿元建一家新工厂，它可以相当有信心，最终会将产品生产出来。相比之下，如果将这10亿元用于研发可能会产生一种主导市场的新产品，但也可能打了水漂。这意味着，能够更好地承担研发投资风险的企业，才更有可能进行此类风险投资。

以上是从创新企业自身来考虑其创新动机的。如果我们从整个社会角度来考虑创新，则会产生极为复杂的政治经济后果。在大多数情况下，一个企业通过创造一项新技术而获得的利润是以其他企业的利润缩减为代价的，这就是熊彼特提出的创新是"创造性破坏"过程。虽然我们经常庆祝新技术的成功研发，但我们有可能忽略了由于新技术的出现而被取代的企业和员工。历史上有许多人受到技术进步的不利影响，并对新技术进行了强烈反击。最著名的例子是卢德分子们（Luddites），他们在19世纪初捣毁了使他们无法工作的纺织机，殊不知，使他们失去工作的根源是资本主义制度机器。创造性破坏会使拥有市场主导技术的企业往往试图扼杀新进入者研发新一代技术，例如2000年美国一家地方法院裁定微软企业滥用其在操作系统领域的垄断地位，阻碍了计算机行业的创新。由于技术变革的破坏性如此之大，建立一个鼓励技术变革的制度体系可能是一件棘手的事情。如果这种破坏性走出了国界，更是会产生国际政治关系的变化。

政府在科技创新中起到重要作用。一方面，政府可以通过制定专利制度、产业制度、教育政策以及执法环境来促进私人企业创新；另一方面，政府在一些基础性研究中起到主导性作用。国家推动创新也不仅仅是基于利润动机，国家经济安全、军事安全以及经济独立性是其重要考虑点。

第二节 产品多样性模型

我们将在这一节中介绍一个具体的内生技术进步理论模型[1]。在这个模型中，我们将技术进步视为经济产品菜单上增加了新品种的商品，如"交通靠走"改变成了高铁、飞机，"通信靠吼"改变成了微信、QQ。但是下面建立的模型中，为了处理方便，我们假定的是中间产品的多样性而不是最终产品的多样性。

---

[1] Romer, P. M., 1990, "Endogenous Technological Change", *Journal of Political Economy*, 98: S71–S102.

一 模型的基本要素：最终产出、投入与研发

最终产品部门的生产函数与索洛模型中的最终产品部门非常相似，该部门由大量的完全竞争厂商组成，他们投入资本和劳动力来生产同质的产品 Y，但是 Romer 模型中的生产函数却与索洛模型有些不同，前者反映出模型中的资本品的种类不止一种：

$$Y = L_Y^{1-\alpha} \sum_{j=1}^{A} x_j^{\alpha} \tag{8-1}$$

其中，产出 Y 由劳动力 L_Y 和许多不同的中间投入品 x_j 生产出来，A 表示的是最终产品部门在任一时点上进行生产可获得的资本品的种类数量。中间产品种类多寡就是我们的多样性，中间产品越多，说明生产过程越复杂，所以它反映了技术水平，A 就是技术进步。这一生产函数可被改写为：

$$Y = L_Y^{1-\alpha} x_1^{\alpha} + L_Y^{1-\alpha} x_2^{\alpha} + \cdots + L_Y^{1-\alpha} x_A^{\alpha} \tag{8-2}$$

我们很容易得出，对于给定的 A，生产函数呈现出规模报酬不变的性质；劳动力和每一种资本品的投入量翻番，得到的产出也会翻番。

劳动力即总的人口数量以一个外生的常速 n 呈指数增长：

$$\dot{L}/L = n \tag{8-3}$$

但是，劳动力中一部分被用于最终产品生产上，另一部分被用于生产创意即用于研发上，因此，经济体中的劳动力资源面临如下约束：

$$L_Y + L_A = L \tag{8-4}$$

以 s_R 表示总人口中从事研究工作的人数比例①，即：

$$L_A = s_R L \tag{8-5}$$

二 微观经济学基础与多样性的解释

整个经济分为最终产品生产部门、中间产品生产部门和研发部门，下面我们依次描述每一部门行为机理。

（一）最终产品生产部门

最终产品生产部门是完全竞争的，每一企业生产完全相同的产品，在劳动力市场和中间产品市场是需求方。将最终产品 Y 的价格标准化为单位 1，p_j 表示第 j 种中间产品的价格，w 表示工资。为了分析的简便，我们假定中间产品在最终产品生产者手中不能累积起来，使用完一期以后就全部消失，我们可以将它们看作服务流，或者说它们每一时期的折旧率都是 100%。最终产品生产企业的利润最大化问题为：

---

① 如果劳动者既可以从事最终产品生产，又可以从事研发活动，这一比例是内生的，由从事两种活动的边际工资率相等确定最优比例。

$$\max_{L_Y, x_j} L_Y^{1-\alpha} \sum_{j=1}^{A} x_j^{\alpha} - wL_y - \sum_{j=1}^{A} p_j x_j \qquad (8-6)$$

从这个最大化问题中求出任一第 j 种中间产品需求函数为：

$$p_j = \alpha L_Y^{1-\alpha} x_j^{\alpha-1} \qquad (8-7)$$

（二）中间产品生产部门

该部门由那些生产中间产品并将其出售给最终生产部门的垄断者组成，这些厂商通过从研发部门购买中间品的设计方案来获得垄断地位。在专利权的保护下，每种资本品只能由一家厂商进行生产。一旦购买了设计方案，中间产品的生产边际成本为 1，也就是花一个单位最终产品的代价生产出一个单位的中间产品。这样，中间产品部门所面临的利润最大化问题就是：

$$\max_{x_j} \pi_j = p_j(x_j) x_j - x_j \qquad (8-8)$$

其中，$p_j(x_j)$ 表示（8-7）式中每种中间品的需求函数，减号后面一项的系数 1 为生产的边际成本，为每种资本品的购买成本。由于每一中间产品遇到的都是完全相同的最优化问题，所以不同中间品的定价和市场均衡量是相同的，所以可以去掉问题中的下角标 j。由这个最优化问题求出任何一种中间品的价格、数量以及利润为：

$$p = \frac{1}{\alpha} \qquad (8-9)$$

$$x = L_Y \cdot \alpha^{2/(1-\alpha)} \qquad (8-10)$$

$$\pi = L_Y \cdot \alpha^{2/(1-\alpha)} \cdot \frac{1-\alpha}{\alpha} \qquad (8-11)$$

（8-9）式揭示了垄断的中间产品生产者不是按照边际成本 1 定价的，中间产品的价格超过了边际成本。（8-10）式和（8-11）式表明中间产品的均衡数量和利润与最终产品生产者数量正相关，这实际上反映了我们前面所说的规模效应。需要注意的是，中间产品生产进入是没有门槛的，也就是说是垄断竞争的，所以利润现值和等于购买专利的支出。

每一种中间品的数量也是相等的，即 $x_j = x$，可以将（8-1）式中的生产函数表达成我们熟悉的形式。将中间产品总量定义为总的资本存量，即：

$$\sum_{j=1}^{A} x_j = K \qquad (8-12)$$

由于每一种资本品的使用数量均为 x，因此，这一方程就决定了 x 的值：

$$x = \frac{K}{A} \qquad (8-13)$$

用（8-13）式代换（8-1）式中的 x_j，可以得出：

$$Y = AL_Y^{1-\alpha} A^{-\alpha} K^{\alpha} = K^{\alpha}(AL_Y)^{1-\alpha} \qquad (8-14)$$

这样我们就得到了一个非常常见的有技术进步的 C-D 型总量生产函数，只不过这里的技术进步 A 不再是外生的，而是内生的，是由研发部门的行为决定的。

(三) 研发部门

研发部门的行为犹如美国在 19 世纪中叶出现的西部金矿开采，任何人都可以自由地挖掘金块——创造新知识。创新所需资源为研发人员的劳动投入。研发企业将研发出来的专利卖给中间产品生产者，所得专利转让费即为专利的价值。由于任何人都可以从事研发，研发行业也是垄断竞争的，所以专利价值最终将等于研发成本。研发企业根据这个原则决定研发力度的强弱，从而也确定了技术进步速度的快慢。研发企业的最优化决策过程属于高阶课程的内容，我们在此略去，直接分析其结果，也就是由研发企业最优化决策机制确定的新知识的生产函数。

在新古典模型中，技术进步 A 以一外生恒定的速率增长，但在这里，A 的增长是内生的，它是研发部门投入资源（研发人员）所生产出来的。这一点在模型中是如何体现的呢？我们将 $A(t)$ 看作知识的存量，也就是到时间 t 为止已有的创新数量。那么，在任何给定的一个时间点产生的新想法的数量（也就是创新的产出）为 $\dot{A}$。假定创新的产出与研发人员数量 L_A 有如下关系：

$$\dot{A} = \theta L_A^\lambda A^\varphi \tag{8-15}$$

(8-15) 式是新技术的生产函数，它刻画了投入研发资源与研发产出之间的关系，有时被称为创新可能性边界。假定 $0 < \lambda \leq 1$，也就是说投入更多的研发资源，能够有更多的科研成果；但是研发资源加倍，科研成果增加不到一倍（严格 <）或研发成果加倍（=）。后一点反映了这样的一个事实：不同的企业投入资源开展研发时，会有重复研究的现象，比如两家企业都在 5G 某一技术领域开展了同样的研究，如果有一家先成功了，从全社会角度来看，后成功的一家就是做了重复研究，并没有增加社会知识存量。重复研究现象又被称为"踩在脚趾上"的效应，它实际上是一种外部性，跟交通堵塞的情况有些类似。每个司机都忽视了自身的存在，在他们向目的地的行驶过程中会对其他司机造成轻微的影响，这种单独造成的不便都是可以忽略不计的，但是将所有司机造成的影响加总，那么后果可能是非常严重的。

模型中的参数 φ 刻画了已有知识存量对创新的影响。如果 $\varphi > 0$，则表明新知识的数量随着已被发现的创新存量的增加而增加，或者说研发的成本随已有知识存量递减，这反映了研究中的一个正的知识溢出效应。比如，万有引力定律给社会带来的好处要远远大于牛顿为此获得的收益，他的很多伟大发现都以"知识溢出"的形式造福于后来的研究人员。当然，牛顿自己也从先前的一些像开普勒等科学家的发现中受益匪浅。正如牛顿的一句名言中所说的，"我之所以看得比其他人要远，那是因为我站在巨人的肩膀上"。$\varphi > 0$ 这种情况又被称为"站在巨人肩膀上"的效应。如果，$\varphi < 0$，则表明新知识的数量随着已被发现的创新存量的增加而减少，或者说研发的成本随已有知识存量递增，这种情况被称为"钓出"（fishing-out）效应，就好像在一个鱼塘中，好钓的鱼先被钓出来了，剩下的鱼会变得越来越难钓。$\varphi = 0$ 则表示前两者的作用正好相互抵消，即新知识的数量与已被发现的创新存量无关，或者说研发的成本与已有知识存量无关。

三 模型中的增长效应

在这个模型中,沿着平衡增长路径的增长率是多少呢?假定总人口的某一固定比例的劳动力是被用来生产创新,则该模型与新古典模型一样将所有人均收入的增长都归因于技术进步。我们同样用小写字母表示人均变量,让 g_x 表示某个变量 x 沿着稳态平衡增长路径(稳态)的增长率,和有外设技术进步的索洛模型一样,有:$g_y = g_k = g_A$。也就是说,沿着平衡增长路径的人均产出、人均资本以及创新的存量必定会以相同的比率增长。如果模型中不存在技术进步,就不会有经济增长。因此,这就引出了一个相当重要的问题:技术进步沿着平衡增长路径的增长率到底是多少呢?通过重新改写(8-15)式所示的创新生产函数,我们就可以得到上面这个问题的答案。在(8-15)式两边同时除以 A,可得:

$$\frac{\dot{A}}{A} = \theta \frac{L_A^\lambda}{A^{1-\varphi}} \qquad (8-16)$$

沿着平衡增长路径,$\frac{\dot{A}}{A} = g_A$ 是个常数,因此当且仅当(8-16)式右边的分子分母以同样的速率增长。对(8-16)式两边先取对数再求导,可以得出:

$$0 = \lambda \frac{\dot{L}_A}{L_A} - (1-\varphi)\frac{\dot{A}}{A} \qquad (8-17)$$

由于生产创新的研究人员数量占总人口的比例是固定的,因此,研究人员 L_A 沿着平衡增长路径的增长率与总人口的增长率是相同的,即 $\dot{L}_A/L_A = n$,将其代入(8-17)式得到:

$$g_A = \frac{\lambda n}{1-\varphi} \qquad (8-18)$$

(8-18)式表明了经济的长期增长率的决定因素:第一,与人口增长率相等的研究人员数的增长率正向影响长期增长率。第二,衡量重复研究的 λ 正向影响长期增长率。λ 越小,重复研究越严重,长期增长率越低。所以,研发效率是很关键的。第三,衡量知识溢出效应的 φ 正向影响长期增长率。知识溢出效应越强,φ 越大,经济增长越快。

我们将上述第一点结论与新古典增长模型中人口增长的影响进行比较。在新古典增长模型中,沿着平衡增长路径的人口增长率的提高降低了人均收入水平,人口的增加意味着需要更多的资本来保持人均资本不变,但资本的边际收益却是递减的。而在产品多样性模型中,存在另外一个重要的影响:人力资本是创造性技术进步的一个关键投入要素,更多的人口将会生产出更多的创新,并且由于创新的非竞争性,经济体中的每个人都会获益。

四 研发人员比例的提高

如果总人口中研发人员的比例不断提高,如政府对研发的补贴提高了从事科学研究的劳动力比例,这会对发达经济体的经济产生怎样的影响呢?我们下面将要说明,这一政策只有水平效应,而不会改变长期的经济增长率。实际上,从(8-18)式中并不含有研发人员所占比例就可以粗略看出这一点。其政策含义是,即使我们在模型中将技术内生化,政策制定者也无法运用传统政策(如研发补贴)来控制长期增长率。这一结论与新古典模型得出的结论是相一致的。在新古典模型中,政府政策的改变和投资率的变化对经济增长没有产生长期影响。

为了更直观,我们在 $\lambda = 1$ 和 $\varphi = 0$ 这一特定参数组合的情况下来阐明上述观点。在这种参数组合下,不存在研究工作的重复问题,当前研究人员的工作效率也与过去的创新数量毫不相关,此时,研究者的生产速率为常数 θ,创新的生产函数则可写为:

$$\dot{A} = \theta L_A \tag{8-19}$$

假定从事创新研究的人员数是一个常数,那么经济体在每个时期都会产生相同数量的新的创新 θL_A。我们举一个具体的例子来说明这个问题。假定 $\theta L_A = 100$,经济体的初始创新存量为 A_0。起初,每期新增的100个创新在现存的创新存量 A_0 中会占一个较大的比重,然而,随着时间的推移,该比重会越来越小。因此,创新存量的增长率会随着时间的推移而逐渐下降,最终接近于0。但是需要注意的是,技术进步是永远不会停止的,因为经济体在不停地生产出新的创新,只不过新的创新与已累积的创新存量相比显得越来越小,直至趋向于0。那么,如果研发人员比例永久性地提高,那么会产生什么影响呢?(8-16)式可以改写为:

$$\frac{\dot{A}}{A} = \theta \frac{s_R L}{A} \tag{8-20}$$

图8-5表示了假定初始经济处于稳定状态,当 s_R 永久性地提高到 s'_R 时,会对技术进步产生怎样的影响。在稳定状态,经济沿着平衡增长路径以技术进步率 g_A 增长,这恰好等于我们简单假设下的人口增长率 n。因此,L_A/A 就等于 g_A/θ。假设 s_R 在 $t = 0$ 时刻开始增加,给定总人口数为 L_0,研究人员数会随着 s_R 的上升而增加,这样 L_A/A 就达到了一个更高的水平,增加的研究人员增加了新产生的创新数量,因此在这一点上的技术进步率也得到了提高。这一状态对应于图中的点 X,在点 X,技术进步率 $\dot{A}/A$ 超过了人口增长率 n,因此,L_A/A 随时间呈现下降的趋势。如图8-5箭头的方向所示,随着该比率的下降,技术进步率也在逐渐下降,直到经济回到 $g_A = n$ 的平衡增长路径上。因此,从事创新研究的劳动力比例永久性提高会在短期内提高技术进步率,但在长期内不会改变技术进步率,如图8-6所示。

图8-5 R&D研发人员比例的增加

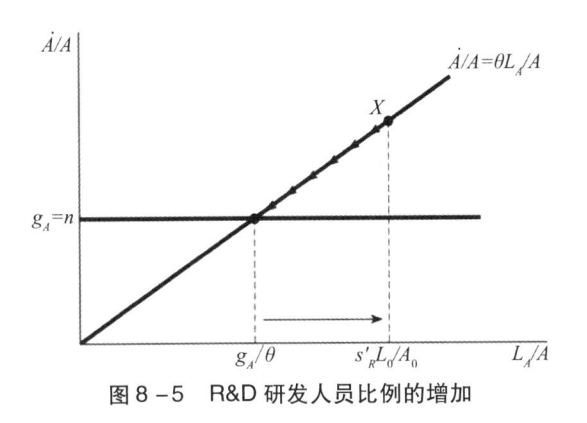

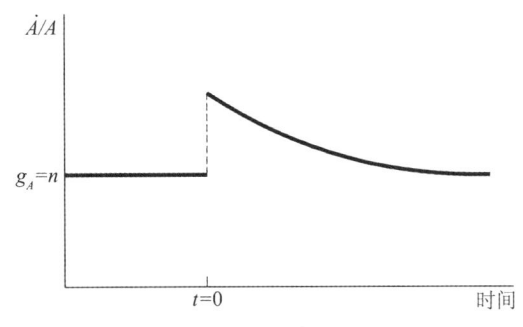

图8-6 技术进步率 $\dot{A}/A$ 的时间路径

那么，在这样一个经济体中，技术水平会有什么样的变化呢？图8-7回答了这个问题，该图表明，技术水平沿着平衡增长路径以 g_A 不断提高，直到时间 $t=0$。此时，技术进步的增长率得到提高，技术水平也比以前增长得更快。但是，随着时间的推移，增长率又会跌落至原来的水平 g_A，R&D投入永久性的增加是引起技术水平永久性提高的原因。我们注意到在产品多样性模型中，s_R 的提高产生了转移动态，这与索洛模型中由于投资率的提高而产生的动态变化在本质上是一致的。

事实上，存在一种极端情况，使不变的科学研究可以维持长期的增长。这就是 Romer[①] 原文假设的参数组合：$\lambda = 1$ 且 $\varphi = 1$。在这种参数组合下，技术生产函数为：

$$\dot{A} = \theta L_A A \quad (8-21)$$

将此式稍微改写一下，我们就能在这一模型中得出在科学研究不变的情况下会产生持续的经济增长：

$$\frac{\dot{A}}{A} = \theta L_A \quad (8-22)$$

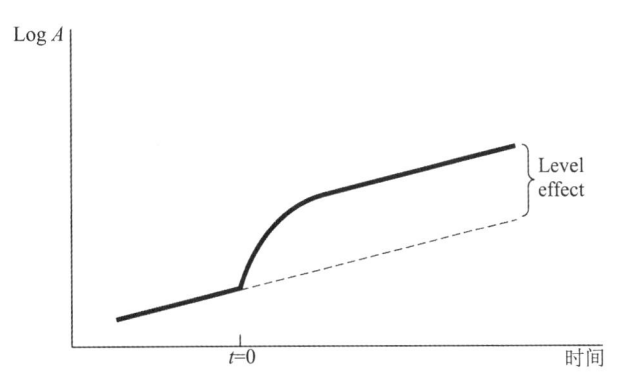

图8-7 技术水平 A 的时间路径

这也就表明，即使研究人员的数量（科学研究）是不变的，技术进步速率也可维持不变，这实际上来自很强的知识外溢效应。

但是，在过去的40年里，甚至是过去的一个世纪，世界范围内的科学研究得到了巨大的提高。由于 L_A 的迅速增长，（8-22）式暗示着发达国家的经济增长也应该是迅速增

---

① Romer, P. M., 1990, "Endogenous Technological Change", *Journal of Political Economy*, 98: S71–S102.

长的,但这却与事实大相径庭。例如,美国经济的年均增长率已经非常接近于19世纪1.8%的增长率。所以,这种参数组合的假设是与现实不吻合的。

第三节 熊彼特模型

上一节我们介绍的 Romer 模型是将技术进步视为中间产品数量的增加,并说明了这种增长如何通过创新者和企业的利润最大化行为来实现。在这一节,我们将介绍另一种内生增长理论,该理论允许用创新产品来替代生产过程中现有的中间产品。

Aghion 和 Howitt[①] 以及 Grossman 和 Helpman[②] 提出了中间产品质量改进的模型,前者创造了一个术语"Schumpeterian"来描述他们的模型,即 Schumpeterian 模型。在上文的介绍中,我们提到经济学家熊彼特提出的"创造性破坏",认为经济增长需要随着新技术的发明而不断淘汰旧技术,从而提高每一步的经济生产力。通过本节对 Schumpeterian 模型的分析,我们将看到有许多长期结果类似于 Romer 模型,但这种类型的模型还有其他独特的结果。

一 模型的基本要素

与 Romer 模型类似,我们先从 Schumpeterian 模型的结构开始分析。Schumpeterian 模型的总体生产函数如下形式:

$$Y = K^\alpha (A_i L_Y)^{1-\alpha}$$

该生产函数与索洛模型和 Romer 模型中的生产函数相似,但需要注意的是它们存在一个重要的区别,即这里的创新存量 A 带有下标 i,i 代表创新,当 i 变大时,A_i 也会变大。

我们可以把 A_i 看作最新的可用技术。比如,我们令 A_4 代表现代汽车,A_3 代表 T 型福特汽车,A_2 代表自行车,A_1 代表步行。每一次创新都提高了效率,就像 Romer 模型一样。然而,这里的创新是循序渐进的,而不是持续不断的,因此,我们无法像(8 - 15)式那样写出一个等式,我们必须把 A 的增长分成两部分:创新发生时的规模和创新发生的可能性。

在 Schumpeterian 模型中,我们假定创新的规模是不变的,这对我们分析结果没有实质性的影响,同时,我们设定:

$$A_{i+1} = (1 + \gamma) A_i \tag{8-23}$$

其中,γ 表示的是"步长"(step size),即创新实际发生时生产率提高的数量。

经济增长只有在创新发生的时候才会发生,而创新并不总是发生的,我们将创新 A 的

[①] Aghion, P., P. Howitt, 1992, "A Model of Growth through Creative Destruction", *Econometrica*, 60: 323 - 351.
[②] Grossman, G. M., E. Helpman, 1991, *Innovation and Growth in the Global Economy*, Cambridge, MA: MIT Press.

增长率表示为：

$$\frac{A_{i+1} - A_i}{A_i} = \gamma$$

需要特别注意的是，这不同于 A_i 随时间的增长率。A_i 的增长率取决于 A 发生变化的频率，而要知道这一点，我们需要了解创新发生的概率。

创新发生的概率取决于研发工作。对于任何从事研究的个体，其随时发现下一个创新的概率为 $\bar{\mu}$。$\bar{\mu}$ 会受到 Romer 模型中影响创新的类似因素的影响。在这个模型中，"站在巨人肩膀上"和"踩在脚趾上"将影响创新的可能性，而不是创新的规模。更具体地说，我们设定：

$$\bar{\mu} = \theta \frac{L_A^{\lambda-1}}{A_i^{1-\varphi}}$$

对于整个经济而言，创新在任何时间发生的概率等于从事研究的个体数量与个体创新发生的概率的乘积，即：

$$P(innovation) = \bar{\mu} = \theta \frac{L_A^{\lambda-1} A_i^{\varphi}}{A_i} \tag{8-24}$$

此概率涉及 A_i 的两种影响。当 $0 < \varphi < 1$ 时，A_i 的增加会提高新创新的可能性，即为"站在巨人肩膀上"的效应。但是，随着 A_i 的增加，进行进一步创新的可能性也就更低。换句话说，站在巨人的肩膀上可以使研究人员看到更多的可能性，但这种可能性会越来越小。

Schumpeterian 模型中关于劳动力的相关设定与 Romer 模型完全一样，因此在本节中不再赘述。

二 模型中的增长效应

由于创新是随机发生的，导致经济的增长也并不是显而易见的。在一段时间内，人均产出不会出现增长，而在创新发生后会出现明显的跳跃，因此，我们无法明确人均收入随时间变化的路径。

但是，我们可以得到一些关于长期增长的信息。考虑到我们的生产函数以及关于资本积累和人口增长的标准假设，我们有一个标准的新古典模型。基于这些，我们可以构造出一条平衡的增长路径（基本上可视为与稳态同义），其中人均产出的平均增长率 g_y 和人均资本的增长率 g_k 是恒定的，并且等于生产率的平均增长率 g_A。

在任何给定的时刻，全社会创新发生的可能性均为 $\bar{\mu} L_A$，而且创新成功的规模为 γ。随着时间的推移，则 A 的预期增长率为：

$$E[\underline{A}] = \gamma \bar{\mu} L_A = \gamma \theta \frac{L_A^{\lambda}}{A_i^{1-\varphi}} \tag{8-25}$$

根据大数定律，如果我们观察很长的一段时间，那么实际的平均增长率将接近此预期增长率，因此有：

$$g_y = g_k = g_A = E\left[\frac{\dot{A}}{A}\right]$$

与索洛模型和 Romer 模型一样，人均产出的增长率由技术进步增长率决定，而在这里恰好是技术进步增长率的预期值。为了得出该预期的增长率，我们在（8-25）式两侧对时间求导：

$$0 = \lambda \frac{\dot{L}_A}{L_A} - (1-\varphi) E\left[\frac{\dot{A}}{A}\right] \quad (8-26)$$

由于 $\dot{L}_A/L_A = n$，因此，我们可以从（8-26）式解出平均增长率 g_A：

$$g_A = \frac{\lambda n}{1-\varphi} \quad (8-27)$$

可见，Schumpeterian 模型与 Romer 模型的长期平均增长率相同。如前所述，由于创新是随机产生的，因此经济的实际增长率在任何短期内都不会恰好是该增长率。但是，平均而言，经济将以人口增长率（n）、研究工作的重复性（λ）和溢出效应（φ）为参数所决定的速度增长。

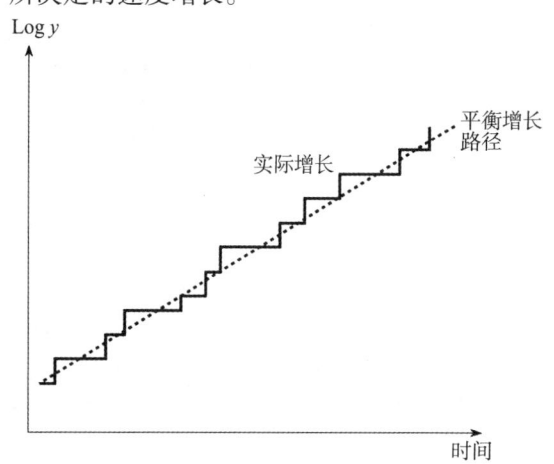

图 8-8 熊彼特模型中的平衡增长路径

图 8-8 显示了人均收入在平衡增长路径上的平均增长率与实际增长率之间的区别。阶梯状的实线表示人均收入随时间变化的实际方式。平坦的部分意味着没有进行任何创新，当新的创新出现时，人均收入将有一个数量为 γ 的跳跃式增长。平均来看，人均收入是沿着平衡增长路径增长的，而（8-27）式表明该平衡增长路径取决于人口增长率。

值得一提的是，创新的规模 γ 并没有体现在平衡增长路径的增长率中。创新的规模 γ 越大，给技术带来的推动力也会更大，如果创新的可能性保持不变，那么这应该会提高增长率。但是，较大的创新"步长"也会增加 A 的绝对大小，这会降低我们在 $\varphi<1$ 的假设下发现下一个创新的概率。随着每一个创新的出现，下一个重大突破所花费的时间更长，这抵消了 γ 的正面效应。

三 与 Romer 模型的比较

在很大程度上，我们在本章中介绍的两个内生增长模型都提供了相同的结果。在 $\varphi <$ 1 的实际情况下，长期增长率由人口增长率 n 决定。因此，创新是否以发明全新的中间产品或替代现有的中间产品的形式出现，对长期增长率而言并不重要。

虽然增长的结果是相似的，但 Schumpeterian 模型的一个关键贡献是其将增长理论与厂商行为的动态变化联系起来。例如，创造性破坏意味着新公司正在进入，一些现有公司正在被摧毁。近年来，在增长、宏观、贸易和产业组织方面的研究使用 Schumpeterian 方法探索了一系列有趣的问题，包括竞争在促进增长中的作用、企业动态、技术变革的方向以及出口和国际贸易的收益来源等方面。

当然，事实上从事研究工作的个体在研究新品种的同时也试图创造性地破坏现有品种并加以取代。不管我们认为 Romer 模型还是 Schumpeterian 模型更接近现实，但它们总体结果是长期增长率只取决于 n，而其他的政策变化只具有水平效应，因此，这两种创新方式都可以成立。

第四节 技术转移模型

新古典增长模型在假定技术和要素积累是外生的情况下，解释了为什么一些国家富有而另一些国家会贫穷。Romer 模型和 Schumpeterian 模型则是提供了一个构建技术前沿模型的微观基础，解释了技术进步的原因，并详细阐述了有关"经济增长引擎"的一些问题。在本节中，我们将讨论下一个相关的问题，即技术如何在各经济体之间扩散的，以及为什么有些国家使用的技术比其他国家使用的技术先进得多。

一 理论模型

本节建立的理论框架自然是基于第二节讨论的 Romer 模型，并在该模型中添加技术转移途径这样一个因素，通过这一途径，不同国家都获得了使用各种中间资本品的能力。我们认为这一机制是内生的。

在 Romer 模型中，各国使用劳动力 L 和一定范围的资本品 x_j，生产出同质的产品 Y，工人能够使用的资本品的"数量"受到工人技能水平 h 的限制：

$$Y = L^{1-\alpha} \int_0^h x_j^{\alpha} dj \tag{8-28}$$

同样的，考虑到积分是求和的意思，因此，具有较高技能水平的工人与具有较低技能水平的工人相比能够使用更多数量的资本品。比如，技能较高的工人可以使用由计算机控制的工具，而技能低下的工人则不具备这方面的能力。

任何一个单位的中间资本品可以用一个单位的初始资本生产出来，为了简化起见，我们假定进行这种转换和不做这种转换都是轻而易举的。这样，我们得到：

$$\int_0^{h(t)} x_j(t) dj = K(t) \qquad (8-29)$$

也就是说，生产中各种类型的资本品的总使用量等于初始资本的总供应量，中间品在模型中被看作等同的，这样对所有资本 j 都有 $x_j = x$。这一条件加上（8-29）式和生产函数（8-28）式，意味着该经济体的总生产技术采用类似 C-D 函数的形式：

$$Y = K^\alpha (hL)^{1-\alpha} \qquad (8-30)$$

当然我们也应注意到，个体技能水平 h 在这个方程中所起的作用类似于劳动增进型的技术进步。

资本 K 由未用于消费的部分所积累而成，资本积累方程为如下标准形式：

$$\dot{K} = s_K Y - \delta K$$

其中，s_K 为产出的投资份额（其余的用作消费），δ 是资本折旧率。

我们的模型不同于第三章的地方在于技能 h 的积累上。在第三章中，个体技能水平只是个人在校学习时间的一个函数，在这里，我们将这一思想加以更一般化的抽象，"技能"在这里被特别定义为个人已经学会使用的中间品的范围。随着个人从使用锄头、牛进步到使用农药和拖拉机，经济不断地增长，个人学会使用更先进的资本品的方式如下：

$$\dot{h} = \mu e^{\psi u} A^\gamma h^{1-\gamma} \qquad (8-31)$$

其中，u 表示个体在积累技能而不是在工作上所花费的总时间。尽管，个体也会在正规教育之外获得各种技能，但是在实证上，我们可以认为 μ 即为受教育的年数。A 表示世界技术前沿，它是迄今为止所发明的最先进资本品的指数。此外，我们假定 $\mu > 0$ 且 $0 < \gamma \le 1$。

（8-31）式有许多值得讨论的地方。首先，我们保留了技能积累函数的基本指数结构，在积累技能方面花费更多的时间会成比例地增加技能水平。和第三章一样，这与有关教育回报的微观经济分析也是相一致的。其次，方程右边的两项表明，技能的变化（在几何上）等于前沿技术水平 A 与个体技能水平 h 的加权平均。

为了更好地理解（8-31）式所表示的技能积累的意思，可以将等式两边同时除以 h，改写为：

$$\frac{\dot{h}}{h} = \mu e^{\psi u} \left(\frac{A}{h}\right)^\gamma \qquad (8-32)$$

从（8-32）式中可以更清楚地看到其隐含的假定：要学会使用一件接近当代前沿技术水平的中间品是比较难的：个体的技能水平 h 越是接近技术前沿 A，A/h 的值就越小，技能积累就越慢。它的含义就是，比如在 40 年前当计算机问世不久，要学会使用它就要比现在花费多得多的时间。

假定世界上发达国家对研究的投资是导致技术前沿不断进步的原因。借助于 Romer 模型的结论,假定技术前沿以固定的速率 g 不断向前发展,即:

$$\frac{\dot{A}}{A} = g$$

一个更完整的模型应该像前两节一样,允许个人选择是在最终产品部门工作,还是在研究部门工作。在这样的一个模型中,g 是以创新生产函数中的函数值和世界人口增长率为自变量的一个函数中的参数。然而,为了简化分析,在这里我们将不去讨论这种更加完善的模型。在现在的这个模型里,我们假定存在一个世界创新的总库,它对任何国家来说都是可以免费获取的。不过,为了利用这些知识,一个国家必须首先要学会如何使用知识。

二 稳态分析

和前面几章一样,我们假定经济中的投资率和个人在积累技能而不是工作中所花费的时间是外生的和不变的。我们还假定经济中的劳动力以不变速率增长,并且这一速率 n 是外生决定的。

为得出经济均衡增长路径,考虑(8-31)式的技能积累方程。沿着均衡增长路径,h 的增长率必定是不变的。回想一下(8-30)式的生产函数,由于 H 的作用就好像劳动增进型的技术进步,因此,H 的增长率将随着单位人工产出 $y \equiv Y/L$ 增长率以及单位人工资本 $k \equiv K/L$ 增长率的变化而变化。由(8-32)式可知,当且仅当 A/h 是一个常数,$\dot{h}/h$ 保持不变,所以,h 和 A 必定以相同的比率增长。由此我们得出:

$$g_y = g_k = g_h = g_A = g$$

为了得出沿上述均衡增长路径的收入水平,我们用常规方式加以推导。由资本积累方程可以导出,沿着均衡增长路径的资本产出率为:

$$\left(\frac{K}{Y}\right)^* = \frac{s_K}{n + g + \delta} \tag{8-33}$$

将(8-33)式用劳动力人均产出重新表述后代入(8-30)式的生产函数,得到:

$$y^*(t) = \left(\frac{s_K}{n + g + \delta}\right)^{\alpha/1-\alpha} h^*(t) \tag{8-34}$$

显然,我们可以看到,由于包含时间 t,y 和 h 将随时间发生变化。

沿着均衡增长路径,小国的技能水平与当今所发明的最先进的资本品之比会由技术积累方程(8-32)式决定。根据 $g_h = g$,我们可以得出:

$$\left(\frac{h}{A}\right)^* = \left(\frac{\mu}{g}e^{\psi u}\right)^{1/\gamma} \tag{8-35}$$

用(8-35)式替换(8-34)式中的 h,我们可以把均衡增长路径中的人均产出改写成一个有关外生变量和参数的函数:

$$y^*(t) = \left(\frac{s_K}{n+g+\delta}\right)^{\alpha/1-\alpha} \left(\frac{\mu}{g}e^{\psi u}\right)^{1/\gamma} A^*(t) \qquad (8-36)$$

（8-32）式和（8-36）式是描述这个简单的经济增长和发展模型的两个关键方程。（8-32）式表明，沿着均衡增长路径，人均产出的增长率等于劳动力技能水平的增长率，并且这一增长率由技术前沿增长率所决定。（8-36）式则描述了人均产出水平沿着这一均衡增长路径增长的一些特征。我们注意到（8-36）式与第三章新古典模型中的（3-23）式类似，本章建立的这一模型强调了创新和技术转移的重要性，对基本的新古典增长模型提供了一种"新增长理论"的解释。在这里，经济的增长是因为经济体学会了使用整个世界发明的新创意。

（8-36）式还有以下几个特点。（8-36）式中右边的第一项与原始的索洛模型类似。这一项表明，在物质资本上投入更多的经济体将更富有，而人口增长较快的经济体会更加贫穷。（8-36）式中右边的第二项反映了技能的积累。在技能积累上花更多时间的经济体会更接近于技术前沿，也会更富有。请注意，这一项类似于我们在第三章扩展的索洛模型的人力资本项。然而，现在我们已经清楚地说明了技能积累的含义。在这个模型中，技能对应于使用更先进的资本的能力。如第三章所述，技能积累影响产出决定因素的方式与有关人力资本积累的微观证据是一致的。（8-36）式中右边的第三项表示了世界技术前沿，正是这一项使人均产出随着时间不断增长。如前几章所述，在这个模型中，技术进步是经济增长的引擎，但它与第三章的不同之处在于，我们现在从 Romer 模型的分析出发解释了技术进步是如何产生的。

最后，模型解释了为什么不同的经济体会有不同的技术水平。为什么美国的农产品生产中会采用高科技的机械和新型肥料，而印度或撒哈拉以南的非洲地区却更多地依赖于劳动密集型技术？这个模型给出的解释是，美国个人的技能水平要远远高于发展中国家的个人技能水平，发达国家的个体花费了多年的时间学会使用非常先进的资本品，而发展中国家的个体则在学习使用这些新技术方面投入的时间较少。

这一解释隐含了这样一个假设，即技术在全球范围内是可供任何人使用的。在某种程度上，这是一个有效的假设。跨国公司总是在世界各地寻找新的投资机会，并且这些投资通常都伴随着使用先进的技术。例如，移动通信技术在中国被证明是非常有用的，不用增加电话线路和相关的基础设施，几家公司都在争着提供电话通信。跨国公司已经同印度和菲律宾等多个国家签订了在当地建设电网和发电机的合同。这些例子表明，只要其国家具有相应的基础设施和使用新技术必需的培训，那么技术就能够快速地在世界各地流动。

三 技术转移的障碍

技术在国家间的转移为技术落后的国家带来了机会，即使一个技术落后的国家几乎不进行研发，但其可以选择复制或引进先进国家的技术发明，并因此受益。然而，这种乐观的预测在实践中似乎并不总是有效的。特别是，虽然技术在发达国家中流动相对自由，但富国的许多技术进步似乎对贫穷国家的影响不大。在本小节中，我们将探讨两个原因，即发达国家向发展中国家的技术转移并不总是那么容易。

一是技术的适用性。发达国家没有将技术转让给发展中国家可能是由于专利保护或技术保密的限制，但也会有其他问题出现，在富裕国家开发的技术可能不适合较贫穷的国家。富国的人均物质资本和人力资本往往比穷国多，如果在富国创造的技术是基于其特定的各种因素，换句话说，如果这些技术只在高水平的人力和物质资本下发挥作用，那么这些技术在穷国就不会有用。例如，在一个主要依靠自行车和公共汽车运送人们的国家，磁悬浮列车（一种资本高度密集的交通方式）技术对提高其生产率几乎没有任何作用。同样，富国往往位于温带气候区，那里的农业进步包括发展不适合热带的作物，如果某项新技术可用于穷国，但不适合穷国，则不太可能在那里使用。另一种情况是"资本偏向"的技术变革，即只对资本密集的国家有用的技术变革，这种技术变革对于人均资本较低的穷国而言，产出增加的可能性会很小。为什么技术进步会偏向于高水平的人均资本？主要原因是，这些人均资本较高的国家进行研发是为了提高与之相匹配的要素组合的生产率。

二是隐性知识。技术转让壁垒的作用似乎是有限的，例如一项专利在 20 年后到期，在这之后（必须在专利申请中充分说明）可以免费提供给任何人使用。同样，那些依靠保密而非专利来保护自己技术的公司，在谈到 10 年、20 年或 30 年前使用的技术时，通常会放松警惕。这些考虑表明，技术从最富有的国家流向最贫穷的国家最多需要几十年的时间。但是经验表明，这种转让不仅仅是简单地复制新生产工艺的设计图，此外，工程师的头脑中还存在着隐性知识，即一项技术工作原理中的数个小细节，这些细节是通过多年的经验积累学到的，并通过非正式的培训在人与人之间传递，而不是通过书面形式。通常，技术的使用者不了解这种隐性知识的程度，因此，仅仅转让设计图就可能导致代价高昂的失败。

隐性知识的存在使技术转移复杂化，认识到隐性知识的重要性有助于解释其他现象。第一，与发达国家相比，隐性知识使技术从发达国家向发展中国家转移要困难得多，因为许多隐性知识并非特定于某一个具体的技术，而是特定于某一特定类型的技术。第二，如果隐性知识很重要，那么成功地将一项技术转让给发展中国家可能会产生很大的外部性，因为在这一过程中，隐性知识的存量会增加，从而使进一步的技术转让更加容易。这种外部性或许可以解释韩国和中国台湾等经济体是如何在几十年的时间里迅速掌握尖端技术。

尽管技术在国家间的转移面临很多障碍，但是相对落后的发展中国家依然存在赶超先进国家的可能性，也就是具有"后发优势"。在第一节关于技术进步的介绍中，我们使用了计算机软件的例子。新一代的软件产品代表一种新的更好的技术，因此，在物质资本和人力资本的投入没有发生改变的情况下，新的软件会促使生产力提高。新技术往往在资本品的各种属性中有所体现，这种技术与特定资本的结合被称为体现型技术进步（embodied technological progress），相比之下，软件则是非实物资本的一个例子。

同样，我们可以把技术进步看作学生在上学期间获得的人力资本。教育既有一般的组成部分（如听说读写的能力），也有特定的组成部分（如使用前沿技术的技能）。就软件的使用而言，可以通过"升级"工人的大脑来应对新技术，但这种技能升级需要在人力资本方面进行新的投资。随着工人年龄的增长，改进他们的技术变得越来越困难，也越来越没有价值，因为高龄工人可以提供劳动力的时间相对更短。因此，这些工人不太可能使用最先进的技术。

技术体现在物质资本和人力资本中，这就意味着我们不能轻易地把要素积累与技术进步分开。平均而言，一个投资率高的国家生产的资本品更加年轻（最近才生产），包含更先进的技术，因此，高投资的国家将比低投资的国家在技术上更先进。同样，一个人口老龄化的国家将很难保持在技术前沿，因为其很大一部分工人只是在过去接受了教育，缺乏人力资本升级方面的新投资。

我们可以在采用碱性氧气炉这一钢铁工业最重要的创新之一的过程中看到体现型技术进步的效果。这种创新发明于 20 世纪 50 年代初，美国的钢铁工业在第二次世界大战后才缓慢扩张，但这种新技术的传播速度很慢。相比之下，日本的钢铁工业在这段时间里增长得更快，因此钢铁厂采用新技术的速度要快得多。到 1968 年，75% 的日本钢是用碱性氧气炉进行生产的，而在美国只有 40%[1]。

技术在资本品中的体现也带来了技术跨越的可能性，即技术落后的国家或企业在此过程中会领先于领导者，这一过程也被称为"蛙跳发展"（leapfrogging）。"蛙跳发展"最好的例子之一同样来自软件，这也是我们目前讨论的起点。软件在不断地更新，但是计算机经常用户并不认为每次新版本的软件都有必要升级；相反，用户会坚持使用当前的版本，直到它值得替换为最新的可用版本。因此，在这个过程中存在像蛙跳一样的跨越式发展，使用较为老旧软件的用户会跳到前面安装最现代的程序[2]。

"蛙跳发展"也可以发生在国家层面。在那些资本品生产中引入新近发展技术的国家，企业可能认为不值得放弃现有的资本来采用最新的创新，相比之下，落后得更远的国家则会这样做。电话的使用就是一个很好的例子。在电话已经普及了几十年的国家，广泛的电话线基础设施（"陆上线路"）通向每个家庭和企业。20 世纪 90 年代，这些陆地电话线的存在减少了其对新型移动通信技术的需求，许多基础设施较为落后的国家使用手机的速度反而更快。2001 年，非洲成为世界上第一个手机数量超过陆地电话线的地区，2001—2010 年，手机用户的数量增加了 14 倍。在使用手机进行非正式银行业务、汇款和小额交易等方面，非洲也处于世界领先地位。

本章小结

1. 所谓内生增长理论或新增长理论，是指没有外生技术进步的情况下仍能实现长期

---

[1] Ruttan, Vernon W., 2001, *Technology, Growth, and Development: An Induced Innovation Perspective*, New York: Oxford University Press.

[2] Brezis, Elise, Paul Krugman, Daniel Tsiddon, 1993, "Leapfrogging in International Competition: A Theory of Cycles in National Technological Leadership", *American Economic Review*, 83: 1211 – 1219.

人均收入增长的理论。延缓或阻止资本边际报酬递减的三种思路都可实现内生增长：扩大资本概念、引入正的外部性、引入内生技术进步。

2. 创新或技术的性质包括：它需要投资、非竞争性、低度排他性。

3. 大部分的 R&D 支出都是由企业私人承担的。获利性是企业绝对投入研发支出的根本原因。

4. 产品多样性内生增长模型在宏观上解释了新产品出现的最优化行为，熊彼特内生增长模型解释的是产品质量改进行为。

5. 获得新技术的两种方式：本国或本地研发以及接受技术转移。影响技术转移的障碍包括：技术的适用性、隐性知识。

6. 技术往往体现在资本品或人力资本中，这类技术进步被称为"体现型技术进步"。体现型技术进步带来了技术跨越的可能性，即技术落后的国家或企业在此过程中会领先于领导者，这一过程也被称为"蛙跳发展"。

思考题

1. 请谈谈你对内生增长理论的理解。
2. 作为经济增长的一个源泉，技术进步是如何区别于生产要素积累的？
3. 把下列商品归入类似表 8-1 的表格中，即按竞争性和非竞争性分类，再分别按排他性程度的高低排列：国防、热带雨林、可口可乐的保密配方、一个甜甜圈、公共广场中央的一棵树上结的果子。
4. 有哪些因素会影响一个企业投入研发的决策？
5. 什么是专利？专利是如何影响企业投入研发的积极性的？
6. 一个经济体把更多的资源投入研发，会产生什么样的短期效应和长期效应？
7. 政府在科技创新中可以起到什么样的作用？
8. 请简述 Romer 模型和 Schumpeterian 模型之间的差异。
9. 由于专利所导致的垄断价格常常受到人们的指责，尤其对于拯救生命的处方药来说。在这种情况下，专利法的利弊是什么？你能想出其他的解决方法吗？
10. 适用技术和隐性知识是如何阻碍技术从富裕国家向贫穷国家转移的？

第九章 技术进步的偏向

学习目标
1. 理解技术进步方向或偏向的含义，了解中性与有偏技术进步的图形表达。
2. 了解有偏技术进步增长理论中的价格效应与市场规模效应。
3. 掌握农业诱导性技术进步理论。
4. 了解二元经济结构变化对技术进步偏向的影响以及技术进步偏向对收入分配的影响。

技术进步并非全是美好的事情。无论是技术进步会使很多人原有的工作技能变得过时而没有市场价值，还是机器有时会替代工人，其最终结果都是影响社会收入分配的。本章从技术进步的方向或技术进步偏向的概念出发讨论这一问题。前面各章都是把技术或技术进步看作一个没有方向性的标量，属于总量意义上的技术进步。本章讨论技术进步的结构与方向问题。技术进步的结构或方向问题，被称为技术进步偏向。

第一节 技术进步偏向的含义

一 技术进步偏向的直观含义

有偏技术（biased technology），先后又被称为诱导性技术（induced technology）和有方向的技术（directed technology），这个概念的讨论最早可以追溯到1932年希克斯的工资理论[1]。它到底是什么意思呢？从最一般的意义上讲，有偏技术进步是指这一种技术进步偏向于或者是有利于整体某一种经济行为或者某一部分。整体经济的某一部分，可以按照生产结构中的产出来划分，也可以按照投入来划分。因此，技术进步偏向，通常可以分为部门（产业或区域）偏向以及要素使用偏向。

技术进步的部门（产业或区域）偏向是指，技术进步使特定的部门（产业或区域）增长得更快，从而使该部门（产业或区域）的产出比重增加。比如，出口部门技术进步一

---

[1] Hicks, J. R., 1932, *The Theory of Wages*, London: Macmillan.

般会比非出口部门增长更快,因此在一定时间内,出口部门产出不断增长,其从业人员在国民收入中所占的比重相应增加。再比如,技术进步会使第二产业在整个经济中的比重先增加后下降,第三产业在整个经济中的比重逐渐增加,而第一产业在整个国民经济中所占比重逐渐下降。城市的技术进步也会快于农村地区,因此技术进步有城市偏向。

技术进步要素使用偏向是指技术进步有利于资本投入还是劳动投入。是否"有利于"的判断方法之一是看对产出的影响。这是一种在"技术适宜性"语境下表述的技术进步偏向,如在一些发展经济学文献中[1],如果技术进步使不同资本密集程度(资本—劳动比,也就是劳均资本存量)下的产出都同比例增加,则这种技术进步是无偏(中性)的,意即技术进步既不偏向于资本要素也不偏向于劳动要素,不管在哪种资本—劳动比之下都一样能提高产出;反之,如果技术进步只能在资本密集程度较高的情况下才能提高产出,而在资本密集程度较低的情况下不能提高产出或提高产出很少,则技术是偏向于资本的,或者说技术更适宜于在发达的经济体中使用,而不适宜于在发展中经济体使用。那些偏向资本密集程度高的技术,对较为落后的发展经济体是没有太大作用的。技术呈现偏向于较高资本密集程度,原因在于技术要素与资本要素的互补性。

技术进步要素偏向的另外一种"有利于"特定要素的标准是看对不同要素在产出中所占的回报,这也是当前文献中最常见的技术进步偏向的含义。如果技术进步使劳动(资本)在一定约束条件下获得的回报份额增多,则称这种技术进步为劳动(资本)偏向型的。当技术进步引起的生产函数的扩张不影响收入分配时,技术进步就是中性或无偏的。除了特别说明外,我们在本章中所使用的技术进步偏向就是指这种收入分配意义上的要素使用偏向。

显而易见,无论何种意义上的技术进步偏向,其实都是刻画技术进步的结构性特征的。例如,技术进步的部门偏向揭示的是技术进步在不同产业部门之间的结构性差异。最后一种技术进步偏向,即收入分配意义上的技术进步偏向,揭示的是技术进步对收入分配或者说劳动者福利的影响。

二 技术性定义

令生产函数为:

$$Q = F(K,L;t) \tag{9-1}$$

其中,Q、F、K、L、t 依次为总产出、生产函数、资本投入、劳动投入和时间,生产函数满足通常的标准假设且对三个自变量是连续的,即边际产品为正且递减。在要素市场完全竞争条件下,实际工资和利率或租金率分别为:

$$W = F_L(K,L;t) \tag{9-2}$$

$$R = F_K(K,L;t) \tag{9-3}$$

---

[1] 姚洋:《发展经济学》,北京大学出版社2018年版。

资本报酬份额（资本报酬占总产出比例）为：

$$\pi = \frac{RK}{Q} \qquad (9-4)$$

劳动者报酬份额为：

$$1 - \pi = \frac{WL}{Q} \qquad (9-5)$$

定义相对份额即劳动者报酬份额与资本报酬份额之比为：

$$\frac{1-\pi}{\pi} = \frac{WL}{RK} \qquad (9-6)$$

值得注意的是，劳动者与资本报酬份额之比变动方向与劳动者报酬份额（资本报酬份额）变动方向完全一致（相反），也就是说，劳动者报酬份额（资本报酬份额）提高，则劳动者与资本报酬份额之比也提高（下降），反之则反是。劳动者报酬份额、资本报酬份额与相对份额，这三个变量有一一对应关系。

技术进步的中性与偏向性定义为：

$$I = \left. \frac{\partial(WL/RK)/\partial t}{WL/RK} \right|_P \qquad (9-7)$$

技术偏向指标 I 刻画的是技术进步引起的相对份额变化百分率。当 $I = 0$ 时，技术进步引起的相对报酬份额是没有变化的，我们就说沿着这条指定的路径，技术进步是中性的；当 $I < 0$ 时，技术进步引起的劳动相对报酬份额下降，技术进步在收入分配意义上是有利于资本的，因此这种技术进步是资本偏向型的。在这种技术进步下，任一相对工资率（相对于资本报酬而言）下的劳动的相对需求下降，我们有时候又说技术进步是劳动节约型的（labor saving）或资本使用型的（capital using）；反之，当 $I > 0$ 时，技术进步引起的劳动相对报酬份额上升，技术进步在收入分配意义上是有利于劳动要素的，因此这种技术进步是劳动偏向型的。在这种技术进步下，劳动的相对需求上升，我们又可以说这时技术进步是劳动使用型的（labor using）或资本节约型的（capital saving）。后两种情况的技术就是有偏的，前者是偏向资本的技术，后者是偏向劳动的技术[①]。

（9-7）式中的 P 是指定的偏导数的路径。生产函数上不同的点在生产函数曲线整体移动时技术进步偏向的取值不同，因此需要指定特定的移动路径。在技术进步的偏向性的定义中，指定的路径是非常关键的，不同的路径导致不同意义上的技术进步偏向性的定义。常见的有三种类型的特定的指定路径，也就是三种划分技术进步中性—非中性的方

---

① Burmeister E., A. R. Dobell, 1970, *Mathematical Theories of Economics Growth*, Collier-Macmillan, New York; Acemoglu, D., 2002, "Directed Technical Change", *Review of Economic Studies*, 69: 781–809; Acemoglu, D., 2003, "Patterns of Skill Premia", *Review of Economic Studies*, 70 (2): 199–230; Acemoglu, D., 2007, "Equilibrium Bias of Technology", *Econometric*, 75 (5): 1371–1410; Acemoglu, D., 2009, *Introduction to Modern Economic Growth*, Princeton University Press; Acemoglu, D., Zilibotti, F., 2011, "Productivity Differences", *Quarterly Journal of Economics*, 116: 563–606; Acemoglu, D., G. Gancia, F. Zilibotti, 2015, "Offshoring and Directed Technical Change", *American Economic Journal*: *Macroeconomics*, 7 (3): 84–122.

法。第一种特定的路径是不变的资本—产出比，如果沿着这条路径 $I=0$，则我们称技术进步是哈罗德中性的，否则技术进步就是哈罗德意义上的有偏的。第二种特定的路径是不变的资本—劳动比，如果沿着这条路径 $I=0$，则我们称技术进步是希克斯中性的，否则技术进步就是希克斯意义上的有偏的。第三种特定的路径是不变的劳动—产出比，如果沿着这条路径 $I=0$，则我们称技术进步是索洛中性的，否则技术进步就是索洛意义上的有偏的。三种中性技术进步分别对应着技术进步的纯劳动增进型表述、等劳动与资本增进型表述以及纯资本增进型表述。

三 图形解释

下面我们用生产函数图形和等成本函数图形的变化来解释哈罗德中性和希克斯中性技术进步所代表的生产函数移动和要素价格前沿的移动（单位等产量曲线与单位要素价格前沿类似）[①]。首先以集约形式表述上述生产函数为：

$$q = f(k;t) \tag{9-8}$$

其中，$q = Q/L$，$k = K/L$。

（一）希克斯中性技术进步

希克斯技术进步偏向性在资本—劳动比不变的条件下进行比较。定义工资—租金比为：

$$\omega = W/R \tag{9-9}$$

则有：

$$\frac{WL}{RK} = \omega/k \tag{9-10}$$

图 9-1 中展示了工资—租金比的直观解释。资本租金率为直线 AB 的斜率，租金为 CD，单位劳动投入的报酬即工资为总产出减去资本租金，在图中为 OC 的长度，由此，OB 的长度即为工资—租金比。

在资本—劳动比不变条件下相对要素报酬份额不变意味着工资—租金比不变。以图形表示如图 9-2 所示，在同一资本—劳动比 $k = \alpha$ 处，切线交于横轴左侧同一位置，如上所述，该点到原点距离即为资本工资租金

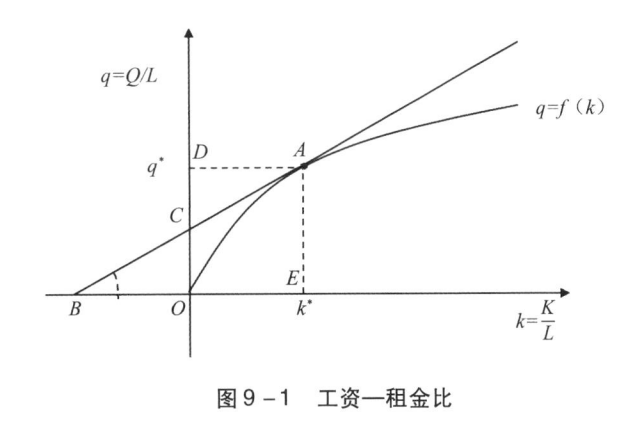

图 9-1 工资—租金比

[①] Burmeister, E., A. R. Dobell, 1970, *Mathematical Theories of Economics Growth*, Collier-Macmillan, New York.

比，此时技术进步是希克斯意义上中性的。希克斯意义上的资本偏向（劳动节约）型技术进步，意味着技术进步使资本—租金比上升，生产函数上移后在同一竖直位置上的切线与横轴交点更靠左，显得生产函数更为平坦。

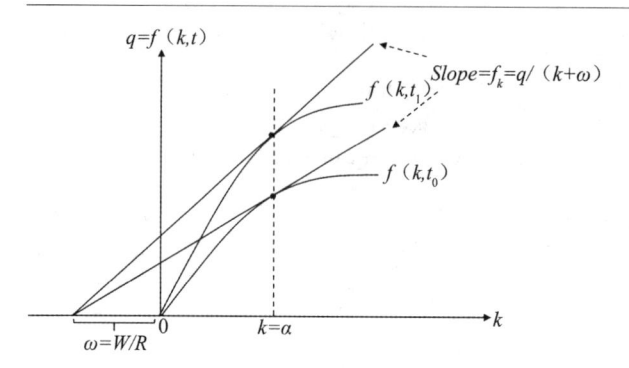

图 9-2 希克斯中性技术进步下的生产函数变化

新古典生产函数存在一个与之对应或对偶（dual）的成本函数①，该成本函数和生产函数具有同样的齐次性和凹性。单位成本函数如：

$$C(W,R) = 1 \quad (9-11)$$

该单位成本函数定义了实际要素价格前沿（real factor-price frontier）。由于有：

$$\frac{\mathrm{d}W}{\mathrm{d}R} = -\frac{K}{L} \quad (9-12)$$

所以得到要素价格前沿的弹性为：

$$\eta = -\frac{R}{W}\frac{\mathrm{d}W}{\mathrm{d}R} = \frac{RK}{WL} = \frac{\pi}{1-\pi} \quad (9-13)$$

即要素价格前沿曲线的弹性等于资本的相对要素报酬份额，或等于劳动的相对要素报酬份额的倒数。引入技术进步后单位成本函数如：

$$C(W,R;t) = 1 \quad (9-14)$$

如果技术进步是希克斯中性的，则单位成本函数为：

$$C(W/a(t),R/a(t)) = 1 \quad (9-15)$$

由生产函数的一次齐次性（规模报酬不变），所以成本函数也是一次齐次的，所以（9-15）式为：

$$C(W,R) = a(t) \quad (9-16)$$

希克斯中性技术进步的成本曲线移动如图 9-3 所示。技术进步希克斯中性意味着工资率增长率和租金率增长率均与 $a(t)$ 增长率相等。其中，$\eta_0 =$

图 9-3 希克斯技术进步中性的单位成本曲线变化

---

① Samuelson, P. A., 1965, "A Theory of Induced Innovations Along Kennedy-Weisacker Lines", *Review of Economics and Statistics*, 47 (4): 343.

$A_0B_0/B_0C_0 = A_1B_1/B_1C_1 = \eta_1$,不同成本函数在位于通过原点的射线上的点的切线斜率相等。

(二)哈罗德中性技术进步

如上所述,哈罗德意义上的资本偏向性定义指定的路径是资本—产出比不变。以集约型生产函数表述资本报酬份额为:

$$\pi = f_k \frac{k}{q} \qquad (9-17)$$

哈罗德中性意味着资本报酬份额不随时间变化,从(9-17)式可以看出,π、f_k、k/q 三者为常数并非完全独立的,其中任何两个为常数则使第三者也为常数。因此,哈罗德中性意味着从原点出发的任意射线上不同生产函数的斜率是相同的(见图9-4)。哈罗德意义上的资本偏向型(劳动节约型)技术进步意味着同一射线上,位于同一过原点射线上技术进步后的生产函数上的点的斜率大于技术进步前。

如果技术进步是哈罗德中性的,成本函数为:

$$C(W/a(t),R) = 1 \qquad (9-18)$$

定义工资—利率比 $\omega \equiv W/R$。由要素价格前沿等于资本相对报酬份额,可以证明,$\dot{\omega}/\omega = \dot{k}/k = \dot{a}/a$,$\dot{\omega}/\omega - \dot{k}/k = 0$,从而 k/ω 为常数。哈罗德中性技术进步的要素价格前沿移动如图9-5所示。图中,$\eta_0 = A_0B_0/B_0C_0 = A_1B_1/B_1C_1 = \eta_1$,不同成本函数在同一竖直位置的点的切线交于横轴。

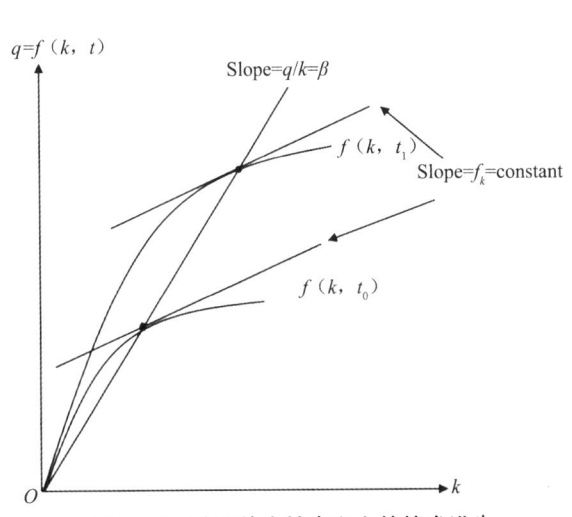

图9-4 哈罗德中性意义上的技术进步

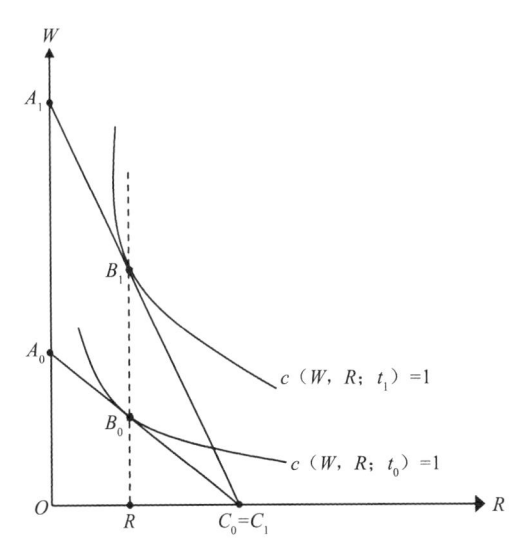

图9-5 哈罗德中性技术进步的等成本函数

第二节 技术进步偏向的增长理论

一 创新可能性边界与外生技术进步偏向

技术进步通常表述为要素增进型，即将生产函数 $Q = F(K, L; t)$ 表述为：
$$Q = G(b(t)K, a(t)L) \tag{9-19}$$

要素增进型技术进步的意思是这种技术进步起到"好像"同放大了或者说增进了要素的数量一样的作用效果，我们不能排除有些技术进步类型与特定要素效率或质量相联系，但是这种要素增进型表述并不必定意味着特定技术进步类型就是特定要素效率或质量的增加。实际上，这种表述方式仅是一种"比喻"或折算方式。以劳动增进型技术进步为例，它不一定是劳动者技能与人力资本提高，仅仅是从技术进步的作用后果来看，它与劳动投入数量是同样的效果。我们通过这种构建方式，将技术进步折算成一单位劳动小时数的效率单位含量，这样我们构建生产函数关系时，不同年份的投入—产出函数关系稳定不变，而不是每年用一个不同的生产函数。"就像对打字机的设计做出的改进。这种改进使一名秘书在一年时间过去之后能抵得上 1.04 名秘书。要紧的是，应当有一种依照时间进程而不是资本存量来计算劳动的效率单位的方法，以便投入—产出曲线在这种计算方法中根本不会改变。"[1]

此外，值得注意的是，如果我们的分析仅仅限于稳态，所要求的技术进步类型必定是纯劳动增进型的。反过来，有了资本增进型技术进步后，它是刻画对稳态偏离状态的投入—产出函数关系的一种方法。

哈罗德偏向性、希克斯偏向性与索洛偏向性三者之间有一定的联系。Diamond 表明，两要素生产函数的技术进步可由如下两个指数进行刻画[2]：

$$D \equiv \frac{\frac{\partial (F_L/F_K)}{\partial t}}{F_L/F_K} = \frac{F_{Lt}}{F_L} - \frac{F_{Kt}}{F_K} \tag{9-20}$$

（9-20）式度量了投入不变（当然进一步地资本—劳动比不变）情况下资本劳动替代率的变化。资本—劳动比不变时的资本劳动替代率等于工资—利率比，因此，D 是希克斯意义上的技术进步（劳动）偏向指数，即 $D = I_{Hicks}$，而且 $D < 0$、$D = 0$、$D > 0$ 依次可以表示为劳动节约型、中性、劳动使用型技术进步。类似地，哈罗德技术偏向指数可定义为：

---

[1] [美] 罗伯特·M. 索洛：《经济增长理论：一种解说》（第二版），朱保华译，格致出版社 2015 年版。
[2] Diamond, P. A., 1965, "Disembodied Technical Change in a Two-sector Model", *The Review of Economic Studies*, 2.

$$I_{Harrod} = \left.\frac{\frac{\partial(Q/K)}{\partial t}}{Q/K}\right|_{F_K} \qquad (9-21)$$

相对份额变化百分率可表述为:

$$\dot\omega/\omega - \dot k/k = -\frac{\pi/\pi}{1-\pi}(\dot f/f - \dot k/k - \dot f_k/f_k) = (1/\sigma - 1)\dot k/k + D \qquad (9-22)$$

其中,σ 为两种要素之间的替代弹性。如果技术进步是要素增进型的,我们可以得到:

$$D = I_{Hicks} = (1/\sigma - 1)(\dot b/b - \dot a/a) \qquad (9-23)$$

希克斯意义上的技术中性与偏向是最常用的类型。(9-23)式带来了一个有趣的结果:资本与劳动要素相对增进型技术变化与技术进步偏向类型之间没有简单关系。D 是希克斯意义上的技术进步(劳动)偏向指数,它大于0表示是偏向劳动的,即其他条件不变时收入分配中有利于劳动一方。但是如果劳动增进型技术进步快于资本增进型技术进步,只有在 $(1/\sigma - 1) < 0$ 的前提下才能保证 $D > 0$,即要求替代弹性 $\sigma < 1$,也就是资本和劳动两种要素总体上是互补的。

当替代弹性小于1时,相对技术进步降低了相对边际产品,从而偏向于技术进步更慢的生产要素。这看起来有点绕,也有点奇怪,但其机制是很清楚的。如果替代弹性小于1,则表明资本与劳动总体上是互补的,因此当资本增进型技术进步相对增加时,对劳动的相对需求增加,或者说对劳动的需求增加得比对资本需求增加得更多,从而劳动边际生产率增加得更多,从而使收入分配更有利于劳动。

$$I_{Solow} = -(1/\sigma - 1)\dot a/a \qquad (9-24)$$

$$I_{Harrod} = (1/\sigma - 1)\dot b/b \qquad (9-25)$$

由此我们得到:

$$I_{Harrod} + I_{Solow} \equiv I_{Hicks} \equiv D \qquad (9-26)$$

如果替代弹性 $\sigma = 1$,生产函数实为柯布—道格拉斯型(C-D 生产函数),技术进步同时属于三种中性类型。

本节中所说的新古典增长理论,既是指生产函数满足标准新古典假设,又是指技术进步是外生的。也就是说,两种要素增进型的技术进步仅为外生变量,它们是如何来的不是新古典模型考虑的问题,企业最大化时仅为从这些不知来源的外生变量中进行最优选择。下一节我们在内生模型框架下讨论技术进步偏向的内生选择问题。

和新古典增长理论核心假设是外生技术进步一样,技术进步偏向的新古典增长理论[1]

---

[1] Drandakis, E. M., E. S. Phelps, 1966, "A Model of Induced Invention, Growth, and Distribution", *Economic Journal*, 76 (December): 823 – 840; Kennedy, C., 1962, "Harrod on 'Neutrality'", *Economic Journal*, 72 (March): 249 – 250; von Weizsacker, C. C., 1966, "Tentative Notes on a Two Sector Model with Induced Technical Progress", *Review of Economic Studies*, 33 (July): 245 – 251; Burmeister, E., A. R. Dobell, 1970, *Mathematical Theories of Economics Growth*, Collier - Macmillan, New York.

核心在于外生的技术创新可能性边界（invention possibility frontier）。我们知道，生产可能性边界衡量的是在给定资源约束情况下，生产不同产出的权衡组合关系。与之类似，创新可能性边界衡量的是，在创新投入给定的情况下，生产出来的（发明出来的）不同新技术之间的权衡组合关系。创新可能性边界假设两种技术的创新可能性边界具有与生产可能性边界类似的形状，大多是凸向外，表示创新的成本递增。

假设技术进步是两种要素的增进型，即生产函数为 $Q = G(b(t)K, a(t)L)$，定义 a 的增长率为 $\hat{a}$，其他变量类似。假定技术可能性边界满足：

$$\hat{a} = \psi(\hat{b}) \tag{9-27}$$

$$\psi'(\hat{b}) < 0 \tag{9-28}$$

$$\psi''(\hat{b}) < 0 \tag{9-29}$$

$$\psi(0) > 0 \tag{9-30}$$

创新可能性边界即为（9-27）式的关系，即劳动增进型技术进步速度与资本增进型技术进步速度之间的关系，如图9-6所示，它表明在现有技术与既定投入研发资源条件下，两种技术进步之间的权衡关系。（9-28）式意味着，由于研发资源是既定的，所以要想提高资本增进型技术进步率需要以牺牲劳动增进型技术进步率为代价。（9-29）式则意味着这种代价随着资本增进型技术进步率逐渐提高而递减。遵循 Drandakis 和 Phelps[①]，假定 $\hat{a} < \hat{a}_0$，$\hat{b} < \hat{b}_0$，这两个不等式和（9-30）式为边界条件，它们保证了图形如通常情况处于第一象限。

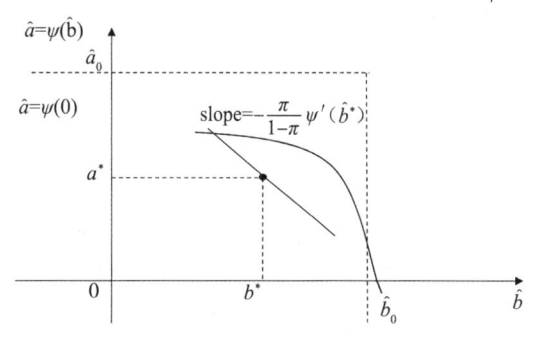

图9-6 创新可能性边界与要素增进型技术进步的最优选择

企业最大化技术进步率 $\tau \equiv F_t/F$，这等价于最大化给定要素价格的成本削减率[②]，即使资本租金率增长率和劳动工资率增长率的加权和下降幅度最大化，权重为各自两种要素收入比重。所以，总体技术进步率 τ 等于两种要素增进型技术进步率之加权和，权重为各自两种要素收入比重。最优化问题为：

$$\max \tau = \pi \hat{b} + (1-\pi) \hat{a} \tag{9-31}$$
$$\hat{a} = \psi(\hat{b})$$

求解这个最优化问题得到：

[①] Drandakis, E. M., E. S. Phelps, 1966, "A Model of Induced Invention, Growth, and Distribution", *Economic Journal*, 76 (December): 823–840.

[②] Samuelson, P. A., 1965, "A Theory of Induced Innovations Along Kennedy-Weisacker Lines", *Review of Economics and Statistics*, 47 (4): 343.

第九章 技术进步的偏向

$$\frac{\partial \tau}{\partial \hat{b}} = \pi + (1-\pi)\frac{\partial \hat{a}}{\partial \hat{b}} = \pi + (1-\pi)\psi'(\hat{b}) = 0 \qquad (9-32)$$

由于：

$$\frac{\partial^2 \tau}{\partial \hat{b}^2} = (1-\pi)\psi''(\hat{b}) < 0 \qquad (9-33)$$

所以最优解存在且唯一。由（9-32）式得到最优化的一阶条件为：

$$\psi'(\hat{b}) = -\frac{\pi}{1-\pi} \qquad (9-34)$$

这一最优化问题的解本质上就是创新可能性边界（9-27）式与总和技术增长率（9-32）式相切，即二者斜率应当相等，如图9-6所示。由这一优化问题我们可以得到如下结论：第一，创新生产可能性边界整体外移，则技术增长率提高。从图形上看，创新可能性边界外移，它将（9-32）式相切于使总和技术进步率更大的位置，如图9-7所示，最优选择点由(a^*，b^*)向右上移动到(a^{**}，b^{**})，两种要素增进型技术进步增长率都提高，总体技术进步率提高。创新可能性边界代表着既定研发资源下两种技术生产的总体效率，它外移表明无论是资本增进型技术还是劳动增进型技术的"生产效率"都整体提高了，也就是社会整体创新效率提高了。

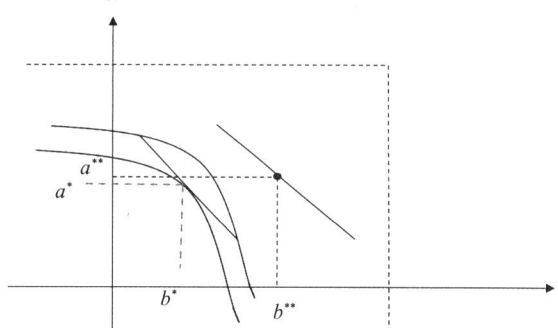

图9-7 创新生产可能性边界外移的影响

第二，如果生产可能性边界变得更为陡峭，即资本增进型技术进步率相同时的生产可能性边界斜率增大，则意味着增加一个单位的资本增进型技术进步率所需放弃的劳动增进型技术进步率增多，最优选择点左移，生产可能性边界变得更为陡峭，其实质指在现有研发条件下，研发劳动增进型技术相对变得越来越困难，代价越来越大，相对应地，研发资本增进型技术变得相对容易。直观上看，其必然结果是劳动增进型技术进步会减缓。但这一点似乎主要是技术进步方面的科学属性，毕竟经济学家无法了解哪种技术进步难度更大。

第三，作为这个模型中的相对价格，要素收入分配比例的变化对于两种要素增进型技术进步率都有影响。对（9-34）式求导得到：

$$\frac{d\hat{b}}{d\pi} = -\frac{1}{(1-\pi)^2 \psi''(\hat{b})} > 0 \qquad (9-35)$$

$$\frac{d\hat{a}}{d\pi} = \psi'(b)\frac{d\hat{b}}{d\pi} = -\frac{\pi}{1-\pi}\frac{d\hat{b}}{d\pi} < 0 \qquad (9-36)$$

$$\frac{d\hat{h}}{d\hat{\pi}} = -\frac{1}{(1-\pi)^3 \psi''(\hat{b})} > 0 \quad (9-37)$$

(9-37) 式中 $\hat{h} = \hat{b} - \hat{a}$。根据 (9-35) 式、(9-36) 式和 (9-37) 式 [见图 9-8，最优选择点由 (a^*, b^*) 移动到 (a^{**}, b^{**})]，收入分配结构本身会影响到技术进步结构。具体而言，资本（劳动者）报酬份额提高会刺激资本增进型技术进步，但是会阻碍劳动增进型技术进步，从而对资本—劳动相对技术进步速度有正面影响。报酬份额变化会影响到技术进步偏向是一个有趣的结论，它和我们在下一小节中要说到的市场规模效应有关。某种要素报酬份额增加，可能会来源于这种要素的市场规模扩大了，这刺激了与这种要素互补的技术进步。

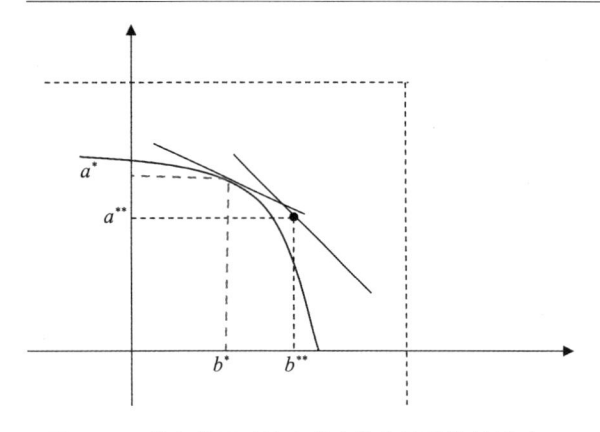

图 9-8 收入分配对技术进步偏向的结构性影响

二 价格效应与农业诱导性技术进步

上一小节的技术进步偏向是外生的，因为技术进步方向取决于外生设定的创新可能性边界。在这个模型中，创新可能性边界为何是这种形状而不是另外一种形状，模型没有解释。下面的价格效应和市场规模效应可以对此提供一些解释。

企业决定研发何种要素增进型技术进步时，取决于二者的相对获利能力。例如，如果资本增进型技术进步获利能力超过劳动增进型技术进步，那么投入资源研发资本增进型技术进步是合理的。两种要素增进型技术进步的相对获利能力取决于如下两个作用相反的效应。一是价格效应，用以生产的产品价格更高的技术，有更强的研发激励；二是市场规模效应，开发具有更大市场的技术更有利可图。

市场规模效应是内生技术进步偏向理论突出强调的机制，但是市场规模效应的作用方向与价格效应相反。直观上看，相对丰裕的要素才有更大的市场规模，但其相对价格不是更高，而是更低。两种效应中的价格效应自 Hicks[1] 以来一直受到关注。早期的文献中所称的"劳动节约型技术进步""诱导性技术进步"等概念其实阐述的就是价格效用。下面的农业诱导性技术进步模型阐述了其中机制，这一模型在发展经济学文献中较为流行，被称为农业诱导型技术进步[2]。

---

[1] Hicks, J. R., 1932, *The Theory of Wages*, London: Macmillan.
[2] [日] 速水佑次郎、[美] 弗农·拉坦：《农业发展的国际分析》，郭熙保等译，中国社会科学出版社 2000 年版；[日] 速水佑次郎：《发展经济学——从贫困到富裕》，李周译，社会科学文献出版社 2003 年版。

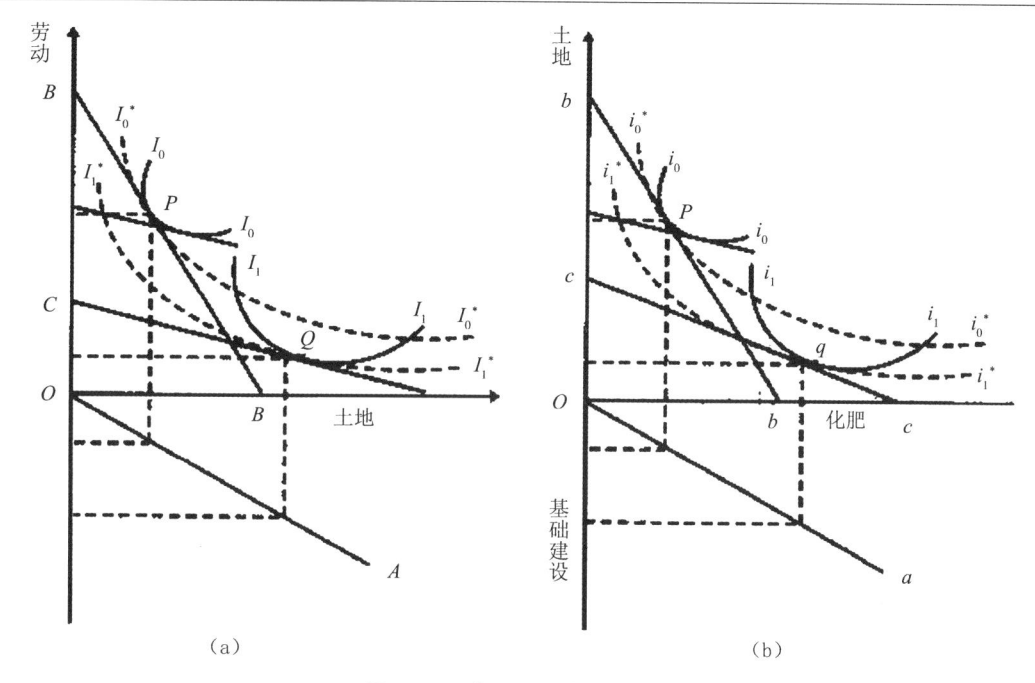

图 9-9 农业诱导性技术进步

农业主要面临两类技术进步，一是机械动力技术，二是生物技术。农业诱导性技术进步模型显示，不同国家或地区在面临不同的初始条件，选择的技术进步主要类型也不同。如果一个国家主要面临的是农业劳动力不足问题，那么该国将主要开发应用以替代劳动力为主的机械动力技术。反之，如果一个国家主要面临的是土地资源约束，那么该国将更多开放节约土地提高土地单产的技术，即生物育种技术。

图 9-9（a）表示某个面临劳动力约束的国家的机械技术发展过程。这个国家劳动力比较稀缺，而土地资源丰富，因而直觉上应当是追求扩大人均劳动力耕地面积。I_0^* 代表零期的创新可能性边界曲线，它是土地—劳动间的等产量曲线的包络线，每条等产量曲线对应着一种机械动力技术，越是往右的曲线机械化程度越高。零期的土地—劳动价格比率由 BB 线表示，它与 I_0^* 和等产量曲线 I_0 相切于点 P。在点 P_1，生产 1 单位产出所需的劳动和土地以及非人力动力配置达到最优状态（成本最小）。机械动力技术替代劳动力，土地和动力之间有互补关系，如图 9-9（a）中的 OA 线所示。

如果在经济发展过程中劳动力转移到工业的速度大于人口增长率，劳动相对于土地和动力机械变得更稀缺了，其结果是地租相对于工资率下降了，价格比率线从 BB 下降到 CC。在图 9-9（a）中，I_1^* 代表第一期的创新可能性边界曲线。它位于零期创新可能性边界曲线 I_0^* 下方，意味着第一期与零期相比，农业生产率提高了①，生产 1 单位产出所需的

---

① 这个农业生产率的提高是由于我们模型提及外的因素所致。即使没有创新可能性边界的外移，结论没变。

183

资源减少了。劳动要素价格更贵,诱导了机械动力新技术的出现,最终结果是,新的创新可能性边界与等产量曲线 I_1 和成本线 CC 相切于点 Q,该点决定了资源的最优配置。这就是劳动更加稀缺诱导的技术变化的结果。

图 9-9 (b) 表示某个面临土地约束的国家的生物育种技术发展过程。这个国家土地资源比较稀缺,而劳动力资源丰富,因而直觉上应当是在既定土地上追求扩大每亩地的产量。i_0^* 代表零期的创新可能性边界曲线,它是化肥—土地空间的等产量曲线的包络线,每条等产量曲线对应着一种生物育种技术,越是往右的曲线育种技术越先进。零期的化肥—土地价格比率用 bb 线表示,它与 i_0^* 和等产量曲线 i_0 相切于点 p。在点 p,生产 1 单位产出所需的化肥和土地以及育种技术配置达到最优状态(成本最小)。生物育种技术替代土地,化肥和生物育种技术有互补关系(不同品种对化肥的反应强度不同),如图 9-9 (b) 中的 Oa 线所示。

如果在经济发展过程中相对土地减少了,这可能是由于工业用地增加所致,土地相对于化肥和种子变得更稀缺了,其结果是化肥价格相对于地租下降了,价格比率线从 bb 下降到 cc。在图 9-9 (b) 中,i_1^* 代表第一期的创新可能性边界曲线。它位于零期创新可能性边界曲线 i_0^* 下方,同样意味着第一期与零期相比,农业生产率提高了,生产 1 单位产出所需的资源减少了。土地要素价格更贵,诱导了生物育种新技术的出现,最终结果是,新的创新可能性边界 i_1^* 与等产量曲线 i_1 和成本线 cc 相切于点 q,该点决定了资源的最优配置。这就是土地更加稀缺诱导的技术变化的结果。

速水佑次郎和拉坦指出,诱导的技术变革是一个不均衡的动态过程。"在发展的动态过程中,不平衡或不均衡的出现是引诱技术变化和经济增长的关键因素。制度中几个因素之间的不均衡造成瓶颈,这些瓶颈把科学家、发明者、企业家和公共管理者的注意力集中在关于获得更有效的资源配置这些问题的解决上。"①

美国农业的发展历程很好地展现了机械技术的进步②。19 世纪中叶,美国农业中收割机的采用就是由种植与收割之间的劳动要求不平衡引起的。美国地多人少,随着边界迅速地向西部推进,农业劳动力越来越不足。在这样的条件下,要想凭借人力在要求的短暂时间内把小麦作物抢收完是很困难的。于是,科学家和发明者把注意力集中在对收割机的研究上。但是,一旦收割瓶颈被解决了,耙草与扎捆又作为新的瓶颈出现了。于是,自耙式收割机和扎捆机被发明出来了。之后,收割的机械化还使脱粒成为瓶颈,这又要求动力脱粒机的发明和采用。

我国改革开放四十多年来,农业技术经历了由育种到机械的转变。改革开放前三十年,我国农业主要矛盾是人多地少,如何提高亩产是主要任务,所以育种技术如袁隆平的杂交水稻以及与之配套的化肥逐渐开发与使用。但是近十年来,由于新一代农民工回家务农意愿下降(老一代农民工很多人在务工的同时仍将务农作为兼业甚至主业),农村劳动

---

① [日] 速水佑茨郎、[美] 弗农·拉坦:《农业发展的国际分析》,郭熙保等译,中国社会科学出版社 2000 年版。
② 谭崇台:《西方经济发展思想史》,武汉大学出版社 1995 年版。

力逐渐紧张，大量农业机械甚至无人机被使用（关于农业现代化与农业技术进步的其他内容见第十一章）。

第三节　中国技术进步偏向

一　二元经济结构与技术进步偏向

技术进步偏向是指技术进步更有利于何种要素，即在要素投入比不变条件下，技术进步是提高资本有利还是对提供劳动的边际产品更有利，它揭示了技术进步的结构性特征，因此，经济社会的自身结构特征应是技术偏向的重要影响因素。根据二元经济是发展中国家的主要结构特征的事实，下面我们用一个简化的模型来说明二元结构变化对技术进步偏向的影响。

假设经济由两个部门构成，其中现代部门产出为 Y_1，传统部门产出为 Y_2。总产出为两部门产出之和 $Y = Y_1 + Y_2$。传统部门仅用劳动要素进行生产，现代部门使用资本和劳动两种要素，两个部门生产函数为：

$$Y_1 = AF(K, L_1) \tag{9-38}$$

$$Y_2 = \bar{B} L_2 \tag{9-39}$$

$$L_1 + L_2 = L \tag{9-40}$$

其中，$L_1 = \mu L$，$L_2 = (1-\mu)L$。传统部门没有技术进步，现代部门有希克斯中性技术进步。总量经济资本边际产品即为现代部门的边际产品，而整个经济的劳动边际产品为两个部门劳动边际产品之加权和：

$$\frac{\partial Y}{\partial K} = A \frac{\partial F}{\partial K} \tag{9-41}$$

$$\frac{\partial Y}{\partial L} = \mu A \frac{\partial F}{\partial L_1} + (1-\mu) \cdot \bar{B} \tag{9-42}$$

总体经济的资本与劳动边际产品之比为：

$$\frac{\dfrac{\partial Y}{\partial K}}{\dfrac{\partial Y}{\partial L}} = \frac{A \dfrac{\partial F}{\partial K}}{\mu A \dfrac{\partial F}{\partial L_1} + (1-\mu) \cdot \bar{B}} \tag{9-43}$$

技术偏向指数为：

$$\frac{\partial \left(\dfrac{\dfrac{\partial Y}{\partial K}}{\dfrac{\partial Y}{\partial L}} \right)}{\partial A} = \frac{(1-\mu) \cdot \dfrac{\partial F}{\partial K} \cdot \bar{B}}{\left(\mu A \dfrac{\partial F}{\partial L_1} + (1-\mu) \cdot \bar{B} \right)^2} > 0 \tag{9-44}$$

(9-44)式表明，现代部门的中性技术进步对于整个经济而言是资本偏向的。而且我们可以看到，合理假设下，$A\frac{\partial F}{\partial L_1} > (1-\mu) \cdot \bar{B}$，所以(9-44)式中 μ 越小，二元经济结构越严重，则技术偏向指数越大，具体来说，现代部门的中性技术进步，对于整个经济来说也"表现"为资本偏向的。

平均技术进步偏向与平均第一产业就业占比关系如图9-10所示。第一产业就业占比正向度量了二元经济

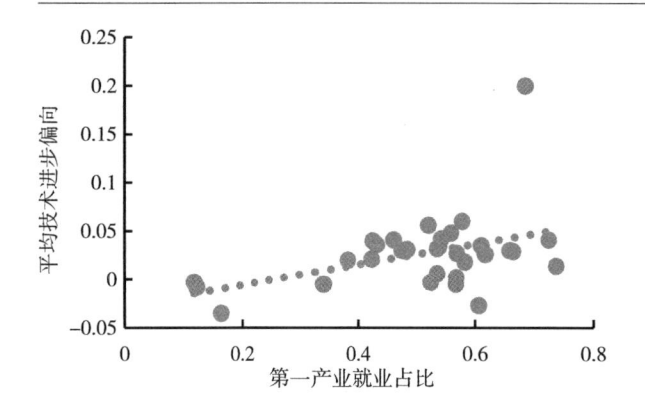

图9-10 二元经济结构与技术进步偏向
资料来源：蔡晓陈、赖娅莉：《二元经济结构与技术进步偏向》，《财经科学》2020年第7期。

结构的严重程度，数值越大，二元经济结构问题越突出。从图中可以看出，二者正相关，相关系数为0.4181，p值为0.0192；如果不包括平均技术进步偏向异常大的西藏，则相关系数为0.4365，p值为0.0159。二者正相关性初步表明：第一产业就业占比越高，技术进步越偏向资本，即二元经济结构程度与技术进步偏向指数正相关。

二 技术进步偏向与收入分配

技术进步偏向的最初概念动因就是用于解释收入分配的变化。我们可以将收入分配变化分解为由于技术进步偏向变化导致的部分、由于资本深化变化导致的部分以及其他部分，即：

劳动相对份额的变化率 = 技术进步偏向效应 + 资本深化效应 + 价格扭曲效应

其中，劳动相对份额变化率是劳动报酬比例与资本报酬比例之比的变化率，劳动相对份额是衡量收入分配的另一种方式，与劳动者报酬份额相比它更易于理论推导。技术进步偏向效应为技术进步偏向引起的劳动相对份额的变化。技术进步偏向效应假定了人均资本存量和资本劳动比没变。资本深化效应是指由于人均资本存量的变化引起的相对劳动报酬份额变化。市场价格和劳动市场价格偏离其边际产品时就会产生价格扭曲。如果资本或劳动市场价格高于其边际产品，资本或劳动报酬份额就会高于竞争性均衡时所得的值。价格扭曲效应是指资本和劳动扭曲程度变化对劳动相对份额变化率的影响。

按照这种方法分解劳动相对份额的变化率结果表明，总体来看，1985—2014年中国劳动相对份额年均下降0.03%，资本深化和相对价格扭曲一直加剧了劳动相对份额的下降，而技术进步偏向对劳动相对份额下降有缓解作用[1]。

---

[1] 袁鹏、朱进金：《要素市场扭曲、技术进步偏向与劳动份额变化》，《经济评论》2019年第2期。

本章小结

1. 技术进步的结构或方向问题，又被称为技术进步偏向，它刻画的是技术进步的结构性特征，主要是指技术进步是如何影响初次收入分配的。

2. 两种力量决定了技术进步方向：价格效应和市场规模效应。价格效应是指，那些用来生产的产品价格更高的技术，有更强的研发激励。市场规模效应是指，开发具有更大市场的技术更有利可图。两个效应的作用是相反的。前者激励与稀缺要素互补的技术的研发，后者激励与相对丰裕要素互补的技术的研发。

3. 农业诱导型技术进步模型是上述价格效应的一个应用。如果一个国家主要面临的是农业劳动力不足问题，那么该国将主要开发应用以替代劳动力为主的机械动力技术。反之，如果一个国家主要面临的是土地资源约束，那么该国将更多开发节约土地提高土地单产的技术，即生物育种技术。

4. 二元经济结构程度与技术进步偏向指数正相关，即二元经济越严重，越有可能偏向资本，主要原因是上述的市场规模效应比价格效应更强。劳动相对份额的变化率可以分解为三种效应：技术进步偏向效应、资本深化效应、价格扭曲效应。

思考题

1. 技术进步偏向的含义和影响是什么？
2. 解释为什么技术进步可能是城市偏向？
3. 解释图 9-6 中重新可能性边界的形状。
4. 运用诱导型农业技术进步理论解释我国近十多年农业机械化的普遍使用。
5. 如何用技术进步偏向概念解释机器代替人的现象？

第四篇 协调篇

协调发展涉及区域协调、城乡协调与产业间协调。本篇中主要从经济发展视角解释其中的城乡问题与产业结构问题。第十章主要介绍城乡二元经济理论，第十一章介绍农业现代化，第十二章介绍产业结构变化规律。第十二章最后一节即第五节提出的结构刚性的概念，不但可以用来理解产业结构问题，而且可以用来理解更广泛的结构性问题以及协调问题。

第十章 二元经济结构与发展

学习目标

1. 了解我国二元经济结构变动的事实。
2. 理解三个基本的二元经济模型,领会由马尔萨斯模型到二元经济模型的转变,掌握不同二元经济模型的差异。
3. 了解二元经济模型的两个扩展。

二元经济结构是发展中经济体最为显著的经济事实。所谓二元经济结构,是指整个经济体可以明显地划分为两个不同的部分,其中一部分生产率低下,主要采用传统生产方式进行生产,使用的资本较少,技术较为落后,通常被称为传统部门;另一部分生产率较高,采用现代的生产方式进行生产,利用现代技术,使用较多资本,通常被称为现代部门。这样的"二元"集中表现在城乡两个不同的组成部分,但也不仅仅限于此,因为发展经济体的城市内部也会存在一些生产率较低的部门。

发展中经济体的二元差异如此之明显,以至于通过最直观的观察,我们都会看到两个部分在生产方式、生活方式乃至社会交往与价值观等不同方面的明显差异。这种差异最集中体现在生产率的差异上,但是其根源复杂。在经济领域,最根本的差异在于资源配置方式的差异。在传统部门,由千百年传统社会形成的社会习俗在资源配置中仍然占相当的比例,包括在个体时间资源配置、消费与储蓄的权衡以及对待新技术的投资等领域。例如,生活在传统经济中的人很少将时间配置在教育培训方面,一是因为教育培训的机会成本太高,二是因为教育培训的预期收益太低。

2000年之后,解决城乡二元经济结构问题在我国经济发展中的重要性越来越突出。在2005年10月党的十六届五中全会上,"三农"问题被正式提出,而后提出了新农村建设、城乡一体化发展战略。党的十九大基于我国发展不平衡不充分这一基本判断,提出了乡村振兴战略以缩小城乡差距。

二元经济结构变化是与经济发展、人口流动、城市化、工业化等相伴随的一个过程。打破二元经济结构是一件困难的事情,其原因在于经济、社会、价值观与制度等不同维度的因素相互交织在一起,使传统经济与生活形成了一种稳定的形态。发展经济学家将这种经济社会结构难以打破的状况称为"结构刚性"。本章首先介绍我国二元经济结构变动的事实,然后考察若干用于分析二元经济结构变动的经典模型,最后考察二元经济结构变化对全要素生产率的影响。我们将在第十二章中展开对结构刚性的讨论。

第一节 中国二元经济结构变化的基本事实

一 中国二元经济结构变化

中国二元经济结构肇始于19世纪中叶[①]。当时，随着国门的被迫打开，在完全传统的社会经济生活中逐渐有了一些现代经济生产方式。中华人民共和国成立后，我国的二元经济结构经历了一个强化到逐步减弱的过程。

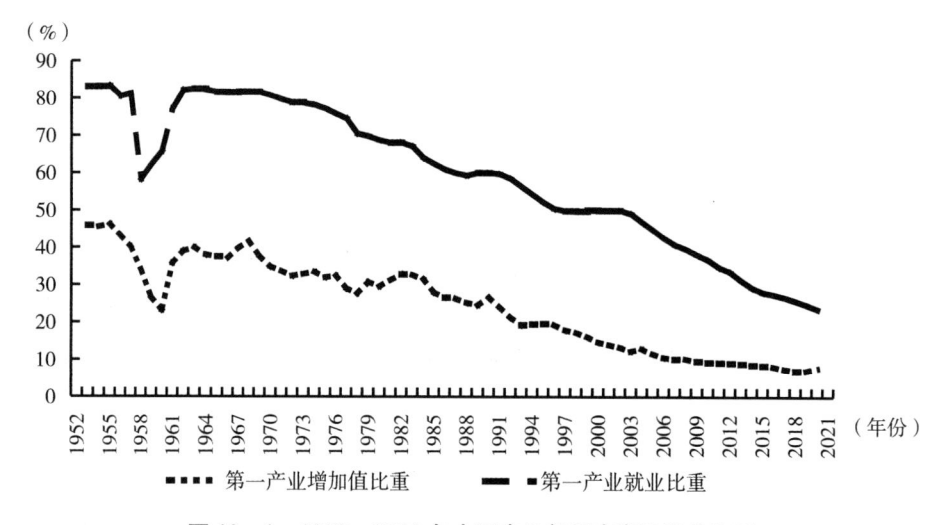

图 10-1 1952—2021 年中国农业部门产出及就业比重

资料来源：中国国家统计局。

图 10-1 概述了中华人民共和国成立以来我国农业部门产出与就业比重的变化。可以看出，第一，长期来看，农业部门产出和农村就业比重不断下降。其中农业部门产出比重从 1952 年的 50.94% 下降到 2019 年的 7.1%，农村就业人数从 83.54% 下降到 25.1%。第二，农业部门的就业比重一直超过其产出比重。这表明农业部门的相对生产率依然低于非农业部门，进一步表明二元经济结构现象在一定程度上依然存在。第三，相对于产出比重而言，农业部门的就业比重表现出更为明显的阶段性特征。第四，总体来看，1978 年之前农业部门就业比重下降较为缓慢，1978 年之后下降较为迅速，农业部门就业比重下降在

---

① 林辉煌、贺雪峰：《中国城乡二元结构：从"剥削型"到"保护型"》，《北京工业大学学报》（社会科学版）2016 年第 6 期。

2003年之后表现得尤为明显。显而易见，这种阶段性特征与我国改革开放、户籍制度逐渐变化以及取消农业税①是有关联的。

二 农民工的典型事实

对二元经济结构变化的研究通常是与"剩余劳动力""无限供给""刘易斯拐点"等概念紧密联系在一起的（这些概念的含义见本章第二节）。一般而论，二元经济结构消失，也就是二元变成一元，则会意味着剩余劳动力消失与"刘易斯拐点"到来。要判断一个国家或地区是否存在剩余劳动力，在实证研究上有很多不同的方法，如绝对剩余劳动力的数量、边际产出为零的劳动力数量、不改变家庭劳动时间的劳动力数量和以工资标准为判断的劳动力数量等②。不幸的是，不同方法往往并不能得出一致性的结论。早在2005年，蔡昉就提出中国的经济发展即将迎来"刘易斯拐点"③，即劳动力从过剩向短缺发生转变，且沈于和朱少非认为我国现在已经出现"刘易斯拐点"④。也有学者指出，中国的二元经济转型是与城镇化、工业化和经济开放过程并存的，城市化未结束，"刘易斯拐点"就尚未到来⑤。

在这里，我们以一种最为直观的视角来看待这个问题，也就是从进城务工人员（一般简称农民工）的角度来考察我国二元经济结构变化的状态。二元经济结构理论核心之处在于城乡人口流动。虽然城镇通过"农转非"、升学等方式吸纳了较多的农村人口，但是我国城乡人口流动最主要的部分还是农民工这种短期的人口流动。

一般认为，中国农村在改革开放初期存在大量剩余劳动力，表现为20世纪90年代初"民工潮"的出现。但进入21世纪，剩余劳动力的数量大大下降。2003年，珠江三角洲开始出现以"民工荒"为表现形式劳动力短缺现象，并逐步扩大至长江三角洲地区，同时，农村劳动力的工资性收入上升。

表10-1 农民工总量及城乡工资差异

年份	农民工总量（万人）	增速（%）	农民工月均收入（元）	增速（%）	城镇单位月均收入（元）	城乡工资收入比
2009	22978	1.90	1417	7.70	2687	1.90
2010	24223	5.40	1690	19.27	3045	1.80
2011	25278	4.40	2049	21.24	3483	1.70

---

① 2000年我国提出粮食直补的政策，并于2004年全面实施，2006年1月1日后正式废止《农业税条例》。
② 姚洋：《发展经济学讲义》，中国经济研究中心，2013年。
③ 蔡昉：《人口转变、人口红利与刘易斯转折点》，《经济研究》2010年第4期。
④ 沈于、朱少非：《刘易斯拐点、劳动力的供求与产业结构升级》，《财经问题研究》2014年第1期。
⑤ 周燕、佟家栋：《"刘易斯拐点"、开放经济与中国二元经济转型》，《南开经济研究》2012年第5期。

续表

年份	农民工总量（万人）	增速（%）	农民工月均收入（元）	增速（%）	城镇单位月均收入（元）	城乡工资收入比
2012	26261	3.90	2290	11.76	3897	1.70
2013	26894	2.40	2609	13.93	4290	1.64
2014	27395	1.90	2864	9.77	4697	1.64
2015	27747	1.30	3072	7.26	5169	1.68
2016	28171	1.50	3275	6.61	5631	1.72
2017	28652	1.70	3485	6.41	6193	1.78
2018	28836	0.60	3721	6.77	6868	1.85
2019	29077	0.80	3962	6.48	7542	1.90

注：城乡工资收入比：是城乡居民的工资性收入之比，等于城镇单位工资收入/农村工资收入。

资料来源：农民工总量、月均收入，城镇单位月均收入：国家统计局，2009—2019年《农民工监测调查报告》。

表10-1报告了《农民工监测调查报告》所给出的农民工数量和工资两方面的主要数据。从数据可知：第一，我国农民工规模庞大，占全社会就业人口比重高。2019年，农民工数量超过2.9亿人，2019年年底全社会就业人口7.7亿，农民工占比为37.7%。第二，农民工数量依然在逐渐增加，但增速呈现下降趋势。2009—2019年，农民工数量由不到2.3亿人增加到超过2.9亿人，11年间增加了超过6000万人，农民工增加量超过了韩国或意大利的总人口数量。但是，农民工增速由2010年的5.40%逐渐下滑到了近期的低于1%。第三，农民工月均收入整体呈上升趋势，且农民工工资收入增速与农民工数量增速高度正相关。2009—2019年，两个序列增速接近0.9。这意味着在农民工就业市场中，城市部门的需求曲线变动是主要推动力量。第四，城镇单位工资与农民工工资收入比值呈"V"形变化。2009年，该比值为1.90，随后逐步下降至1.64，但是近期又逐步上升至1.90。这表明城乡居民工资收入差异近期有所拉大，自2014年后农民工相对工资在下降。

表10-2 2009—2019年中国农民工年龄构成

单位：%

年份	16—20岁	21—30岁	31—40岁	41—50岁	50岁以上
2009	8.5	35.8	23.6	19.9	12.2
2010	6.5	35.9	23.5	21.2	12.9
2011	6.3	32.7	22.7	24.0	14.3
2012	4.9	31.9	22.5	25.6	15.1
2013	4.7	30.8	22.9	26.4	15.2
2014	3.5	30.2	22.8	26.4	17.1
2015	3.7	29.2	22.3	26.9	17.9

续表

年份	16—20 岁	21—30 岁	31—40 岁	41—50 岁	50 岁以上
2016	3.3	28.6	22.0	27.0	19.1
2017	2.6	27.3	22.5	26.3	21.3
2018	2.4	25.2	24.5	25.5	22.4
2019	2.0	23.1	25.5	24.8	24.6

资料来源：国家统计局，2009—2019 年《农民工监测调查报告》。

综合以上事实可以判断，我国依然存在大量的剩余劳动力，二元经济结构现象仍然比较突出。一方面，尽管近期农民工增速有所下降，但是庞大的农民工存量基数本身就是代表了剩余劳动力的存在，因为农民工存量并不意味着人口流动的过去完成时，而是代表人口流动的现在进行时和将来进行时。绝大多数的农民工当前无法被农村就业市场所吸收，未来较长一段时间内仍将如此。另一方面，如果剩余劳动力消失，农民工就业市场应当是供需双方共同发挥作用，城乡工资比更有可能是呈现下降趋势，但我们现在看到的是，农民工就业市场由需求主导以及近期农民工工资相对下降。

我国农民工年龄结构也发生了显著变化，农民工老龄化趋势明显（见表 10-2）。可以看出，30 岁以下农民工占比降低，从 2009 年的 44.3% 降低至 2019 年的 25.1%。同时 50 岁以上农民工占比不断提高，2009—2019 年，从 12.2% 上升到 24.6%。农民工年龄结构变化背后的影响因素很多，生育行为、高校扩招和城镇化可能是重要原因。1962—1972 年是我国的生育高峰期，这就使改革开放初期有大量青壮年劳动力进入城镇成为农民工。而 1982 年我国将计划生育定为基本国策，生育率大幅下降，必然使当前青壮年农民工数量减少。高校大幅扩招和城镇化，使大量的农村青年在身份上由农村人变成了城里人，也必然导致新增青年农民工数量的萎缩。

二元经济结构研究涉及的理论问题很多，如人口流动的动机、城镇化、工业化、农村发展、城镇贫困等诸多方面。本章余下部分主要围绕这两个方面的问题展开，第一个问题是二元经济的发展理论，主要是概述一些有关二元经济结构下经济发展的成熟理论，我们从第二节中传统社会的一元经济机制为出发点，到刘易斯等二元经济理论，最后在第三节分析一些包括李克强三元经济发展理论在内的拓展模型。第二个问题是二元经济结构变化对全要素生产率的影响，主要是从中国的实证数据来考察二元经济结构变化与全要素生产率变动的相互关系。

第二节 二元经济发展理论

一 传统社会的经济机制

我们首先来看一个描述传统社会经济运行机制的模型，即马尔萨斯模型。托马斯·罗伯特·马尔萨斯 1766 年出生于英国伦敦的一个富裕家庭，是英格兰的政治经济学家，1785—1788 年在剑桥大学学习，毕业后在该校耶稣学院任研究员，曾在东印度公司创办的东印度大学担任历史学和政治经济学教授，成为大英帝国所设政治经济学教授职位的第一个获得者，因此被宏观经济学的创始人凯恩斯称为"第一位剑桥经济学家"。马尔萨斯的著作《人口学原理》① 自出版以来在社会学和经济学领域引起广泛争论，至今仍影响深远，如可持续发展理论就深受马尔萨斯的影响。马尔萨斯的另一重要学术思想——有效需求，对凯恩斯以及其后的凯恩斯主义宏观经济学有重大影响。

（一）生产

马尔萨斯模型由两个方面的行为或方程组成。第一个行为方面或方程描述的是经济的生产活动。假设经济中仅存在农业生产部门，并且农业生产函数的边际产出递减。因此马尔萨斯模型实际上描述的是一个"一元"的传统社会经济运行状况。为便于分析，我们假设生产函数为：

$$Y = \begin{cases} F(A, \bar{T}, L), L \leq L_0^* \\ Y_0^*, L > L_0^* \end{cases} \tag{10-1}$$

其中，A 为全要素生产率，生产函数 F 具有规模报酬不变的特性，但是土地的供给 $\bar{T}$ 是固定的；在上一行中，当 $L = L_0^*$，边际产量为 0，总产量为 Y_0^*，也就是下一行中的不变产量。所以，这实际上是一个连续的分段函数，其形状如图 10-2 所示。

图 10-2 中，在土地供给给定的情况下，总产量 Y 由劳动投入 L 唯一确定，达到均衡前，劳动的边际生产率递减，总产出曲线凹向原点。当达到 (L_0^*, Y_0^*) 时，劳动的边际生产率为零，此后总产出曲线水平。

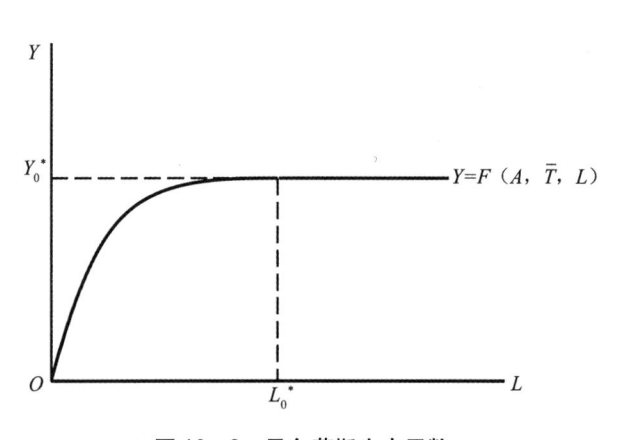

图 10-2 马尔萨斯生产函数

（二）人口动态

马尔萨斯模型的第二个行为方面或方程是人口的动态变化。应当明白，在一个传统社会中，人们大多为了果腹而忙碌，因此绝大多数人应当都是参与劳动的，也就是忽略人口与劳动力供给的差异。在一个传统社会中，人们的主要消费就是食物，而人均粮食的消费量决定了人口增长率。当人均粮食

---

① Malthus, Thomas Robert, 1978, *Principles of Population*, The Commercial Press.

消费量较高时，生育率较高，死亡率相应地较低，从而人口增长率较高；反过来，如果人均粮食消费量较低，则死亡率（包括婴儿死亡率）较高，人口增长率较低。因此，人口增长的动态变化的方程为：

$$L'/L = g(c) = g\left(\frac{C}{L}\right) \tag{10-2}$$

其中，L' 为未来或下一期人口，L'/L 为人口总和增长率（1加上人口增长率），g 为增函数，C 为总消费，$c = \frac{C}{L}$ 为当期人均（或劳均）消费，如图10-3所示。

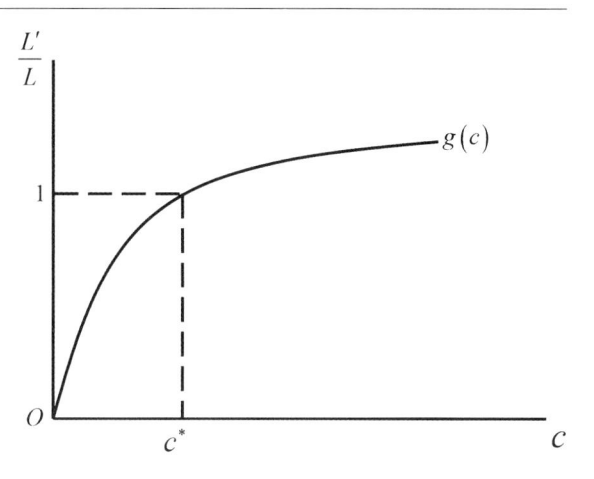

图10-3 马尔萨斯稳定状态的决定

图10-3中，人口增长表示为人均消费的增函数，其中稳定状态的劳均消费 c^* 确定为没有人口增长，即 L'/L 为1的劳均消费水平。值得注意的是，这个函数是描述在收入较低阶段的人口动态。当人均收入较高时，随着收入的增加，人口出生率下降，长期内会导致总人口增长率下降（见第六章）。

（三）稳态与最低生存收入

我们现在来解释为什么 $L'/L = 1$ 是稳态。要明确的是，所谓稳态，是指如果经济系统发生偏离后能够自动恢复到那个的状态。稳态与均衡是不同的。在这个模型中，均衡是指生产出来的商品全部用于消费，即 $C = Y$，而满足这个条件的不一定是稳态。稳态总是由动态方程（微分方程或差分方程）确定的。在我们的马尔萨斯模型中，稳态的（必要）条件是人口增长率为0，或者未来人口数量等于当前人口数量。为看出这一点，我们将人口动态方程改写为：

$$L' = g\left[F\left(A, \frac{\overline{T}}{L}, 1\right)\right] \cdot L \tag{10-3}$$

（10-3）式将未来人口表示为当期人口的函数，它实际上是一个动态的差分方程。根据前面的生产函数和人口动态函数假设，该式由图10-4表示，该图为差分方程的相位图①。图中满足 $L = L'$ 处（排除原点）的地方就是稳态，我们把这时候的人口数量记为 L^*。为什么说这个位置是稳态呢？如果初始位于 $L_1 > L^*$，下一期人口比当前人口少，人口增长率为负，这样人口将减少，沿着图中向左的箭头运动。进一步来看，为什么这个区间的人口增长率为负呢？其背后的原因是这时人口相对过多，人均消费量较小，根据人口增长方程的假设，人口减少，或者简单来说就是这时候数量固定的土地养活不了这么多

---

① 从差分方程相位图来看，曲线与45°线交点处如果斜率小于1，则该交点是稳定的。

人了。反过来,如果 $L_2 < L^*$,则人均消费量较大,人口增长率为正,人口将增长,沿着图中向右的箭头运动。这样我们可以看到,只要偏离了 $L = L' = L^*$ 的位置,经济系统的动态力量(在这里实际上是人口变动的动态力量)会使社会回到这个位置。所以我们把这个位置叫作稳态。

我们把经济系统位于稳态时的人均收入称为生存性收入或最低生存收入。为什么叫生存性收入呢?因为当经济处于稳态时,这个经济体里面普遍性的家无余财,其收入仅能维持自身生存与繁衍同等数量的下一代所需。最低生存收入是由人口动态方程背后的生理性与社会性因素所确定的,比如普遍嗜酒的社会生存性收入比较高,所以有时又被称为制度性工资/收入。

确定了稳态与生存性收入后,我们再来看看生产函数中是如何体现这一点的。在图 10-5 中,原点与生产函数 $F(L)$ 上的各点连线的斜率表示人均收入,当劳动力稳定在 L^* 时,此时总产量为 Y^*,Y^*/L^* 等于最低生存收入,也就是图中最低生存收入线虚线的斜率为单个人的生存收入,而最低生存收入线代表整个社会不同人口数量下的最低生存收入。

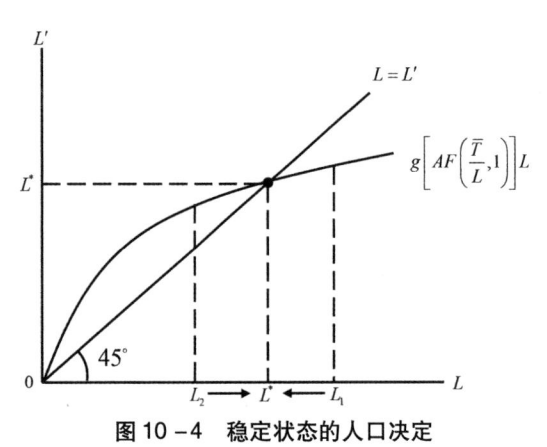

图 10-4 稳定状态的人口决定

图 10-5 马尔萨斯均衡

(四)技术进步的影响

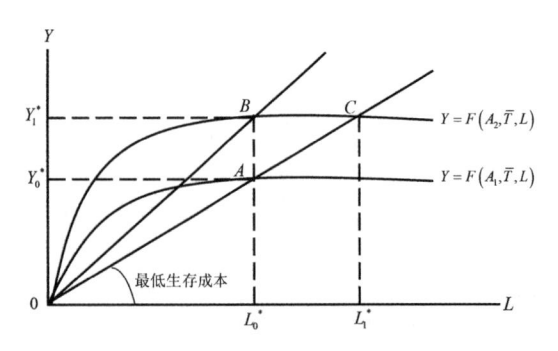

图 10-6 和马尔萨斯中的技术进步均衡

现在我们考察技术进步对马尔萨斯模型中人们生活的影响。农业技术进步可能来自耕作方式的改善或更优良的种子。技术进步将带来全要素生产率的提高,即 A 提高。原来全要素生产率为 A_1,随后将全要素生产率提高至 A_2。全要素生产率提高使生产函数 $Y = F(A_1, \bar{T}, L)$ 向上移动到 $Y = F(A_2, \bar{T}, L)$ 的位置,如图 10-6 所示。假定经济初始处于稳定状态,即人口

为 L_0^*，经济系统在生产函数上位于最低生存成本线与此时生产函数的交点 A，人均收入为最低生存成本 Y_0^*/L_0^*。由于技术进步，而人口在这一瞬间并没有变化，所以经济位于点 B，人均收入突然上升到了 Y_1^*/L_0^*。但是人均收入增加后，经济系统随后的反应是人口增加，且一直增加到人均收入重新降到最低生存收入才稳定下来，此时经济位于点 C。

因此，马尔萨斯模型的结论是悲观的，即从长期看，尽管存在技术进步，只要人口不断增加，生活水平就无法提高。这种无法摆脱的低收入状态也被称为马尔萨斯陷阱或贫困陷阱。

二 刘易斯二元经济发展理论

（一）剩余劳动力与无限劳动供给

现在我们来看看刘易斯的二元经济模型。威廉·阿瑟·刘易斯，1915 年出生于圣卢西亚共和国的一个黑人移民家庭，于 1979 年获得诺贝尔经济学奖。1932—1940 年在英国伦敦经济学院学习，1940 年获得博士学位后留校任教至 1948 年，这段时期的学习为他以后对经济发展问题的探讨打下坚实基础。由于是黑人，遭受过种种不公正的待遇，他具有反帝国主义思想，关心同情贫穷国家的人民。1954 年，刘易斯发表《劳动无限供给条件下的经济发展》，提出了解释发展中国家经济问题的"二元"模式，在经济学界引发广泛讨论，也成为他获得诺贝尔经济学奖的重要原因。1955 年出版《经济增长理论》一书，对经济发展问题进行了更广泛而深入的探讨，被认为是"第一部简明扼要地论述了经济发展问题的巨著"。

刘易斯的模型是一个两部门发展模型，其中一个部门是以农业部门为代表的劳动生产率极低的传统部门，但是传统部门也包括城市里的一些非正规就业部门；另一个部门是以工业部门为代表的劳动生产率和工资水平较高的现代部门。

传统部门实际上就是我们上面描述的马尔萨斯式的经济。在人口众多的发展中国家，传统农业部门没有资本投入，土地供给固定，而且人口增长十分迅速，劳动力丰富。这些特征使传统部门存在边际生产率为零的劳动力，也就是说将这部分即使从农业部门抽走，农业产量也不会下降。这部分劳动力被称为剩余劳动力（surplus labor）。

由于存在大量的剩余劳动力，所以和马尔萨斯模型一样，在传统部门的劳动者仅能获得维持生活的最低收入，即最低生存收入。在这种情况下，只要工业部门的工资稍高于最低生存收入就会引起劳动力从农村到城市的转移。发展中国家传统农业部门在经济中比重很大，剩余劳动力数量相对于工业部门的需求量来说是极为丰富的，因此工业部门无须提高工资就能雇用到足够的劳动力。这种在工业部门无须提高工资就能雇用到足够的劳动力的状态，被称为无限劳动力供给（unlimited labor supply），也就是现代的工业部门或城市部门的劳动供给曲线是水平的。

（二）劳动力转移与经济发展

现在我们用图形来说明刘易斯模型中的劳动力转移与经济发展过程（见图 10-7）。

首先看图10-7（b）描述的传统农业部门。在传统部门中，只有一种投入，即劳动投入 L_A，10-7（b）中上方的图所对应的生产函数实际上就是上一节中的马尔萨斯模型中的生产函数。图10-7（b）下方的图是由总产出曲线推导出的传统部门的劳动平均产量 AP_{LA} 和劳动边际产量 MP_{LA} 曲线。传统部门总劳动力为 L^*，存在边际生产率为0的劳动力数量为 L^*-L_A，这些劳动力就是剩余劳动力。传统部门已经处于马尔萨斯稳态，该部门的实际工资或称实际收入 w_A 为生存性收入。和马尔萨斯模型一样，这个实际工资不是由劳动的边际产量决定的，较为合理的假设应当是如刘易斯所认为的那样，传统社会习俗在收入分配中发挥了相当大的作用，因此实际工资由平均产量决定，否则就会有相当多的人无法生存。

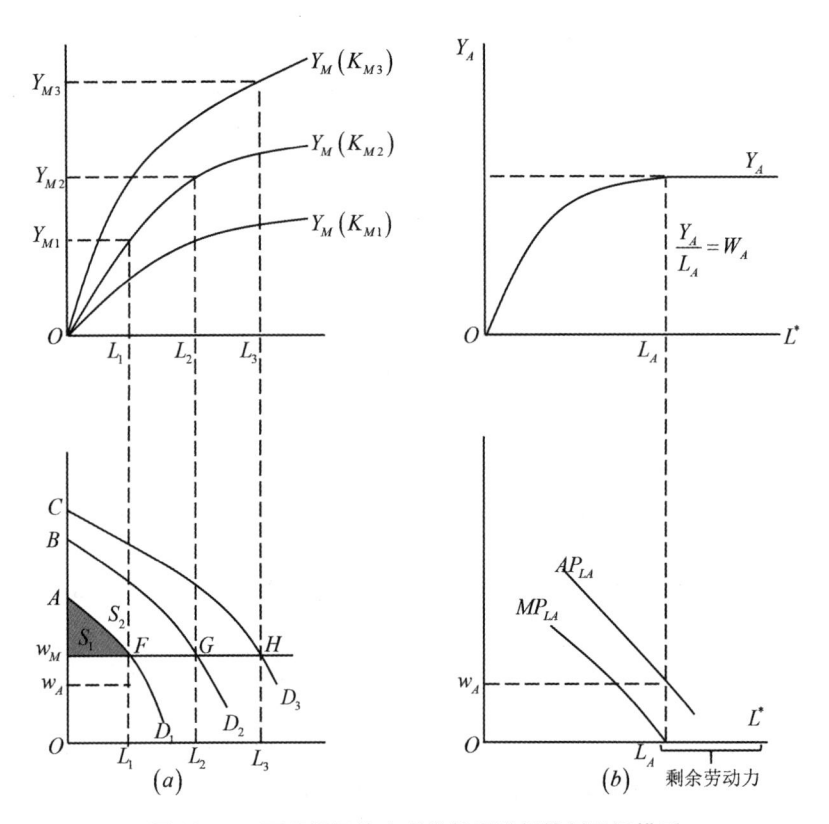

图10-7　两部门经济中现代部门增长的刘易斯模型

再来看所描述的在工业部门或称制造业部门、现代部门、城市部门情况。我们暂不考虑工业部门的技术进步问题，假设开始时工业部门的资本存量为 K_{M1}，在这个资本存量的情况下，工业部门总产出 Y_M 与劳动投入量 L_M 之间的关系如图10-7（a）中的曲线 $Y_M(K_{M1})$ 所示。现代工业部门劳动力市场是完全竞争的，劳动的边际产量曲线实际上也是劳动的需求曲线，即图10-7（a）中的曲线 D_1。

工业部门的劳动供给曲线是这个模型的核心。根据前面的描述，由于有大量的剩余劳动力，工业部门无须提高工资就能雇用到足够的劳动力，这时工业部门面临的劳动供给曲线是水平的，即图10-7（a）中 w_M 处的水平线。工业部门的不变工资 w_M 实际上取决于农业部门的最低生存收入 w_A。直观来看，工业部门的工资只要比农业部门的最低生存收入高出一部分，剩余劳动力就愿意流动。高出的部分主要与流动成本、城乡生活成本差异以及改变生活习惯的心理成本等有关。工业企业的最优决策是使雇用劳动力数量直至劳动力的边际产量与实际工资水平 w_M 相等为止，也就是劳动需求曲线与劳动供给曲线相交的 L_1 处。此时工业部门吸收农村剩余劳动力的数量为 L_1。

工业部门雇用 L_1 的劳动力时，利润总额为图10-7（a）中由 $w_M FA$ 构成的图形面积 S_1。与农业部门不同的是，工业部门可以通过资本积累实现经济发展。工业资本家通过将全部或部分利润用于投资扩大生产，从而使资本存量增加，使现代部门的资本存量从 K_{M1} 增长到 K_{M2}，从而使图10-7（a）中的总产量线向上移动，进一步导致劳动边际产量曲线，即劳动需求曲线上升。在图10-7（a）中，这一劳动需求曲线外移到 D_2，从而工业部门新的均衡就业水平将在点 G，此时吸收剩余劳动量为 L_2，利润为由 $w_M GB$ 构成的三角形面积 S_2。与上述过程相同，工业部门将利润再一次用于追加投资，使资本总存量增加到 K_{M3}，总产量曲线和劳动需求曲线分别上移，同时使工业部门吸收的剩余劳动力增长到 L_3。

以上描述的就是工业部门的可自我持续的增长过程和吸收传统部门剩余劳动力的过程，这个过程同时也是工业化、城市化与人口流动的过程。这个过程将一直持续到所有农村剩余劳动力都被吸收到新的工业部门为止。

（三）简要评析

刘易斯二元经济模型的意义与特点主要有四点。第一，刘易斯模型强调了现代部门与传统部门的结构差异，将经济增长过程与工业化过程及人口流动过程结合在一起进行分析，开辟了新的思路，是发展经济学结构主义的关键支撑理论之一。第二，刘易斯理论模型将经济增长过程与劳动力转移结合在一起，符合以往发达国家的发展经历，对发展中国家有参考意义。第三，刘易斯理论模型将工业化和城市化紧密结合，把劳动力的职业转换与人口的地域迁移看作是同一个过程，这样分析可以避免城市化滞后或过度城市化的问题。第四，刘易斯理论模型将工业化与资本积累有机结合在一起，典型地反映了第一阶段发展经济学强调工业化、资本积累的基本特点。

但是，由于刘易斯理论模型假设过于简单，并不切合当代大多数发展中国家的制度和经济现实，招致了很多批评，主要有：第一，一些发展经济学家指出，无限劳动供给在现实中不可能存在。无限劳动供给意味着劳动边际生产率为零，但实际上传统农业部门资源配置是有效率的，不可能存在零值生产率的剩余劳动。阿马蒂亚·森[1]提出的以家庭为单

---

[1] Sen, Amartya, 1969, "Peasants and Dualism with or without Surplus Labor", *Journal of Political Economy*, 74 (5): 425–450.

位的劳动供给可以部分解答这一批评意见。

第二，刘易斯理论只强调现代工业部门的扩张，而忽视了农业的发展，这也是该理论模型最易遭受指责的要害。特别是，当农业部门所有剩余劳动力被吸收完以后，农业部门的工资仍然低于城市部门，但是进一步的人口流动会遇到障碍，从而阻碍经济的进一步发展，因为这时如果人口进一步流动，这些流动人口的边际生产率大于0，从而使农业部门总产出减少，农产品相对价格提升，农民实际收入提高，从而不愿意流动到城市部门就业。下面的拉尼斯—费模型解决了这一问题。

第三，刘易斯的人口流动模式暗含假定，工业部门的劳动与资本的比例始终不变。即资本积累率与就业创造率同比例增长。但实际情况是，随着现代资本主义部门的扩大，资本家越来越倾向于资本密集型技术的采用，而就业机会增加却很少。后续的大量文献研究了制造业的替代弹性与其就业吸纳能力的关系。

第四，刘易斯理论假定城市不存在失业。实际上，在许多发展中国家，城市存在大量失业，贫民窟问题突出。下一节的托达罗模型解释了人口城乡流动与城市失业并存的现象。

第五，刘易斯将不变的工资水平作为分析的基础。他认为，由于农村存在大量剩余劳动力，只要城市实际工资水平上升，就会有更多的农村劳动力流入城市寻找工作，从而工资水平下降到原来位置。由于工资刚性的原因，城市部门的工资很难降低下来以恢复均衡。对于这一批评有很多维护刘易斯模型的解释。实际上，刘易斯模型所阐述的机制本质上既不必然需要农村部门边际生产力为0的假设，也不需要维持农村和城市的工资不变，做这些假设仅仅是为了使分析不过于复杂，只要城乡工资长期存在较大的差异，刘易斯模型所描述的人口流动机制就会存在。随着社会发展，最低生存收入也会变化。

三　拉尼斯—费二元经济发展理论

1961年美国发展经济学家古斯塔夫·拉尼斯和美籍华人发展经济学家费景汉合作发表了一篇重要论文，改进了刘易斯二元经济发展模型，弥补了上面讨论的刘易斯模型忽视农业发展的问题，讨论了劳动边际生产力大于0而小于平均产品的那部分劳动力的转移条件，此后二元经济模型常被称为刘易斯—拉尼斯—费模型。

（一）粮食短缺与工业部门的劳动供给

和刘易斯模型一样，在农业部门中依然存在一个"不变制度工资"，即最低生存收入，它等于农业总产出与劳动力数量之比。但是，现在我们将农业劳动力分成三个部分来看。第一部分是边际生产率为零的剩余劳动力，第二部分是边际生产率大于零但小于制度工资的劳动力，第三部分是边际生产率大于最低生存收入的部分。第一部分和第二部分的农业劳动力加起来，也就是边际生产率低于制度工资的所有劳动力，被拉尼斯—费合称为"伪装的失业者"。

下面我们来看看工业部门劳动力供给曲线如何体现上面的农业劳动力三部分划分。图

10-8 中横轴 AO 的数量为工业与农业加起来的总的劳动力数量，工业部门的原点在 A，农业部门的原点在 O，所以看工业部门是从左往右看，看农业部门是从右往左看。图中 STU'V' 为工业部门的劳动的供给曲线，ADUV 曲线为农业部门的边际劳动生产率曲线，自点 V 至点 D 劳动的边际生产率递减，DA 段劳动的边际生产率为零。

第一阶段表示农业边际劳动生产率为零的剩余劳动力，此时农业劳动力数量减少不影响农业总产出，劳动力的转移不会产生粮食短缺问题，工业部门的现行工资水平不发生变化，即劳动供给曲线在第一阶段是水平的。

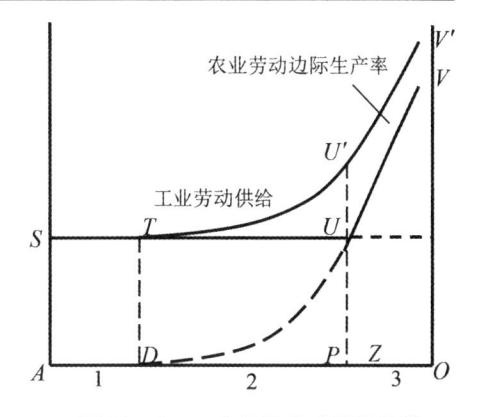

图 10-8 工业部门劳动供给曲线

第二阶段表示劳动的边际生产率大于零但小于制度工资的劳动力，此时农业劳动力数量减少导致农业总产出减少，粮食的供给不能满足工人的需要，出现粮食短缺，因此点 D 就是"粮食短缺点"。在这一段，仍假定第二阶段工资仍维持制度工资是不合理的，因为此时农业总产量减少，农产品相对价格提升，因此留在农业部门的实际收入超过了制度工资，此时工业部门要想吸引农业部门的工人，必须支付更高的代价。农业部门实际收入上升后带来的一个后果就是，DP 段的劳动力难以完全转移到工业部门，在农业商业化到来之前，工业化过程以及劳动力转移过程就停止了。

第三阶段表示劳动边际生产率大于制度工资的劳动力，此时工业部门为吸引劳动力，必须将工资提高到农业的劳动边际生产率以上，这样，两个部门的工资水平就都由市场原则来决定，农业开始商业化，因此点 P 就是"商业化点"。

(二) 农业技术进步与工业扩展

正如上面分析的那样，从"粮食短缺点"到"商业化点"的劳动力转移是存在障碍的。达到粮食短缺点后，农业部门无法提供更多的劳动力，从而使工业部门无法继续扩张，发展出现停滞。要打破这个限制，需要农业部门实现技术进步，也就是促使从事农业的劳动者数量即使减少到低于达到粮食短缺点的人数，也能够维持农业总产出不变，而不再陷入粮食短缺的危机。

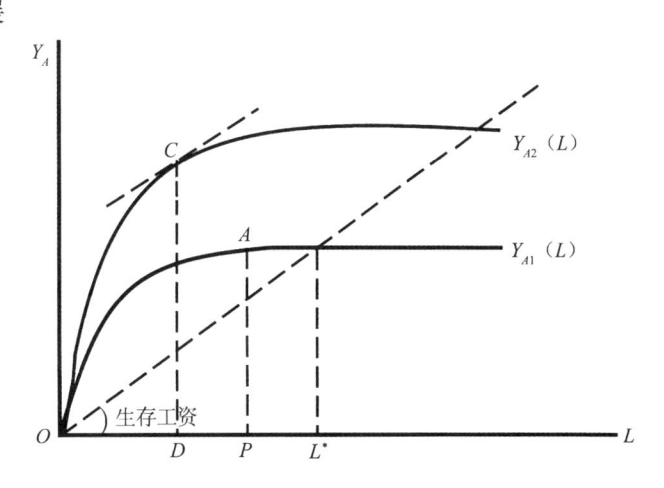

图 10-9 农业部门技术进步与粮食短缺点

我们用农业部门生产函数图来阐明这一点。图 10-9 中，点 P、点 D 分别为粮食短缺点和商业化点（点 A 的边际劳动生产率为 0），剩余劳动力为 PL^*，伪装的失业者为 DL^*，DP 为边际劳动生产率大于但是小于制度工资的劳动力。在原来的农业部门技术条件下，DP 部分的劳动力不能全部转移到工业部门。技术进步使农业部门生产函数 $Y_{A1}(L)$ 不断向上移动，到 $Y_{A2}(L)$ 时至少能使伪装失业者完全转移出去之际粮食不会短缺，这时满足的条件是：OCD 的面积与 OAP 的面积相等。当然，如果考虑到随着人们收入水平的普遍提高，粮食会有更多的比例用于工业化用途，如酿酒，那么农业部门生产函数应当上移得更多。

因此，为了超越粮食短缺点的限制，促进工业部门的扩张，农业部门的技术进步是不可或缺的。实际上，实现经济结构从农业部门向工业部门的转移，必须具备工业部门的就业吸收力和农业的技术进步同步发展的条件。应当注意的另一个问题是，工业扩展和工业部门就业吸纳能力增加并不能完全画等号，关于这一点的讨论参见秋山裕①。

四 乔根森二元经济发展理论

一些新古典经济学家否认刘易斯模型的边际生产率为零的剩余劳动力假设，认为传统农业部门的资源配置有效，劳动边际生产率为零不可能存在。1961 年，美国经济学家乔根森指出了一种新古典二元经济发展理论，该理论不承认边际生产率为零的剩余劳动力的存在，也不认为农业和工业的工资水平是固定不变的，转而从农业发展与人口增长的角度来研究人口流动。

乔根森模型阐述了这样的一个基本事实：只有当农产品供给大于人口增长的需要之后，农业部门才有余力为工业部门提供粮食支持。如果对人口增长没有任何人为限制，农业产出首先要满足人口增长的需要，在此之前，所有的劳动力都应该存在于农业部门之中。粮食产出超过了人们口粮和其他基本所需部分被称为"农业剩余"。只有存在"农业剩余"，总人口中的一部分才能脱离农业，从事工业。

"农业剩余"是新古典二元经济发展理论的关键变量，它决定了工业化与经济发展的产生与发展速度。首先，当农业部门的产出增长率超过人口增长率时，就会产生"农业剩余"，这样就有了人口向工业转移，这就是工业部门得以启动的发展条件。其次，劳动力的转移要与农业剩余的规模相适应，二者之间应当达到这样一种平衡：农业剩余占农业总产出的比例要等于工业人口占总人口的比例。简而言之，当农业剩余为零时，所有劳动力集中在农业部门，工业人口为零；农业剩余越大，能够转移到工业部门的劳动力越多，工业人口占比越大。

乔根森的思路和结论虽然简明，但他采用了大量且复杂的数学形式进行证明。本章由于篇幅所限，只大致介绍其思路，难以在此具体展开模型的数学推导过程，对此有兴趣的

---

① ［日］秋山裕：《发展经济学导论》（第四版），刘通译，中国人民大学出版社 2014 年版。

读者可以参考其原文①或谭崇台的《发展经济学》②。

五 不同二元经济发展理论的关系

上述的各种二元经济发展理论既有延续也有差异,他们之间的关系可以总结如下:在经济发展的初始阶段,即只存在农业部门的传统社会,马尔萨斯稳态成立。刘易斯的二元发展理论则摆脱了马尔萨斯稳态,对两部门间的劳动力转移和经济发展进行了探讨。拉尼斯—费模型在刘易斯模型的基础上,进一步分析了工业部门发展至中后阶段的劳动力转移情况,并提出了"粮食短缺点"和"商业化点"两个重要转折点。刘易斯和拉尼斯—费的理论模型都以古典经济学为基础,而乔根森否认了他们的假定,转而接受了新古典的边际生产率为正的假设。

三个二元经济发展理论之间的差异主要有以下四点。第一,刘易斯和拉尼斯—费把剩余劳动力作为分析的基础,乔根森模型的关键变量则是农业剩余。第二,刘易斯和拉尼斯—费都把工业部门的工资水平看成是由农业部门的工资水平决定的,而后者实际上是一个外生变量,即无论工业部门还是农业部门,都存在一个不变的制度工资水平。在乔根森模式中,工资水平不是固定不变的,而是取决于技术进步率和资本积累率。第三,刘易斯模式忽视了农业的发展,而拉尼斯—费认为农业对经济发展的贡献不仅在于为工业部门扩张提供劳动力,而且还为工业部门提供农业剩余。乔根森模式则更强调农业的发展,认为农业部门是经济发展的基础。第四,根据刘易斯和拉尼斯—费的观点,人口增长是一个外生的变量,不受经济增长因素的影响。而乔根森模型吸收了马尔萨斯人口论的观点,把人口增长看作一个由经济增长决定的内生变量。

第三节 二元经济发展理论的拓展

一 托达罗三元经济发展理论

由于没有考虑现代部门(城市)的失业问题,刘易斯二元经济发展理论给人这样的推论:工业部门需要多少劳动力,就从农业部门中转移来多少。如果有人进城后找不到工作,会立马打道回府。更有甚者,如果现代部门处于收缩期,则原来转移过来的劳动力也需要回老家。这些论断与发展中国家的现实均不吻合。在很多发展中国家,由于经济并不总是处于长期高速增长阶段,在城市里存在大量的失业,如巴西等国的贫民窟的失业一直

---

① Jorgenson, D. W., 1967, "Surplus Agricultural Labour and the Development of a Dual Economy", *Oxford Economic Papers*, 19 (3): 288–312.

② 谭崇台:《发展经济学》,山西经济出版社2001年版。

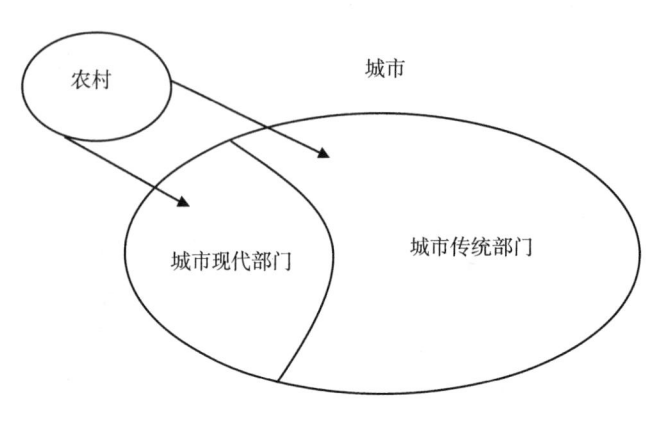

图 10-10 托达罗劳动力转移的类型

相当严重，与此同时，农民又不断涌进城市。这种现实与理论的矛盾其实在于集体理性与个体理性的差异，具体来说就是刘易斯模型中其实缺少劳动力流动决策的个体优化机制。

托达罗的三元经济发展理论解释了这一矛盾。在托达罗模型中，所谓三元，是指城市现代部门、城市传统部门和农村传统部门，比二元经济多了城市传统部门。城市传统部门中的大多数人从事着收益较低的零散职业或不稳定的临时性职业，他们的生活水平与农村基本相同，有时甚至低于农村。如图 10-10 所示，农村人口转移到城市后，可能在城市现代部门中找到工作，如果找不到则进入城市传统部门。或者说，对于转移到城市的人口总体来说，一部分被现代部门雇用，另一部分进入传统部门。

图 10-11 描述了托达罗的人口流动模型，该模型有农村农业和城市工业两部门。图形左侧纵轴表示农村工资水平，右侧纵轴表示城市工资水平。横轴 $O_A O_M$ 表示总劳动力，农村的劳动力需求用反方向曲线 AA' 表示，城市的劳动力需求用 MM' 表示。如果市场完全就业，并且工资具有弹性，在此条件下，均衡工资水平为 $W_A^* = W_M^*$，有 $O_A L_A^*$ 的工人从事农业，$O_M L_M^*$ 的工人从事工业，劳动力得到充分利用（图中 L_A^* 和 L_M^* 在同一个位置，只是为了表达的对称性我们用了两个不同的字母符号表示）。

但是，由于城市政治与社会结构（如工会的存在）以及工业部门的市场力量阻止工资低到 W_M^* 的水平，而是存在一个城市部门的制度最低工资。现在我们假设城市工资制度水平为 $\bar{W}_M$，高于均

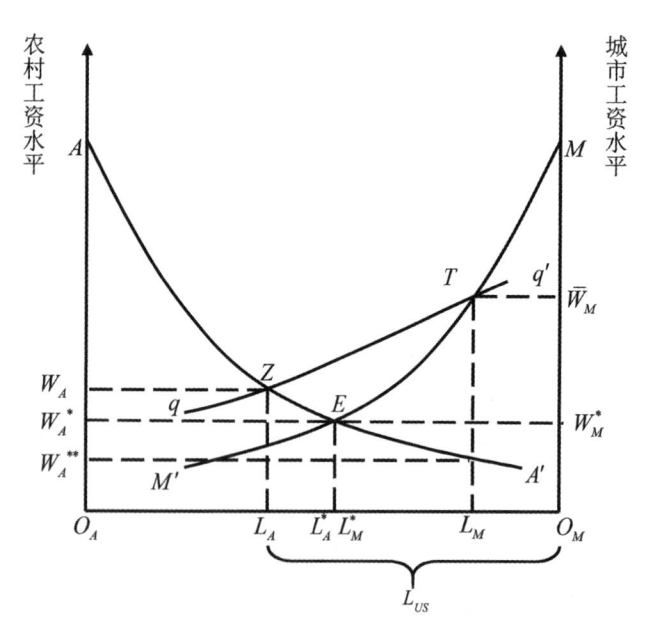

图 10-11 托达罗模型

衡工资水平 W_M^*。则由曲线 MM' 可知城市吸纳的劳动力人数为 $O_M L_M$，如果经济中不存在失业，那么将有 $O_A L_M$ 的劳动力留在农业部门，则对应的农村工资水平为 W_A^{**}，小于均衡工资水平 W_A^*，城市和农村收入出现差异。在劳动力能够自由流动的条件下，收入差异将会引诱出现城乡人口流动。尽管城市现代部门可吸纳的劳动力数量有限，他们也愿意去城市试一下运气。运气有多好？或者说农村人口进城后获得工作的概率有多大呢？我们以 L_M 表示城市工作岗位数（实际获得城市工作的人数），L_{US} 表示城市劳动力总数。每个工人获得工作的可能性为 $\dfrac{L_M}{L_{US}}$。最终迁移进城市的人数需满足如下条件：

$$W_A = \frac{L_M}{L_{US}}(\bar{W}_M) \tag{10-4}$$

（10-4）式表明，当农村收入 W_A 与城市期望收入 $\dfrac{L_M}{L_{US}}(\bar{W}_M)$ 相等时，劳动力流动达到了稳定状态。如果农村收入低于城市期望收入，则更多劳动力流入城市；如果农村收入超过城市期望收入，则劳动力从城市流向农村；二者相等时，劳动力流动是没有套利可能性的①，或者说劳动力流动与否是无差异的。

图 10-11 中，曲线 qq' 上的点的轨迹表示劳动力流动的无差异曲线。如何构造出这条无差异曲线呢？（10-4）式中，制度工资 $\bar{W}_M$ 是不变的，它所确定的城市雇用人数 L_M 也是唯一确定的。所以，（10-4）式中实际上只有农村收入 W_A 和城市劳动力总数 L_{US} 是可变的。我们可以将这条无差异曲线看作是横轴上的变量 L_{US}（从右往左，将 L_{US} 看成自变量，图中的 L_{US} 仅为一个示例）和纵轴上的变量 W_A（左边纵轴）的关系曲线。所以，（10-4）式和这条无差异曲线表明，如果农民收入等于所在位置自变量 L_{US} 确定的工资，那他迁移与否就是无差异的。举一个具体例子来看，如无差异曲线上的点 T，即城市总劳动力人数 $L_{US} = O_M L_M$，如果城市没有失业且城市和农村劳动力市场要均衡，那么这时农业工资收入应当为点 T 所在水平线对应的农业工资收入，实际上就是城市制度工资 $\bar{W}_M$。

但是，点 T 对应的城市吸纳总劳动力数量 $L_{US} = O_M L_M$ 意味着农村劳动力为 $O_A L_M$，农村这么多劳动力时，农业部门的工资收入为 W_A^{**}，小于制度工资 $\bar{W}_M$。也就是说，农业部门工人实际上获得的工资小于无差异曲线所确定的工资，也就是小于城市期望收入。因此农民迁入城市。总之，当曲线 AA' 在曲线 qq' 下方时，劳动力会从农村进入城市，只有当两曲线相交于点 Z 时，人口流动才会稳定下（动态意义上的均衡）。此时农村劳动力从 $O_A L_A^*$ 减少至 $O_A L_A$，在城市工业部门就业的劳动力仍为 $O_M L_M$，剩下的 $L_A L_M$ 或者失业或者在低收入水平部门就业，这个低水平部门就是托达罗三元经济理论中的城市传统部门。

值得注意的是，以上描述的托达罗模型可以得出出人意料的政策含义：提高城市工资水平以及增加城市工作岗位，都不能减少城市失业，反而会使城市失业越来越严重，因为

---

① 经济学中的均衡一阶条件都是某种无套利条件。

这两种措施都提高了城市期望收入；减少城市失业唯一的措施是提高农村收入从而降低城乡收入差异，从（10-4）式中可以很清楚地看出这一点。

二 李克强的三元经济结构模型

不同于托达罗的三元经济理论，李克强构造了一个不同于托达罗的三元发展模型①。李克强模型将三元经济划分为城市现代部门、农村现代部门即乡镇企业和农村传统部门，与托达罗的三元经济理论相互补充。如图10-12所示，农村剩余劳动力通过创办乡镇企业进入农村现代部门，再由农村现代部门实现向城市现代部门的转化。

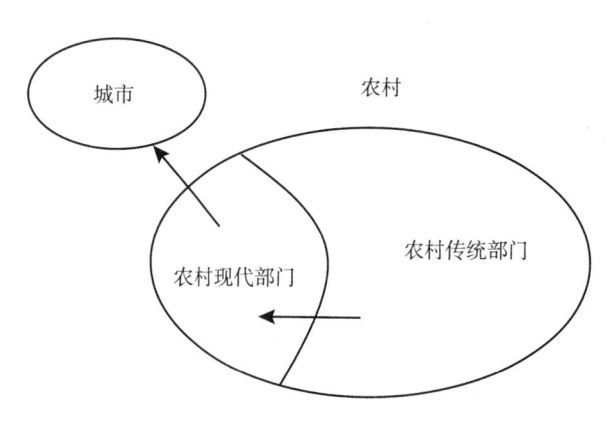

图10-12 李克强劳动力转移类型

根据刘易斯的理论，二元结构可以直接转化为一元结构，但我国城市工业部门的吸纳力很小，不能实现二元结构到一元结构直接转换。结合我国实际情况我们可以看到，乡镇企业的崛起代替了劳动力从农村向城市的直接转移，使我国劳动力呈现出独特的"离乡不离土、进厂不进城"模式。

在20世纪八九十年代，我国农村现代部门（乡镇企业）总产值增长速度快，成为农村剩余劳动力向工业转移的重要通道。但同时乡镇企业与现代工业部门仍有较大差距，具有劳动生产率低、物质装备差、倾向于劳动密集型产业的特点，更重要的是，乡镇企业的就业人口基本上仍属于农村人口，这使其不具备现代化的基本条件。因此，农村现代部门虽然具备推行工业化的特征，但又不具备现代化的条件，是与农村传统部门和城市现代部门有显著差异的新兴部门。

我国改革开放最初仅20年来的经济结构转换很大程度上正是通过三元结构实现的。三元经济中，农村现代部门是作为转换结构而出现的，它的中间性质使其成为传统产业与现代产业之间的桥梁，符合我国的基本国情，是我国经济结构转化的唯一选择。农村现代部门的产生与发展在现代工业和传统农业之间建立起了结构性联系，弥补了断裂层，也就必然使国民经济流程发生有利于结构转换的变化。乡镇企业的兴起与发展很可能是我国短缺经济时代的产物，所以1995年之后，由于三元结构关键部位的农村现代部门其自身诸多不足（如产权不清、产品质量跟不上市场变化节奏等），以及沿海城市经济的快速壮大，乡镇企业从20世纪90年代后期整体上开始衰落。

---

① 李克强：《论我国经济的三元结构》，《中国社会科学》1991年第3期。

第四节 二元经济结构与全要素生产率

我们知道，经济结构的优化会提高生产率，即当整个经济中低生产率的部门比例下降、高生产率的部门比例提升时，整个社会的生产率提升。这里的生产率既可以是劳动生产率这样的偏要素生产率，也可以是全要素生产率。下面我们通过一个简化的模型来说明二元结构如何提高了全要素生产率[①]。假设经济中存在两个部门，两个部门都没有技术进步，它们的生产函数分别为 $Y_1 = A_1 L_1$ 和 $Y_2 = A_2 L_2$，其中下标 1 和下标 2 分别表示现代（或非农业）部门与传统（或农业）部门，$A_1 > A_2$。初始时两个部门劳动投入之比为 $L_1/L_2 = s/(1-s)$。如果总劳动投入的 λ 比例由低生产率的第二部门转移到高生产率的第一部门，则总产出增长率为：

$$\Delta Y_1 + \Delta Y_2 = [A_1(L_1 + \Delta L) - A_1 L_1] + [A_2(L_2 - \Delta L) - A_2 L_2]$$
$$= (A_1 - A_2)\lambda L \qquad (10-5)$$

由于 $A_1 > A_2$，所以二元经济结构变化 λ 是顺周期的，即 λ 增加，产出增加。由于总量劳动投入没变，原核算 TFP 增长率等于总产出增长率：

$$TFP = \frac{\Delta Y_1 + \Delta Y_2}{A_1 L_1 + A_2 L_2} = \frac{(A_1 - A_2)\lambda}{A_1 s + A_2(1-s)} \qquad (10-6)$$

当 λ 增加时，产出增加，TFP 增长率为正，所以 TFP 增长率顺周期变化。

我们以非农就业占比代表经济结构，结构变化即为非农就业占比变动。结构变化与 TFP 增长率如图 10-13 所示，二者相关性为 0.6834（显著性检验 t 值为 5.04），滞后 2 期的格兰杰因果关系检验表明，原核算 TFP 增长率不是结构变化格兰杰原因原假设检验的 F 统计量的 p 值为 0.113，而结构变化不是 TFP 增长率格兰杰原因原假设检验的 F 统计量的 p 值为 0.097。这表明，就业结构变动先于原核算 TFP 增长率变动。

本章小结

1. 二元经济是发展中国家的主要结构特征事实。我国农业部门产出和农村就业比重不断下降。农民工的大量存在，佐证了我国二元经济现象的广泛性和长期性。

2. 马尔萨斯模型描述的传统社会中，人口增长是经济发展的主要动态机制。

3. 剩余劳动力是传统部门存在的边际生产率为零的劳动力。剩余劳动力的存在使现代部门的劳动供给曲线水平，即工资率不变。

[①] 蔡晓陈：《中国二元经济结构变动与全要素生产率周期性——基于原核算与对偶核算 TFP 差异的分析》，《管理世界》2012 年第 6 期。

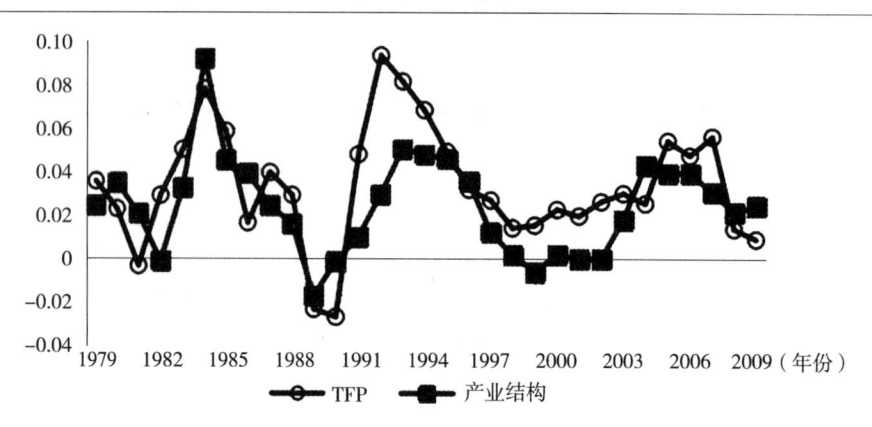

图 10-13 1979—2009 年中国 TFP 增长率与产业结构变化

资料来源：蔡晓陈：《中国二元经济结构变动与全要素生产率周期性——基于原核算与对偶核算 TFP 差异的分析》，《管理世界》2012 年第 6 期。

4. 拉尼斯—费二元经济发展理论纠正了刘易斯模型中忽视农业发展的问题，讨论了劳动边际生产力大于 0 而小于平均产品的那部分劳动力的转移条件。乔根森模型要解释的是：只有当农产品供给大于人口增长的需要之后，农业部门才有余力为工业部门提供粮食支持。

5. 托达罗三元经济发展理论讨论的是现代部门（城市）的失业问题，李克强的三元经济结构模型解释了我国独特的农村工业化（乡镇企业）现象。

6. 经济二元结构的缓解会提高全要素生产率，机制为：当生产要素由低生产率的传统部门转移到高生产率的现代部门时，投入不变，产出增加，从而整个经济的全要素生产率提升。

思考题

1. 传统社会发展机制是什么？与现代社会有何不同？
2. 如何看待劳动力无限供给假设？
3. 刘易斯二元经济模型的主要意义何在？
4. 拉尼斯—费如何改进了刘易斯二元经济？
5. 比较托达罗与李克强三元模型的异同。
6. 如何看待一些国家城市贫民窟现象？

第十一章 农业现代化与乡村振兴

学习目标

1. 理解农业对经济发展的贡献。
2. 了解传统农业的特征,理解农业现代化的内涵。
3. 了解中国土地改革历程,深入理解不同土地产权下的经济绩效差异。
4. 了解我国乡镇企业的贡献。
5. 领会乡村振兴的内涵。

经济发展,很长时期内都是农业转变为工业、农村转变为城市、农民转变为市民的过程。农业、农村、农民这三个方面的问题统称"三农"问题。"三农"问题的解决离不开农业现代化,农业发展本身又是整个经济发展的前提(见第十章拉尼斯—费景汉模型)。农业现代化的核心是农业生产过程中使用越来越多的现代的生产要素。当农村生产要素尤其是农村劳动力大量撤出农村后,反过来又会面临如何实现乡村振兴的问题。本章分四节依次讨论农业在经济发展中的贡献、从传统农业到现代农业的转变、土地改革、乡镇企业以及乡村振兴,其中乡镇企业是我国改革开放早期突出而特殊的现象。

第一节 农业对经济发展的贡献

农业经济活动对于人类生存有特殊的意义,它提供的产品保障了人的生存,因而是所有经济活动的基础和前提。农业生产比工业、服务业历史更为悠久,在人类历史中,人们大部分时间段是处于农业时代,那时的农业生产占用了人类绝大部分的劳动时间。

世界银行的《2008年世界发展报告——以农业促发展》阐述了农业对经济发展的贡献,并认为在不同发展程度的发展中国家中,农业的功能是有所差异的。该报告区分了三类国家(见表11-1):传统农业国、转型农业国(正在进行农业国向工业国转型或城市化转型的国家)、已经城市化国家。农业对经济发展具体有哪些贡献呢?下面作一简要阐述。

表 11-1　三种国家类型的特征

	传统农业国家	转型农业国家	已经城市化国家
农村人口（百万），2005 年	417	2220	255
农村人口比重（％），2005 年	68	63	26
人均 GDP（2000 年不变价美元），2005 年	379	1068	3489
农业生产总值占 GDP 比重（％），2005 年	29	13	6
农业生产总值增速（％），1993—2005 年	3.5	7.0	2.7
农村贫困人口（百万），2002 年	170	583	32
农村贫困发生率（％），2002 年	51	28	13

注：贫困率标准为世界银行在 2008 年时设定的标准，即 1993 年购买力平价计算的 1.08 美元。
资料来源：世界银行：《2008 年世界发展报告——以农业促发展》，清华大学出版社 2008 年版。

一　保障粮食供给

全球饥饿问题依然非常严重，甚至世界上没有一个区域能够幸免。《2021 年世界粮食安全和营养状况》报告估计，2020 年全世界有 7.2 亿—8.11 亿人口面临饥饿，与 2019 年相比增加了 1.61 亿人。2020 年有近 23.7 亿人无法获得充足的食物，在短短一年内就增加了 3.2 亿人。

没有一个国家能在面临粮食短缺的情况下还能有效地发展经济，粮食长久、持续、充足的供给是国家安全的重要基础，保障粮食安全具有战略性意义。由于大多数农村穷人取食于农业，所以农业生产对于保障粮食安全至关重要。对撒哈拉以南非洲的 12 个国家、2 亿人口而言，农业尤其关键——这些国家国内生产波动大，主要粮食作物可贸易性低，并且外汇储备限制了他们利用国际市场满足国内需求，从而饱受粮食危机周期性爆发之苦。对于他们来说，通过提高和稳定国内生产保障粮食安全非常重要[1]。

党的二十大报告提出："全方位夯实粮食安全根基……确保中国人的饭碗牢牢端在自己手中。"[2] 若一个国家的粮食主要依赖于进口，那会面临各种未知的风险。事实上，我国曾经也经历过因过于依赖进口而带来的惨痛教训。2003 年，美国通过质优价低的大豆进入并且垄断了中国市场，于 2004 年时通过操纵大豆价格（大幅度提高出口大豆的价格）诱导中国相关企业以高价买入大豆，紧接着反手做空市场导致中国大豆压榨企业集体破产进而被国外资本收购。大豆虽然不是中国赖以生存的主要口粮，但盲目依赖国外进口也付出了巨大的经济损失。目前，我国全方位落实了粮食安全政治责任，粮食综合生产能力、

---

[1] 世界银行：《2008 年世界发展报告——以农业促发展》，清华大学出版社 2008 年版。
[2] 习近平：《高举中国特色社会主义伟大旗帜　为全面建设社会主义现代化国家而团结奋斗——在中国共产党第二十次全国代表大会上的报告》，人民出版社 2022 年版，第 31 页。

粮食储备体系、粮食安全管理和粮食流通体系都得到了完善。2020年在新冠疫情期间,东南亚国家(主食结构与中国相近)纷纷限制粮食出口,在我国粮食安全保障体系不断完善的情况下,此次贸易阻碍并未对我国粮食供需结构造成重大威胁,这也意味着中国已经有能力、有条件和有基础在面临危机事件时仍能保障粮食市场的稳定供应。

二 促进经济增长

作为一项经济活动,农业是国民经济的组成部分,它可以是国民经济增长的源泉。全世界2/3的农业增加值是由发展中国家创造的。农业占GDP比重越高的国家,农业增长对经济增长的贡献越大。在传统农业国组别,农业增加值占国内生产总值(GDP)的平均比重为29%,创造这部分增加值使用了劳动力总数的65%,其农业增长1个百分点,能带动经济增长0.29个百分点[1]。

表11-2中给出了农业增长率对一个国家总体增长的数值模拟的例子。假设农业增加值占GDP的60%(2020年,塞拉利昂农业生产总值占国内生产总值的56.6%,工业生产总值占国内生产总值的7.8%,服务业生产总值占国内生产总值的38.5%[2]),如果农业增长率由3%提高到6%,带动GDP增长率由5.2%上升到7%。

表11-2 农业增长的重要性:数值模拟的例子

单位:%

产业部门	GDP份额	农业较慢增长	农业较快增长
农业	60	3	6
工业	15	6	6
服务业	25	10	10
GDP总值	100	5.2	7

资料来源:[美]林恩:《发展经济学》,王乃辉等译,格致出版社2009年版,作者有修改。

在表11-1中的"转型农业国家"和"已经城市化国家"的发展初期阶段,农业成功地为经济增长奠定基础的例子数不胜数:不仅在席卷了整个温带世界的工业革命(从19世纪中叶的英国到20世纪末期的日本)中,农业增长充当了先驱;就是而后中国、印度、越南等国的工业兴起,也是以农业的快速增长为先驱的。

农业对经济增长的贡献除了上述的直接贡献,还表现在通过产业联系的间接贡献上。它为涉农加工制造业和服务业提供了投资机会,是涉农产业和农村非农经济发展的基本驱动力。在转型中国家和已经城市化国家,与农业相关的制造业和服务业通常占国内生产总

---

[1] 世界银行:《2008年世界发展报告——以农业促发展》,清华大学出版社2008年版。
[2] 中国商务部,http://www.mofcom.gov.cn/article/i/dxfw/gzzd/202109/20210903199712.shtml。

值的 30% 以上。这种间接贡献又被分为"产品贡献"和"市场贡献"。

产品贡献即农业部门为非农业部门的发展所提供的农产品剩余（产品贡献的理论化也可参照第十章的"乔根森二元经济发展理论"）。农产品剩余一是为非农业部门的工人提供粮食需要，即食品贡献；二是为非农产业提供生产原料，即原料贡献。农产品剩余越多，那么农业部门为其他部门的发展和经济增长所做的产品贡献就越大。进一步细分的话，农业的原料贡献可分为直接原料贡献和间接原料贡献。许多发展中国家早期的工业化发展主要依赖于农业原料加工业，如食品加工、饮料、服装、烟草、造纸等，这些工业的发展都以农产品为主要原料，这就是农业的直接原料贡献。各个非农业部门除了直接使用农产品进行工业化生产，生产过程中也会不可避免地间接消耗农业部门的产品，从而产生了农产品的间接原料贡献。

市场贡献是指农业或农村部门作为非农产品的销售市场，从而为非农经济的发展创造了条件，进而通过需求拉动经济增长。市场贡献主要可以分为两类，即生活用品、生产资料。前者是指农村人部分生活用品需要从非农部门进行购买，如服装、家电、家具等。后者是指农业部门在生产过程中也需要从非农部门购置部分生产所需的产品，如农业机械用具、化肥、农药等。

三　外汇贡献

在传统农业国，由于资源禀赋和制造业的投资环境不利，在一定时期内贸易的比较优势仍然存在于资源型产业（农业和采矿业）和农产品加工业。大多数传统农业国依赖各种各样的原材料和粗加工产品组合（包括旅游）出口来换取外汇。农业的外汇贡献表现为两个方面：一是出口农产品为工业部门的发展创造外汇，以向发达国家引进发展所需的各类工业设备和技术等；二是通过增加农业的产出和丰富农产品的多样化生产，来降低国内所需农产品的进口，以节省外汇。外汇贡献，本质上也是一种以外汇为载体的资本贡献。

很多国家在其经济发展早期阶段，农业产品出口是获取外汇的主要方式。例如，中华人民共和国成立时，农副产品出口占比超过 55%，即使在改革开放初期，农副产品出口占比也超过 15%（见图 11-1）。通过农产品出口换取外汇存在以下几个方面的优势：第一，较少挤占稀缺的资本。对大部分发展中国家而言，他们在出口传统或具备本国特色的农产品时，增加产量的同时往往不需要过多的资本投入，相对于工业制品的边际资本投入会更低。第二，农业出口所面临的贸易壁垒更低。工业制品在出口时容易受到其他国家同类产品供需状况、技术进步和工资结构变化等的影响，而农产品是各个国家都会生产的劳动密集型产品，出口市场份额也有限，因而受到其他国家生产条件变化的影响会比较小，拥有更透明的贸易市场。

四　降低贫困率

农业的发展有助于减少国家的贫困人口，降低贫困发生率，具体表现在：农业的发展

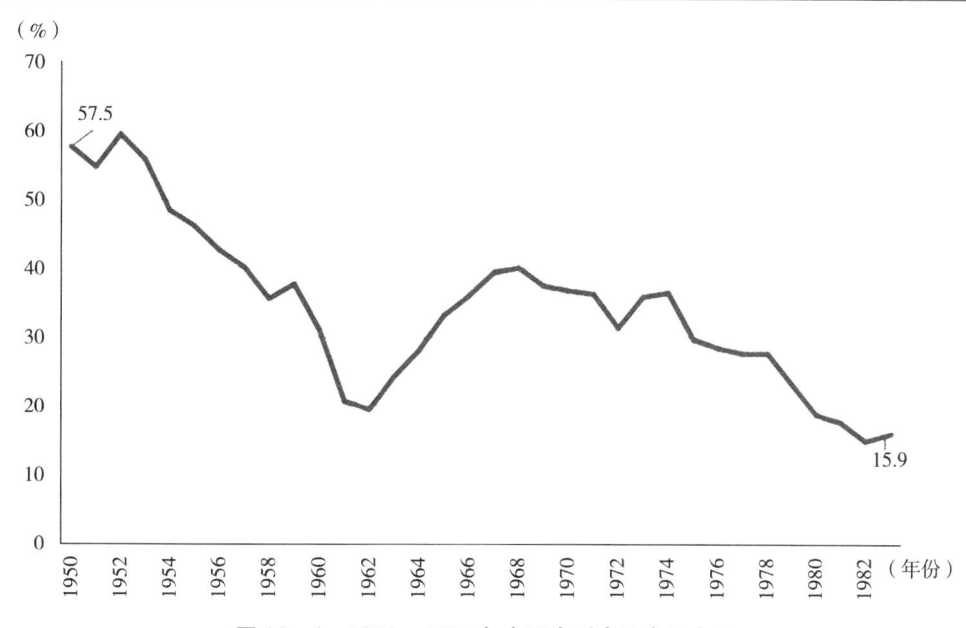

图 11-1　1950—1983 年中国农副产品出口占比

资料来源:《中国商务年鉴1984》。

提高了农业部门的劳动生产率和就业率。随着农业由传统模式朝着现代化模式发展,农业部门的内部分工会趋向于专业化、精准化、效率化和区域化。农业部门的工作人员有机会掌握有机农产品精深加工高端技术的能力,提高自己的农业生产技术和经验,有助于改善农业结构和提高农业部门的整体生产效率,进而带来农民收入水平的提高。此外,现代工商业部门的劳动生产率和职工工资收入大大高于传统农业部门,非农产业部门为了谋求发展,会大规模地吸纳农村的剩余劳动力,这不仅能让现代企业以更低的劳动成本雇用劳动力进行生产活动,同时也提高了这部分农村转移劳动力的收入水平,对改善农村生活,帮助贫困的农村人口脱贫具有重要的现实意义。

2008 年的《世界发展报告》显示,农村贫困人口的减少中,80%以上归功于农村地区的条件改善,而不是贫困人口的迁出。因此,农村人口向城市迁移并不是农村(及全球)减少贫困的主要手段——这与人们的一般感觉刚好相反。然而,农村贫困人口的大规模下降(从 1993 年的 10.36 亿人降至 2002 年的 8.83 亿人)仅集中在东亚和太平洋地区。在南亚和撒哈拉以南非洲,农村贫困人口持续增加,到 2040 年甚至可能超过城市贫困人口;这些地区要特别优先利用农业来减少贫困。

五　促进工业化与城市化

农业国向工业国的转变,是绝大部分发展中国家经济发展的必由之路。在由农业经济体向工业化经济体转变过程中,农村经济的发展,为工业化提供了资本和劳动两种要素,这被称为农业的要素贡献。

(一)资本要素

一个国家的工业化进程和经济发展往往需要大量的资本投入,而对工业化起步阶段的国家而言,资本欠缺是工业化发展的最大阻碍之一。因此在这些正在谋求工业化发展的国家,占国民经济绝对优势的农业部门所积累的资金成为向其他部门进行投资的主要资金来源,这就是农业的资本贡献,即为非农产业的发展和扩张注入资本。实际上,农业部门向非农产业部门转移资本存在必然性,原因在于:第一,农业部门主要生产劳动密集型产品,在满足基本的生活需要之后,人们对于非农产品的需求收入弹性会超过农产品,这会使非农产业部门对于资本的需求更多,资本会根据当前市场的需求变化而进行流动。第二,一般而言,农民的生产通常会高于消费,即农民是净储蓄者。但是,使用储蓄投资于农业部门的回报率低于投资于工业部门的回报率,这样在市场机制作用下农业储蓄转化为其他部门的资本投入获得的回报率更高。决策者基于同样的考虑,也会通过强制干预手段将农业部门的剩余产品转移至工业部门,既满足工业化发展进程中巨大的资本需要,又可获得更高的投资回报,即促进经济更快发展。第三,当资本从农业部门转移至非农业部门后,这反过来会促进非农产业的发展和扩张,非农部门的不断发展会吸纳农村过剩的劳动力,从而提高农民的可支配收入水平,最终对农业部门产生反哺效应。为了获得预期中的投资收益,农业部门必然会成为非农产业发展的资本投入的主要来源。

(二)劳动力要素

拉尼斯—费景汉模型已经表明,农业部门劳动力的转移分为两个阶段,在农业部门边际劳动生产力为零的阶段,劳动力转移是没有障碍的。但是在边际劳动生产力大于零的阶段,则存在劳动力转移的障碍,此时农业的发展是劳动力进一步转移的前提。尤其是,农业技术水平的提高,特别是机械的采用降低农业对劳动力的需求,原本两个人才能完成的工作现在只需一人就可以完成,剩余的劳动力就会自然外移。

六 提供就业与社会保障

就业从农业向工业和服务业的转移是经济发展的规律之一,但是,在经济发展的早期,农业仍然是提供就业的最主要场所。任何国家的经济发展都起始于农业,农业在发展的初期提供了几乎所有的就业。2005年,全世界农村人口中约有86%以农业作为谋生之道。农业为13亿小农生产者和无地雇工提供了就业机会,为农村社区的生生不息奠定了基础。当城市发生震荡时,农业还提供了相当于社会福利的保障。发展中国家55亿人口中,有30亿人(将近人类总数的一半)住在农村。这些农村居民中,据估计有25亿人的家庭生计与农业密切相关,其中15亿人所在的家庭属于小农经营[①]。

[①] 世界银行:《2008年世界发展报告——以农业促发展》,清华大学出版社2008年版。

第二节　从传统农业到现代农业

一　"贫穷而有效"的传统农业

发展中经济体早期阶段的农业属于传统农业类型。所谓传统农业是指，"完全以农民世代使用的各种生产要素为基础的农业"①，这里所谓农民世代使用的生产要素，主要包括传统的畜力耕作机械、传统的灌溉技术和育种技术、传统的粪肥施肥方式，也就是说，传统农业未使用现代育种技术、化肥、现代动力耕作机械。反之，使用了现代生产要素的农业被称为现代农业。这种界定的标准其实是一种技术标准。传统农业中，土地、劳动力和畜力是主要的生产要素，少量的资本则是传统的农业机械工具。传统农业使用的劳动力要素中，数量比质量更为重要，现代意义上的经过系统教育培训所形成的人力资本作用不大，长年累月形成的耕作经验这类知识更为重要。

舒尔茨在《改造传统农业》中将传统农业的特征概述为"贫穷但有效"。传统农业是贫穷的，表现为单位面积产出较低、人均产出即劳动生产率水平较低以及最终表现为农民人均收入较低。传统农业的贫穷原因主要为：第一，农业生产技术条件长期没有明显进步，依靠的是农民一代代从祖先那里继承与累积起来的生产技术与农业知识。第二，传统农业主要依赖三大传统要素，即土地、人力和畜力进行生产，最终都会面临要素边际报酬递减的限制。第三，大量的人口集中在农业部门。在没有开启大规模工业化和城市化的经济体中，长期休养生息繁育的人口基本上都积聚在农业部门，这导致了农业部门的劳动边际生产率很低。

传统农业的贫穷，并不是因为资源配置效率低下；相反，传统农业的资源配置是有效的。经过长时间经验的积累，在传统农业生产过程中的各种资源的配置，如套种、轮种（种植物种之间的配合）、耕种的次数（是否休耕）与深度、播种、灌溉和收割时间的配合等方面，都非常周密地计算了成本与收益之间的问题，也就是达到了这种技术下的有效配置状态。即使"一个精于农业经营的外来专家，也不能找到传统农业要素配置有什么明显的低效率之处"。也就是说，"没有一种生产要素仍未得到利用。在现有技术状况和其他可利用的要素为既定的条件下，每一块能对生产做出纯贡献的土地都得到了利用。灌溉渠道、役畜和其他形式的再生产性资本都是这样"②。

传统农业"有效"的观点，与在此之前（舒尔茨于1964年发表《改造传统农业》）的关于传统农业的传统观点是不同的。在此之前，发展经济学家直观上倾向于认为，传统农业的生产组织和制度安排不同于资本主义常见的形式，是无效的。比如，刘易斯的二元

---

① [美] 舒尔茨：《改造传统农业》，梁小民译，商务印书馆2011年版。
② [美] 舒尔茨：《改造传统农业》，梁小民译，商务印书馆2011年版。

结构理论就认为，传统农业里存在大量的剩余劳动力，即处于完全失业的劳动力，但是，为了维持他们的生存，传统农业不得不付出高于他们劳动边际产出的工资。二元结构理论实际上认为新古典经济理论的边际分析方法无法直接应用到对传统农业的分析上，而且由于传统农业的生产组织和制度安排导致要素边际产出和其价格之间发生偏离，所以传统农业蕴含着效率上的损失。

传统农业"有效"的观点认为，传统农业的要素边际产出等于要素价格，要素市场出清，因而不但传统农业是有效的，而且传统农业中的农民也和企业家一样能对市场信号作出灵敏的反应。用生产可能性边界来概括传统农业的"贫穷但有效"论点为：传统农业的生产可能性边界位于靠近原点位置且难以向外扩展，但生产点在生产可能性边界上而不是在内部。

二 农业现代化

农业现代化是1954年9月第一届全国人民代表大会第一次会议提出的"四个现代化"（工业现代化、农业现代化、国防现代化、科学技术现代化）建设目标之一。与传统农业相比，农业现代化主要体现在技术上，具体包括两个方面：第一，直接用于农业生产的技术，这是最基本、最重要的部分。第二，现代化的方式涉及发展中国家怎样动员这些投入和技术，如一个国家如何去动员劳动力修筑公共水渠，建立开发适合本地条件的技术的机构。我们在这一节中主要分析农业生产技术问题。直接用于农业生产的技术分为机械序列技术（mechanical package）和生物序列技术（biological package）。

（一）机械序列技术

以种植为主的农事活动，从耕、种、收、灌溉与施肥、除草等各个环节，都会用到或简单或复杂的农业机械。农业机械包括农用动力机械、土壤耕作机械、种植和施肥机械、农田排灌机械、作物收获机械等。传统农业中已经用到了一些机械，我国古代《齐民要术》（约540年）中介绍的两脚耧，就是一种能在划出浅沟的同时播撒种子的农业机械。农业机械技术是替代劳动力的，节省农民劳动时间，降低农民劳动强度。比如，"刀耕火种"中的刀耕，就比犁耕①要花更多的劳动力。

现代农业机械技术与传统农业机械技术主要不同在于它的动力源不再是人力或畜力，而是电力或其他能源动力。动力源的变化，使农业机械效率更高。在大部分发展中国家，从更早的刀耕火种过渡到使用部分传统农业机械的精耕细作，使用的劳动力是更多的。但是由传统农业机械技术过渡到现代农业技术，需要的劳动力变少了。后一个转变过程中，至少需要三个前提条件：土地的"宜机化"、释放出来的多余劳动力的就业安置以及配套的产权改革。下面我们依次解释前两个条件，农村土地产权改革的问题放在下小节论述。

---

① 犁耕又经历了人力为动力和畜力为动力的阶段。哪怕是人力为动力犁耕，也比刀耕更有效率。

第一，让我们来看看土地的"宜机化"。适宜于使用现代农业机械耕作的土地，需要满足一定的自然条件，比如地块不能太过细碎化，要有一定的规模，土地坡度也不能太大，要比较平整。和很多发展中国家一样，由于地形和产权方面的原因，中国很多地区的农业土地"细碎化"比较严重。这样的土地适合于传统农业机械，但是显然不适合现代农业机械耕作。2011年后，我国提出"高标准基本农田建设"，其中一个目标就是要提高机械化水平（见专栏11-1）。

专栏11-1　　　　　　　　　中国的高标准基本农田建设

> 高标准基本农田，是通过土地整治建设形成的集中连片、设施配套、高产稳产、生态良好、抗灾能力强，与现代农业生产和经营方式相适应的基本农田。为了适应农村劳动力外移的变化，我国于2011年提出了《国家农业综合开发高标准农田建设规划（2011—2020）》、2021年提出了《全国高标准农田建设规划（2021—2030年）》。"宜机化"是高标准农田建设指标。2021年，高标准农田项目区机械化水平比一般非项目区要高15—20个百分点[1]。

第二，与农业劳动力相关的问题非常重要，处理不当会导致严重的社会后果。前面我们说过，现代农业机械提高了劳动生产率，但是会替代劳动力，也就是使用现代农业机械会使农业劳动力需求减少。那么，这里就存在一个使用现代农业机械的时机问题：是先使用现代农业机械迫使农业劳动力转移出去，还是等到农业劳动力转移出去后再使用农业机械？第一种情况下，现代农业机械"赶跑了"农业劳动力，如果这些在农业中失去工作机会的劳动力，在别的行业难以找到工作，那么就会造成大量的人失业。第二种情况下，等到农业劳动力在其他部门找到工作后，再在农业部门使用现代农业机械，则没有造成大量人失业的问题。

中国农村现代机械的使用，是农村大量劳动力在非农部门有了就业机会后才发生的。图11-2中展示了中国谷物联合收割机和农村第一产业劳动力，两个序列的格兰杰因果检验表明，农村第一产业劳动力变化在前[2]，谷物联合收割机变化在后。

这个问题和农业土地制度是交织在一起的。如果农业土地集中在地主或农业资本家手上，决定是否采用现代农业机械以及雇用多少农业工人或使用多少雇农，是由地主或农业资本家决定的，农业劳动力没有决定权。这时会出现农业机械驱逐农民的现象，即采用农业现代化机械耕作让更多农民失业了，这些失业的农民在城市部门尚未准备好充足就业岗

---

[1] 2021年9月16日，国务院新闻办公室举行国务院政策例行吹风会，农业农村部介绍《全国高标准农田建设规划（2021—2030年）》，https://m.thepaper.cn/baijiahao_14529757。

[2] 检验农业第一产业劳动力不是谷物联合收割机的格兰杰原因的原假设时p值为0.0003，反过来的格兰杰因果检验的p值为0.7822。

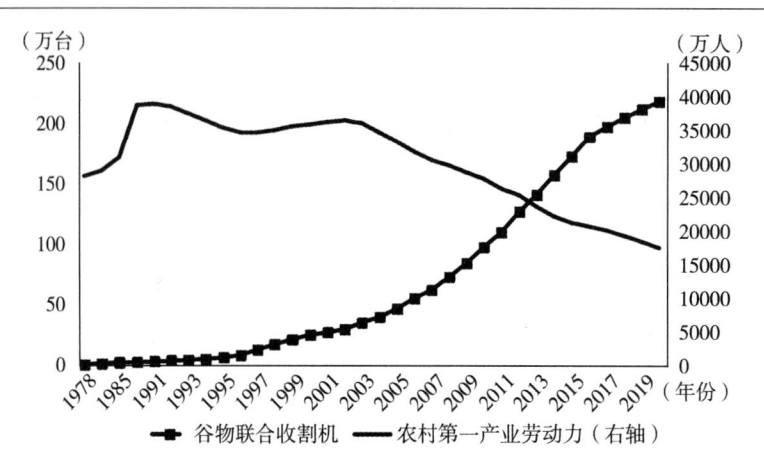

图 11-2　中国谷物联合收割机和农村第一产业劳动力

资料来源：《中国农村统计年鉴2021》，其中2016年因第三次全国农业普查，前后数据有拐折。

位时就流入了城市。

(二) 生物序列技术

生物技术序列是指通过使用改良的作物品种，如杂交水稻或杂交玉米（见专栏11-2）。育种技术的改良，通常要与杀虫、灌溉以及化肥的使用相匹配。尽管后两种在育种技术情况下也能提高农作物的产量，尤其是化肥，但是有了新培育的种子，粮食产量更加显著。图11-3显示了我国化肥施用量，总体来看，我国化肥施用量在2016年之前一直在增加，化肥施用量与我国新育种技术的应用有很大关系。

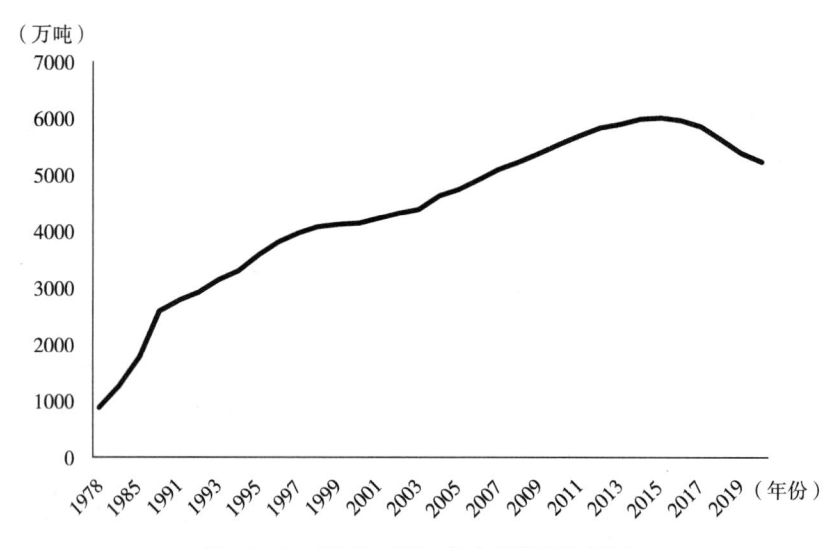

图 11-3　1978—2020 年中国化肥施用量

资料来源：《中国农村统计年鉴2021》。

与机械技术能提高劳动生产率进而替代劳动不同,生物系列技术主要是提高单位土地面积的产量,因而生物系列技术通常也不会导致与机械技术类似的政治与社会问题。表11-3中列出了我国主要农作物单位面积产量,所有农作物的单位面积产量在1990—2020年都有显著增加。

表11-3 中国主要农作物单位面积产量　　　　单位:公斤/公顷

	1990年	1995年	2000年	2016年	2017年	2018年	2019年	2020年
稻谷	5726	6025	6272	6865.8	6916.9	7026.6	7059.2	7044.3
小麦	3194	3541	3738	5399.7	5484.1	5416.6	5630.4	5742.3
玉米	4524	4917	4597	5967.1	6110.3	6104.3	6316.7	6317.0
大豆	1455	1661	1656	1789.2	1853.6	1898.0	1938.7	1983.5
薯类	3008	3428	3497	3765.0	3901.5	3990.5	4036.3	4143.1
油料作物	1480	1718	1919	2577.5	2628.1	2667.2	2702.4	2731.6
棉花	807	879	1093	1670.5	1769.3	1819.3	1763.6	1865.2
糖料	42965	43630	50426	71859.9	73618.6	73554.1	75561.9	76596.8

资料来源:历年《中国农村统计年鉴》。

专栏11-2　　　　杂交水稻之父——袁隆平

杂交水稻的基本思想和技术,以及首次成功的实现是由美国人Henry Beachell在1963年于印度尼西亚完成的,但是他的设想和方案存在着某些缺陷,无法进行大规模的推广。我国科学家袁隆平于1975年研制成功杂交水稻制种技术,从而为大面积推广杂交水稻奠定了基础。杂交水稻极大地提高了水稻亩产量,2020年11月2日,在湖南省衡阳市衡南县清竹村进行的袁隆平领衔的杂交水稻双季测产达到了亩产1530.76公斤,其中早稻619.06公斤、第三代杂交水稻晚稻品种"叁优一号"911.7公斤,超过了1500公斤的预期目标。由于袁隆平培育的杂交水稻为解决我国粮食安全和世界饥饿问题做出了突出贡献,被称为杂交水稻之父。

通过生物序列的技术,使农作物单位面积产量大幅增加,这种现象被称为"绿色革命"。"绿色革命"发展于20世纪60年代,主要是为了解决多数发展中国家,特别是亚洲国家人口增长与粮食短缺之间的矛盾问题。绿色革命的核心内容包括几项改革措施:高产作物的普遍推广种植;全面推广杀虫剂、农药和化肥的使用;改善灌溉体系,缓解农业"靠天吃饭"问题。

绿色革命增加粮食产量，解决了吃饱肚子的问题，但是也带来一些问题。第一，快速生长的品种与大量化肥"催生"，一些农产品品质下降，"瓜不甜，果不香"。对农产品的消费者而言，长期食用使用大量化肥和农药生产的粮食也会对人体健康造成隐患。事实上，部分农药随食物进入人体后，有毒物质会在人体内堆积多年，一旦产生质变会带来现代疾病的大爆发，且这种毒素并不会随着时间和生活水平的提高被稀释。第二，破坏生态环境。在推广绿色革命的过程中，农民不可避免地使用了大量的化肥、农药和杀虫剂，过量使用化肥导致土壤酸化严重。中国从1981—2021年的40年，土壤的pH值下降了0.13—0.85，酸化后的土壤也会产生有毒物质，影响作物生产和粮食安全。进一步来看，高产作物随着绿色革命的进程显现出对化肥、农药和保护技术的过度依赖，进而导致病虫害的抗性增强，土壤盐渍化和地下水污染严重，继续进行化肥、农药依赖性种植就长远而言是"饮鸩止渴"的方式。长期对土壤的破坏和地下水资源的无节度使用会带来土地资源承载能力逐年下降，并造成生态环境的不断恶化，影响路径为"为了谋求粮食高产—使用农药和化肥—作物种植形成依赖—为保证作物产量持续投入化肥农药—生态环境恶化"。

第三节　土地改革

20世纪后的土地改革，是指土地从大地主向小农户重新分配，实现"耕者有其田"。除了苏联的土地改革是发生在第二次世界大战前，其余大部分国家的土地改革是发生在第二次世界大战后，而且土地改革不但发生在发展中国家，现在的一些发达经济体也在这个时间段内发生过土地改革。但是，大多数的国家，即使经过了土地改革，仍没有实现土地哪怕是相对意义上的平均分配。

前面我们说过，传统农业向现代农业转型过程中，新技术的采用是受到土地所有权制约的，尤其是机械序列技术的采用。本节中我们从土地分配与绩效、土地产权的经济学性质以及中国土地改革几个方面来讨论土地改革问题。

一　土地改革的经济分析

我们先看第一个问题，即土地分配与绩效。用基尼系数来考察土地分配状况。根据基尼系数的计算方法，数值越大，表示分配越不平等。从表11-4中可以看出，各国土地基尼系数相差很大，并且表现出一定的区域性特点。拉丁美洲地区的土地基尼系数往往最高，而亚洲尤其是东亚和太平洋地区最低，其结果是，拉丁美洲少部分人拥有大量土地，而亚洲大部分农民拥有少部分土地。

表 11-4 各地区部分国家土地基尼系数

撒哈拉以南非洲			南亚		
国家或地区	数据年份	土地基尼系数	国家或地区	数据年份	土地基尼系数
莫桑比克	1999	36.8	孟加拉国	1977	41.7
几内亚	1989	45.2	印度	1986	57.9
加纳	1970	53	尼泊尔	1971	54.2
赞比亚	1971	69.9	巴基斯坦	1989	55
拉丁美洲和加勒比			东非和北非		
国家或地区	数据年份	土地基尼系数	国家或地区	数据年份	土地基尼系数
奎亚那	1989	63.9	突尼斯	1961	61.6
波多黎各	1987	73.4	阿尔及利亚	1973	63.5
巴西	1985	80.2	伊朗	1988	67.7
巴拉圭	1991	84.9	沙特阿拉伯	1972	74.2
发达国家					
国家或地区	数据年份	土地基尼系数	国家或地区	数据年份	土地基尼系数
挪威	1959	36.1	日本	1995	51.1
英国	1993	64.4	美国	1987	71.9

注：本表中仅仅摘录了原表每一区域的其中四个国家或地区，包括基尼系数次高、次低和中间的两个国家或地区。

资料来源：[美]热若尔·罗兰：《发展经济学》，金志农译，中国人民大学出版社2016年版。

土地分配越不平均，越容易出现大农场，土地分配越平均，农场规模越小。农场规模与单位面积产量有什么关系呢？表11-5中列出了巴西、巴基斯坦和马来西亚部分地区的小型农场和大型农场土地规模与单位面积产出指数。结果显示，农场规模与单位面积产量成反比。土地生产力差异最大的是巴西，小型农场单位面积产出比大型农场高出4倍多。马来西亚的小型农场单位面积产出比大型农场仅高出48%，而且马来西亚的农场都小得多。

表 11-5 不同耕地规模的农场农业生产率

	巴西东北部		巴基斯坦旁遮普省		马来西亚穆达	
	每公顷产出	土地面积	每公顷产出	土地面积	每公顷产出	土地面积
小型农场	563	10—49.9	274	5.1—10.1	148	0.7—1
大型农场	100	500以上	100	20以上	100	5.7—11.3

注：土地面积单位为公顷，每公顷土地产出将各国的大型农场数据归一化处理为指数100。
资料来源：[美]热若尔·罗兰：《发展经济学》，金志农译，中国人民大学出版社2016年版。

我们再来看第二个问题，即土地产权的经济学性质。土地产权分为土地的所有权、生产经营权和处置权。这三种权属是可以分离的。拥有耕地的人不一定会耕种，而是承包或租赁给别人耕种，而处置权是说土地是否可以作为抵押品进行抵押以及改变用途等。根据所有权，可以分为个人所有和集体所有（公有）。如果农户个人拥有所有权且自己耕种，这就是农户私人所有制，个人所有或集体所有的土地也可以租赁或者承包给别的农户耕种。

我们从三个维度考察不同耕地产权与契约的经济性质：劳动投入的激励、对土地的资本投资的激励、这种所有制应对风险的能力以及生产规模。

第一种形式是农民所有与农户自己耕种制。这其实就是自耕农，农民拥有耕地所有权并自己耕种。当农民自己拥有土地并自己耕种时，他可以获得全部耕种所得（不考虑税收或补贴），这对他的劳动投入激励最大。同时，由于农民拥有土地的未来耕种所得权，这将激励他去对土地进行投资，提高土地肥沃程度，改善灌溉条件等。农民自负盈亏，而且在发展中国家很多时候没有农业耕种保险，所以农民应对干旱等自然灾害导致农业歉收风险的能力弱。农民所有制下，由于家庭劳动力总数有限，耕种土地规模有限，且取决于水利、道路等基础设施与机械化水平，基础设施与机械化水平互补。

第二种形式是集体所有制。土地的所有权是集体的，分配或出租给村民耕种。这种所有权的形式有很悠久的历史，如中国古代的族田，现在非洲和亚洲一些地区的部落所有制。当集体能提供一定的水利道路等公共基础设施或集体劳动时，农户面临的风险下降，耕种的规模也比第一种私人所有的情形略高。如果农户获得额外劳动的全部成果，集体不分配土地产出，此时农户劳动激励同样较强。农户是否进行长期的资本投资，取决于耕地权是否变化。如果农户耕种的土地或重新分配或轮换，则资本投资的可能性较低，但是重新分配地块会有一定的抵御风险的作用。如果土地在较长时间内不重新分配，则有较强的激励去进行资本投资。这种所有制应对干旱等自然灾害能力比较强，统一修建水利灌溉等基础设施。

第三种形式为土地由地主所有，农户以固定租金租佃地主的土地进行耕种。固定租金就是，不管农户收获如何，都要向地主缴纳固定数量的地租。比如，一块地固定租金是50元，如果没有自然灾害，收获500元，农户所得为450元；如果有自然灾害，收获为200元，农户所得为150元。从这个简单例子可以看出，这种所有制—契约形式使农户的风险非常高。这种情况下的劳动激励与耕种规模状况与第一种情形大体类似，但是投资激励取决于租佃的时间长短。如果农户获得了永佃权，则有很强的激励去进行资本投资。如果地主随时可以终止租佃合约，则佃户没有积极性去进行资本投资。

第四种形式是土地由地主所有，但是采取分成租佃的契约方式租佃给农户耕种。分成租佃的意思是，农户按照一定比例将收获给地主。如果分成的比例是地主占30%，那么不管农户耕种所得收获多少，最终都要将收获的30%给地主。由于农户新增劳动努力所得的收获中由一定比例被地主分走了，所以这种方式劳动激励比前两种要低。遭遇风险的绝对损失比私人所有制要小，地主承担了一部分，但标准差是不同的。这种所有制的投资激励和耕种规模与第三种情况类似。

第五种形式为雇工制,即农业工人与土地所有者之间是劳动合同关系。我们暂且假定是固定工资制,这样劳动激励很弱,无论农业工人工作成果如何,他的最终工资与此无关,当然农业工人农业歉收后面临的风险也极小。农业工人不会对土地进行投资,但是地主有最大的投资激励。地主这时可以对农业工人进行更好的分工,也可以采取机械化程度更高的耕作方式,所以这种情况下耕种规模可以很大(见表11-6)。

表11-6 不同土地所有产权与租赁或耕种合同的比较

	劳动努力程度激励	投资激励	面临的风险高低	适用耕种的规模
农户所有—农户耕种	最佳	最佳	高	有限
集体所有—农户耕种	最佳	重新分配则较低,否则较强	较低	有限,但比私人所有略高
地主所有—农户固定租金租佃	最佳	永佃制则最佳,短期租佃则较低	非常高	有限
地主所有—农户分成租金租佃	比较低	永佃制则最佳,短期租佃则较低	较高	有限
地主所有—农业工人固定工资雇用制	最低	工人无,土地所有者强	最低	有很大潜力

二 中国土地改革

前面我们说过,全世界有很多国家进行过土地改革。由于土地改革的基本内容是将地主的土地分配给农户或减租,这极大地损害了原地主的既得利益,会受到土地所有者政治上的极力反对。所以,在没有发生革命或极大权力转移的国家或地区,土地改革的政治障碍极大,现实中少有彻底完成土地改革的情况。韩国是土地改革较为成功的例子,虽未发生革命,但是经历了极大的权力转移后才开展土地改革。专栏11-3比较了中印土地改革的效率差异。

专栏11-3　　　　　中印土地制度与绩效比较

中华人民共和国成立后,我国实行了土地改革,全国共有3亿多无地或少地的农民无偿分得了7亿亩的土地和大批生产生活资料,后经社会主义改造而最终形成了我国农村土地为集体所有制。

与中国不同，印度土地制度是私有制。在印度 70% 的土地属于私人所有，还有 30% 是政府土地和产权不明的土地。目前占印度农户总数 50% 的小农只拥有 1% 的耕地。印度现在土地制度的形成与近 200 年的殖民历史关系极大。英印殖民当局进行了土地整理，彻底摧毁了孱弱的农村公社，在印度普遍确立了封建地主土地所有制，造成了土地高度集中，不到 2% 的大地主占有全部土地的 70%。独立后的印度政府进行了持续的土地改革，一系列的改革使土地集中的程度有一定的下降，但未从根本上改变土地高度集中的局面。

中印土地改革选择了不同的制度路径，其绩效差异明显（见表 11-7）。虽然印度的人均耕地面积是中国的 1.4 倍，但中国的粮食产量常年是印度的两倍以上。2013 年中国粮食总产量达到 6.01 亿吨，而印度 2013 年粮食产量仅为 2.65 亿吨，另外在经济作物和畜牧生产上中国也远超印度。印度带有显著封建残余的土地制度，妨碍了进一步发挥农民的生产积极性，对于需要将农业收入的相当一部分用于缴纳租金的佃农来说，其生产积极性明显小于自耕农。而在土地私有的情况下，由于种粮收益比较低，许多自耕农和地主发现，把土地卖给房地产开发商更有利可图，也有许多人试着种植印度富人爱吃的高附加值水果蔬菜。

此外，印度的土地制度，也使在减贫扶贫方面、基础设施方面和社会稳定方面不如中国。

表 11-7 2013 年中印人口总量与粮食产量对比

对比指标	中国（大陆）	印度
年末总人口（亿）	13.6	12.5
农村人口（亿）	6.2	8.6
人均耕地面积（亩）	1.35	1.86
粮食总产量（亿吨）	6.01	2.65
粮食储备量（亿吨）	2.5	0.69
蔬菜总产量（亿吨）	7.06	1.56
棉花总产量（万吨）	713	675
人均粮食消费量（公斤）	395	178

资料来源：姚国跃、刘胜华：《中国与印度土地制度及其效能比较研究》，《世界地理研究》2015 年第 2 期。

中华人民共和国成立后，我国逐步确立了农村土地集体所有制。改革开放后，农村土地集体所有制下的承包经营权经历了一系列重大变化。第一，土地所有权与承包经营权的分离。在民间实践探索的基础上，我国很快在 1983 年开始了全国第一轮土地承包，承包期为15年，到1997年止。紧接着又开始了第二轮土地承包，承包期为30年（1997—2027年）。2003年3月1日开始实施的《中华人民共和国农村土地承包法》（以下简称《农村土地承包法》）正式确认"土地30年不变"。"土地30年不变"只是一个常见的形象的说法，《农村土地承包法》具体规定为："耕地的承包期为三十年。草地的承包期为三十年至五十年。林地的承包期为三十年至七十年；特殊林木的林地承包期，经国务院林业行政主管部门批准可以延长。"所有权与承包经营权的分离，提高了农民的种地激励。

第二，稳定承包土地地块不变，并最终确权。2003年之后，农民承包的地块逐渐稳定下来，不再重新划分。在此之前，农村耕地会在每隔一年或多年在村民小组范围内重新分配，这其实不利于农民对土地进行长期投资。2013年开始农村土地确权，依据不动产相关法律颁发了土地证书。土地确权进一步从法律上确定了农民与土地之间的长期关系。

第三，三权分置与土地流转的推广。2003年《农村土地承包法》其实就已经提出了土地流转：土地流转可以采取转包、出租、互换、转让等方式，将承包经营权的土地交由他人经营。此后，经过农民们小规模实践探索，于2014年开始大规模推广实践，并被总结为三权分置。三权分置是家庭承包责任制"两权分离"后的又一次在农村产权实践上的重大突破。三权分置与土地流转的推广，有利于促进土地资源合理利用，构建新型农业经营体系，发展多种形式适度规模经营，提高土地产出率、劳动生产率和资源利用率，推动现代农业发展。三权分置是在有了规模化经营的强大需要后，农村土地制度的一次变革。

第四节 乡镇企业

农村工业化、农村非农化（在农村从事非农业活动），是农村经济社会发展的必要途径与必然结果。从就业人口来看，从20世纪90年代开始，我国农村从业人口开始下降，其中从事第一产业（农业）的人口下降更多，而第一产业人口占乡村总产业人员的比例自1978年就开始下降。1978年，我国农村地区从业人员中，92%从事第一产业，1990年为82%，2020年为62%（见图11-4）。

农村从业人员中，除了从事农林牧渔业行业的工作，其他主要工作的行业为工业、建筑业、批发和零售业，2005年这三个农村行业的从业人员占整个农村从业人员比例依次为11.93%、7.25%和4.06%（见表11-8）。

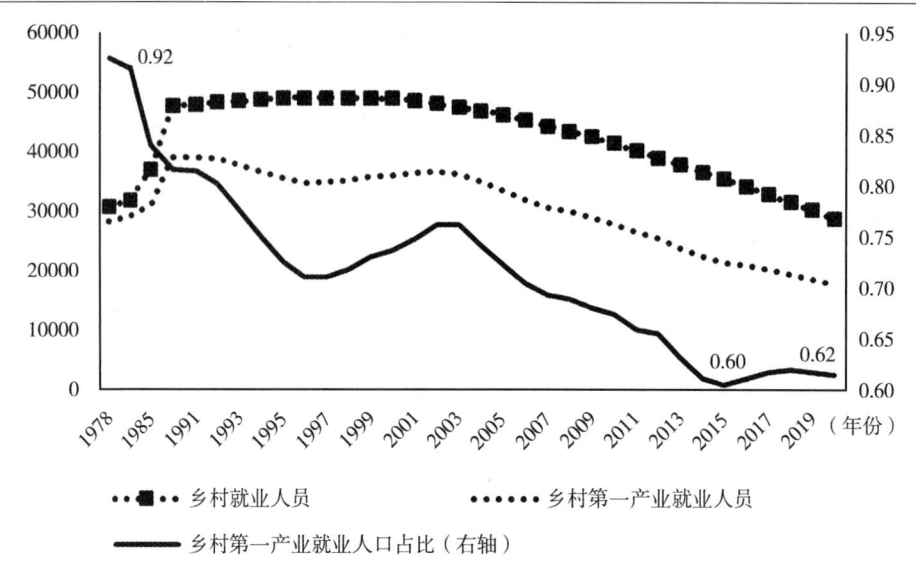

图 11-4 1978—2020 年中国农村就业情况

资料来源：《中国农村统计年鉴 2021》，1990 年之前的数据非连续。

表 11-8 农村就业人员行业占比 单位：%

行业	1990 年	1995 年	2000 年	2004 年	2005 年
农林牧渔业	79.35	71.79	68.38	61.57	59.49
工业	7.69	8.82	8.57	10.94	11.93
建筑业	3.62	4.89	5.61	6.80	7.25
交通运输、仓储和邮政业	1.51	2.18	2.44	2.74	2.84
信息传输、计算机服务和软件业	—	—	—	0.23	0.27
批发和零售业	1.65	2.60	3.65	3.88	4.06
住宿和餐饮业	—	—	—	1.56	1.77
其他行业	6.17	9.72	11.35	12.28	12.39

注：①"—"表示数据缺失原因是行业划分变化，2004 年起，乡村从业人员分类按照新的国民经济行业标准进行了调整；②本表从事"农林牧渔业"占比与上图略有差异，原因可能在于行业分类。

资料来源：《中国农村统计年鉴 2007》。

一 乡镇企业的贡献

乡镇企业是我国农村工业化与农村非农化过程中出现的独特现象。乡镇企业在 20 世纪八九十年代"异军突起",成为与国有企业、三资企业并列的一极,"三分天下有其一",其中国改革开放早期发挥了非常重要的作用,被邓小平在南方谈话中誉为"是中国特色社会主义的三大优势之一"①。

乡镇企业对我国经济发展的作用,首先表现在吸纳农村剩余劳动力和增加农民收入上。1978 年,乡镇企业就业人员为 2827 万人,仅占农村就业人数的 9.2%。到 2010 年,乡镇企业就业人员为 15892.56 万人,占农村就业人数的 38.4%(见图 11-5)。农民人均从乡镇企业获得的工资性收入在 2000 年为 760 元,到 2005 年年底达 1100 元,乡镇企业成为农民增收的重要来源②。

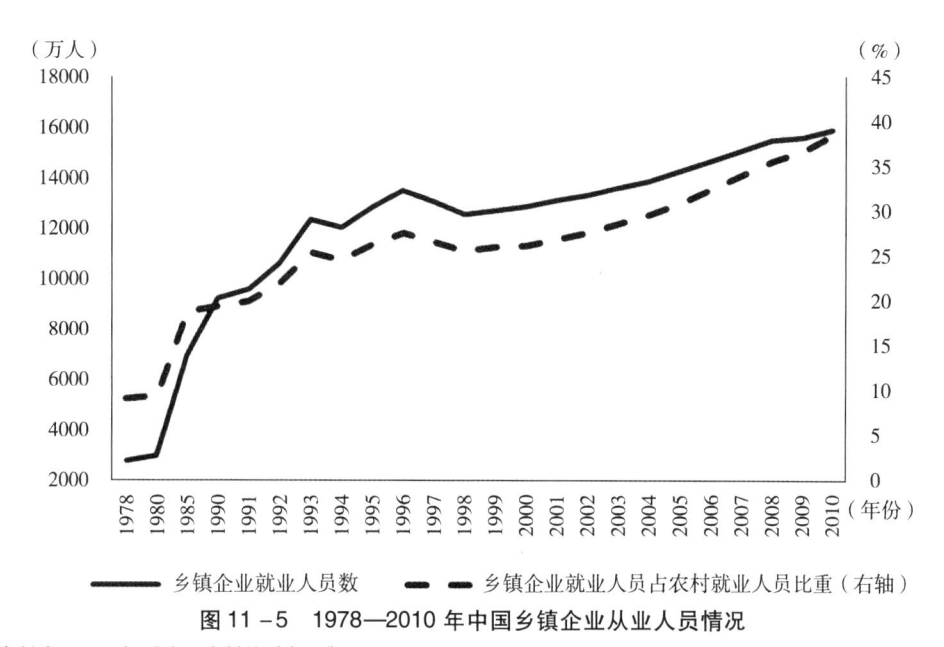

图 11-5　1978—2010 年中国乡镇企业从业人员情况

资料来源:历年《中国农村统计年鉴》。

乡镇企业的第二大作用,表现在产品供给上,尤其是在"短缺经济"时期,对我国产品供应贡献非常大。1998 年乡镇企业实现增加值 22186 亿元,占国内生产总值的比重达 27.9%,解决 1/3,上交国家税金达 1583 亿元,占全国税收总额的 20.4%。1998 年乡镇企业原煤产量 64218 万吨,占全国的比重由 1978 年的 16% 上升为 51.4%;水泥产量 23025 万吨,占全国的比重由 5% 上升为 43%;机制纸产量 1232 万吨,占全国的比重由 10% 上升为 58%③。

---

① 臧微、白雪梅:《西部农村居民收入流动性结构研究》,《统计研究》2015 年第 12 期。
② 范丽霞:《中国乡镇企业增长与效率的实证研究》,博士学位论文,华中农业大学,2008 年。
③ 万忠兵:《建国 50 年我国乡镇企业的发展成就》,载《中国统计年鉴 1999》,中国统计出版社 1999 年版,第 15—19 页。

乡镇企业的第三大作用是反哺农业农村的发展。1978—1998年，乡镇工业用于补农建农的资金就达1000多亿元。进入21世纪，这一贡献更加突出，仅2000—2005年，乡镇企业支农补农及农村各项社会性支出累计达780亿元，有力地支援了农村社会事业的发展[1]。

虽然我们说改革开放后乡镇企业异军突起，但乡镇企业并不是改革开放后突然一下子冒出来的，改革开放前一直有同类性质的企业，只不过名称不同罢了，其前身在1959年称为社办工业，1972年称为社队企业，1984年后年一直称为乡镇企业[2]。

2010年后，乡镇企业受到关注变少，并不是乡镇企业消失了，而是经过1997—2000年乡镇企业改制，性质有所变化，由一个和国有企业、私营企业、个体并列的登记注册类型意义上的乡镇企业，经过改制后并入或转变成了登记注册类型。从产权或登记注册类型来说，乡镇企业确实是没有了。但是地域意义上的乡镇企业一直存在，也就是说，此后的乡镇企业更多是指位于乡镇和农村的企业[3]。1997—2000年的那一轮改制，改变了乡镇企业产权不清的状况，到2000年年底全国乡村集体企业改制面已达80%，其中股份有限公司占1%，有限责任公司占5%，股份合作制占13%，组建企业集团占8%，承包占6%，租赁占8%，兼并占15%，破产占1%，出售占25%，几种改革形式相结合的占18%[4]。其中"股份合作制"是一个有独创性的类型[5]，是集体经济的一种新的组织形式，这种组织形式既有劳动合作的含义，又有资本合作的意味。

二 中国乡镇企业的生产率

乡镇企业在我国市场经济建立过程中的"异军突起"以及随着市场经济体制的完善而逐渐"泯然众人"，背后的直接原因都与乡镇企业在不同时期的相对生产率有关。乡镇企业作为在市场经济狭缝中生存并成长起来的经济形态，受到整体市场状况与政策环境变化的影响非常大。

范丽霞的研究发现，1990—1995年我国乡镇企业的全要素生产率增长还是较为显著的，年均增长达到3.9%（见图11-6），其中技术进步（3.2%）作用较大，效率改善较小（0.7%）[6]。分时段来看，1990—1995年，乡镇企业全要素生产率增长非常迅速，年均

---

[1] 范丽霞：《中国乡镇企业增长与效率的实证研究》，博士学位论文，华中农业大学，2008年。
[2] 周建群：《新农村建设中的乡镇企业发展研究》，博士学位论文，福建师范大学，2009年。
[3] 《中华人民共和国乡镇企业法》的第二条明确指出："本法所称乡镇企业，是指农村集体经济组织或者农民投资为主，在乡镇包括所辖村举办的承担支援农业义务的各类企业"，"前款所称投资为主，是指农村集体经济组织或农民投资超过百分之五十，或者虽不足百分之五十，但能起到控股或者实际支配作用"。"乡镇企业符合企业法人条件的，依法取得企业法人资格。"
[4] 周建群：《新农村建设中的乡镇企业发展研究》，博士学位论文，福建师范大学，2009年。
[5] 从思想渊源来说，早在200年之前的空想社会主义者傅立叶在设计法郎吉时已包含了股份合作制企业的雏形，20世纪60年代美国的路易斯·凯索（LpiosYokels）提出的"职工持股计划"也属于此列。但是我国乡镇企业改制成股份合作制则是在实践上较早大面积推行的。
[6] 范丽霞：《中国乡镇企业增长与效率的实证研究》，博士学位论文，华中农业大学，2008年。

高达 10.71%。这一时期，以邓小平南方谈话为标志，我国经济体制改革进入加速期，对外开放程度加深，同时，国有企业改革进程加快，国企裁员中有相当一部分相关人员分流进了同行业的乡镇企业，城镇科研实验单位人员通过市场进入了乡镇企业，甚至出现了一大批"星期天工程师"[1]，这些因素为乡镇企业的发展提供了制度环境与人才保障。在此期间，一些大型乡镇企业开始建立起了自己的研发机构，根据市场需求的变化来进行产品和工艺的技术创新活动。原农业部乡镇企业司、国家科委农村司、国务院发展研究中心技术经济部共同对总计 4523 家乡镇企业在一年间进行技术创新活动所做的问卷调查结果表明，有技术创新活动的企业占到了样本的 70.7%[2]。

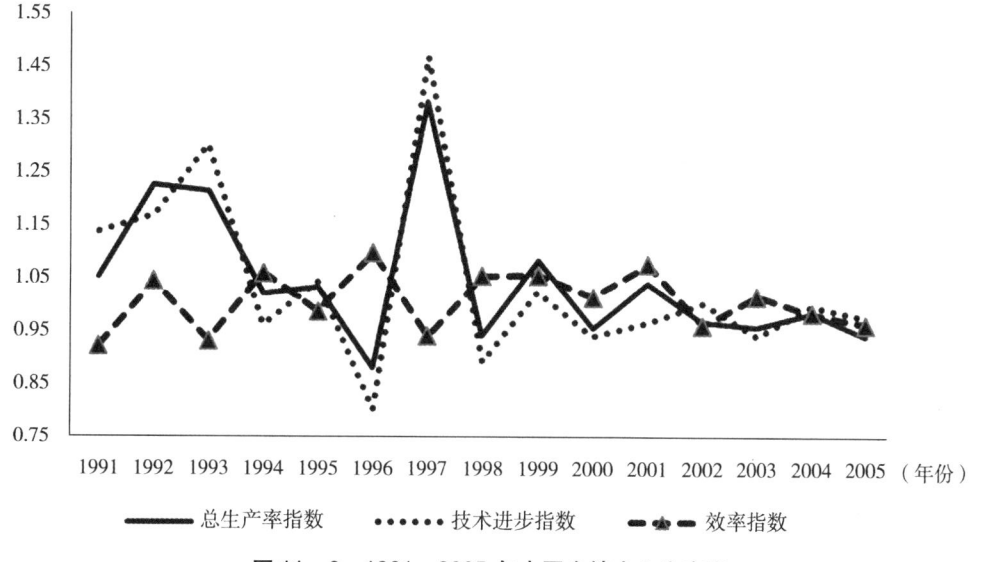

图 11-6　1991—2005 年中国乡镇企业生产率

资料来源：范丽霞：《中国乡镇企业增长与效率的实证研究》，博士学位论文，华中农业大学，2008 年。

但是 2000 年之后，随着"短缺经济"的结束，市场经济体制的日益完善，民营企业开始成长起来，乡镇企业生存的市场缝隙越来越小，其经营管理体制落后的弊端逐渐暴露，高素质人才外流、技术人员跳槽频繁，生产率下降。2002—2005 年，中国乡镇企业全要素生产率年均下降 3.61%，其中技术效率指数年均下降 1.75%，技术进步率年均下降 1.93%。

---

[1] 林盼：《乡镇企业人才哪里来？一项经济史的分析》，中国社会科学院经济研究所工作论文，2020 年 11 月 2 日，http://ie.cass.cn/academics/thinktank_center/202011/t20201104_5211528.html。

[2] 范丽霞：《中国乡镇企业增长与效率的实证研究》，博士学位论文，华中农业大学，2008 年。

> **专栏 11-4　　鲁冠球：中国乡镇企业改革发展的先行者**
>
> 　　鲁冠球被誉为"中国乡镇企业改革发展的先行者"。1945 年 1 月，鲁冠球出生于萧山一个农民家庭。他学过铁匠，修过自行车，16 岁时的理想是做工人。1969 年，国家批准每个人民公社可以开办一家农机厂。24 岁的鲁冠球瞅准机会，变卖祖屋，带领 6 名农民集资 4000 元，创办"宁围公社农机修理厂"，他任厂长。1979 年，鲁冠球看到了《人民日报》一篇名为《国民经济要发展，交通运输是关键》的社论，他判断中国将大力发展汽车业。在鲁冠球的工厂里，能与之相关联的，便是一种叫作万向节的汽车传动轴与驱动轴连接器。鲁冠球决定集中力量生产万向节，并将工厂更名为萧山万向节厂。此后，他的"钱潮牌"万向节产品于 1990 年打开了日本、意大利、法国、澳大利亚、中国香港等 18 个国家和地区的市场。1994 年 1 月，万向集团旗下的万向钱潮在深圳成功上市，成为全国第一家上市的乡镇企业。
>
> 　　鲁冠球多次在实践层面上开启了中国乡镇企业产权改革，并因此于 2018 年 12 月 18 日被党中央、国务院授予改革先锋称号，并获评乡镇企业改革发展的先行者。1983 年，他主动提出与乡政府签订厂长个人风险承包合同，并通过吸收员工入股解决资金问题，这是浙江乡镇企业中最早的股份制。1988 年，他又率先实践乡镇企业与乡政府"政企分开"。他从"企业利益共同体"这个概念出发，提出了"花钱买不管"。他从万向节厂净资产 1500 万元中，划出了 750 万元归乡政府，其余归"厂集体"所有，镇政府的角色变成了只能与"厂集体"平起平坐的股东。

第五节　乡村振兴

　　在城市化发展到一定程度后，很多经济体都出现了乡村人口快速减少、人才短缺、资本外流的现象，这时它们都面临着乡村振兴的任务。日本和韩国在乡村振兴方面做得比较成功[①]。

　　为了提高农村活力、振兴区域经济，日本在 20 世纪 70 年代开展了"一村一品"运动。80 年代末，日本从"一村一品"运动转向"故乡创生"，主张"地方思考，国家支援"，充分挖掘地方资本。近年来，日本又提出了"地方创生"概念，期望各乡镇因地制宜、自主发展六次产业，让人口回流，再创生机，解决伴随老龄化、人口减少带来的地方缺乏活力、产业衰退等问题。

　　韩国在 20 世纪 70 年代开始在全国开展"新村运动"，至 80 年代，"新村运动"逐渐

---

① 王猛、邓国胜：《中日韩乡村振兴的创新实践》，中国社会科学出版社 2020 年版。

完成由行政主导到市场和社会自主管理的过渡。通过"新村运动",韩国在较短时间内不仅缩小了城乡和贫富差距,缓和了社会矛盾,而且提升了村民的道德文化素养;既为城市化输送了高素质的新市民,又吸引了城市人才参与乡村建设,促进了城乡融合发展,基本实现了社会整合目标。

"三农"问题作为关系民生大计的根本问题由来已久,随着我国工业化、城镇化、现代化发展逐步步入正轨,新时代背景下如何有效解决"三农"问题是我国经济全面发展亟须解决的问题。在解决绝对贫困之前,我国在2017年就做出了乡村振兴战略部署(见表11-9),以作为在解决了绝对贫困之后解决"三农"问题的行动纲领。乡村振兴的核心在二十字方针:产业兴旺、生态宜居、乡风文明、治理有效、生活富裕。

表11-9 乡村振兴战略的发展路径

	时间	事件	
乡村振兴战略发展	2017年10月	党的十九大报告正式提出乡村振兴战略	总体要求:坚持农村农业优先发展,坚持农民主体地位,坚持乡村全面振兴,坚持城乡融合发展,坚持人与自然和谐共生,坚持因地制宜发展 实施目的:为了全面且有效地解决"三农"问题,促进农村农业现代化发展
	2018年2月	中央一号文件《关于实施乡村振兴战略的意见》发布	
	2018年3月	《政府工作报告》提出大力实施乡村振兴战略	
	2018年5月	《国家乡村振兴战略规划(2018—2022年)》发布	
	2018年8月	《乡村振兴战略规划(2018—2022年)》发布	
	2021年2月	《中共中央 国务院关于全面推进乡村振兴加快农业农村现代化的意见》发布	
	2021年3月	《关于实现巩固拓展脱贫攻坚成果同乡村振兴有效衔接的意见》发布	
	2021年4月	《中华人民共和国乡村振兴促进法》发布	
	2021年5月	《"乡村振兴 法治同行"活动方案》发布	

产业兴旺是乡村振兴的前提和基础,发展乡村产业也是乡村振兴战略中所提出的关键一环。关于如何发展乡村产业,一些学者在实践基础上总结出了多种模式,如"生态+"产业模式、"文化+"产业模式、"旅游+"产业模式、"金融+"产业模式、"互联网+"产业模式等[1]。例如,在山西云州打造了"小黄花大产业",依托黄花产业,发展了生态旅游业,拓展了乡村旅游景点,并通过深加工延长了黄花生产的产业链,包括黄花酱、黄花制作的化妆品等系列加工产品,打造属于云州的黄花系列品牌产业,以此带动乡村发展。辽宁十家子村以电子商务为突破点也打造了"传统农业+互联网销售+深加工基

---

[1] 郭俊华、卢京宇:《产业兴旺推动乡村振兴的模式选择与路径》,《西北大学学报》(哲学社会科学版)2021年第6期。

地"的发展模式，创造了乡土特色招牌，拓展农产品深加工，真正助力新农村的发展。

本章小结

1. 农业对经济发展的贡献包括：保障粮食供给、促进经济增长、外汇贡献、降低贫困率、促进工业化与城市化、提供就业与社会保障。
2. 传统农业是"贫穷而有效"的，即传统农业生产率低下、农民贫困，但是传统农业实现了在那种技术条件下的资源有效配置。
3. 农业现代化主要体现在技术上，是指农业生产中采用现代技术、使用现代生产要素。农业技术现代化包括机械序列技术现代化与生物序列技术现代化。
4. 传统农业向现代农业转型过程中，新技术的采用是受到土地所有权—使用权状况的制约。土地分配越不平均，越容易出现大农场，而农场规模与单位面积产量成反比。不同的土地所有权—使用权状况下，劳动投入的激励、对土地的资本投资的激励、应对风险的能力以及生产规模三个方面有所差异。
5. 改革开放后，农村土地集体所有制下的承包经营权经历了一系列重大变革，是一个逐渐适应生产率发展需要的过程。
6. 乡镇企业是我国农村工业化与农村非农化过程中出现的独特现象。乡镇企业对我国经济发展的作用表现为：吸纳农村剩余劳动力和增加农民收入、增加产品供给、反哺农业农村的发展。
7. 乡村振兴战略部署是我国在解决了绝对贫困之后解决"三农"问题的行动纲领。

思考题

1. 哪些因素会阻止农业生产率的提高？
2. 什么是农业的市场贡献？
3. 什么是农业的产品贡献？
4. 什么是传统农业？为何说传统农业是"贫穷但有效的"？
5. 现代农业与传统农业主要差异在哪些方面？
6. 如何看待农场耕地规模与农业生产率之间的关系？
7. 比较不同土地所有制—契约关系的农业劳动激励强弱。
8. "绿色革命"主要解决了什么问题？带来了哪些新的问题？
9. 如何看待20世纪90年代我国乡镇企业的"异军突起"？

第十二章 产业结构变化

学习目标
1. 了解产业结构变化的基本事实,理解产业结构变化对经济增长与全要素生产率的影响。
2. 了解产业结构变化的模式,领会产业结构变化的动因。
3. 掌握投入产出关系的内涵与基本分析方法,了解我国数字核心产业的联系效应。
4. 深入理解结构刚性的内涵。

第十章讨论了发展中特殊的一类经济结构问题,即二元经济结构问题。本章讨论更为一般性的经济结构问题,即产业结构变化或产业结构演进。本章将分五节,第一节介绍产业结构变化的基本事实,第二节介绍产业结构变化在经济发展中的作用尤其是对全要素生产率的作用,第三节介绍产业结构变化模式与动因,第四节以数字核心产业为例介绍用投入产出表进行产业联系分析的方法,第五节介绍结构刚性的概念。

第一节 产业结构变化的基本事实

一 从卡尔多事实到库兹涅茨事实

什么是产业结构?产业结构可以从产业组合、产业构成以及产业关联三个方面来考察。产业组合是指现实中存在哪些产业。例如,每个国家都存在纺织业,但是一些高技术含量的产业如计算机制造等则不是每个国家都拥有的,所以每个国家的产业"名单"并不一样。根据联合国发布的39个工业大类、191个工业中类、525个工业小类,全世界只有中国具有所有的分类工业,所以说中国是世界上工业门类最齐全、产业组合最具有多样性的国家。产业构成则是指不同产业所占比例。产业关联结构是指不同产业间的投入产出关系,如中间产品会被投入其他产业用于生产最终产品。随着经济发展,生产过程变得越来越复杂,中间产品的交易会增多。

卡尔多(Kaldor)从英国和美国的经济发展历程总结了经济增长的一组著名经验规

律①：人均产出的增长速度大致是不变的；资本产出率基本保持不变；资本的实际回报率大致是恒定的；劳动力和资本在国民收入中所占的份额大致是恒定的。这几条经验规律被称为卡尔多事实。这些"大比率"的稳定性为新古典单部门增长模型（如前面的索洛模型）提供了事实依据。从这些比例的稳定性意味着经济增长过程中各个不同部分（如资本回报与劳动回报）增长速度一致，也就是增长是平衡的，因而稳态和平衡增长路径基本上是同义语。

但是，如果我们进一步分析经济增长过程中的各个组成部分问题，即结构问题，经济增长或经济发展过程不再是平衡的，而是变成了非平衡增长，也就是发生了结构变化。库兹涅茨将经济增长过程中伴随着巨大的结构变化描述为如下的库兹涅茨事实：

> 将经济增长定义为人均或劳均产品的持续增长，经济增长通常伴随着人口增长和全面结构变化。现代产业结构从农业转向产品制造和资源利用的非农业，即工业化过程；城市和乡村之间的人口分布发生了变化，即城市化的过程；一国之中各个集团的相对经济地位——包括就业状况，在各种产业的分布、人均收入水平等都发生了变化；产品在居民消费、资本形成、政府消费之间分配，并在每一大类中进一步细分；一国之内以及其他地方的生产布局起了变化。②

基于对结构问题的观察，结构主义一直是发展经济学中重要分析方法。刘易斯的二元结构理论就是结构主义方法的一个应用。结构的经验分析模型③是结构主义的另一重要应用。经验分析模型从现实数据中总结出结构变化规律，并认为结构变化是经济发展的动力。

二 中国产业结构变化基本事实

（一）三次产业结构

三次产业结构是最基本的产业结构。三次产业大致上可以视为按照劳动对象进行加工的顺序来划分的。一般地，将产品直接取自自然界的生产部门称为第一产业，第二产业包括采矿业、制造业、电力、热力、燃气及水生产和供应业以及建筑业四个部分，其他产业归为第三产业，包括批发和零售业、交通运输、软件和信息技术服务业、金融业、房地产业、教育和文化、体育和娱乐业等诸多产业。第三产业通常又被称为服务业，可分为生产性服务业和非生产性的生活服务业。值得注意的是，各国三次产业划分标准并不完全相同。

三次产业结构通常用三次产业的增加值占比或就业占比来衡量。中华人民共和国成立以来，我国三次产业结构发生了重要变化（见图12-1和图12-2）。改革开放前，我国

---

① Kaldor, N., 1961, *Capital Accumulation and Economic Growth*, Palgrave Macmillan.
② Kuznets, Simon, 1966, *Modern Economic Growth*, New Haven, Conn.: Yale University Press.
③ Hollis B. Chenery, 1979, *Structural Change and Development Policy*, Baltimore: Johns Hopkins University Press.

第十二章 产业结构变化

以抑制消费和以农助工的方式推行重工业优先发展战略，使我国第二产业增加值占比在1970年达40.5%并超过了第三产业和第一产业，也为改革开放后的工业化打下了基础。1970—2016年，我国第二产业增加值占GDP比重始终保持在超过40%的水平。但是1984年城市改革启动之后，我国第三产业发展更快，第三产业增加值占GDP比重于2012年超过第二产业。就业结构大体上与产出结构变化模式相同，即第一产业就业占比总体上持续下降，从1953年的83.5%逐步下降到2021年的22.37%；第三产业就业占比总体上持续上升，从1953年的8.9%增加到2021年的48.05%。

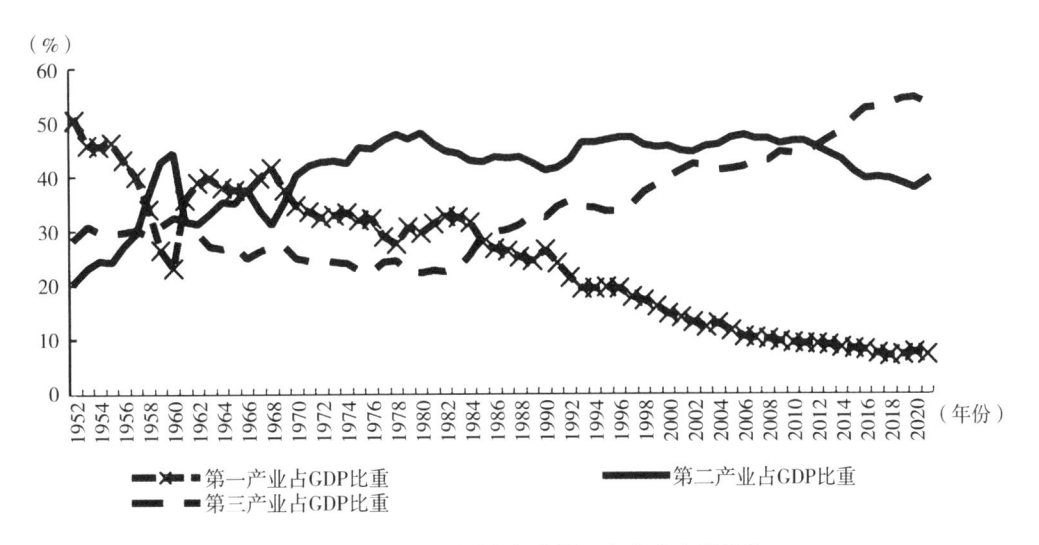

图12-1 1952—2020年中国三次产业产出结构

资料来源：历年《中国统计年鉴》。

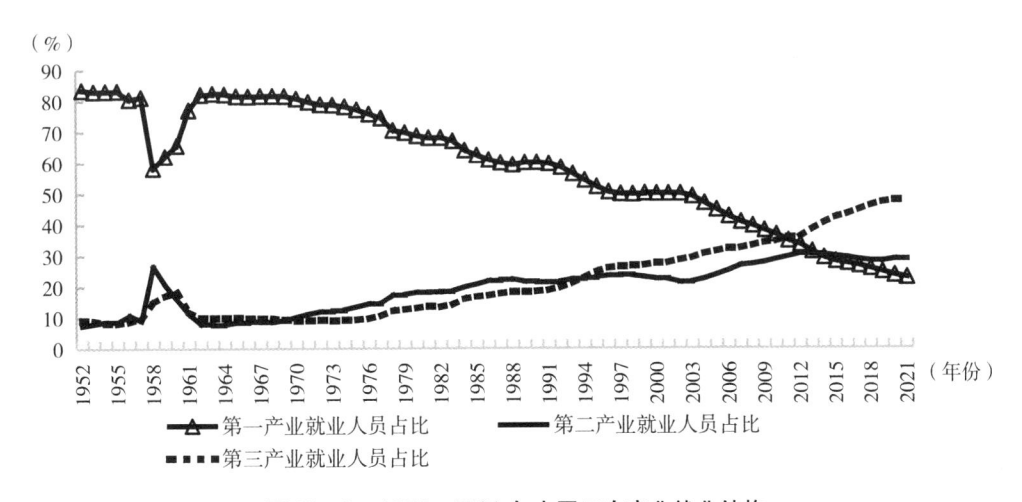

图12-2 1952—2021年中国三次产业就业结构

资料来源：历年《中国统计年鉴》。

（二）轻重工业结构

轻重工业划分是我国历史上使用了六十多年的一种工业分类方法。重工业是为国民经济各部门提供技术装备、动力和原材料等生产资料的工业，如采矿业、黑色金属冶炼及压延加工业、通用设备制造业等。轻工业则指提供生活资料和手工工具的工业，如纺织业、家具制造业等。出于国际比较等原因，我国于 1984 年开始，根据联合国统计司的《所有经济活动的国际标准行业分类》(ISIC)，制定了行业分类标准，即《国民经济行业分类与代码》，并从 2013 年下半年起，国家统计局在相关数据发布中不再使用"轻工业""重工业"分类。

我国轻重工业结构变化发展大致分为三个阶段（见图 12 - 3）。第一阶段是 1949—1978 年，以重工业为主。中华人民共和国成立之初，我国重工业较为落后，重工业总产值为 37 亿元，而重工业更能代表一个国家的生产潜力，为此国家大力发展重工业，至 1958 年首次我国重工业总产值高于轻工业总产值。第二阶段是 1979—2000 年，以轻工业为主的纠偏发展。轻工业满足民生为主，改革开放后，我国轻工业总产值增长迅速，年均增长率为 16%，至 1981 年轻工业总产值占比超过重工业总产值占比达到 51.5%，但之后轻工业再次回落，至 2011 年轻工业占比为 28.6%。第三阶段是 2001—2011 年，重化工业重回主导地位的产业结构阶段，年均增长率达到 26%。

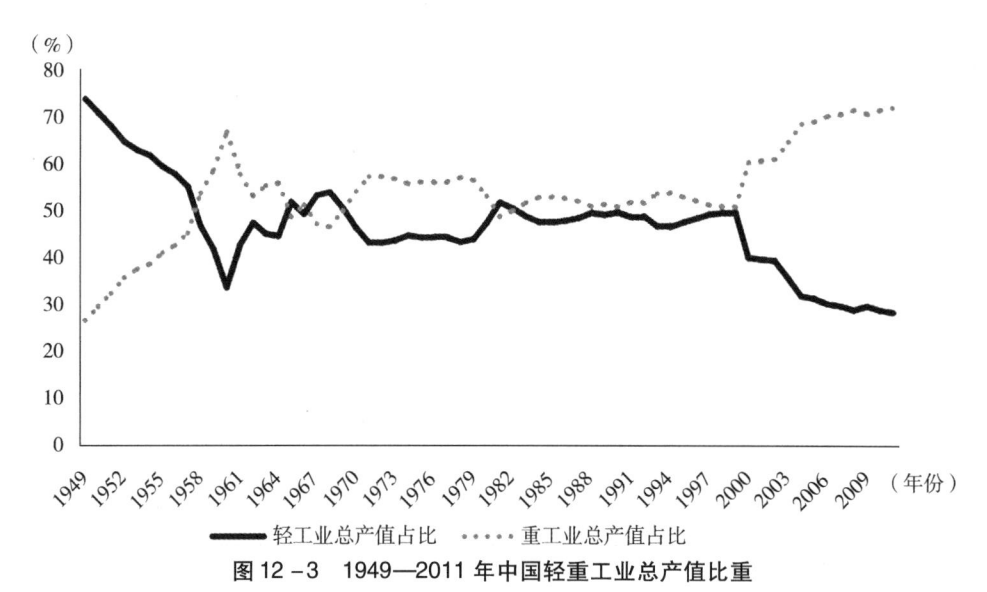

图 12 - 3　1949—2011 年中国轻重工业总产值比重

资料来源：历年《中国工业统计年鉴》。

（三）行业结构

近十多年，我国各行业或行业部门在整个经济体系中的相对重要性也发生了较大变化。2006 年，制造业增加值占 GDP 的比重达到最高峰为 32.45%，此后有所下降，到 2020 年仅为 26.18%（见图 12 - 4），为此国家在"十四五"规划中首次提出要保持制造业比重基本稳定。受 20 世纪末房地产市场化改革的影响，2004—2020 年，我国建筑业和房地产业①占 GDP 比重不断提高（见图 12-5），二者合计占比从 2004 年的 9.81% 增长到 2020 年的 14.52%。2004—2020 年，我国金融业增加值占比总体也在快速上升，由 2005 年的 4% 增加到 2020 年的 8.27%。随着信息化步伐的加速，信息传输、软件和信息技术服务业增加值占 GDP 比重由 2011 年的 2.11% 稳步上升到 2020 年的 3.74%。

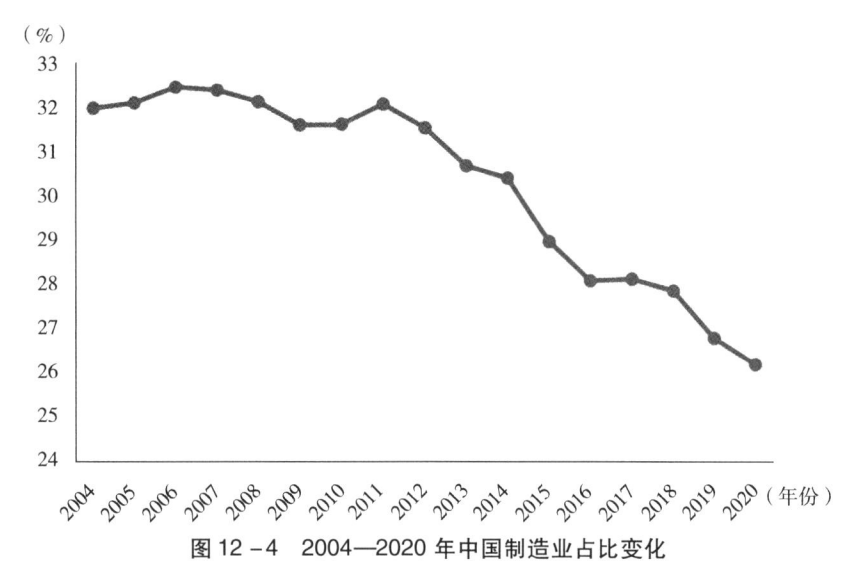

图 12-4　2004—2020 年中国制造业占比变化

资料来源：历年《中国统计年鉴》。

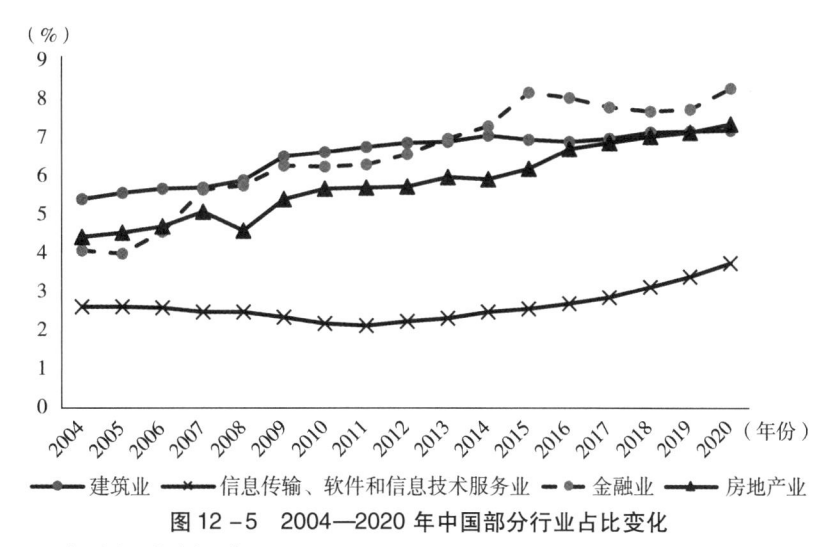

图 12-5　2004—2020 年中国部分行业占比变化

资料来源：历年《中国统计年鉴》。

---

①　建筑业属于第二产业，包括房屋和土木工程以及桥梁工程建筑、建筑安装与装饰等经济活动。房地产业属于第三产业，包括房地产开发、建设、经营、管理以及维修、装饰和服务等经济活动。

第二节　产业结构变化与经济增长

根据前述产业结构的定义，产业结构变动表现为三个方面，一是新的产业的出现使产业组合发生变化，二是高效的产业比重增加使产业构成优化，三是为生产过程复杂性程度增加使产业关联结构变化，具体体现为产业结构调整能够促进产业溢出和专业分工。这三个方面的变化都会带来总量经济增长与总量全要素生产率的变化。当产业结构变动提高总体生产率或既定投入下的产出水平时，便被称为结构优化。通常我们所称的产业结构转换（transformation of industrial structure）或产业结构变化潜在地是指结构优化。

一　产业结构对经济增长的影响

我们可以用贡献率来衡量某一产业或行业对经济增长的影响或贡献。所谓贡献率，是指某一产业或行业增加值增量与 GDP 增量之比。

经济增长依赖产业结构变动或产业结构优化。下面我们以劳动力从农业向工业转移来说明产业结构变化对经济增长的贡献。令 ΔY_i 为第 i 个产业或行业在某年的增加值增量，ΔY 是 GDP 在该年增量，该产业或行业的贡献率为 $\Delta Y_i / \Delta Y$。我国三次产业 1978—2020 年的贡献率如图 12-6 所示。可以看出，除了少部分年份，农业对经济增长的贡献率都较低，2000 年之前的大多数年份都低于 10%，2000 年之后的大部分年份低于 5%，这反映了农业增长相对较为缓慢且占比不断下降这一事实。2012 年之后，第三产业贡献率超过了第二产业，这也是第三产业比重不断提高的结果。

二　产业结构变化对全要素生产率的影响

在产业结构变化的组合、构成、关联结构这三个方面中，产业构成最易于度量，因而研究产业结构变化对全要素生产率的影响时主要研究的是产业比重变化对全要素生产率的影响，即产业结构调整通过促进要素配置进而对全要素生产率产生影响。当经济中低生产率产业部门与高生产率产业部门并存时，这种状况被称为要素的部门错配[①]（misallocation among sectors）（见第二章）。要素重新配置的过程就是产业结构调整或产业结构优化过程，这一过程能提高全要素生产率。具体来说就是生产要素从生产效率较低的部门（或地区）流向生产效率较高的部门（或地区），这样低生产率部门比重降低，高生产率部门比

[①] Hsieh 和 Klenow 比较了中国、美国和印度企业间要素配置不当导致的生产率差异。参见 Hsieh, C., Klenow, P., 2009, "Misallocation and Manufacturing TFP in China and India", *The Quarterly Journal of Economics*, 124: 1403-1448。

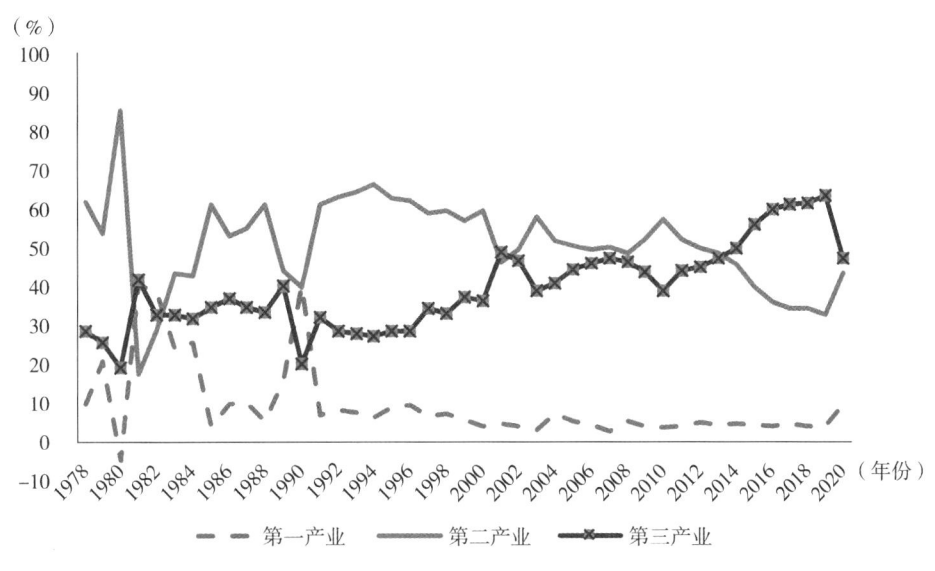

图 12-6　1978—2020 年中国三次产业贡献率

资料来源：历年《中国统计年鉴》。

重提高，从而促进全要素生产率进步。

我们将以各产业部门资本投入、劳动投入比例代表产业结构来说明结构变化对全要素生产率的影响①，将全要素生产率增长分解为技术进步的技术效应和要素配置的结构效应：

$$\frac{\dot{A}}{A} = \sum_i w_i \frac{\dot{A}_i}{A_i} + \sum_i w_i \left[(1-\beta_i) \frac{\dot{s}_i^K}{s_i^K} - (\beta_i - \beta) \frac{\dot{K}}{K} \right] + \sum_i w_i \left[\beta_i \frac{\dot{s}_i^L}{s_i^L} + (\beta_i - \beta) \frac{\dot{L}}{L} \right]$$
(12-1)

其中，β 表示总体经济中的劳动产出弹性，或劳动报酬在投入（价值）中所占份额，β_i 表示行业 i 的劳动产出弹性，为 $s_i^K = K_i/K$ 为行业 i 资本投入所占比重，$s_i^L = L_i/L$ 为行业 i 劳动投入所占比重，w_i 为行业 i 的产出在总产出中所占的份额。

（12-1）式中的 $\sum_i w_i \frac{\dot{A}_i}{A_i}$ 为技术效应，是各行业技术进步的加权值，代表宏观 TFP 增长的技术效应。$\sum_i w_i \left[(1-\beta_i) \frac{\dot{s}_i^K}{s_i^K} - (\beta_i - \beta) \frac{\dot{K}}{K} \right] + \sum_i w_i \left[\beta_i \frac{\dot{s}_i^L}{s_i^L} + (\beta_i - \beta) \frac{\dot{L}}{L} \right]$ 为结构效应，反映了资本和劳动要素在各行业间的流动情况即要素资源配置的结构变化对全要素生产率

---

① 蔡跃洲、付一夫：《全要素生产率增长中的技术效应与结构效应》，《经济研究》2017 年第 1 期。

的影响，其中 $\sum_i w_i [(1-\beta_i)\frac{\dot{s}_i^K}{s_i^K} - (\beta_i - \beta)\frac{\dot{K}}{K}]$ 为资本要素结构效应，$\sum_i w_i [\beta_i \frac{\dot{s}_i^L}{s_i^L} + (\beta_i - \beta)\frac{\dot{L}}{L}]$ 为劳动要素结构效应。

将总量TFP分解为技术效应、结构效应并计算出各部分对TFP增长贡献率（见表12-1）。我们可以看到改革开放以来技术进步是TFP增长的主要动因。1978—2014年，技术效应贡献率达83.7%，而结构效应为16.3%。但2000年以后，技术效应作用效果持续下降，结构效应效果越发显著，可能的原因是后发优势的逐步衰减。由此可知在未来若干年里，我国的TFP增长率取决于结构效应。

表12-1 全要素生产率的分解 单位:%

	1978—1980年	1980—1985年	1985—1990年	1990—1995年	1995—2000年	2000—2005年	2005—2010年	2010—2014年	1978—2014年
技术效应	57.2	89.9	117.0	86.8	117.7	82.1	72.1	40.7	83.7
结构效应	42.8	10.1	17.0	13.2	-17.7	17.9	27.9	59.3	16.3
资本要素结构效应	5.1	1.9	28.3	5.8	-9.1	9.1	20.8	22.6	8.8
劳动要素结构效应	38.5	8.3	-40.6	7.4	-7.8	9.1	7.9	37.6	7.0

资料来源：蔡跃洲、付一夫：《全要素生产率增长中的技术效应与结构效应》，《经济研究》2017年第1期。

第三节 产业结构变化的模式与动因

一 产业结构变化的模式

（一）配第—克拉克定理

配第—克拉克定理描述了三次产业间变化规律。随着经济发展和人均国民收入水平的提高，劳动力首先从第一次产业向第二次产业转移，当人均国民收入水平进一步提高时，劳动力又会从第一产业、第二产业向第三次产业转移。这样，第一产业创造的国民收入和使用的劳动力在整个国民经济中的比重不断缩小，第二产业的比重由上升到稳定乃至缩小，第三产业的比重不断扩大，成为最庞大的产业。也就是说，在经济发展的过程中，产业结构的重心沿着第一、第二、第三次产业的顺序逐步转移。

需求收入弹性和相对劳动生产率的差异是劳动力和产出在三次产业间会出现如上顺次转移的原因。第一产业的主要产品是农产品，绝大多数农产品是人们的生活必需品，其需求的收入弹性较小。第二产业生产的工业品中，有一部分是人们的生活必需品，有相当一部分属于耐用消费品，其需求的收入弹性要大于农产品，需求的增长空间比农产品大。第三产业的产出为服务，在经济发展的较高阶段，人们才有可能对它大量消费，它的需求收入弹性通常又大于工业品，属于需求高增长的产业。这样，随着经济发展和收入水平的提高，人们的消费需求一般会从农产品转向工业品，进而又会从实物产品转向无形产品——服务。

第一产业的相对劳动生产率比较低，这样就减缓了第一产业劳动力向其他产业转移的速度，使第一产业劳动力所占比重下降的速度落后于增加值在GDP中所占比重。第二产业由于科学技术的进步、大型机器设备的采用，因而劳动生产率较高，所以在工业化初期，该产业的国民收入相对比重和劳动力相对比重都是上升的，但是工业化达到一定水平后，由于对工业品的需求相对增加缓慢甚至下降，从而导致第二产业劳动力相对比重趋于稳定甚至下降。第三产业由于是需求高度增长的，但是相对生产率低于第二产业，所以当经济发展到一定程度后，第三产业的劳动力相对比重上升，从而导致所谓"成本病"。

(二) 工业部门结构变动的一般规律

发展中国家的经济发展过程，一般早期就是工业化过程。在工业化和现代化过程中，工业内部的行业部门之间的结构变动，也展现出较为明显的阶段性与规律性。工业发展通常要经历三个阶段。第一阶段，初级消费品工业如食品加工、纺织、家具制造等工业是主导性工业部门，并且比资本品工业如冶金、化工、钢铁、汽车等部门发展速度更快。第二阶段，资本品工业部门加速增长，比重上升，但是消费品工业部门仍占较大比重。第三阶段，资本品工业部门比重最终超过消费品部门。

德国经济学家霍夫曼将这种消费品工业与资本品工业之间的关系用霍夫曼比率定量化：霍夫曼比率＝消费品工业净产值/资本品工业净产值，并提出了所谓"工业化经验法则"的霍夫曼工业化（实际上是重工业化）阶段理论。第一阶段：霍夫曼比率为（5±1），消费资料工业的生产在制造业中占主导地位，资本资料工业的生产不发达。第二阶段：霍夫曼比率为（2.5±0.5）。在这一阶段，虽然消费资料工业生产的规模仍远远大于资本资料工业，但是其优势逐渐下降。第三阶段：霍夫曼比率为（1±0.5），资本品工业继续快速增长，并已达到和消费品工业相平衡状态。第四阶段：霍夫曼比率为1以下，这一阶段被认为实现了工业化，资本资料工业的规模大于消费资料工业的规模。

钱纳里的工业化阶段理论解释了工业内部资本品、中间投入品以及消费品结构的时序性。随着时间的推移，机械、运输设备等资本品工业的增加值占比逐渐增加，服装、食品饮料等消费品工业增加值比重逐渐下降，而纸及纸制品、化工产品、纺织等中间投入品比重大致不变。实际上，这种时序性并不是真的与日历时间有逻辑关系，而是取决于人均收入，因为一般情况下，随着时间的推移收入会增加，上述随时间推移的过程可以看作从低收入到中等收入再到高收入的发展过程。所以钱纳里将收入看作解释这种时序性的关键变量，并由此得出了以人均GDP为衡量标签的工业化阶段理论。

因此，钱纳里从经济发展的长期过程中考察了制造业内部各产业部门的地位和作用的变动，揭示了制造业内部结构转换的原因，即产业间存在着产业关联效应，为了解制造业内部的结构变动趋势奠定了基础,提出了钱纳里工业化阶段理论(见表12-2)。初级产品生产阶段仅有少量工业生产。工业化早期以劳动密集型工业为主,如食品、烟草、采掘、建材等产品的生产为主。工业化中期则以资本密集型工业为主导,主要为重化工业。在工业化后期,发展最快的领域是第三产业,特别是新兴服务业,如金融、信息咨询服务等。后工业化时期,制造业内部以技术密集型产业为主导,高档耐用消费品被推广普及,大致对应于罗斯托的高额大众消费阶段。在最后的现代化社会,第三产业开始分化,知识密集型服务产业开始成为主导产业。

表12-2 钱纳里工业化阶段

发展阶段	时期	人均GDP变动范围	
		2020年(元人民币)	1970年(美元)
不发达经济阶段	1. 初级产品生产	5100—10100	140—280
工业化阶段	2. 工业化早期	10100—20200	280—560
	3. 工业化中期	20200—40500	560—1120
	4. 工业化后期	40500—76000	1120—2100
发达经济阶段	5. 后工业化时期	76000—121500	2100—3360
	6. 现代社会	121500—182200	3360—5040

注:①1970年美元数据来自[美]H.钱纳里等:《工业化和经济增长的比较研究》,吴奇等译,上海三联书店1995年版);②2020年元人民币数据根据1970年美元换算得到,换算方法为:首先将1970年美元换算成2020年美元,换算系数为5.24,再根据2020年平均汇率换算成2020年元人民币,换算系数为6.899642,最后保留结果精确到百位。

二 产业结构变化的动因

(一)需求

生产的目的是为了满足人们的需求,因此需求结构的变化会反过来影响产出结构的变化。当收入水平较低时,人们自然将有限的收入购买最基本需要的商品,以解决生存问题;随着收入水平的提高,便有可能将增加的收入购买更高层次需要的商品。因此,现实的需求结构是随着收入水平的提高而不断变化的,并且在满足基本生活需要的基础逐步向更高层次的需求转变,即不同部门提供的产品的需求收入弹性是不同的。恩格尔定律大致上反映了需求力量导致产业结构随着收入提高而变化的关系[①]:随着人们收入提高,恩格尔系数即食品支出占总消费支出比重在下降。

上一节中我们实际上已经利用了这种关系来解释三次产业结构变动。需求收入弹性的

[①] Kongsamut, P., Rebelo S., Xie D., 2001, "Beyond Balanced Growth", *The Review of Economic Studies*, 68 (4): 869-882.

差异还可以用来解释细分产业结构的变化。例如，人们对理发服务的需求收入弹性较低，而对旅游、文化娱乐等服务的需求收入弹性则较高。因此，随着收入的提高，理发服务支出所占比重在下降，而旅游与文化娱乐服务支出所占比重则上升。

（二）供给条件：要素密集度

资本和劳动是两种基本投入要素，但二者被生产出来的难易程度不同。经济发展过程中，劳动力的增长受到生育以及社会因素的限制，人口增长率下降，从而劳动供给相对于资本来说会下降，资本劳动比上升。劳动变成日益稀缺的生产要素，工资率相对（相对于资本使用者成本或称资本租金率或称资本回报率而言）上升。企业生产过程中，都会尽量降低总成本，从而随着资本劳动比上升，会更加倾向于转向资本密集度更高的行业。一般而言，纺织业、食品加工等初级产品资本劳动比较低，因而在工业化初期阶段发展这些工业更为有利，而钢铁、化工等产业需要巨量的资本投入，资本劳动比较高，因而随着经济发展生产结构会逐渐向这些产业转移。要素密集度的分析方法还可以适用于更为细分的生产要素，如将劳动投入细分为普通劳动投入和专业技术人员投入。随着经济的发展，尤其是教育供给的增加，专业技术人员相对稀缺性下降，利用更多专业技术人员来生产高附加值的高端机器设备变得更为有力。

（三）技术进步及其部门差异

技术进步会对产业结构产生广泛而复杂的影响。例如，技术进步降低产品成本，市场扩大，高端商品变成一般商品，需求随之变化。技术进步还会降低生产过程中的资源约束，使可替代资源增加，从而改变了生产要素之间的相对稀缺性。技术进步还会使消费品升级，改变消费结构，如智能手机功能越来越强大，同时它又是一种"快消品"，这提高了手机产业的比重。

由于生产本身的技术属性的差异，不同行业部门的技术进步速度是不同的。接触式服务业，如餐饮，需要面对面的服务，技术进步和生产率提高必然缓慢。一般而论，工业技术进步速度快于农业，农业快于服务业，生产性服务业快于生活性服务业。当工业部门发生技术进步时，会有两个相反的力量：一是相对价格下降，挤出劳动力；二是劳动的边际生产力提高，吸引劳动力。在经济发展的初期，工业制品尚属"奢侈品"，需求价格弹性大，价格降低反而会使产量增加更多，因而后一力量更为强大，工业占比上升；而在工业发展后期，工业制品越来越变成了"必需品"，前一力量更大，工业占比会下降。农业产品大多属于必需品，需求弹性比工业品更低，因此农业技术进步使农业生产收益下降，农业劳动力转移到工业或服务业。同时，由于农业技术进步相比工业要低，与工业品相比，农产品相对有上升趋势。

（四）国际贸易与产业转移

国际贸易会从外部的供给与需求两个方面影响到本国的产业结构。在开放经济条件下，各国基于各自相对要素丰裕程度形成的比较优势进行国际分工，必将会导致进出口双方的产业结构变化。发展中国家在劳动密集型产业上具有比较优势，因而在开展国际贸易的条件下会有更多资源流向劳动密集型工业部门。

对于新产品引起的发展中国家产业结构变化，可以从两个角度来看。一是弗农提出的基于发达经济体视角的"产品循环说"。发达经济体开发出新产品后，一般首先满足国内市场，国内市场趋于饱和后便开拓国外市场，使产品出口。随着国外市场的形成，进一步出口该产品相关的资本和技术，利用当地便宜的劳动力降低产品价格，也就是将产业转移出去，转而进口该产品，获取利润后再开发新产品，由此形成一个循环。发达经济体向外转移产业的过程同时也是发展中经济体产业结构升级的过程。二是从发展中经济体的视角来看，他们一开始会利用进口产品培育国内市场，然后逐渐开始"进口替代"，即用国内生产的方式满足市场需求，并进而会扩大国际市场。在这个过程中，同时也促进了产业结构的变动。

产业转移也带来全球服务业的兴起。首先是发达经济体因制造业人工成本上升而将制造业转移出去，剩下的仅为研发部门，形成产业"空心化"，服务业比重自然上升。其次是发达国家的许多高端服务业，如会计、律师、金融、软件等产品和服务也大量输出到发展中国家，服务业开始全球化，这也促进了发展中国家的一些高端服务业的发展，服务业在整个经济中的比重自然上升。

第四节　中国数字核心产业的联系效应

数字经济是信息化的新阶段。此前，国内学术界与政策界较为流行的用语是"互联网"或"互联网+"，但是国家"十四五"规划中将数字核心产业发展列为主要目标之一，此后数字经济这一概念在学术界和政策界逐渐取代了原来的"互联网+"。"互联网+"以及数字经济都是信息化的一个阶段。《"十四五"国家信息化规划》表明，"十四五"时期，信息化进入加快数字化发展、建设数字中国的新阶段。

数字经济是一个较为宽泛且不断变动的概念，目前较为认同的数字经济的定义是2016年二十国集团（G20）杭州峰会发布的《二十国集团数字经济发展与合作倡议》给出的定义[①]：数字经济是指以使用数字化的知识和信息作为关键生产要素、以现代信息网络作为重要载体、以信息通信技术的有效使用作为效率提升和经济结构优化的重要推动力的一系列经济活动。数字经济与之前的网络经济一个最大的不同在于，在数字经济中，以比特形式存储、运输的数据是一种新的生产要素。

在消费端，数字技术的发展和应用，极大地降低了包括信息搜索成本、复制成本、运输成本、追踪成本和验证成本等在内的交易成本，促进了交易方式的改变，如网购、共享单车等。在生产端，数字经济除了数字产业本身的发展增加了经济新的部门外，最主要的作用是通过其他行业的数字化提高生产效率从而促进全社会全要素生产率的提高，如智能制造、数字农业、数字医疗、数字金融、智慧教育、数字交通、智慧物流与数字文化等。

---

① 孙毅：《数字经济学》，机械工业出版社2021年版。

本节中，我们用投入产出表来刻画数字核心产业与其他产业部门之间的联系。

一 投入产出表

投入产出表是分析产业间相互依存关系的基本工具。为了研究美国的经济结构问题，美国经济学家华西里·列昂惕夫（W. Leontief）于1931年在前人的研究基础上首先提出并研究和编制了投入产出表，如表12-3所示。可以看出，表格通常由三个象限组成（第四象限通常忽略）。第一象限横向表头和纵向表头都分别排列着产业序号或名称，其中横向（行方向）可以观察到各产业的产品由谁购买，被称为中间使用，从而可以分析需求结构问题；纵向（列方向）被称为中间投入，可以观察到各产业生产所需的零部件、原材料从哪里购买，从而可以分析生产结构问题；在第i行第j列的单元格数据x_{ij}表示第i个行业在生产中使用的中间投入中含有的第j个行业产出的数量，或者第j个行业产出中用于作为第i个行业中间投入的数量。第二象限包括最终使用（最终消费支出+资本形成总额+出口）以及总产出（最终使用-进口），反映各部门产品的最终使用情况。第三象限反映国民收入的初次分配，即各行业增加值（劳动者报酬+生产税净额+资本折旧+营业盈余），在增加值下面还列出了各行业的总投入合计。表12-4是2007年我国六部门投入产出的实例。

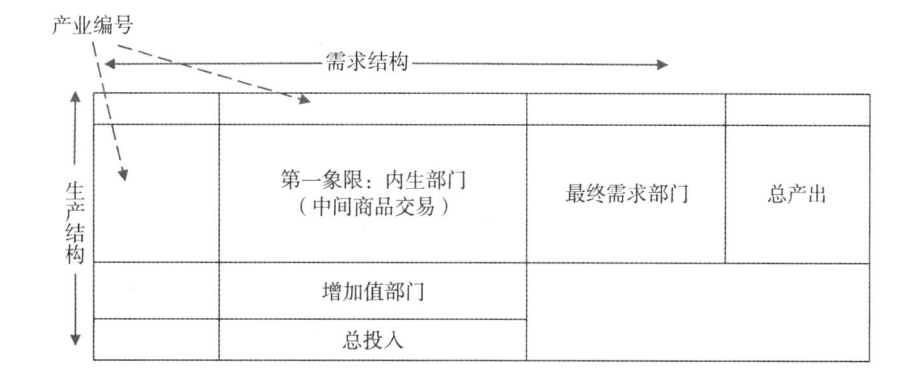

表 12-3 投入产出表结构骨架

	需求结构		
生产结构	第一象限：内生部门（中间商品交易）	最终需求部门	总产出
	增加值部门		
	总投入		

二 数字核心产业及其联系效应

将42部门投入产出表中的通信设备和其他电子设备部门定义为数字硬件产业，信息传输、软件和信息技术服务部门定义为数字软件产业，数字核心产业为数字硬软件两部门之和。我们用影响力系数和感应度系数来衡量数字核心产业与经济中其他部门的联系。

表 12-4　2007 年中国六部门投入产出表

	中间使用							最终使用					总产出
	农业 1	工业 2	建筑业 3	运输邮电业 4	商业饮食业 5	非物质部门 6	中间投入合计	最终消费	资本形成总额	出口	最终使用合计	进口	其他	
农业 1	6877.2	24657.5	259.3	379.7	1784.7	385.6	34344	11497.7	2041.6	666	14205.3	2328	2671.7	48893
工业 2	10248.3	326099.9	37925.5	10753.8	7655.8	25045.6	417728.9	38617.3	42798.2	81199.1	162614.6	65402.1	-82.1	514859.3
建筑业 3	11.3	159.8	598	136.9	127.6	966.3	1999.9	931.9	58846.6	408.9	60187.4	221.3	755.7	62721.7
运输邮电业 4	970.8	13722.7	5676.8	3089.5	3192.1	3985.4	30637.3	7012.5	1523.4	4478.1	13014	1502.9	312.8	42461.2
商业饮食业 5	851.7	12336.3	2022.7	1211.1	1407.4	5389.6	23218.8	13495.7	1984.8	4744.1	20224.6	523.3	727.9	43648
非物质部门 6	1274.5	17901.1	1726	5886.3	6581.2	11516.9	44886	60188.5	3724.8	4044.8	67958.1	3802	-2766.3	106275.8
中间投入合计	20233.8	394877.3	48208.3	21457.5	20748.8	47289.4	552815.1	131743.5	110919.4	95541	338204	73779.6	1619.5	818859
劳动者报酬	27281.6	38588.9	7045.3	5198.1	5726.5	25946.9	109787.3							
生产税净额	47.8	25209.9	1800.4	1767	4820.3	4873.2	38518.6							
固定资产折旧	1429.7	17386	775.7	5350.5	1764.1	10549.5	37255.5							
营业盈余	0	38797	4532.1	8688.1	10588.3	17616.8	80222.3							
增加值合计	28659.2	119981.8	14513.5	21003.8	22899.2	58986.4	266043.9							
总投入	48893	514859.1	62721.7	42461.2	43648	106275.8	818859							

注：少部分数据根据行列加总规则进行了修正。

资料来源：董承章、王守桢：《投入产出学》，中国统计出版社 2021 年版。

影响力系数 F_d 反映了我们所考察的部门（数字核心产业）对国民经济各部门所产生的生产需求的拉动程度，反映了数字核心产业对国民经济的后向拉动作用，其计算公式为：

$$F_d = \frac{\sum_{i=1}^{n} \overline{b_{id}}}{\frac{1}{n}\sum_{i=1}^{n}\sum_{j=1}^{n} \overline{b_{ij}}} (j=1,2,\cdots,n) \quad (12-2)$$

其中，$\sum_{i=1}^{n} \overline{b_{id}}$ 为列昂惕夫逆矩阵中数字核心产业所在列之和，$\frac{1}{n}\sum_{i=1}^{n}\sum_{j=1}^{n} \overline{b_{ij}}$ 为列昂惕夫逆矩阵的列和的平均值。

感应度系数 E_d 反映了数字核心产业对国民经济各部门产出的推动程度，为前向指标，计算公式为：

$$E_d = \frac{\sum_{i=1}^{n} \overline{b_{dj}}}{\frac{1}{n}\sum_{i=1}^{n}\sum_{j=1}^{n} \overline{b_{ij}}} (i=1,2,\cdots,n) \quad (12-3)$$

其中 $\sum_{i=1}^{n} \overline{b_{dj}}$ 为列昂惕夫逆矩阵的行和，$\frac{1}{n}\sum_{i=1}^{n}\sum_{j=1}^{n} \overline{b_{ij}}$ 为列昂惕夫逆矩阵各行和的平均值。

计算得到2002—2017年数字核心产业影响力系数与感应度系数，如图12-7和图12-8所示，可以观测到：第一，数字核心产业及其硬件产业的影响力系数均大于1，则说明其对我国国民经济的拉动作用高于社会平均水平。而软件产业的影响力系数小于1，对国民经济起到的拉动作用不足。2015年后，数字核心产业及其硬软件产业对国民经济的拉动作用呈现上升趋势。第二，数字核心产业及其硬件产业的感应度系数均大于1，则说

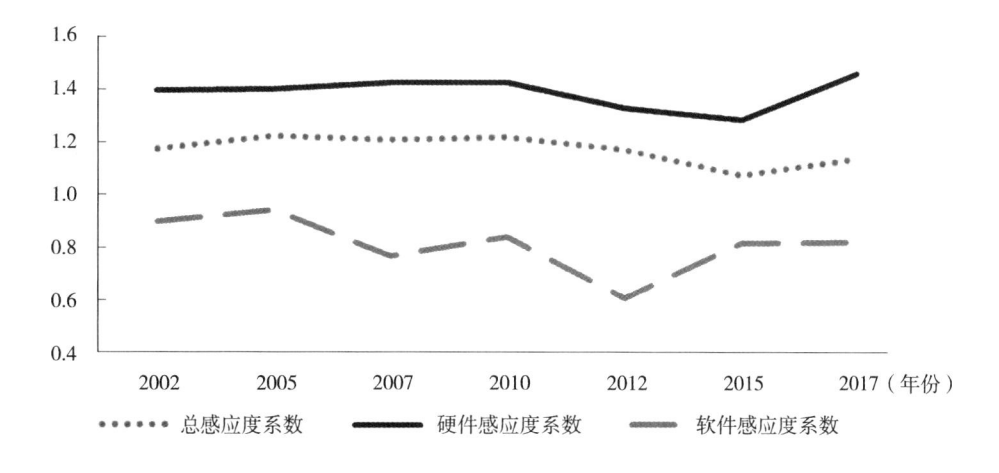

图 12-7　数字核心产业影响力系数变化

资料来源：根据历年中国投入产出表数据计算所得。

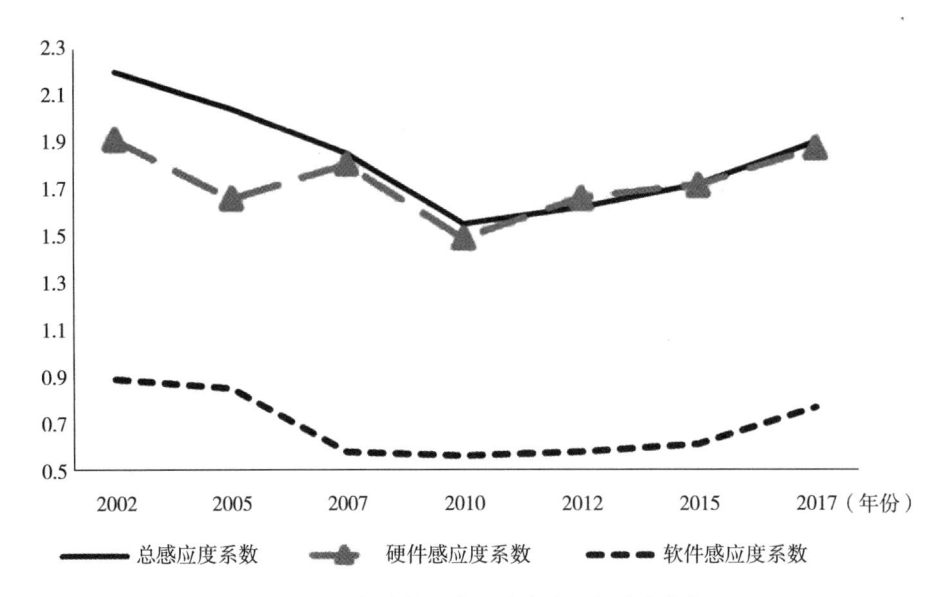

图 12-8 数字核心产业感应度系数动态变化

资料来源：根据历年中国投入产出表数据计算所得。

明其对国民经济的推动作用高于社会平均水平，但软件产业的感应度系数小于1，对说明国民经济起到的推动作用不足。2010年后，数字核心及其硬软件产业对国民经济的推动作用呈现上升趋势，这表明整体经济数字化在2010年开始提速。

第五节 结构刚性与供给侧结构性改革

前面讲的产业结构调整问题中，大多隐含一个假设，不同产业之间的劳动生产率差异是长期存在的，原有经济结构（如产业结构）没有达到最优均衡配置状态。同时，现实中我们会观察到，无论欧美日还是发展中国家，都有促进产业结构转变的经济政策。中国推进的供给侧结构性改革就是其中突出的一个例子。

为什么产业间生产率差异长期存在？为什么市场力量不能很快弥合这种差异？为什么需要政府推动产业结构转变？本节给出一个可能的理论解释，即结构刚性导致的协调失灵。本节的理论可看作第三章协调失灵和大推动理论的一个具体应用。

一 结构刚性与企业优化

结构刚性（structural rigidities）是指产业结构不能因应市场状况变化及时地做出灵活调整。由于不能及时调整，结果将是经济失衡，或称非均衡。和凯恩斯宏观经济学中的价格刚性（或价格黏性）类似，结构刚性来源于结构调整过程中的摩擦力，即资源跨行业的流动性障碍。

造成资源跨行业流动的障碍性因素可以大致分为经济因素和非经济因素。经济因素包括市场力量、要素供给价格弹性低以及市场需求弹性低等。有些行业易于形成市场垄断，因而对资源自由流动造成障碍。在发展中国家或地区，要素供给价格弹性低以及产品市场需求收入弹性低是较为严重、突出的障碍性因素。如果要素供给对价格的反应程度较低，那么生产率更高的行业无法吸引足够多的要素流入。例如，当我们想大力发展芯片产业时，会在一定时期内遇到芯片专业高素质人力资本匮乏的局面，即使工资比其他行业研发人员工资高出很多，也一时无法供给出足够多的专业人员。

在经济发展的早期阶段，生产的产品大多以满足基本需要为主，其收入弹性和价格弹性相对较低，因而无法对市场价格变化和收入提高作出充分、及时的反应。所以，发展中经济体结构刚性较为严重。基于这一考虑，发展经济学文献中一般认为，农业、运输和动力等行业通常被认为是最具刚性的[1]。农业对于价格刺激（这表现在对农产品需求的增长上）的反应严重滞后于工业部门，因此往往成为阻碍发展进程的瓶颈。运输和动力等基础设施部门中的刚性典型地表现为生产缺乏灵活性，因而对价格反应滞后，并因投资不足而造成严重的发展瓶颈。

社会习俗、社会结构、文化与价值观乃至心理等非经济因素是发展中国家更为明显的结构刚性来源。例如，发展中国家的传统社会力量阻止工人外出务工，因而不能灵活应对市场需求引致的行业扩张变化。所以，即便知道更换行业部门就业可以获得更好的工资待遇，一些人也不愿意换。文化与价值观属于影响人们经济行为选择的长期潜在变量，也会导致结构刚性。现在市场经济的发展需要人们拥有把握经济机会的意识和能力，但是有些宗教信仰并不鼓励甚至阻碍人们的寻利行为。如果社会公众普遍信奉这种阻碍人们寻利行为的宗教，则会阻碍人们去把握经济结构调整优化从而获得更多经济利益的机会。

我们将企业调整产业结构的成本称为结构调整成本[2]，也就是上述经济与非经济因素导致企业从低生产率行业转换到高生产率行业招致的成本。正如俗话所言"男怕入错行"，入错行后改行需要付出成本，一个企业也是如此。除了以上障碍性因素导致结构调整成本，企业要想从一个行业转换到另一个行业，也必然会有投资调整成本、人力资本重新匹配成本、学习成本、信息收集与处理成本等方面的成本。为阐述结构调整成本的作用，我们建立一个结构调整固定成本模型。假设生产过程中只有一种投入 L，企业由低生产率的传统行业转换到高生产率的现代行业所需固定成本为 $\bar{c}$ 单位个最终产出。企业在低生产率行业生产函数 Y_L 为：

$$Y_L = A_L L \qquad (12-4)$$

---

[1] [美] R.O. 坎波斯：《通货膨胀与经济增长》，载 [美] H.S. 埃利斯主编《拉丁美洲的经济发展》（英文版），麦克米伦出版公司 1966 年版，第 89 页。

[2] 在宏观经济学中，价格调整成本被喻为"菜单成本"。

企业在高生产率行业生产函数 Y_H 为：

$$Y_H = A_H(L - \bar{c}), L \geq \bar{c} \quad (12-5)$$

其中 $A_H > A_L$，即结构优化后的行业边际生产率行业高于传统行业。这一简化模型可用图 12-9 表示。OC 为传统行业的生产函数曲线，OAB 为现代行业的生产函数曲线，OA 为现代产业的固定成本。从企业自身利益考虑，企业由传统行业自发进行产业结构升级为现代行业的条件为：

$$L \geq \frac{A_H \bar{c}}{A_H - A_L} = \frac{1}{(A_H - A_L)/A_H} \bar{c} \quad (12-6)$$

这一条件告诉我们，企业仍然留在传统行业与产业结构调整成本呈正相关，与现代行业生产率领先传统行业的程度 $(A_H - A_L)/A_H$ 呈负相关。或者说，产业结构调整成本越高，企业越不愿意自动实现结构升级；现代行业生产率领先传统行业越多，企业越愿意自动实现结构升级。

我们也可以从产出角度来看企业自发实现产业结构升级的条件。当产品需求满足如下条件时企业自发实现产业结构升级的条件：

$$Y \geq \frac{A_L A_H \bar{c}}{A_H - A_L} = \frac{A_L}{(A_H - A_L)/A_H} \bar{c} \quad (12-7)$$

（12-7）式显示，市场需求越大，企业越有可能自发实现产业结构升级。经济较为不发达时，市场需求较小，因而难以使企业自发实现产业结构升级。企业自发实现产业结构升级的门槛市场需求量与产业结构调整成本呈正相关，与现代产业相对于传统产业的技术提升幅度呈负相关 $(A_H - A_L)/A_H$，与传统行业自身效率呈正相关。

二 协调失灵与结构优化

在第三章中我们已经对协调失灵的概念进行了介绍。这一小节中我们进一步将协调失灵的概念运用到产业结构问题中。

上一小节是单个企业在面临不变产业结构调整成本条件下进行产业结构调整的模型。下面我们扩展这一模型，在整个经济范围内考察产业结构调整成本变动以及产业结构调整的动态变化。当考虑整个经济范围内的问题时，我们不得不考虑企业或产业之间

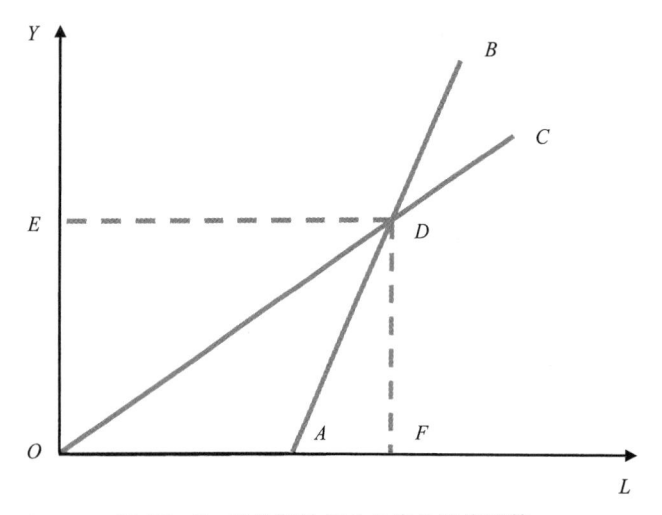

图 12-9 结构刚性与企业产业结构调整

的相互作用。在经济发展过程中，不同企业或行业之间存在金融外部性（pecuniary externalities）。金融外部性不同于一般的外部性或技术外部性（technical externalities），技术外部性是指经济行为主体对其他的经济行为主体产生直接的、未通过市场体系反映的影响。比如，上游排污企业向河里排放污水使下游的粮食歉收，粮食的减产直接的影响就是技术的外部性。这种外部性并没有通过市场体系发挥作用，而是直接在生产技术上就使粮食减产了。金融外部性是通过市场发挥作用的外部性，协调失灵会放大企业结构调整障碍的作用效果。例如，某一个生产纸张的企业扩大产能，那么它就会增加对纸浆的需求，从而使整个市场的纸浆需求增加，生产纸浆的企业销售与利润增加。

金融外部性使不同企业或行业之间的经济行为形成互补性。简单来说，就是一个行业的某种经济行为，如投资或者是产业结构升级的行为，会受到其他行业正面的影响。例如，计算机硬件需要软件进行配合才能发挥计算机的作用，这就是互补性。实际上，任何产业链之间的关系都会构成互补性，成品制造商需要原材料以及半成品企业的配合。

如果某一企业或产业的上游或/和下游产业大都完成了产业结构的升级，那么这个企业或产业进行产业结构升级的成本会下降或激励增加，从而使这个产业也更有可能进行产业结构升级。推广来看，某一个企业或产业进行产业结构升级，依赖于整个经济已完成产业结构升级的程度，即整个经济的平均产业结构程度。

我们把以上的观点用图 12-10 来进行描述。横轴代表整个经济的平均产业结构升级程度，纵轴代表某个企业产业结构升级的意愿程度，曲线代表企业 i 按产业结构升级意愿对经济平均产业结构升级程度的依赖关系。该曲线的斜率为正，意指企业 i 产业结构升级意愿正向依赖于整个经济的平均产业结构升级程度。我们假设这个曲线是 S 形的，这表明随着经济平均产业结构升级程度的增加，企业 i 产业结构升级意愿先递增、后递减，这反映了产业结构升级学习效应先增后减。

图 12-10 有三个均衡点，其中均衡点 A 和均衡点 C 是稳定的均衡点，前者为低产业结构水平均衡点，而后者为高产业结构水平均衡点，均衡点 B 是不稳定的。当整个经济的平均产业结构升级程度低于点 B 所指示的 x 的时候，从企业 i 自身的利润最大化的角度来看，整个经济将收敛于低产业结构升级程度均衡点 A；而当整个经济的平均产业结构水平

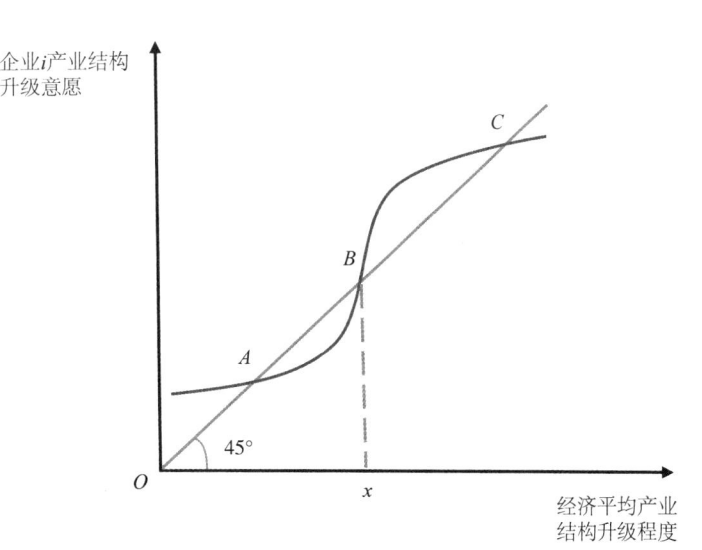

图 12-10　互补性与产业结构升级

高于 x 的时候，整个经济将收敛于高产业结构水平均衡点 C。所以，x 是整个经济产业结构升级的门槛值。当已有的产业结构升级程度超过门槛值时，经济会自发地实现高水平产业结构稳定均衡，而低于该门槛值时，经济会陷入低水平产业结构稳定均衡。

经济会陷入低水平产业，结构稳定均衡源自由互补性所导致的协调失灵。企业或行业之间产业结构升级会相互激励，但是当整个经济的产业结构升级水平较低时，这种正向的激励较弱，从单个企业角度来看，它就不愿意进行产业结构升级，或者说产业结构升级所获得的收益不足以弥补产业结构升级的成本。每一个企业都这样来考虑，从而会使企业自发地实现了一个低水平产业结构稳定均衡。如果企业之间能够相互协调，统一行动，都进行产业结构升级，那么就会越过门槛值，最终实现高水平产业结构稳定均衡。但是在市场经济体制中，企业自发做出决策，企业之间、产业之间都缺乏相互协调，从而出现一个从事后来看，对每个企业来说都是一个不好的均衡结果。

以去过剩产能、去库存为例。当经济中产能过剩、库存积压严重时，如果政府不积极协调并采取果断措施，通过产业链的供求传递，单个企业缺乏产业结构升级意愿，最终将窒息整个经济的活力。政府主动去过剩产能、去库存等措施，既降低了企业结构调整成本，又会使别的企业面临更为灵活的供求关系，从而有利于激活整体经济的活力。

这一模型指出了市场自发实现产业结构升级的条件。同时也告诉我们，当经济发展程度较低的时候，在自发市场状态下，有时候企业或行业之间相互配合、相互匹配会存在障碍。不同行为主体之间不能相互协调从而产生一个不好的均衡结果，这就是协调失灵。不同产业间的协调失灵，使生产链中某一产业想要转型升级时，既缺乏市场需求，又会有投入品购买困难。

以上关于对结构刚性、产业调整成本、互补性协调失灵与产业结构调整模型的讨论表明，市场不能自发实现产业结构优化。这一模型重要的政策含义为：第一，在推动产业结构升级时，政府应当积极行动。比如，政府可以支付初始的产业结构调整成本，这样可以降低企业支付的产业结构调整成本，增加企业产业结构升级的意愿，从而最终可以实现产业结构的升级。政府支付的初始成本，从高水平产业结构稳定均衡所获得的收益来看，可能是比较低的。实际上政府仅仅只需要增强企业产业结构升级的意愿，使它越过一定的门槛值，随后的高水平均衡就可以靠市场自发力量来实现。

第二，政府在推动产业结构升级时，应当在大多数行业同时推动，而不是只推动某一个行业的产业结构升级，或者说提升推动产业结构升级的协调能力。如果只有某一个行业实现了产业结构升级，整个经济的产业结构水平不高，那么其他的行业实际上产业升级的意愿也比较弱，从而不利于带动整个经济的产业结构升级。从推动产业结构升级的产业优先顺序来看，应当先推动那些联系效应强的产业优先升级，因为这样能够带动更多的其他行业的产业结构自发升级。

第三，降低单个企业产业结构调整成本应该是多方面的。由于结构刚性来源多样，企业结构调整成本也表现为不同的形式，因此应该从多个方面制定政策降低产业结构调整成本。这些政策既可以从降低企业研发的成本、降低企业购买先进技术设备的成本等方面入手，也可以从提高企业学习意愿和学习能力等方面入手和提高行业市场规模等方面着力。

三 供给侧结构性改革

为了应对企业成本不断攀升、供需不匹配等问题，2015年11月我国提出了供给侧结构性改革这一总体性政策方案，并提出了短期内"三去一降一补"（去产能、去库存、去杠杆、降成本、补短板）五大任务以及长期内提高全要素生产率的思路。供给侧结构性改革政策本质上就是政府主动作为，缓解结构刚性的负面影响，提升企业应对不断变化的市场需求的能力。在传统需求侧刺激政策作用下，一些行业产能盲目过度扩张。当市场需求发生显著变化后，以往扩张的产能反而成为企业转型升级的沉重负担。这种状况下，如果政府不积极协调并采取果断措施，通过产业链的供求传递，最终将窒息整个经济的活力。主动采用去过剩产能、去库存等措施，既降低了企业结构调整成本，又会使别的企业面临更为灵活的供求关系，从而有利于激活整体经济的活力。

本章小结

1. 库兹涅茨事实表明，经济增长过程中伴随着人口与产业等方面的巨大结构变化。中华人民共和国成立以来，我国经济结构发生了巨大变化：第一产业占比总体上持续下降，第二产业占比先升后降，第三产业占比总体上升。

2. 我国农业对经济增长的贡献率大多年份都较低；2012年之后，第三产业贡献率超过了第二产业。要素重新配置的过程就是产业结构调整或产业结构优化过程，这一过程能提高全要素生产率。

3. 配第—克拉克定理描述了三次产业间变化规律。霍夫曼重工业化阶段理论刻画了工业内部轻重工业变化规律。钱纳里的工业化阶段理论解释了工业内部资本品、中间投入品以及消费品结构的时序性。

4. 人们需求变化以及需求收入弹性的差异、要素密集度、技术进步及其部门差异、国际贸易与产业转移等因素决定了产业结构转移。

5. 利用投入产出表分析产业间联系效应是分析产业地位的重要方法。我国数字核心产业对我国国民经济的拉动作用以及推动作用均高于社会平均水平。

6. 结构刚性是指产业结构不能因应市场状况变化及时地做出灵活调整。结构刚性源于产业结构调整成本，它又会导致整个经济协调失灵，最终结果是：市场不能自发实现产业结构优化。供给侧结构性改革就是要通过政府力量来纠正这一市场失灵。

思考题

1. 经济发展过程中产业结构变化规律有哪些？
2. 如何理解重工业在经济发展过程中地位的变化？
3. 产业结构变化背后的动因有哪些？
4. 产业结构变化是如何影响全要素生产率的？
5. 何为前向联系？何为后向联系？
6. 何为结构刚性？

第五篇　绿色篇

"希望在东，绝境在西"，多米尼加 VS 海地。

2010年海地大地震使全世界的目光关注了这个加勒比海的穷国及其邻居多米尼加。多米尼加和海地两国盘踞在加勒比海的伊斯帕尼奥拉岛上，一条从北往南的国境线将两个国家一分为二。两国有着相同的宗教信仰，都有沦为欧洲殖民地的历史，也被美国人占领过。但是海地一贫如洗，整个国家几乎陷入绝望状态，而多米尼加共和国则呈现出一派繁荣、健康的景象。1960年，海多两国人均GDP分别为1877美元、2345美元，差别不大，但到2007年，数据变成了1581美元、9664美元，后者是前者的6倍有余。2019年，海地人均GDP仅为754.59美元，新人类发展指数（NHDI）世界排名第150位，多米尼加人均GDP为8282.12美元，NHDI排名第89位（属于中等发展水平）。

海地人经常讲一个故事：当西班牙人来到伊斯帕尼奥拉岛时，他们为了把东部的多米尼加共和国奉献给上帝，便把西部的海地拱手交给魔鬼[1]。追溯更久远的历史，在哥伦布于1492年发现该岛后，海地曾是世界上最富裕的国家。实际上，翻看历史，海地其实是被他们自己献给了"魔鬼"。

我们现在所见，这个岛上国界往东郁郁葱葱，国界往西寸草不生。海地人普遍使用木柴和木炭取火，导致其绝大部分森林被砍伐，而多米尼加的山区一片郁郁葱葱。究其原因，一个选择保护，一个听之任之。两个政府的不同选择导致了如今两国的巨大差异。多米尼加总统巴拉格尔在统治多米尼加的34年里，延续了他的前任特鲁希略的工业化和现代化进程。他并没有以破坏环境作为发展的代价，反而加大力度保护国家森林，严厉打击非法伐木行为。而海地的杜瓦利埃则对现代化改革没有半点兴趣，也没有为国家或自身发展工业经济的想法。在他和他儿子小杜瓦利埃执政的近30年里，海地没有发生任何改变，人们依旧沿着原始的自给自足方式在各自的土地上"榨取"食物。其结果是：一个未来充满希望，一个苦难深重悠长。多米尼加虽然工业化程度不是很高，但是28%的森林覆盖率，占国土面积32%的国家森林公园和保护区，一个相对完整且规模庞大的自然保护系统还是为多米尼加人留下了希望。海地不但穷，自然资源也极端匮乏。而人口虽然多，有效的人力资源却少之又少，看天吃饭的人遍布大街小巷。"即便魔鬼放过海地，这个国家的苦难也深重而悠长。"

以上关于多米尼加和海地的故事充分阐释了本篇探讨的主题：发展与资源、环境保护之间的互动关系。

---

[1] 转引自http://www.chinadaily.com.cn/hqgj/2010-01/21/content_9354095.htm。

第十三章 自然资源与发展

学习目标
1. 理解可再生资源和不可再生资源有效利用原则。
2. 了解自然资源和经济增长之间的关系。
3. 理解资源诅咒的成因。

舟山渔场,是与纽芬兰渔场、秘鲁渔场和千岛渔场齐名的世界四大著名渔场之一,也是中国最大渔场,以大黄鱼、小黄鱼、带鱼和墨鱼(乌贼)4大家鱼为主要渔产,历史上舟山渔场的产量即是以这四种鱼类为统计依据的,而现在计入渔业产量的是市场上常见的小杂鱼,在当时则被根本排除在外。2013年浙江省海洋水产研究所所长徐汉祥研究员介绍道:"总的来讲,东海的渔业资源状况不太乐观,但是离东海无鱼还是有一定差距的,过度捕捞没有得到有效抑制,资源衰退还在继续。"[1] 捕捞量尽管并不少,甚至比资源正常的20世纪六七十年代还多;但以杂鱼幼鱼为主,带鱼、黄鱼等经济鱼类少。杂鱼幼鱼卖不了好价,渔民只能继续增大捕捞量来弥补经济损失,资源破坏,单产下降,继续增加捕捞强度,东海渔业资源由此走向恶性循环。

我们应当如何利用自然资源?自然资源利用过程中会产生哪些问题?诸如此类的问题是本章探讨的内容。

第一节 自然资源及其有效利用

自然资源是指存在于自然界并可为人类利用的生产要素与生活资料。有些自然资源既可用于人类生产或生活,同时又是环境要素。例如,森林资源既可伐木取材,又是生态循环系统的重要环节。随着社会生产力水平的提高与科学技术的进步,部分自然条件可转换为自然资源。最明显的例子是可燃冰。可燃冰,即天然气水合物,分布于深海沉积物或陆域的永久冻土中,是由天然气与水在高压低温条件下形成的类冰状的结晶物质,因其外观像冰一样而且遇火即可燃烧,所以又被称作"可燃冰"。可燃冰能量密度高,全球分布广

---

[1] 王剑锋、叶添:《海洋渔业资源管理面临新挑战》,《中国渔业报》2013年6月17日第2版。

泛，具有极高的资源价值。早在1968年，苏联地质学家在一年四季都冷风刺骨的西伯利亚麦索雅哈发现了可燃冰，但是直到近年来，随着开采技术的成熟，中国、美国、日本等国才开始试采。

按增殖性能，可将自然资源分为可再生资源和不可再生资源①。可再生资源就是那些其存量既可以耗竭也可以增长的资源。可再生资源通常被认为通过生物过程经济增长和再生，因而可反复利用，如气候资源（太阳辐射、风）、水资源、地热资源（地热与温泉）、水利、海潮等。可再生资源的更新速度受自身繁殖能力和自然环境条件的制约，如生物资源为能生长繁殖的有生命的有机体，其更新速度取决于自身繁殖能力和外界环境条件，应有计划、有限制地加以开发利用。太阳光是其中一个特例，在直到很久的未来，太阳都会向地球稳定输送太阳光。

不可再生资源形成的周期漫长或不可再生，包括地质资源和半地质资源。前者如矿产资源中的金属矿、非金属矿、核燃料、化石燃料等，其成矿周期往往以数百万年计；后者如土壤资源，其形成周期虽较矿产资源短，但与其消费速度相比，也是十分缓慢的。

一 可再生自然资源的有效利用模型

我们以捕鱼业为例来考察可再生资源的有效利用与最大可持续产量（MSY）之间的关系，用以说明可再生资源有效利用的基本逻辑。

我们建立某一水域鱼群增量 $\dot{X}$ 与鱼群存量 X 之间的函数关系 $\dot{X} = F(X)$，也就是说鱼群存量的增长取决于存量。具体函数关系应该如何假设才是合理的呢？第一，有一个最低临界水平 $X_{\min}$，如果鱼群达到以及低于该水平，鱼群存量处于有下降之虞，即鱼群存量低于最低临界水平时其增量为负。很多濒危物种都面临这种现象，一个重要原因是它们规模太小，难以找到交配繁殖对象。鱼群规模逐渐减少还有一种原因是，因为规模太小，无法靠数量优势来抵御天敌。第二，超过最低临界存量水平后，由于食物丰富，鱼群增量为正，并且鱼群增量随着存量递增，规模加速增加，即图13-1中斜率为正的鱼群存量为 $X_{\min}$ 到 X^* 的对应曲线。第三，超过了 X^* 存量水平后，鱼群增量虽然仍为正，但是食物与生存空间的竞争逐渐加剧，其增

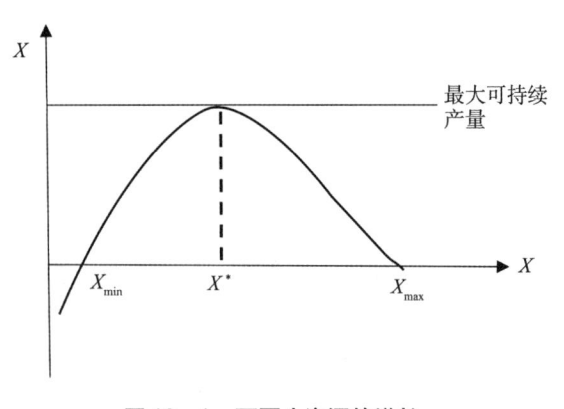

图13-1 可再生资源的增长

---

① [美]迈克尔·P. 托达罗、[美]斯蒂芬·C. 史密斯：《发展经济学》，聂巧平、程晶蓉、汪小雯译，机械工业出版社2014年版。

长幅度逐渐减少，直至最终增量为 0，这是出于水域能容纳的最大鱼群存量水平 X_{max}。

如果我们考虑的是要获得最大可持续鱼产量，即我们在这一期要获得最大产量，并且这个产量要是可持续的，也就是以后各期都不能少于这个产量，从图 13-1 来看，这样的最优化选择结果很清楚，就是图中鱼群增量最大处，即保持鱼群规模为 X^*。鱼群存量为 X^* 时，增量最大，我们将这个增量的鱼捕捞出来，并且能保证以后各期都能有同样多数量的新增鱼可以捕捞。在函数 $\dot{X} = F(X)$ 中，鱼群存量为 X^* 时满足的条件为 $F'(X) = 0$。显而易见，这个最优化的一阶条件与我们很多经济学模型中最优化一阶条件是类似的。

但是，如果我们考虑的是捕捞鱼的经济价值最大化，这时最优化的一阶条件会偏离最大可持续产量对应的条件 $F'(X) = 0$。首先，如果鱼未来价格上涨，那么我们当前肯定会少捕捞，囤积鱼以待未来涨价获得更多经济收益，这时的最优选择应该在 X^* 的右侧，$F'(X) < 0$。其次，如果我们没有耐心，我们要考虑时间贴现因素，也就是将未来财富或效用打折扣。缺乏耐心的人总是及时行乐，提前透支未来。所以可以预见，考虑了时间贴现因素后的最优选择应该在 X^* 的左侧，$F'(X) > 0$。

下面我们来形式化以上观点，也就是用数学公式。在考虑鱼资源时间维度上的最优化选择时，遵循的基本规则是：单位存量的鱼，在第一期捕捞获得的经济价值与在第一期不捕捞而放养到第二期捕捞获得的经济价值是相等的。这个规则就是优化的一阶条件。如果第一期捕捞单位存量的鱼获得的经济价值超过放在第二期捕捞获得的经济价值，我们就要在第一期增加捕捞，第二期减少捕捞，也说明原来捕捞量以及鱼的存量安排不是最优的。

假设鱼的边际社会价值为 v，那么我们在第一期捕捞了一个单位的鱼获得的经济价值也就是 v。假设我们在第一期不捕捞这个单位的鱼，而是把它放养在水里面，等到第二期捕捞，第二期鱼的边际社会价值变为 $(v + \Delta v)$，但是由于放养的一段时间，原来一个单位的鱼现在变成了 $[1 + F'(X)]$ 个单位（可以想象为鱼的体重增加），其中 $F'(X)$ 代表增加一单位存量带来鱼的增量。所以，第二期捕捞并销售原来放养的那个一单位的鱼获得价值为①$(v + \Delta v)[1 + F'(X)] \approx vF'(X) + (v + \Delta v)$。再来考虑时间贴现，假设贴现率为 r，那么第二期获得的鱼的价值的现值（折现到第一期）为②：

$$\frac{vF'(X) + (v + \Delta v)}{1 + r} \tag{13-1}$$

在做出左右选择时，第一期捕捞一个单位的鱼获得的经济价值 v，等于在第一期不捕捞而放养到第二期捕捞获得的经济价值 $\frac{vF'(X) + (v + \Delta v)}{1 + r}$，即：

---

① 我们取约等号也就是去掉了 $\Delta v \cdot F'(X)$ 项。如果时间是连续的，这一项是高阶无穷小，它会自动不出现在公式中。文中的"第一期""第二期"是为了表述直观而采取的时间离散的方式。

② 可以将财富的贴现率看作某种利率。实际上，利率不但反映了我们的耐心程度，还包括通货膨胀与不确定性等因素。

$$\frac{vF'(X) + (v + \Delta v)}{1 + r} = v$$

整理上式得到对鱼存量的最优选择条件为：

$$F'(X) + \Delta v/v = r \tag{13-2}$$

$F'(X)$ 可以看作鱼群存量的边际生产率，或者繁育后代的效率，它就是图 13-1 中曲线的斜率，这一斜率随着鱼群存量规模 X 递减。上式中最优选择时取等号，如果出现了左边大于右边，则我们应选择更大的鱼群规模 X，反过来，如果出现了左边小于右边，我们应保持更小的鱼群规模 X。所以，对于那些存量边际生产率很低，其价值并不随存量递减而是明显增加的物种，灭绝可能是一个经济上有效的结果。上式可以用来解释鱼的未来价格上升和时间贴现的案例。

二 不可再生资源最优利用原则

我们从稀缺性角度来分两种情况考虑不可再生资源的社会最优利用原则。第一种情况是不可再生资源不存在稀缺性问题，也就是当前和未来都没有耗竭的风险。对于大多数不可再生资源而言，不存在稀缺性严格意义上讲是不现实的，但这个原则是我们分析很多问题的起点与比较基准。更重要的是，这里并不需要真正意义上的不存在稀缺性，只需要决策者认为不存在稀缺性或者相对于需求而言供给是充足的就会遵循这种决策原则。在这种情况下，我们其实在任何一期都不用考虑未来资源是否可用的问题，所以最优利用原则很简单，就是开发利用该资源要有利可图并且每一期遵循净收益最大化原则：本期开采该资源所获得的边际收益等于本期开采的边际成本。假设边际支付意愿也即反需求函数为 $p = 8 - 0.4q$，其中 p、q 依次为价格和数量，边际开采成本固定在每单位 2 元，如图 13-2 所示，净收益（也就是总社会剩余）为总收益减去总成本，总收益为支付意愿曲线到横轴所围面积，总成本为供给曲线到横轴所围面积。此时，满足最优化原则的选择为 $p = MC = 2$。也就是说，在不存在稀缺性情况下，最优决策原则是价格等于边际成本。

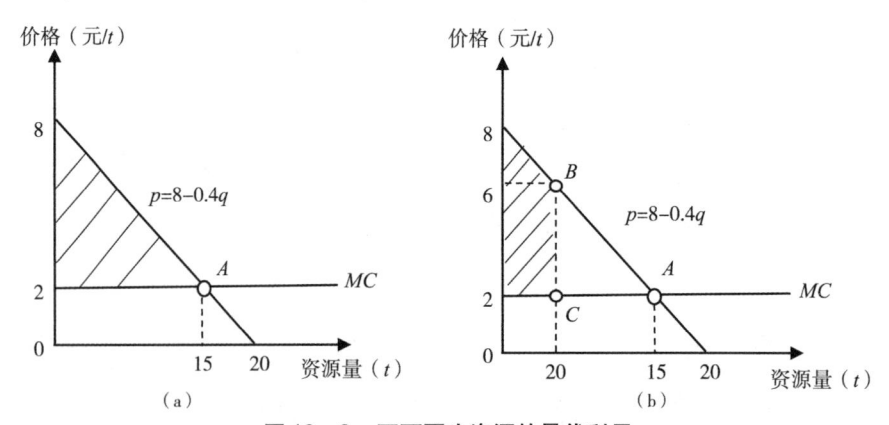

图 13-2 不可再生资源的最优利用

第十三章 自然资源与发展

第二种情况是不可再生资源存在稀缺性,也就是要么当前多用一点未来少用一点,要么当前少用一点未来多用一点。这种情况下要遵循净收益现值和(或利润现值和)最大化原则,也就是要把当前时期和未来时期合在一起来考虑净收益最大化。什么样的情况下做到了利润现值和的最大化呢?一个单位的资源储量在当前开发利用获得的利润,与这个单位资源在未来开放利用获得的利润现值相等,这就是利润现值和的最优化一阶条件。下面我们通过一个具体的例子来说明这种原则,并进一步深入讨论该原则的含义。

假设有数量固定为 20 单位的石油①,在两个时期分配。两个时期内对资源的需求是不变的,边际支付意愿为:$p = a - bq = 8 - 0.4q$,其中 p、q 依次为价格和数量,a、b 为参数,边际开采成本为 c,总收益为需求曲线与横轴所围起来的面积即 $aq - 0.5bq^2$,总成本为 cq。第一期的净收益为 $(aq_1 - 0.5bq_1^2) - cq_1$,第二期的净收益现值为 $\dfrac{(aq_2 - 0.5bq_2^2) - cq_2}{1+r}$,下标 1、下标 2 为第一期和第二期,且 $q_1 + q_2 = 20$。如果一单位的石油在第一期开发利用,获得的边际净收益为 $(a - bq_1) - c$。如果这一单位的石油不在第一期开发利用,而是放在第二期开发利用,获得的边际净收益净值为 $\dfrac{(a - bq_2) - c}{1+r}$。根据最优化原则,这个单位的石油用于第一期或用于第二期获得的边际净收益净值(第一期的边际净收益净值就是第一期的边际净收益本身)应该是相等的,即在图 13-3 中表示点 E_0 的位置。用数学式子表达为:

$$(a - bq_1) - c = \dfrac{(a - bq_2) - c}{1+r} \tag{13-3}$$

重新整理(13-3)式得到:

$$\dfrac{[(a - bq_2) - c] - [(a - bq_1) - c]}{(a - bq_1) - c} = r \tag{13-4}$$

注意(13-4)式中的 $(a - bq)$ 是石油价格,$(a - bq) - c$ 称为净价格,所以(13-4)式表明,资源开采最优时机点选择应当使净价格变化率等于贴现率(或利率)。这就是所谓的霍特林法则。假设 $r = 0.1$,边际开采成本 $c = 2$,$a = 8$、$b = 0.4$,如果我们把上文中的参数代入(13-3)式或(13-4)式,可得 20 单位石油的两期最优配置方案为:第一期 10.238 单位,第二期 9.762 单位,并且第一期价格为 3.90 元,第二期价格为 4.10 元。

我们可以利用所得不可再生资源最优选择原则来解释"贫困—资源过度开采—环境破坏—贫困"陷阱②。最优选择原则表明,贴现率(或利率)越高,未来开采净收益现值折算成现值时折扣越大,所以当前资源的开采量就越大,留待将来开采的就越少。贫穷限制了人们对未来的展望,所以贫困人口的贴现率很高(见专栏 13-1)。所以,越贫困的地区,越容易对自然资源过度开采,而过度开采必然伴随着对环境的破坏,后者又会对贫困

---

① [美]汤姆·泰坦伯格:《环境与自然资源经济学》,严旭阳等译,经济科学出版社 2003 年版。
② 如十多年前的榆林等地,参见李晶《资源型城市可持续发展战略——基于税收视角的思考》,《城市发展研究》2009 年第 2 期。

人口赖以生活之资造成负面影响,从而陷入新一轮贫困。很多被国际大资本集团控制的发展中国家矿产资源被掠夺性开采道理与此类似。

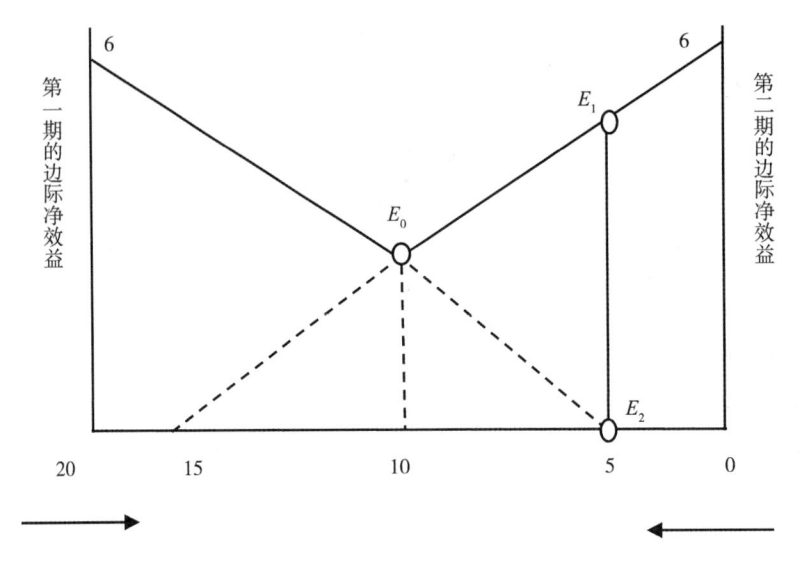

图13-3 不可再生资源的两期配置:边际净效益现值相等

专栏13-1　　　　　　　　　　　**穷人的贴现率**

在墨西哥米切沃肯的一个叫Cheranastico的拥有2400个居民的小村庄里,一种很典型的情况是村民一天要花两小时的时间砍伐和收集用作做饭的木材。来自墨西哥国家自治大学的研究者在某一研究领域中发现:如果采用能源利用率高的火炉的话,燃料需求和收集时间可以大幅度缩减,每天可为村民节省1.5小时(平均为50分钟)。研究者帮助村民利用当地可获得的黏土和其他材料在一两天时间内把这种炉子完全建了起来。

假设一个这样的炉子需要25个工时,以每天3%的利率水平(每年超过150000%)进行投资将是极为"有利的"。大多数(但并非所有的)村民建立起了这样的炉子。一些最穷的村民从来没做这方面的投资,因为对他们来讲每天就是为生存而挣扎。这个例子完全说明贫穷如何导致了高的贴现率。

第二节 资源与经济发展

一 自然资源和经济增长的关系

正如第十章马尔萨斯模型所述,产出不仅是由资本、劳动、人力资本和技术决定的,也需要农田、森林和矿产之类的自然资源,这些因素与资本和劳动的结合就形成了产出。由此我们似乎可以得出一个结论:自然资源越丰富的国家越富裕。然而,情况并非确定如此,自然资源和收入的关系较为复杂。

图13-4展示了自然资本和人均GDP之间的关系。自然资本(natural capital)是指一国农业用地、牧场、森林和地下资源,包括金属、矿产、煤和天然气的价值,它代表的是一个国家或地区与人类活动无关的现存资源量。与实物资本和人力资本不同,自然资源不是通过有目的的投资创造出来的。图13-4告诉我们两个重要信息。一是人均自然资本和人均GDP正相关。这意味着自然资源多的国家一般都有较高的收入,似乎印证了一般性的猜测。二是这种正相关性非常弱,表现在图中就是数据在纵向上离散程度很高。也就是

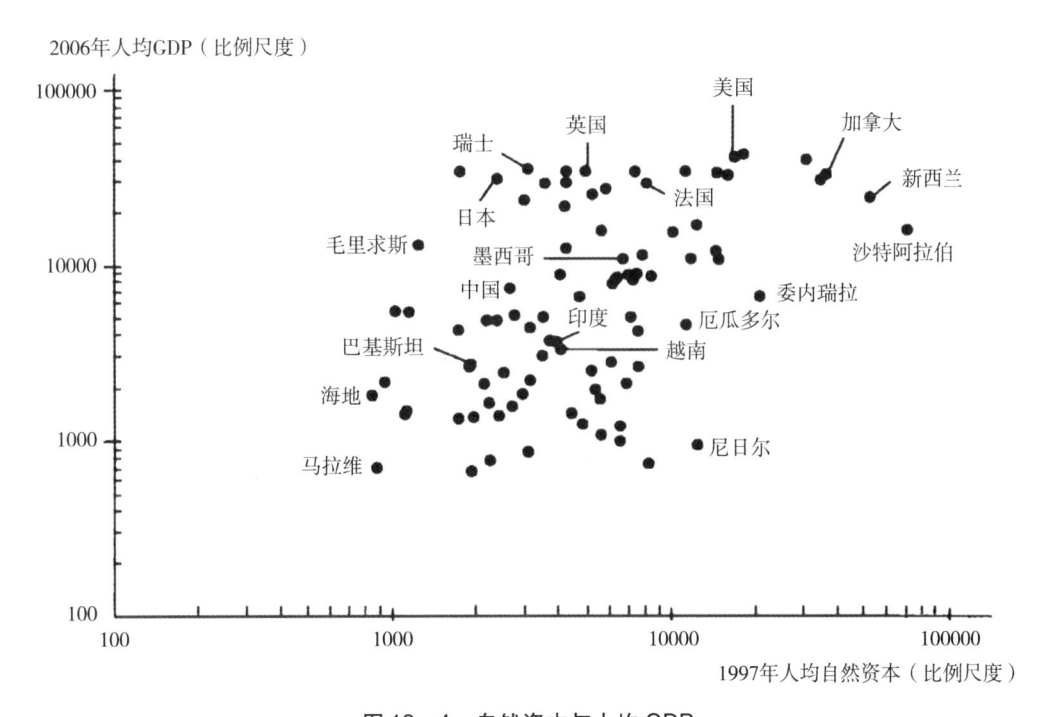

图 13-4 自然资本与人均 GDP

资料来源:[美] 韦尔:《经济增长》(第二版),王劲峰等译,中国人民大学出版社2011年版。

说，我们可以找到很多违反相关性法则的反例。一方面，比利时、日本和瑞士都属于世界上资源最贫乏的国家，但它们也都属于人均收入较高的国家。另一方面，尼日尔、几内亚比绍、委内瑞拉和厄瓜多尔虽然资源丰富，但收入却很低。因此，自然资源有助于经济增长，但既不是实现经济增长的充分条件，也不是必要条件。进一步来看，如果我们考虑到那些资源丰富但收入很低国家（如安哥拉、刚果民主共和国、尼日利亚、俄罗斯和阿尔及利亚，这些国家本应该位于图中右下角）的数据缺失的话，人均自然资本和人均GDP正相关实际上比图中所示更为微弱。总之，自然资源充其量只对收入有很微弱的影响。

直观上看，自然资源在经济中的作用与经济发展阶段有关。随着工业化的发展，生产过程变得越来越复杂，产品价值中自然资源成本所占比例越来越低。在工业化之前，土地是一种比资本更为重要的生产要素，因为由土地所带来的收入在国家收入中的比重很高，如表13-1所示。

表13-1 英国农业用地占财富的比例　　　　　　　单位:%

年份	农业用地占财富比例
1688	64
1798	55
1885	18
1927	4
1958	3

资料来源：Deane, Phyllis, Cole, W. A., 1969, *British Economic Growth 1688-1959*, Cambridge: Cambridge University Press; Revell, Jack, 1967, *The Wealth of the Nation: National Balance Sheet for the United Kingdom 1957-1961*, Cambridge: Cambridge University Press; 转引自Weil D. N., 2013, *Economic Growth*, 3rd, Pearson Education。

通过表13-1观察可知，在近3个世纪中，英国总财富中土地所占的比例明显下降了。这种下降大致反映了土地所有者所获得的报酬相对于资本所有者所获得的报酬下降了。这种变化表明资本作为一种生产要素，其重要性上升了。

20世纪之前，肥沃的土地一直是决定经济增长最重要的自然资源。澳大利亚、美国、加拿大和阿根廷等国在20世纪之前的繁荣，与当时这些国家富饶且价格低廉的土地和几乎免费的大量劳动力有密切关系，但这种土地价格低廉与几乎免费的劳动力其实是对土著居民的屠杀和奴隶贸易的结果。当时的学者认为，一国丰富的自然资源是决定一国经济成功的主要因素。但实际上也有很多反例。西印度生产蔗糖的群岛，在美国独立战争时期曾经是在美洲的大英帝国最富裕的地方，然而，1800年后经济就一直停滞不前。19世纪曾是棉花（埃及）、铜（智利）、糖（古巴）、咖啡（巴西、哥伦比亚和哥斯达黎加）、鸟粪（秘鲁）和硝酸盐（智利）的盛产期，但所有这些资源都没有成为这些产品的生产国长期经济增长的基础。

第二次世界大战后，经济增长和自然资源禀赋的关系变得更加复杂。有许多国家因自然资源而变得富裕，最典型的例子就是波斯湾石油输出国（但是这些国家并不属于发达国家）。但也有一些国家如日本，尽管资源极度贫乏，也变得富裕了。相反，如尼日利亚、俄罗斯和委内瑞拉等许多国家，尽管资源禀赋很好，却依然贫穷。

二 为什么自然资源限制没有阻碍经济增长

以上的数据和案例分析表明，自然资源不是经济增长的决定性因素。一国并不会因为自然资源丰富而必定会变得富裕，也不会因为缺乏自然资源而阻碍经济增长。自然资源限制为什么没有阻碍经济增长呢？其原因主要在于技术进步与相对价格变化导致的替代。

第一，技术进步。一方面，技术进步会"创造"一些资源，从而削弱了既有自然资源对经济增长的阻碍程度[①]。未来核聚变技术的成熟，将会极大地降低人类对煤炭、石油、天然气等石化能源的依赖。20 世纪初人类面临的最大资源约束就是氮短缺，氮是一种植物生长所需的关键元素。虽然氮是地球大气中最丰富的一种元素，但是，氮必须"固定"下来才有用，也就是说，在植物可以利用氮元素之前，首先要把它转化成植物可以吸收的形式。20 世纪以前，只有某些细菌和真菌（如在豆科植物根系中与之共生的细菌和真菌）才能够固定氮。1909 年，一位年轻的德国化学家 Fritz Haber 解决了氮的固定问题，他把大气中的氮转化为氨制成了第一种化学合成肥料。据科学家估计，如果没有 Haber 的工艺，我们只能供应现在世界上 2/3 人口所需的食物。

另一方面，"资源节约型技术进步"还会提高现有自然资源的利用效率，从而降低对自然资源的需求，使单位产品中含有的资源价值即资源强度（resource intensity）下降。

资源强度度量了资源利用效率。资源利用效率越高，资源强度越低。我们可以用资源强度的概念来分析经济增长、人口增长以及资源利用率增长三者之间的关系。令 y 为人均 GDP，L 为人口规模，I 为资源利用强度，R 为资源消费量。资源强度的定义为：

$$I = R/(yL) \quad (13-5)$$

重新调整（13-5）式，得到：

$$R = IyL \quad (13-6)$$

按照增长率的方式，即我们对方程式两边取对数，然后对时间进行微分，可以将 (13-6) 式改写为：

$$\dot{R}/R = \dot{I}/I + \dot{y}/y + \dot{L}/L \quad (13-7)$$

（13-7）式表明，如果人均产出年增长 1%，人口年增长 1%，资源强度下降 1% 不变，那么资源总利用量每年将按 1% 的速率增长。

（13-7）式也可以用来说明资源约束时如何影响经济增长的。以可再生资源为例，假

---

① Weil, D. N., 2013, *Economic Growth*, 3rd, Pearson Education.

设它已达到最有效利用状态,因此它的开发强度等于最大可持续收获量。这个假设意味着 $\dot{R}/R = 0$。那么,(13-7)式可以改写为:

$$\dot{y}/y = -\dot{I}/I - \dot{L}/L \qquad (13-8)$$

按照这种形式,(13-8)式表明,如果人均产出的增长率要大于0,那么资源强度下降的速度必定要快于人口增长的速度。

石油、煤炭等能源属于不可再生资源,它们对经济增长的约束同样可以用(13-7)式加以说明。调整(13-7)式,得到:

$$\dot{y}/y = \dot{R}/R - \dot{I}/I - \dot{L}/L \qquad (13-9)$$

(13-9)式显示,如果要维持5%的人均收入增速,人口增长率为1%,则要么能源消耗量增速为6%,要么能源强度下降6%,也就是能源利用效率提高6%,或者二者的某种组合。

图13-5描述了我国万元GDP能源消费量。总体来看,1990—2020年我国能源消费强度在不断下降,但2000—2005年有短暂的小幅上升。

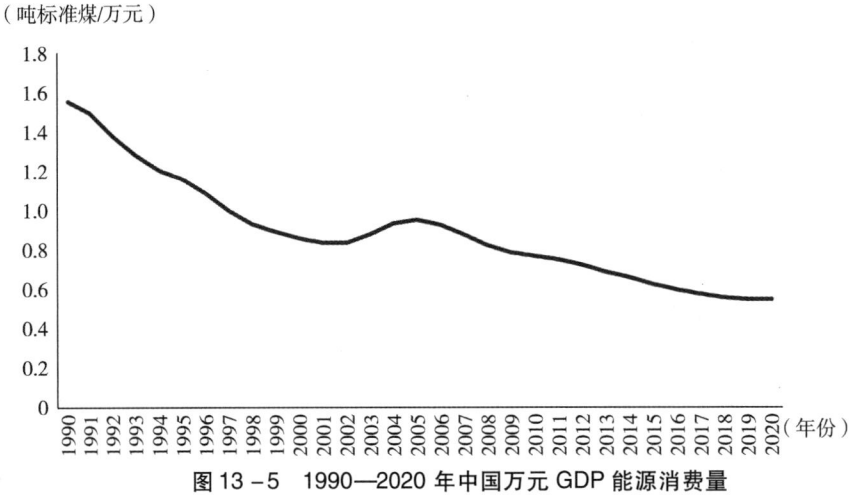

图13-5 1990—2020年中国万元GDP能源消费量

注:图中所用GDP数据在原始数据基础上统一折算成了按2015年可比价格计算的不变价GDP。
资料来源:《中国统计年鉴2022》表9-16。

第二,替代。替代品是经济学中最基本的概念之一。企业为达到相同的目的会面临很多生产要素的选择。企业基于价格会对不同的可能要素投入做出选择。如果某种特定的要素变得更加昂贵,那么,企业就会选择替代品,少用这种要素,多用其他要素。同样,消费者也可以基于商品的价格,选择不同商品的替代品,以达到相同的目的,如土豆、面包和谷类之间就可以相互替代。多年来,我们使用太阳能发电替代光伏发电。国家发展和改革委核定全国统一的太阳能热发电(含4小时以上储热功能)标杆上网电价为每千瓦时

1.15元（含税），而尽管2007—2017年，光伏发电成本累计下降了约90%，但光伏发电成本仍高达7元/瓦左右。同样地，由于天然气比煤气使用更加便宜、方便，天然气成为城市中家家户户的普遍选择。

第三节 资源诅咒

一 资源诅咒及其成因

如前所述，并非所有国家因自然资源丰富而富裕，甚至我们可以找到很多相反的案例，也就是有为数众多的国家或地区拥有丰富的自然资源但经济发展水平低下。自然资源会阻碍经济增长，这种现象被称为"资源诅咒"。资源诅咒主要来自过度消费、工业化发展受阻（或荷兰病）以及政治三个方面的因素。

第一，过度消费。当一个国家或地区突然发现大量矿产等自然资源之后，当地收入会猛增，而且人们的收入增加更可能是一种暂时性冲击而非持久冲击，因为矿产等自然资源总会有开采完毕的一天。但是，面对这种陡然增加的收入，人们很难按照持久收入假说所论及的那样将它们分担到以后进行消费，而是在有这种意外之财的时期显著提高消费水平。这可能来自人们对自然资源的开采年限过于乐观估计，也可能来自不善于管理陡然增加财富的暴发户心理。消费水平显著增加，会限制将意外之财更多转化为储蓄，表现为既不投资于生产性物质资本，也不投资于人力资本，而是更多地用于超过持久收入所限的高消费乃至炫耀性消费。

常常见诸报端的海湾石油国的奢华就是因石油收入而过度消费的显著例子。这些国家发现石油之后，很快人均收入急剧提高，现在大多数国家人均收入水平超过OECD国平均水平。但是这些因石油而富裕的国家，并不被人们认为是发达国家，而是特殊的发展中国家，因为它们除了人均收入高，社会发展、教育发展以及工业发展都仍极为落后。约十年前，国内煤炭市场价格较高，很多地区和个人因采煤而暴富，煤炭老板炫耀性消费受到社会热议[①]。

第二，工业化发展受阻或荷兰病。一个国家或地区发现了某种矿产资源后，会通过产业上下游联系极大刺激与之相关的产业发展，从而挤占其他产业发展的资源，进而导致其他产业越来越没有竞争力，这样经济变得非常脆弱，一旦这种特定资源开始枯竭或者价格下跌，该国或该地区将遭受极大的打击。出现这种现象的主要机制有两个：其一，与资源开发相关行业挤占了其他行业尤其是其他制造业的劳动力和资金等资源，致使其他制造业失去了发展机会；其二，资源出口获得的大量外汇使本币升值，降低了本国产品在国际市场上的竞争力。这种现象因20世纪80年代荷兰出现的经济问题而引起极大关注，因而被

[①] 韩文、任重：《山西富豪"危险季"》，《中国经济周刊》2014年第15期。

称为荷兰病。

20 世纪 60 年代，荷兰发现大量石油和天然气，荷兰政府大力发展石油、天然气业，出口剧增，国际收支出现顺差，经济显现繁荣景象。可是，蓬勃发展的天然气业却严重打击了荷兰的农业和其他工业部门，削弱了出口行业的国际竞争力，兼之因石油危机导致国际石油以及天然气价格低迷，荷兰经济在 80 年代初期面临较为严重的通货膨胀上升、制成品出口下降、收入增长率降低、失业率增加问题。

第三，政治。自然资源通过政治机制阻碍经济增长起源于资源的巨额经济租。经济租是指对某一种生产要素的支付超过了引出这种生产要素的供给所需的成本部分。自然资源一般开采量巨大，租金占销售收入比例高，容易产生巨额经济租。例如，在沙特阿拉伯，生产 1 桶石油的成本约为 2.50 美元，但石油价格远高于此，2022 年石油的价格达到每桶 100 美元上下。

为分食巨额自然资源租金，政府相关行为通过如下三种渠道对经济与社会发展产生负面影响。一是腐败。自然资源不能移动，其开发也往往需要政府的授权，因此容易成为掌握资源开发权力的政府官员乃至部门设租的工具。党的十八大以来，我国聚焦解决了矿产资源开发领域腐败问题[①]。跨国数据表明，更加依赖资源出口的国家，其腐败程度越高。二是自然资源常常会导致政府部门过度膨胀。这种膨胀发生的原因，或是因为资源为政府收入提供了一个稳定的来源，或是因为大政府常常会作为一种手段，使资源收入合法或不合法地分配给国内的强势利益集团。同时，自然资源的开发具有垄断性和巨大的规模经济，因而容易形成大型企业，如果这些企业的所有者参与政治，则国家政治就容易被这些寡头所垄断。三是政治与社会动荡。不同利益集团为了争夺租金占有权会引发政治势力斗争，有时会形成军事冲突乃至全面内战。塞拉利昂的内战就是一个因自然资源引发内战的典型例子。西非塞拉利昂共和国，盛产钻石，但是钻石等自然和矿产资源所带来的丰厚利益总是集中到少数人手中，严重腐败导致了 1991 年的内战。塞拉利昂的内战的一个重要根源就是争夺资源的控制权，1995 年新上台的瓦灵顿·斯特拉塞上尉雇用一家南非的私营军事和安保服务公司时，雇佣军提出合同条件也是拥有塞拉利昂钻石矿的份额。这场长达 11 年的内战造成 5 万人死亡、超过 200 万人（超过塞拉利昂总人口的 1/3）流离失所。电影《血钻》讲述的就是发生在这场内战期间的故事。

以上我们解释了资源诅咒可能产生的原因和机制，但资源诅咒并不是必定会出现的现象。例如，挪威大量的石油出口使其政府的财源非常丰厚，该国并没有像很多石油出口国那样发生寻租、腐败和管理不善，而是设法把大部分自然资源租金这一额外收入作为储备金，以备不时之需。

二 中国资源型城市发展问题

资源型城市在经济发展过程中尤其是资源开始枯竭时所遇到的问题与资源诅咒有关。

[①] 韩文、任重：《山西富豪"危险季"》，《中国经济周刊》2014 年第 15 期。

资源型城市，主要是指以自然资源开采和加工为主导产业的功能性城市，是我国城市分类中的一种特殊类型。

2013年国务院发布的《全国资源型城市可持续发展规划（2013—2020）》首次界定了262个"资源型城市"，其中有67个城市（见表13-2），由于自然资源枯竭、经济发展落后、民生问题突出、生态环境压力大，被列为资源衰退型城市。总体来说，目前我国资源型城市面临的主要问题包括以下几点①。

表13-2 中国67个衰退型资源城市

地级行政区 24 个	乌海市、阜新市、抚顺市、辽源市、白山市、伊春市、鹤岗市、双鸭山市、七台河市、大兴安岭地区、淮北市、铜陵市、景德镇市、新余市、萍乡市、枣庄市、焦作市、濮阳市、黄石市、韶关市、泸州市、铜川市、白银市、石嘴山市
县级市 22 个	霍州市、阿尔山市、北票市、九台市、舒兰市、敦化市、五大连池市、新泰市、灵宝市、钟祥市、大冶市、松滋市、潜江市、常宁市、耒阳市、资兴市、冷水江市、涟源市、鹤山市、华蓥市、个旧市、玉门市
县（自治县）5 个	汪清县、大余县、昌江黎族自治县、易门县、潼关县
市辖区（开发区、管理区）16 个	井陉矿区、下花园区、鹰手营子矿区、石拐区、弓长岭区、南票区、杨家杖子开发区、二道江区、贾汪区、淄川区、平桂管理区、南川区、万盛经济开发区、万山区、东川区、红古区

资料来源：《全国资源型城市可持续发展规划（2013—2020）》。

第一，产业结构单一，后续经济发展缓慢。我国的大多数资源型城市形成于计划经济时期，受国家宏观调控的影响，资源型城市的发展定位十分明确，主要是依托资源而进行相关产业发展，由此导致整个城市的产业结构单一。2012年，我国262个资源型城市的矿产资源开发的增加值约占全部工业增加值的25%，比全国平均水平高一倍左右。而其第三产业比重则比全国平均水平低12%。

当城市资源总量出现枯竭，资源优势递减，则转变为资源枯竭型城市，城市内的主导产业失去根基。原来单一产业格局挤压了培育新主导产业的空间，导致其他产业难以发展。因此，一旦资源开发接近枯竭，就会出现"矿竭城衰"，经济发展缓慢且效益低，整个城市的发展举步维艰。白银市就是一个典型的案例。五十多年前，在西北戈壁滩上发现了一个巨大的铜矿，随后很多人从各地来到这里建设，开采，奉献，才造就了今天的白银市。白银市因此也叫铜城。白银地区有句话说：先有白银公司，后有白银市。白银有色金

---

① 崔伊霞：《中国资源枯竭型城市绿色转型发展研究》，博士学位论文，吉林大学，2020年。

属公司是中华人民共和国成立后最早建设的大型铜硫联合企业,白银公司在20世纪50年代创造了令全国人民刮目相看的辉煌业绩,曾连续18年位居全国同行业纳税第一。不过经过五十多年的挖掘,现在铜资源已开始枯竭,在国家首批资源枯竭城市中,白银市属于历史欠账最多、财力状况最差、生态环境最恶劣、面临困难最多的城市。

第二,地方财力薄弱且引资困难。资源型城市的问题症结,表面上是资源枯竭和资源型产业衰落,而更为本质的症结是市场经济机制和理念的缺乏。比如,在招商引资上,招商项目上缺乏必要的长远考虑,在结合地区发展实际和招商项目之间缺乏充分的论证,且尚未形成一套成熟的招商引资体制机制,由此在招商引资方面存在短板。另外,对引进的企业在服务提供和政策支撑上也存在明显不足,如土地和厂房的使用、产品生产等方面,从中可以看出资源枯竭型城市在招商引资方面的效果也难以达到预期目标。

第三,人口数量减少且素质偏低。资源枯竭型城市经济发展缓慢,基础设施以及公共文化服务水平较低,间接导致一些高素质高技能人才的大量外流。一般来说,人力资本在推动地区经济发展中发挥着重要作用,特别是高素质劳动力对于推动城市可持续发展具有关键性作用。如果一个国家或者地区的劳动力素质都普遍偏低,而又因地区经济产业结构发生变化,那么不适应发展需求的劳动力则会产生大量过剩现象,则加大了当地就业的压力,甚至还会给社会稳定带来一定的威胁。

黑龙江鹤岗就是典型的资源枯竭导致人口减少的一个例子。鹤岗市位于黑龙江省东北部,是一座缘煤而兴的资源型城市。自1917年第一个煤矿开工,至今已有近百年的开采历史,曾是全国四大煤矿之一。但是随着资源枯竭,煤炭市场行情下跌等因素,鹤岗成了典型的资源枯竭型城市,导致当地经济发展缺乏后续动力,人口外流明显。2000年,鹤岗人口为111.2万人,2010年鹤岗人口为109.1万人,2020年鹤岗则进一步缩减为88.7万人。

第四,生态环境破坏且修复较难。随着工业化进程的加快,大量工业废水、废渣、废气的产生,对资源型城市生态环境造成严重破坏。资源型城市以发展传统工业为主,以增加产量、获取更高利益为宗旨,忽视了对自然生态环境的保护。再加上生产技术水平受限,尚不具备较为科学先进的技术,资源利用效率不高,污染处理上力度不够等因素都造成了对生态环境的破坏。从目前来看,一些资源枯竭型城市的生态环境问题极为严峻。

例如,大同市空气污染属于典型的煤烟型污染。大同市拥有丰富的煤炭资源,但是由于历史欠账和地域局限等原因限制,大大制约了大同市经济发展的速度,而且造成了大同市的经济产业结构单一的状况。多年来,"一煤独大"的产业结构在支撑着大同市经济发展的同时,还大大危害了大同市生态系统的安全。大量煤炭的使用,排出的二氧化硫,已经对大同市大气环境造成了极大的污染,严重地危害了人们的健康。

党的十八届五中全会提出"创新、协调、绿色、开放、共享"五大发展理念,强调要坚持绿色发展,促进人与自然的和谐共生,建设美丽中国(见专栏13-2)。在当前环境下,资源型城市唯有坚持绿色转型,将改善环境作为发展生产力的重要途径,这样才能实现资源型城市的环境宜居、人与自然和谐、社会永续发展,为此,一些资源型城市紧密结合自身实际,积极探索转型发展的途径。其中,坚持绿色转型是大多数资源型城市转型所秉承的基本原则，以六盘水市为例，六盘水市在充分考虑自身地理位置和经济基础的前提下，坚持绿色发展，实现由"煤都"向"凉都"的转型。通过发展循环经济，加强绿色经济发展，不断探寻产业生态化、山地农业化的发展之路，促进了城市自身的绿色发展转型。在资源型城市转型过程中，企业扮演着举足轻重的作用，实现企业生产方式、经营方式的技术转型是实现企业绿色转型的关键。党的十八大以来，国家大力鼓励企业采取绿色的生产和经营方式，并适当地给予资金奖励，这在很大程度上调动了企业坚持绿色发展的积极性，同时也促进了企业自身的发展，为资源型城市的健康绿色转型提供了方向与思路。

专栏13-2　　　　　五大发展理念之绿色发展[①]

2019年5月21日，习近平总书记主持召开推动中部地区崛起工作座谈会，指出要贯彻新发展理念，坚持绿色发展，开展生态保护和修复，强化环境建设和治理，推动资源节约集约利用，建设绿色发展的美丽中部，奋力开创中部地区崛起新局面。

习近平总书记为何多次强调绿色发展？在《深入理解新发展理念》这篇文章中他谈到，绿色发展，就其要义来讲，是要解决好人与自然和谐共生问题。人类在同自然的互动中生产、生活、发展，人类善待自然，自然也会馈赠人类，但"如果说人靠科学和创造性天才征服了自然力，那么自然力也对人进行报复"[②]。古巴比伦、古埃及、古代中国等诸多一度兴盛的古老文明就是前车之鉴。

党的十八大以来，习近平总书记始终把生态文明建设摆在党和国家事业发展全局中的重要位置。在思想上，生态文明建设是"五位一体"的重要一"位"；绿色发展是新发展理念的重要理念。在行动上，党的十八届三中全会提出加快建立系统完整的生态文明制度体系，党的四中全会要求用严格的法律制度保护生态环境，五中全会将绿色发展纳入新发展理念，如今党的十九大又提出坚决打好污染防治攻坚战。

生态环境没有替代品，用之不觉，失之难存。环境就是民生，青山就是美丽，蓝天也是幸福，绿水青山就是金山银山。

本章小结

1. 可再生资源通常被认为通过生物过程经济增长和再生，因而可反复利用。可再生

[①] 习近平：《习近平谈治国理政》（第三卷），外文出版社2020年版。
[②] 习近平：《深入理解新发展理念》，《求是》2019年第10期。

资源的最优利用量与最大可持续产量有关。

2. 不可再生资源，形成的周期漫长或不可再生。如果不可再生资源不存在耗尽的问题（没有稀缺性），则最优开采原则是：本期开采该资源所获得的边际收益等于本期开采的边际成本。如果不可再生资源存在稀缺性，则要遵循净收益现值和最大化原则来决定开采使用的时机。

3. 自然资源是生产必不可少的投入，但是自然资源和收入的关系较为复杂：并非自然资源丰富的国家或地区人均收入就明显高一些。也就是说，自然资源约束并没有阻碍经济增长，其原因为：技术进步会"创造"一些资源并能提高资源利用效率、自然资源替代品的出现。

4. 自然资源会阻碍经济增长，这种现象被称为"资源诅咒"。资源诅咒主要来自过度消费、工业化发展受阻（或荷兰病）以及政治三个方面的原因。

思考题

1. 在网上搜索信息，在我国找到一个正在或已经发生过荷兰病的城市（地区），并讨论其形成机制。

2. 为什么经济学家对资源约束问题一般都比较乐观？

3. 全球化使一国自然资源与其人均收入水平之间的关系发生了怎样的变化？引述具体的例子加以说明。

4. 下表给出了某个国家 1965 年和 2000 年的人口、人均 GDP 和总能源消费的数据。计算这一期间产出的能源强度年增长率是多少？

年份	人口（人）	人均 GDP（元）	能源消费（元）
1965	1000	10000	200
2000	2000	20000	400

5. 某个湖泊鱼类总量的增长方程如下：

$$G_t = \frac{S_t \times (100 - S_t)}{100}$$

其中，S_t 为第 t 期开始时的鱼类储量；G_t 为第 t 期鱼类的增长量，二者的单位都是吨。

（1）假设在某个指定年份湖泊的鱼类储量为 20 吨，另外，鱼类的储量以及收获量长期以来一直保持不变。计算鱼类的年收获量。

（2）计算该湖泊的合理储量和最大可持续收获量。

6. 假设全世界的某些资源按照目前的利用速率可以供应 1000 年。假设利用速率按每年 2% 增长，这些资源还能供应多少年？

第十四章 环境与发展

学习目标
1. 了解中国的主要环境问题。
2. 理解环境问题中的市场失灵以及相应的政策措施。
3. 理解基本内涵与原则，了解中国可持续发展现状。
4. 理解环境库兹涅茨曲线的内涵、贫困与环境破坏的恶性循环，了解城市发展对环境的影响。

两个雾都，不一样的原因。重庆和伦敦都号称雾都，但是20世纪50年代前，两个城市雾蒙蒙天气的原因并不相同。重庆的雾是由于水蒸气在特定地理环境下造成的，而伦敦的雾则是雾霾或尘埃。因长期的工业排放和家用燃煤排放，伦敦在20世纪的前50年被浓厚的烟雾笼罩，于1952年12月爆发了在4天时间内致死4000人的"伦敦雾霾事件"。"伦敦雾霾事件"之后，西方社会逐渐酝酿形成了声势浩大的环境保护运动，在学术思想上最终形成了可持续发展理论。本章将介绍可持续发展理论体系中最关键的要素——环境——与经济发展的关系。

第一节 环境问题与市场失灵

一 中国主要环境问题

环境是指我们周边的空气、水、土地、植物、动物等事物。经济学里论及的环境一般是与环境污染、环境破坏相联系的。我国和全球当前面临的主要环境问题较为类似，兹举几例。

第一，大气污染。大气污染是中国乃至全球第一大环境问题，其中二氧化碳排放是最为突出的问题。全球气温升高和碳排放有关，因此各国纷纷提出减少碳排放的目标与计划。我国计划在2035年实现碳达峰，2060年前实现碳中和。除了二氧化碳问题，其他形式的大气污染同样也会造成严重的后果，比如二氧化硫、氟化物等对植物的危害是十分严重的，可直接缩短植物寿命甚至导致植物死亡；悬浮颗粒被人体吸入，容易引起呼吸道疾病。

第二,土地荒漠化。过度放牧、采矿、修路等人类活动使草地退化。目前,全球荒漠化土地面积几乎相当于俄罗斯、加拿大、美国和中国国土面积的总和。中国国土上的荒漠化土地已占国土陆地总面积的27.3%,而且,荒漠化面积还以每年2460平方千米的速度增长。中国每年遭受的强沙尘暴天气由20世纪50年代的5次增加到了90年代的23次。土地沙化造成了内蒙古一些地区的居民被迫迁移他乡。

第三,水环境污染。工业污水与生活污水使原本清澈的水体变黑发臭,细菌滋生。水污染严重的河流,依次为海河、辽河、淮河、黄河、松花江、长江、珠江。截至2018年年底,除了西藏、青海,75%的湖泊富营养化问题突出。近年来水污染事故频发,平均每年达1000起左右。地表饮用水源地不合格的约占25%,其中淮河、辽河、海河、黄河、西北诸河近一半水质不合格。华北平原地下水水源地,有35%不合格。

第四,重金属污染。重金属污染由采矿、废气排放、污水灌溉和使用重金属超标制品等人为因素所造成的水污染和土壤污染。造成污染的主要重金属包括铅、镉、汞、铬、镍等。这些重金属不能被生物降解,但具有生物累积性,可以直接威胁高等生物包括人类的健康。如人体铅含量如果超标,容易引起贫血,损害神经系统,特别是胎儿的神经系统,可造成先天智力低下。我国东部地区很多地方重金属污染较为严重。2011年3月,浙江台州一电池公司被曝出其引起的铅污染已致使当地168名村民血铅超标,被媒体成为台州"血铅劫"①。

其他的主要环境问题还有酸雨蔓延、气候变暖、臭氧层破坏、生物多样性减少、森林锐减、固体废弃物成灾等。地球已受到极其严重的破坏,如果不采取紧急且更大力度的行动来保护环境,地球的生态系统和人类可持续发展事业将日益受到更严重的威胁。

二 环境问题中的市场失灵与政策措施

我们可以将清洁的环境视为一种自然资源,如果污染或破坏了环境,那就是我们开发使用了这种自然资源。这样,上一章中用于分析自然资源的概念框架和理论模型就可以直接用于分析环境问题。

具体来说,我们可以认为污染既有可再生成分又有不可再生成分。未受污染的湖水是一种可再生资源。如果湖水受到少量污染,生态系统可使它自动恢复,就像其他可再生资源一样。环境对污染的可吸收能力类似于可再生资源的最大可持续产量。如果持续污染的程度高于湖水的可吸收能力,整个生态系统将会崩溃,再也没有清洁环境,就像对鱼的过度捕捞后没有鱼可供捕捞一样。如果持续污染的程度低于可吸纳能力,湖水在污染水平将稳定,我们仍能享受部分清洁湖水,类似于捕鱼持续少于最大可持续产量的情形。有些污染物,自然界并不能降解净化,通过这种污染源造成的环境破坏,类似于对不可再生资源

---

① 东升、郁燕莉:《浙江血铅超标事件暴露行业监管漏洞》,《法制日报》2011年5月11日第8版。

（清洁环境）的消费。

但环境和资源还是有一些不同之处。第一个方面的不同是人们对环境资源的需求是与收入相关的。就像我们珍视的其他事物一样，美好的环境只有在"失去后才知道珍贵"。青山绿水对于生活其中的农民而言，几乎是可以忽略的存在，但对于长期生活在钢筋水泥里面的城里人来说，却是足以吸引他们挤出闲暇的远足之处。清洁的环境类似于奢侈品，在我们效用函数中的排序与收入有关，只有在收入达到一定程度后，我们才会将它排在靠前的位置，才有支付意愿去购买它。

第二个方面的不同是环境问题或与环境有关的活动存在严重的市场失灵，因此可以应用第三章的市场失灵概念来解释一些污染问题。上一章中我们讲述了资源的社会最优配置，但是环境具有外部性与公共物品属性，由市场来配置环境资源经常会偏离社会最优。我们先来看看外部性。外部性是分析很多环境问题的一根共同主线。如果你的行为对其他人造成了正面或负面的影响，却没有获得相应回报或给予相应支付，这就产生了外部性。种植树木是典型的具有外部性的例子。种植树木的人自己能获得树木的经济收益，但是树木对环境改善（包括减少的二氧化碳）的收益则主要是惠及他人，因此种植树木的社会收益超过私人收益，这种活动有正的外部性。如图 14-1 所示，社会边际收益超过私人边际收益，私人最优决策量仅为 Q_1，而社会最优决策量为 Q_2，因而正外部性的植树活动供给不足。

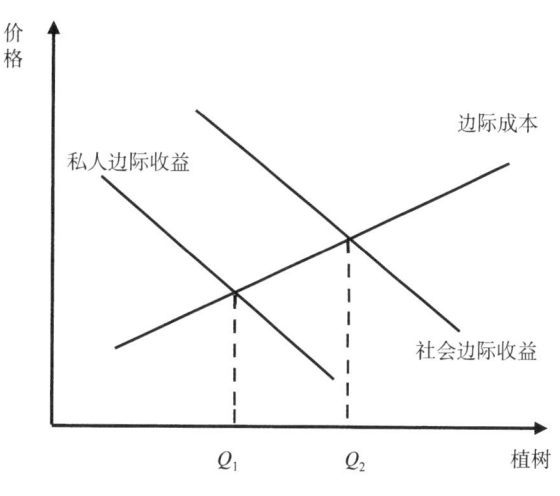

图 14-1　植树的正外部性

专栏 14-1　　中国植树造林与蚂蚁森林

2019 年 9 月 27 日，支付宝蚂蚁森林获得联合国环境规划署颁发的"地球卫士奖（激励与行动类别奖项）"。这一联合国最高级别的环保奖项已经第三年颁给来自中国的绿色创新和行动者。从塞罕坝三代造林人，到浙江省推进"千万工程"，再到蚂蚁森林，中国推动绿色环保的新路径和宝贵经验正在被世界认可。

甘肃省武威市下辖的民勤县，三面都是沙漠，风大，树秃，迎风说话就会吃进沙子。只有一种特别能适应盐渍化土地的梭梭树能存活。3 年来，约有 5 亿人通过蚂蚁森林"种"下了 1.22 亿棵真树，平均每天约 11 万棵树被栽种在像民勤县这样的荒漠上。

手机上一棵虚拟树是如何在几千公里之外变成一棵真树的呢？用户步行替代开车、在线缴纳水电燃气费、拒绝使用一次性餐具和塑料袋等行为节省的碳排放量，将被计算为虚拟的"绿色能量"，可以用来在手机里养大一棵棵虚拟树。虚拟树长成后，蚂蚁森林和公益合作伙伴们就会在地球上种下一棵真树，或守护相应面积的保护地。

近20年来，地球表面共新增超过200万平方英里（约5.18亿公顷）的植被面积，相当于多出一块亚马孙雨林。中国和印度在这一贡献中起到了引领和推动作用。

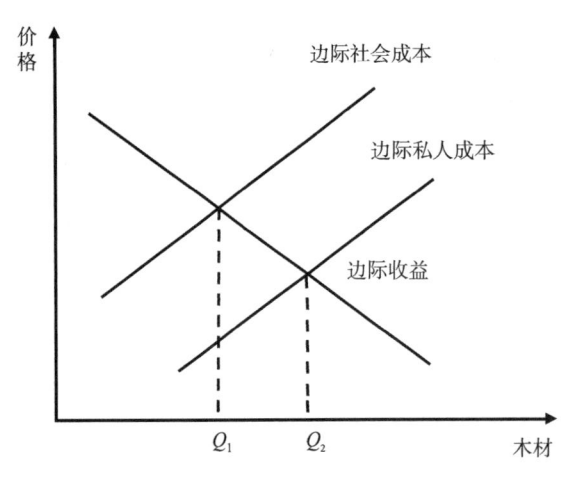

图14-2 伐木的负外部性

与植树相反，伐木则是负外部性活动。伐木者获得所伐树木的收益，但是他承担的成本仅为全部社会成本的一部分，比如砍伐树木导致的生态环境损失不在伐木者考虑之内。如图14-2所示，社会最优的伐木量为 Q_1，而私人伐木量则为 Q_2，私人伐木过度。

"公地悲剧"是另一个著名的负外部性的例子。当一群人可以自由地在一块牧场上放牧时，牧场上羊群总量增加会对单只羊的价值有负面影响，但这种负面影响是由全体放牧人承担的，所以每个人都会从自身利益最大化出发尽量增加放牧的羊群数量，最终会比一个人拥有牧场时所放牧的羊的数量还多，导致过度放牧。这个例子在三个方面与上面的例子有所不同。第一个不同是产权的差异，上面伐木的例子中单个人拥有产权，"公地悲剧"中的牧场是公共产权。第二个不同是考虑的外部性有所差异。伐木的例子中考虑的外部性主要是环境的影响，而"公地悲剧"中的外部性则是草场的经济价值。第三个不同是资源使用过度的程度的差异。"公地悲剧"中资源使用过度的程度更为严重。

在植树和伐木的例子中，私人收益和社会收益之所以有差异，是因为美好的环境是一种公共物品。公共物品是指那种既不具有竞争性又不具有排他性的物品。例如，别人享受了你植树带来的美好风光，不会影响你自己的享受，你也难以排除他人享受你植树降低二氧化碳带来的好处。公共物品通常还具有不可分性（indivisibilities），也就是说如果将该产品分割成小份，每一小份可能没什么作用。很难想象，建3—5米长的高速公路或高铁会有什么作用。同样的道理，一条河流中你设法使其中一两平方米水域变得清洁也不会有任何意义。公共物品的这些性质使提供公共物品的过程中存在"搭便车"（free rider）问题，也就是在类似于环境保护这类需要群策群力才能成功的活动中，有一些人不出力而坐享其成。"搭便车"的可能性使公共物品的供给不足,道理很简单,既然你能发现有坐享其成的"窍门",别人也会发现同样的"窍门",结果就是"三个和尚没水喝"。

既然环境问题存在市场失灵,一个自然的反应就是需要政策干预。政策干预改善环境通常有四类解决方案:庇古税(Pigovian tax)和补贴、科斯谈判、污染许可证交易、政府管制。

庇古税和补贴是通过财政补贴与税收手段纠正社会成本(或社会收益)与私人成本(或私人收益)之间的差异,基本原则就是:提供了多少正的外部性就给多少补贴,产生了多少负的外部性就征收多少税收。如图 14-3 所示,某种污染活动使社会边际成本超过私人边际成本,那么对造成这种污染的私人活动就要征收相应的税收,使私人税收边际成本回到社会成本位置,从而实现资源的社会最优配置。

科斯谈判方法与产权理论中的科斯定理有关。科斯定理认为,当交易费用为 0 时,不管初始产权如何配置,自由交易都会达到资源的最优利用。例如,河边造纸厂会向河水里排放污水,影响到河边居民用水。我们可以将河水产权给居民,那么造纸厂要排放污水,就需要和居民协商谈判购买污染权,这样造纸成本提高,产量减少。我们也可以将污染权给造纸厂,居民要获得健康,就需要和造纸厂协商谈判,向造纸厂支付一笔赎金,使其减少污染的同时也使产量减少。无论是将河水的产权给居民还是给造纸厂,这种协商谈判自由交易的结果会使污染程度和造纸数量是一样的。

污染许可证交易是科斯谈判方法的一种延伸,二者的理论基础都是科斯定理。一般认为,庇古税为价格配给方法(price rationing),它会增加污染厂商逃避义务的成本,而污染许可证交易为数量配给方法(quantity rationing),它会为污染厂商提供了降低排放量的诱因。

排污权交易的概念最早由 Crocker[1] 和 Dales[2] 提出,认为污染系因环境资源的私有财产权概念未被有效充足地界定所导致,若能明确界定环境资源的产权并可进行交易配置,便能对污染进行定价,进而在市场上进行交易。在一些既定条件下,污染价格提供

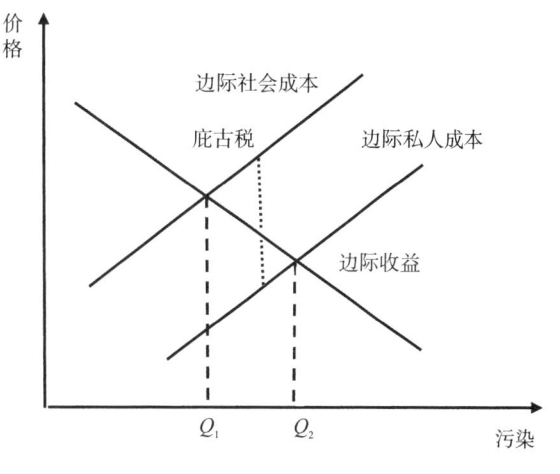

图 14-3 庇古税

---

[1] Crocker, T. D., 1966, "The Structuring of Atmospheric Pollution Control Systems", *The Economics of Air Pollution*, 61: 81-84.

[2] Dales, J. H., 1968, *Pollution Property and Prices*, University of Toronto Press.

了厂商控制污染排放量的诱因，在既定的排放水平下，低污染控制成本的厂商可以通过降低更多的排放量来获得额外的排放权，进而将超额的排放权卖给污染控制成本较高的厂商而从中获益。这个方法的好处是将污染控制策略的决策由管理者转移给厂商，降低了管理成本。

要能进行排污权交易需事先分配合理的排污权给厂商，常见的两种方式为管理者直接给予（grandfathering）或是通过拍卖（auctioning），但管理者必须有充足的知识来设计排污权交易市场，且排污权发放与基本排放标准究竟应设定多少才合理并有效高度相关，这也成为管理者最大的挑战之一。此外，交易市场通常假设为完全竞争市场，此时个别完全竞争厂商对于排污权的市场价格是没有控制力的，但现实中很可能市场上会有独买或独卖厂商，为了降低其遵守法规的成本，或是降低其竞争对手的优势，便可能通过其自身的买卖行为影响排污权价格，提高了排污权系统的总成本。排污权交易成本也是另一个问题，过高的交易成本将使厂商失去进行排污权交易的诱因。

政府管制。这种解决办法不如前三种解决办法来得优雅[1]，但是减少了前三种办法中的制度与交易的叠床架屋以及由此带来的交易成本高昂与根治顽固性环境破坏问题的无能为力。"当雪崩的时候，没有一片雪花是无辜的。"对于切实保护生态环境以及各种关系交横稠密的环境问题，这种方法效果尤为明显，甚至是唯一可行办法。中国于2015年12月31日开始试点中央生态环境保护督察，于2019年6月颁布施行《中央生态环境保护督察工作规定》，目前已形成常态化的生态环境督察制度与组织体系。生态环境保护督察已取得明显效果，以成都市为例，2019年成都市主要污染物 SO_2 年均浓度同比下降33.3%，NO_2 年均浓度同比下降4.5%，PM 10年均浓度同比下降5.6%，PM 2.5年均浓度同比下降6.5%；PM 10、SO_2、CO、O_3 浓度达到《环境空气质量标准》二级标准，其中PM 10年均浓度为新标准监测以来首次实现达标[2]。

第二节 可持续发展

一 可持续发展思想

（一）思想渊源

可持续发展思想的核心是人与自然和谐相处，人不能过度向自然界进行索取。这样的观点在我国古代先哲的论述中并不鲜见。例如，《孟子·梁惠王上》曰："数罟不入洿池，鱼鳖不可胜食也；斧斤以时入山林，材木不可胜用也。"这句话的意思是，如果不用网眼小的渔网捕鱼，那么以后都有鱼可捕；砍伐树木如果遵循树木生长的时节规律，那么树木

---

[1] [英] A. P. 瑟尔沃：《发展经济学》（第9版），郭熙保、崔文俊译，中国人民大学出版社2015年版。
[2] http://sthj.chengdu.gov.cn/cdhbj/c110802/2020-02/26/content_de0846eb2a0c40aca922bb430ae147a1.shtml.

可长久砍伐。总结起来，孟子说的其实就是不能"竭泽而渔"式的破坏性发展，即现在所说的可持续发展。

在西方经济学说史中，古典经济学家和新古典经济学家都有许多关于经济发展与资源和环境关系的论述[1]。亚当·斯密在论及发展的三种状态之一的静止状态时就认为，当一国的财富已达到其土壤气候和地理条件所允许的限度，以及人口达到其领土所可维持的限度时，经济增长便达到其上限。穆勒把自然和气候条件视为经济增长的原因。庇古用外部性概念分析了污染问题，他认为由于污染有外部性，所以需要政府干预，以征税的形式将污染成本加到产品价格上去，从而使外部成本内部化，这就是我们上一节中所说的"庇古税"。对可持续发展思想影响最大的是马尔萨斯。第十章中介绍的马尔萨斯陷阱指出，当土地数量固定时，由于人口增长速度快，人们最终将陷入仅能维持生存的低收入状态。20世纪70年代开始流行的增长极限理论其实是马尔萨斯思想的翻版，只是在马尔萨斯模型土地这一唯一自然资源基础上多了一些矿产资源与环境污染吸纳能力等自然因素，以至于有人认为增长极限理论是"带着计算机的马尔萨斯"[2]。

在经历了《寂静的春天》[3]的呼吁、《增长的极限》[4]的广泛影响以及1972年的斯德哥尔摩行动计划之后，到1987年，联合国世界环境与发展委员会（WCED）通过了由当时的挪威首相布伦特兰夫人提出的纲领性文件《我们共同的未来》（这一文件后来被称为《布伦特兰报告》）。《我们共同的未来》被广为接受的可持续发展概念是：既满足当代人的需要，又不对后代人满足其需要能力构成危害的发展。

（二）基本内涵与原则

可持续发展已从一开始注重生物方面，扩展到注重包括生态环境、经济、社会等各个相关因素，并使之相互协调发展，其内含包括：第一，可持续发展并不否定甚至需要经济增长，尤其是发展中国家的经济增长。尽管在拉丁美洲等国家出现了"有增长无发展"的现象，但是没有增长就没有发展，更谈不上可持续发展，毕竟经济增长是促进经济发展、促使社会物质财富日趋丰富、人类文化和技能提高，从而扩大个人和社会的选择范围的原动力，表14-1可持续发展目标中包括了"体面工作和经济增长"这一指标也说明了这一点。

第二，可持续发展重新审视实现经济增长的目的。经济增长不同于经济发展已成为人们的共识。经济发展不只意味着人均收入即人均GNP的增长，其本质是民众生活质量的提高，所以早期的发展观点认为，经济发展还意味着贫困、失业、收入不均等社会经济结构的改善。但是资源和环境问题在两个方面阻碍民众生活质量的提高。一是贫困与环境破坏相互影响。贫困与不发达正是造成资源与环境恶化的基本原因之一，也是环境恶化的结

---

[1] 谭崇台、庄子银、邹薇：《发展经济学的新发展》，武汉大学出版社1999年版。
[2] 郭熙保：《现代经济学大典》（发展经济学分册），经济科学出版社2015年版。
[3] ［美］蕾切尔·卡森：《寂静的春天》，吕瑞兰、李长生译，上海译文出版社2011年版。
[4] ［美］德内拉·梅多斯等：《增长的极限》，李涛、王智勇译，机械工业出版社2008年版，原书1972年第一版。

果。所以，仅从提高物质生活水平而言，也需要面对资源与环境问题。二是环境成为影响生活质量越来越重要的因素。一方面，随着人们收入的提高，对环境的需求越来越高；另一方面，随着经济发展，优美的环境从免费物品变成了稀缺物品。

表14-1 联合国可持续发展目标和千年目标

分类	可持续发展目标	千年发展目标
基本生存	消除贫困	消灭极端贫穷和饥饿
	消除饥饿	
	良好健康与福祉	
	清洁饮水与卫生设施	降低儿童死亡率
		改善产妇保健
教育	优质教育	普及小学教育
平等	性别平等	促进两性平等并赋予妇女权力
环境	气候行动	确保环境的可持续能力
	海洋环境	
	陆地生态	
	廉价和清洁能源	
国际合作	和平、正义与强大机构	全球合作促进发展
	促进目标实现的伙伴关系	
其他	体面工作和经济增长	对抗艾滋病病毒以及其他疾病
	工业、创新和基础设施	
	缩小差距	
	可持续城市和社区	
	负责任的消费和生产	

资料来源：余芳东：《全球"千年发展目标"的监测报告》，《统计教育》2003年第3期；独立研究论坛2015：《可持续发展目标构建的重点领域辨析》，《中国地质大学学报》（社会科学版）2014年第5期。

第三，可持续发展重新审视实现经济增长的方式。可持续发展反对以追求最大利润或利益为取向，以贫富悬殊和资源掠夺性开发为代价的经济增长。它所鼓励的经济增长应是适度的、可持续的。与传统经济增长方式相比，可持续发展对未来的福利更为关注。通过资源替代、技术进步、结构变革和制度创新等手段，从总体成本收益分析的角度出发，使有限的资源在时间维度上得到公平、合理、有效、综合和循环利用，从而使传统的经济增长模式逐步向可持续发展模式转化。

第四，可持续发展以自然资源为基础，同环境能力相协调。强调资源合理利用与环境承载能力即经济系统与自然生态系统的互动关系，是可持续发展思想的最重要特色，也是与其他发展观的最突出区别所在。可持续发展的实现，要运用资源保育原理，增强资源的再生能力，引导技术变革，使再生资源替代非再生资源成为可能，并运用经济手段和制定行之有效的政策，限制非再生资源的利用，使其利用趋于合理化。在发展的过程中，必须保护环境，包括改变不适当的以牺牲环境为代价的生产和消费方式，控制环境污染，改善环境质量，保护生命支持系统，保持地球生态的完整性，使人类的发展保持在自然生态承载能力之内。

可持续发展应遵循可持续性、公平性、共同性和系统性原则。其一，可持续性，即使人类社会发展具有一种长久维持的过程和状态，它既是可持续发展的核心原则，也是与以单纯注重经济增长的传统发展观相区别的关键所在。其二，公平性。可持续发展强调人类需求和欲望的满足是发展的主要目标，应给所有人平等的机会，实现他们过着较好生活的愿望。其三，共同性原则。尽管各国由于历史、文化和发展水平的差异，可持续发展的具体目标、政策和实施步骤不可能完全相同。但是，我们只有一个地球，地球的整体性、资源有限性和相互依存性，要求我们必须采取共同的联合的行动，在全球范围内实现可持续发展这一总目标。其四，系统性原则。可持续发展是把人类及其赖以生存的地球看成一个以人为中心，以自然环境为基础的系统，系统内自然、经济、社会和政治因素是相互联系的。

二 从千年发展目标到可持续发展目标

2015年是千年发展目标的收官之年。2000年9月，世界各国通过为期15年的千年发展目标，团结协作，应对贫困问题。自那以来，联合国一直致力于落实八大千年发展目标。千年发展目标设立了明确的具体目标，促使人们关注贫困问题并调动资金用于减贫。2000—2015年超过6亿人摆脱了贫困。千年发展目标还动员了政治意愿，提高公众意识，关注发展问题，支持落实以人类发展为重点的议程，规模空前。千年发展目标已经取得了巨大进展，中国在实现减贫目标等多项千年发展目标上发挥了重要作用。2015年9月25日，联合国可持续发展峰会在纽约总部召开，联合国193个成员国将在峰会上正式通过17个可持续发展目标。联合国可持续发展目标是一系列新的发展目标，将千年发展目标到期之后继续指导2015—2030年的全球发展工作。可持续发展目标旨在从2015—2030年以综合方式彻底解决社会、经济和环境三个维度的发展问题，转向可持续发展道路。

可持续发展目标承接千年发展目标，不把任何人排除在发展之外。整体来看，联合国可持续发展目标和千年发展目标均在人类基本生存、教育、平等、环境、国际合作等方面做出工作部署。根据不同阶段的首要解决对象不同有所区分，比如在基本生存方面，千年发展目标为"消灭极端贫穷和饥饿"，而可持续发展目标细分了四类，分别是"消除贫困、消除饥饿、良好健康与福祉、清洁饮水与卫生设施"。在环境方面，千年发展目标为

"确保环境的可持续能力",可持续发展目标为"气候行动、海洋环境、陆地生态、廉价和清洁能源"四类。因而,我们可以看出,可持续发展目标的内涵超越了千年发展目标,具有普遍性、全面性、整合性和变革性,从而特别注重经济发展、社会包容与环境保护三者之间的相互作用和相互促进。

另外,在其他方面,可持续发展目标更加关注城市发展、经济增长、消费安全等更细分领域,千年目标关心的是艾滋病、疟疾等严重危害人类生命安全的疾病。从千年目标到可持续发展目标,可以看出时代在不停地变化,社会发展面临的主要矛盾也在不断转移,人类亟须解决的发展难题也日趋多样化。我们一直在与社会发展问题做斗争,在这个过程中也使时代的车轮滚滚向前。

三 中国可持续发展现状

2020年1月,《自然》杂志上发表了一份研究中国可持续发展水平的报告[①]。该报告结果显示,在国家乃至省级层面中国可持续发展水平都有明显提升。2000—2015年,国家层面的可持续发展指数升幅近22%,省级层面的可持续发展指数平均值升幅达30%。中国高度重视落实可持续发展议程,将落实工作同国家的中长期发展战略有机结合,当前已经取得成效。

实际上,中国与世界几乎同步接受了可持续发展的理念,与世界上绝大多数的国家相比,中国为推动可持续发展采取了更为积极主动的措施。1991年,中国发起召开了"发展中国家环境与发展部长会议",发表了《北京宣言》。1992年6月,在里约热内卢世界首脑会议上,中国政府签署了环境与发展宣言。1994年3月25日,中国国务院通过了《中国21世纪议程》,为了支持《中国21世纪议程》的实施,同时还制订了《中国21世纪议程优先项目计划》。1995年,党中央、国务院把可持续发展作为国家的基本战略。2003年,《中国21世纪初可持续发展行动纲要》指出,要按照"在发展中调整,在调整中发展"的动态调整原则,通过调整产业结构、区域结构和城乡结构,积极参与全球经济一体化,全方位逐步推进国民经济的战略性调整,初步形成资源消耗低、环境污染少的可持续发展国民经济体系。2016年批准并发布了《中国落实2030年可持续发展议程国别方案》,全面贯彻创新、协调、绿色、开放、共享的发展理念,为中国落实可持续发展议程提供行动指南,并为其他国家尤其是发展中国家推进落实工作提供借鉴和参考。

中国国际经济交流中心和社会科学文献出版社连续多年共同发布的《可持续发展蓝皮书:中国可持续发展评价报告》显示,中国可持续发展状况稳步得到改善,可持续发展指标不断上升(见图14-4),2010—2017年总指标呈现总体下降随后持续稳定上升的趋势,

---

① Xu, Z., Chau, S. N., Chen, X., et al., 2020, "Assessing Progress Towards Sustainable Development over Space and Time", *Nature*, 577: 74-78.

2011年的指标值达到最低，此后由于资源环境、消耗排放、治理保护等方面的工作得到加强，2011年之后，可持续发展总指标呈现稳定增长状态。分地区来看，4个直辖市及东部沿海省份的可持续发展排名比较靠前，北京、上海、浙江、江苏、广东、重庆、天津、山东、湖北、安徽居前10位；生态环境较为脆弱的西部地区如宁夏、甘肃、新疆、青海以及经济发展缓慢的地区排名靠后（见表14-2）。

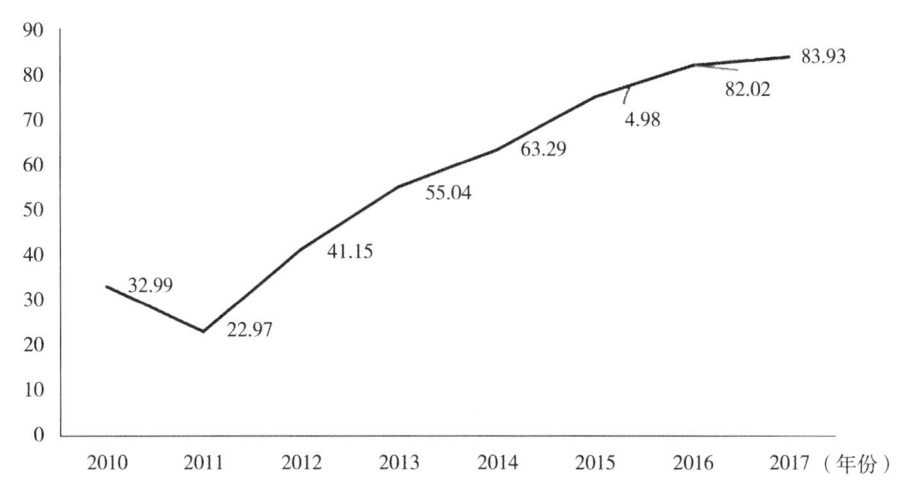

图14-4 2010—2017年中国可持续发展指数总指标走势

资料来源：《中国可持续发展报告2020》。

表14-2 省级可持续发展综合排名情况

省份	2017年	2018年	省份	2017年	2018年
北京	1	1	江西	21	16
上海	2	2	贵州	16	17
浙江	3	3	河北	17	18
江苏	4	4	云南	22	19
广东	6	5	内蒙古	14	20
重庆	7	6	陕西	15	21
天津	5	7	四川	23	22
山东	8	8	辽宁	25	23
湖北	11	9	山西	24	24
安徽	10	10	宁夏	26	25

续表

省份	2017年	2018年	省份	2017年	2018年
福建	9	11	甘肃	29	26
河南	12	12	新疆	30	27
湖南	13	13	黑龙江	27	28
海南	18	14	青海	28	29
广西	17	15	吉林	20	30

资料来源：《中国可持续发展报告2020》。

第三节 环境与发展相互关系

一 环境对发展的影响

环境对经济发展的积极作用主要表现在四个方面：第一，环境具有消费品属性，它是效用的直接来源。优美的环境会令人心情舒畅，是我们生活质量的一部分。第二，环境影响健康水平。各种环境污染对人们最直接的影响就是损害身体健康。身体健康是人力资本的一部分，所以环境污染会影响劳动投入从而影响到产出水平。第三，环境污染会对物质资本造成损伤，从而降低生产效率。例如，大气污染中的酸雨、雾、灰尘等都会对建筑物造成破坏，酸雨也会加速使暴露在空气中的起重机等资本设备损毁。随着仪器设备变得越来越精密，它们对环境因素也越来越敏感。第四，环境有时是生产率的直接来源。例如，大数据中心对环境要求很高，其项目选址考虑的环境因素包括自然灾害、气候等，之所以考虑气候，是因为大数据中心在运行的时候设备需要散热，所以是否有免费的外部空气冷却将很大程度上影响到其生产效率。贵阳能成为我国众多企业的大数据中心，环境因素发挥了重要作用。

二 发展对环境的影响

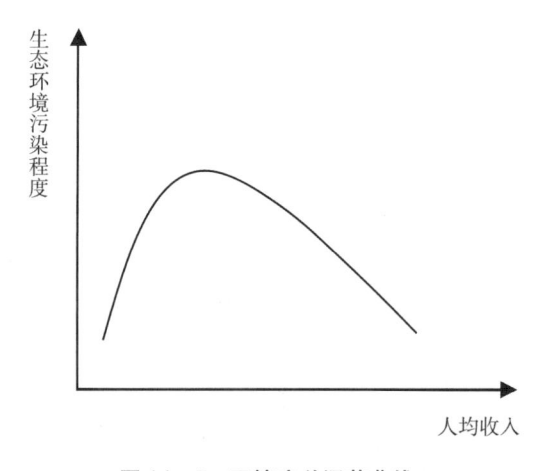

（一）环境库兹涅茨曲线

环境库兹涅茨曲线（Environmental Kuznets Curve，EKC）概括了经济发展水平与环境污染之间的关系。与收入分配的库兹涅茨曲线类似，环境库兹涅茨曲线表明（见

图14-5 环境库兹涅茨曲线

图 14-5），当一个国家经济发展水平较低的时候，环境污染的程度较轻，但是随着人均收入的增加，环境污染由低趋高，环境恶化程度随经济的增长而加剧；当经济发展达到一定水平后，也就是说，到达某个临界点或称"拐点"后，随着人均收入的进一步增加，环境污染的程度逐渐减缓，环境质量逐渐得到改善。

近年来，我国政府越来越重视环境的改善。2015 年陈吉宁部长在答记者问中引用了"环境库兹涅茨曲线"的概念；2016 年政府工作报告中也对未来五年生态环境提出具体的规划，例如单位国内生产总值用水量、能耗、二氧化碳排放量分别下降 23%、15%、18% 以及重点地区细颗粒物（PM2.5）浓度继续下降等。众多研究表明，我国人均 GDP 与环境污染之间呈现倒"U"形关系，有的污染指标已处于环境库兹涅茨曲线的右侧下降阶段，且环境污染治理投入具有加速改善明显的功效，有的污染指标接近峰值，如废气排放在人均国民收入约 8 万元会出现转折[1]。

经济发展与环境之所以呈现倒"U"形关系，是破坏环境与保护环境的力量在经济发展过程中不断变化的结果，这些力量或因素主要包括：第一，环保意识与对清洁环境的需求。从需求端来看，从生态环境基本保持原始状态到人们有对清洁环境的需求至少要经历三个阶段，这三个阶段都与经济发展有关系。其一，环保意识与环保观念。在发展初期，生态环境基本保持原始状态，清洁的环境对人们来说是免费物品，环境污染程度较轻，一般也谈不上环境破坏非常严重的不利后果，这时人们的普遍性环保意识和环保观念比较薄弱。只有当经济发展到一定程度环境后果逐渐开始显现之后，人们才能感觉到失去的优美环境的重要性，才会有对环境服务的需要以及环境保护的意识。其二，不同需要重要性的排序变化。人的需要是分层次的，以吃饭穿衣为代表的生存需要是人的基本需要，只有在基本需要得到满足之后，人们才会想到更高层次的需要。对优美环境的需要不会是一开始就在人们所需要的事物的重要性中排在非常靠前的位置，所以人们不太可能会在环境破坏一开始就采取行动，只有到优美环境的重要性排在相当靠前的位置才会有行动的意愿。其三，由需要到需求的转变。经济学中需要和需求的区分是很明确的。对优美环境的需要转化为对环境服务的有支付意愿和支付能力的需求，中间也要经历一个个人收入和财富积累的过程，也就是仍将经历一段经济发展的过程。

第二，经济结构的转变。一般而言，工业对环境的破坏最大。除了一些很小的经济体，一个国家或地区的产业演进通常都是"农业—工业—服务业"这种模式。传统农业经济基本上不会对生态环境造成巨大的影响，它能够使环境保持原始自然状态。随着工业化和城市化进程的加快，资源的消耗量在急剧增加，越来越多的资源如土地、森林和能源被迫开发利用，这样就导致了生态系统的破坏；另外，工业企业数量的增加和居民消费的激增，产生了大量污染物质，超过了环境的吸纳能力，从而使环境恶化。当经济发展到更高的阶段之后，产业结构将会变化升级，从高耗能、高污染产业向服务业和节能环保产业转变，服务业与工业相比，消耗的资源要小得多，污染排放物要小得多。

---

[1] 李鹏涛：《中国环境库兹涅茨曲线的实证分析》，《中国人口·资源与环境》2017 年第 S1 期。

第三，跨国产业转移。对于发展中国家而言，跨国产业转移是影响其环境破坏的一个重要因素，它们在环境保护方面处于不利地位而导致环境恶化更为严重。先发国家在工业化过程中由于世界上还有很多未被开发的处女地和丰富的自然资源，通过扩张领土和掠夺别国资源，能够减轻国内的资源耗竭和环境污染程度。等到先发国家发展到一定程度后，它们又通过产业转移，把那些污染严重的产业逐渐转移到欠发达国家，以保护它们国内的环境。当今的后发国家却不具备这种外部环境和条件。它们不仅没有丰富的他国自然资源可以利用，还不得不承接发达国家转移出来的污染性产业。这样就给当今的后发国家保护环境造成了更大的困难和压力，从而会迟滞倒"U"形曲线拐点的到来。发展中国家人均收入提升到一定阶段以后，接受发达国家的污染产业转移会逐渐减少。

第四，政府的财力变化。治理环境污染的财力随着经济发展而变得雄厚。环境污染问题具有很强的负外部性，不可能通过市场来解决，政府必须对保护环境承担主要责任。治理污染和保护环境需要大量的资金投入。在经济发展初期，政府财政收入有限，无法提供大量的资金投入环保，结果环境将会恶化。在经济发展后期，人均收入水平大大提高，国家财政实力开始雄厚起来，可以负担得起巨大的环保成本。在社会环保意识普遍增强，对环境服务的消费大幅度增加时，政策将会大幅度地增加环保投资资金来治理污染，保护环境，使环境状况得到改善。

以上四种因素，在发展早期阶段抑制污染的力量薄弱，推动污染力量占主导，而在经济发展到一定程度后力量对比会反转，从而导致发展中国家在经济发展过程中必然会在某个阶段出现环境恶化的状况。中国改革开放以来，经济高速增长，工业化和城镇化加速发展，同时也导致环境的恶化。这是经济发展过程中必然发生的现象，而不是政策的失误造成的。但是，中国现在已经进入工业化的中期阶段，发达地区甚至达到工业化后期阶段，保护环境的必要性和可能性都已具备，现在保护环境、改善环境和美化环境的时机已经到来。

对于经济发展进程中必然经历环境"先破坏后保护"的过程，抛开经济发展带来的国家实力强大不论，对于大部分个人而言，这个过程并不是"瞎折腾"，其中道理与流传甚广的"渔夫和商人"故事中二者的差异类似。有关这个故事的一个版本为：

  一个渔夫躺在沙滩上晒太阳，商人走过来说："你为什么不去工作，而要在这里浪费时间呢？"渔夫问："我为什么要去工作？"商人说："赚足够的钱，可以拥有自己的事业，有汽车和房子。""那么有了钱又能干什么？"渔夫不明白地问道。商人很快回答："可以去夏威夷海滩度假。""那我现在在干什么呢？！"渔夫回答道。

这个故事一般"心灵鸡汤式的哲学解读"商人为追求物质上的享乐而一生劳碌是不值得的。但是，从发展经济学的观点来看，渔夫和商人的结果差异是很明显的，那就是选择权。商人成功后对生活有更多的选择自由，而渔夫被迫接受某一特定的生活状态。发展的含义就是人们选择权的扩张，经济发展所带来的环境破坏后再治理的道理与此类似。

（二）贫困与环境破坏的恶性循环

贫困会导致环境破坏是环境库兹涅茨曲线的一个直接推论。实际上，环境与贫困之间存在双向关系，不但贫困会导致环境破坏，环境破坏也会导致贫困，这种现象被称为环境破坏与贫困的恶性循环。在我国的精准扶贫阶段，大部分的贫困发生在环境脆弱地区，这些地区的环境破坏之后，并没有极大提高收入从而解决贫困问题，反而使后代失去了谋生的手段，陷入更为贫困的可能性。贫困人口的高生育率又会加剧环境破坏与贫困的恶性循环。

托达罗指出，破坏环境最严重的人就是地球上最富的10亿人和最穷的10亿人[1]。两类人对环境破坏的差异之处在于，前者是为了满足消费欲望而破坏他国的环境，而后者更多是为了生存而破坏自己所处的环境。

对于打破环境破坏与贫困的恶性循环，中国的易地搬迁扶贫政策是一个可靠的思路。党的十八大以来，易地搬迁减人口占我国总减贫人口相当大比例，如2018年政府工作报告提出："2018年再减少农村贫困人口1000万以上，完成易地扶贫搬迁280万人"，易地搬迁减贫占比近30%。贵州省2016年年初尚有建档立卡贫困人口493万人，"十三五"时期，计划实施易地扶贫搬迁188万人（截至2019年8月31日，已累计完成搬迁入住184.5万人）[2]，占比高达近40%。

（三）城市化与环境

经济发展伴随着城市化，因而关于环境与发展的讨论也与城市化相关。我们一般所说的空气污染、固体废弃物污染、噪声污染甚至水污染与土壤污染，很多都是城市特有的，或者主要发生在城市，如农村地区很少有噪声污染和空气污染。发展中国家迅速增长的人口以及相伴随的严重的城乡人口流动，导致城市人口空前膨胀。很多发展中国家或地区并没有为迎接大量的人口进城做好充分准备，因而对城市现有水源供应和卫生设施等生活基础设施造成巨大的压力。城市生活环境恶化极大地增大了城市居民的环境成本，如城市居民大多会购置空气净化器和饮用水净化器，甚至对城市居民构成严重的健康威胁，如诱发流行病。城市环境恶化是所谓"城市病""大城市病"的重要组成部分。

第四节 中国绿色技术效率：案例

一 绿色技术

技术是解决环境问题的最直接手段。绿色技术是指那种有利于环境的技术，包括清洁生产技术、污染防治技术和生态保护技术三种类型。当前绿色前沿技术包括新能源汽车动

---

[1] Michael P. Todaro, Stephen C. Smith, 2014, *Economic Development*, Pearson Education Limited.
[2] 中华人民共和国中央人民政府官网，http://www.gov.cn/xinwen/2019-12/23/content_5463319.htm；人民政协网，http://www.rmzxb.com.cn/c/2018-03-05/1980145.shtml。

力电池技术、氢能和燃料电池技术、新型光伏电池和组件技术、漂浮式海上风电技术、大功率储能技术、碳捕集、利用与封存技术、固废处理新技术、新型污水处理技术、微生物农业技术、人造肉技术等①。

漂浮式基座的海上风电技术是风力发电技术前沿领域。漂浮式基座就是将锚链固定在海底让发电装备基座漂浮在海面。在一些海床地质条件不利于固定基座风机的海域，或者是水更深的海域，可以采用漂浮式基座的海上风电技术。随着近海资源开发逐渐饱和，风速更大、风力更加稳定的深远海风电将成为更广阔的发展领域，漂浮式海上风机技术市场未来的发展前景诱人。2017年，全球第一座漂浮式海上风电场 Hywind 在苏格兰东海岸正式投产运行。2020年，我国漂浮式风电进入实质性阶段，装备企业开始研发，电源企业开始规划②。

中国已经出台数百项治理大气污染、水污染、土壤污染和食品安全的政策，绿色技术投资迅速增加。中国风险投资（VC）公司在绿色相关技术方面的年投资金额近年来增长较快（见图14-6）。其中清洁能源类技术和各类污染处理的环保技术分别在2018年绿色技术吸收风险投资金额上占比第一和第二（见图14-7）。

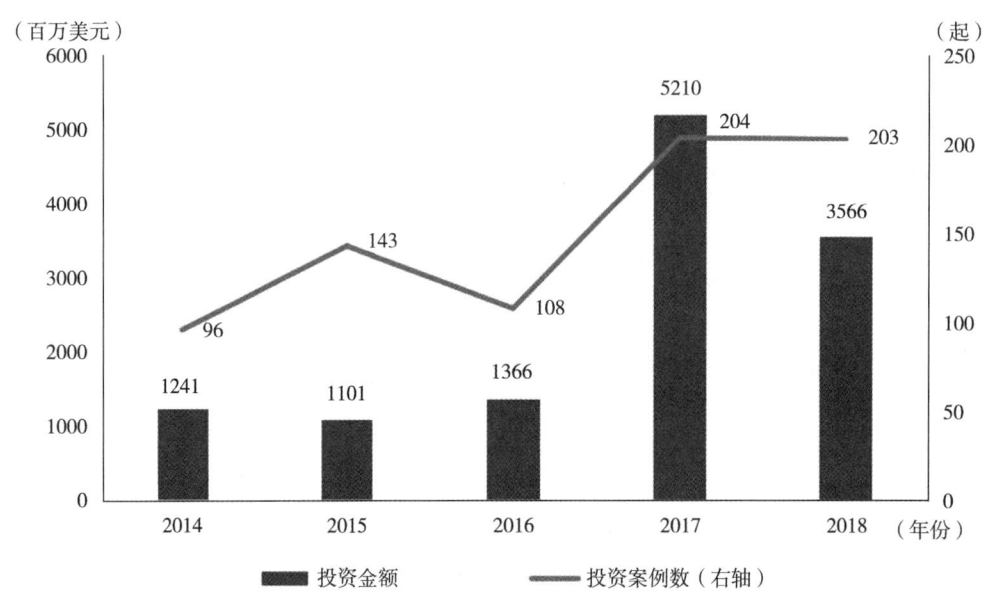

图14-6 2014—2018年中国清洁能源及技术行业的VC投资规模

资料来源：《2018年中国清洁能源及技术行业投资分析报告》，普华永道，2019年5月。

---

① 佟江桥、刘嘉龙、邵丹青：《中国绿色技术发展趋势展望》，2020年，http://www.pbcsf.tsinghua.edu.cn/upload/default/20200601/91e917446e91e76337e35cf48860a556.pdf。

② 北极星风力发电网，http://news.bjx.com.cn/html/20200914/1104033.shtml。

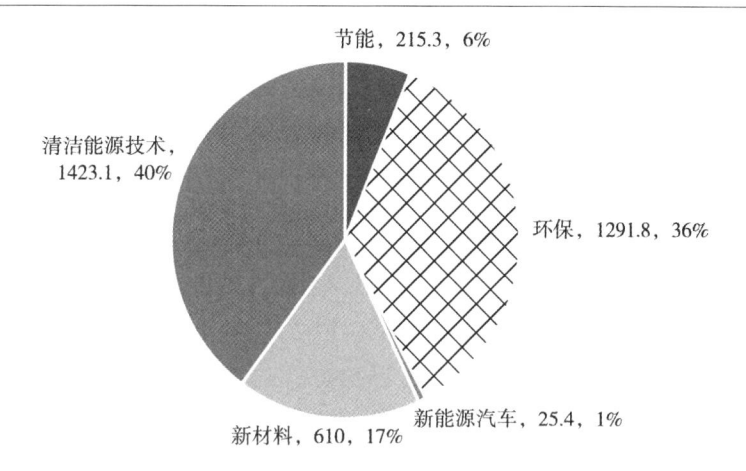

图 14-7 2018 年中国清洁能源及技术 VC 投资的行业分布（百万美元）

资料来源：《2018 年中国清洁能源及技术行业投资分析报告》，普华永道，2019 年 5 月。

二 中国粮食生产绿色技术效率：案例

气候变暖是全球面临的主要环境问题，它对农业生产乃至整个人类活动影响极大，甚至危及许多小岛国家的生存。气温上升与人类向大气中大量排放二氧化碳有关。一方面，人类生产、生活活动向大气中排放了越来越多的二氧化碳，其中主要来源为化石能源的燃烧，这些活动被称为碳源；另一方面，森林、草场面积减少，通过生态系统吸收二氧化碳的功能减弱（这些载体被称为碳汇）。

粮食生产系统既有碳源又有碳汇。碳源包括化肥、农药、农机、农膜和灌溉等生产投入在生产、运输及使用过程中所产生的直接排放和间接排放，以及土壤呼吸系统的碳排放和秸秆焚烧的碳排放。碳汇则包括粮食作物自身的固碳，即粮食作物通过光合作用将空气中的 CO_2 转化为碳水化合物，释放氧气，合成碳水化合物，将碳固定在粮食作物体内，供其生长、发育，以及土壤自身固碳和秸秆还田固碳。

将碳排放作为粮食生产过程中的额外一种投入（其他投入包括劳动力、化肥、耕种面积）所计算的生产效率被称为粮食生产的绿色技术效率。图 14-8 展示了我国 1998—2013 年绿色技术效率的变化。平均而言，中国粮食生产绿色技术效率为 0.7827，技术效率较高。1998 年以来中国粮食生产的绿色技术效率呈现较为剧烈的波动，最大和最小之间的差距为 0.0294。1999 年、2003 年和 2010 年出现三次低值，这意味着这三年中国粮食生产的绿色技术效率较低。由于绿色技术效率考虑了环境污染因素，因此这种现象可能反映出这三年的环境污染情况较为恶劣。2006 年以后，波动趋势有所减缓，说明粮食生产的环保意识增强。

当前我国农业坚持绿色高质高效发展方向，转变过去依靠拼资源消耗、拼要素投入的

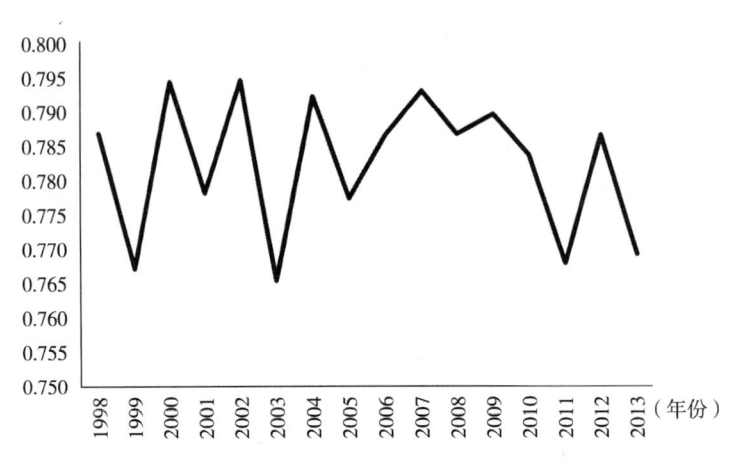

图 14-8　1998—2013 年中国粮食生产绿色技术效率

资料来源：罗丽丽：《中国粮食生产的绿色技术效率和绿色全要素生产率研究》，博士学位论文，华中科技大学，2016 年。

生产技术，用绿色发展的新理念引领粮食生产技术推广工作。大力推广化肥农药减量增效、土壤地力提升、节水节种、轮作休耕等技术；推动粮食生产水平提档升级，进一步提高产品质量、产业效益、生产效率、劳动者素质和农民收入；让种粮能赚钱有奔头，其规模效益、科技含量、机械化水平、集约化水平、产业融合水平大幅提高，市场竞争力水平大幅提高。

专栏 14-2　　　　　　　　　毛乌素沙漠变绿洲[①]

地处毛乌素沙漠的陕西省榆林市，历史上曾被无尽的风沙困扰，20 世纪 70 年代时补浪河乡 80% 的土地已经被荒沙吞没。沙夺良田、沙进人退，许多群众迫于生计远走他乡。为了改变命运，在国家和当地政府的支持下，干部群众开始了对毛乌素沙漠的大规模治理。

治沙者们住着柳笆庵，睡着小土炕，吃着沙蒿煮土豆，喝着黄沙拌泥水，通过坚持不懈的栽树硬是在毛乌素沙漠南缘推平了 800 余座沙丘，兴修引水渠 25 千米，初步遏制了沙害肆虐的局面；治沙大户齐奋进。如今已经 98 岁高龄的郭成旺和他的子孙三代

[①]　傅正浩、王旭、康磊：《陕西榆林：气象赋能　红色沃土展奇迹》，《中国气象报》2022 年 5 月 19 日第 4 版。

人，凭着"愚公移山"的精神将4.5万亩黄沙变成了林区。在无数和郭成旺相同的治沙大户的带动下，榆林市860万亩流沙全部得到固定和半固定；科学防治，沙海淘金。引木治沙到现在已经历了飞播灌木、栽种乔木、引进常绿树种三个阶段，而如今在科学的防治思想指导下，榆林人已开始探索不同树种的混交林，更有甚者立志要将沙区变果林，向沙漠要经济。从治沙到用沙，如今榆林已然踏入"沙海淘金"新征程。

如今，70年过去，经榆林人民一代又一代的不懈努力，境内860万亩流沙全部得到有效治理，创造了"林进沙退"的绿色奇迹。曾被称为"驼城"的榆林再无风沙之苦，塞上风景已换新颜。

本章小结

1. 中国主要环境问题包括：大气污染、土地荒漠化、水环境污染和重金属污染等。
2. 与环境有关的活动存在严重的市场失灵，因为环境具有外部性与公共物品属性。政策干预改善环境通常有四类解决方案：庇古税和补贴、科斯谈判、污染许可证交易、政府管制。
3. 可持续发展思想的核心是人与自然和谐相处。可持续发展并不否定甚至需要经济增长，尤其是发展中国家的经济增长，但是需要重新审视经济增长的目的与实现经济增长的方式。可持续发展应遵循可持续性、公平性、共同性和系统性原则。在国家乃至省级层面中国可持续发展水平都有明显提升。
4. 环境库兹涅茨曲线表明，随着经济发展，环境通常会先恶化后改善，其背后的因素为：环保意识与对清洁环境的需求变化、经济结构的转变、跨国产业转移、政府的财力变化。贫困会导致环境破坏，环境破坏也会导致贫困。城市化会导致不同于农村地区的环境问题。
5. 技术是解决环境问题的最直接手段。绿色技术是指那种有利于环境的技术，包括清洁生产技术、污染防治技术和生态保护技术三种类型。

思考题

1. 什么是公地悲剧？
2. 什么是可持续发展？其含义和原则是什么？
3. 为什么环境库兹涅茨曲线是一个倒"U"形？

4. 政府常常会对特定的污染物排放征收税。碳税对污染排放量的短期影响和长期影响如何？碳税短期和长期会对收入产生什么影响？试解释。

5. 技术解决环境问题的前景如何？为什么？

6. 市场失灵如何影响环境问题？举例说明。

第六篇　开放篇

　　四十多年前的深圳，只算是一个很不起眼的小地方，但是现在的深圳，成为"北上广深"四大一线城市之一、中国特色社会主义先行示范区，人口超过1700万。短短四十多年的巨大变化背后的主要推动力，就是经济特区的设立。

　　1979年7月，中共中央、国务院同意在广东省的深圳、珠海、汕头三市和福建省的厦门市试办出口特区。当年，交通部香港招商局率先在蛇口开发了1平方千米的荒坡建立工业区，兴办了23家工厂，开通了国际微波和直通香港的货运码头。其后又吸引外资兴办企业，在较短的时间内建成了初具规模的现代化的工业小城。1980年5月，中共中央和国务院决定将深圳、珠海、汕头和厦门这四个出口特区改称为经济特区。同年8月，广东省经济特区管理委员会利用3000万元的银行贷款与部分地方财政，参照"蛇口模式"在罗湖区0.8平方千米的区域兴建金融、商业、旅游住宅设施提供给外商，利用从中赚到的利润继续进行工业园区的基础建设。此后，深圳特区走上了一条快速发展的道路，也为其他城市的对外开放和招商引资提供了经验。

　　对外开放是经济发展动力之一。本篇分为两章，分别阐述在经济发展过程中的对外贸易和利用外资的作用。

第十五章 对外贸易与发展

学习目标
1. 了解中国对外贸易发展与世界工厂的变迁。
2. 理解贸易的利益。
3. 掌握普雷维什—辛格假说、技术差距论，能够辨析不同的对外贸易战略，了解贸易自由化、贫困与不平等之间的关系。
4. 理解对外贸易影响全要素生产率的机制或途径。

对外贸易（foreign trade），又称国际贸易（international trade），是影响发展中国家经济发展和生产率提升的一个重要因素，被称为"增长的发动机"（trade as engine of growth）。改革开放以来，中国不断深入对外开放，于2018年11月5日召开了世界上首个以进口为主题的大型国家级展会——中国国际进口博览会。中国已成为世界工厂，于2013年中国成为全球货物贸易第一大国，是世界上130个国家的最大贸易国。本章将首先梳理世界工厂演变的历程，其次阐明贸易与发展相互关系的理论观点，最后聚焦于中国对外贸易对全要素生产率的影响。

本章介绍对外贸易在经济发展中的作用。第一节我们介绍我国对外贸易的基本事实，以及在世界工厂的变迁中中国世界工厂地位的确立；第二节从贸易的好处、贸易战略变迁等五个方面介绍对外贸易与经济发展的一些理论观点；第三节介绍对外贸易对全要素生产率的影响。

第一节 中国对外贸易发展与世界工厂的变迁

一 中国对外贸易发展

（一）对外贸易规模

自改革开放以来，尤其在加入WTO后，中国对外贸易规模迅速扩大，已成为世界贸易大国。如图15-1所示，1978年中国对外贸易总额仅为206.38亿美元，到2021年中国对外贸易总额已高达6.05万亿美元，增长超过293倍。其中，出口总额从1978年的

97.45亿美元上升至2021年的2.5万亿美元，增长超过354倍，进口总额从1978年的108.93亿美元上升至2021年的2.08万亿美元，增长超过247倍。进出口差额也从1978年的11.48亿美元逆差扭转为2021年的6764亿美元顺差。

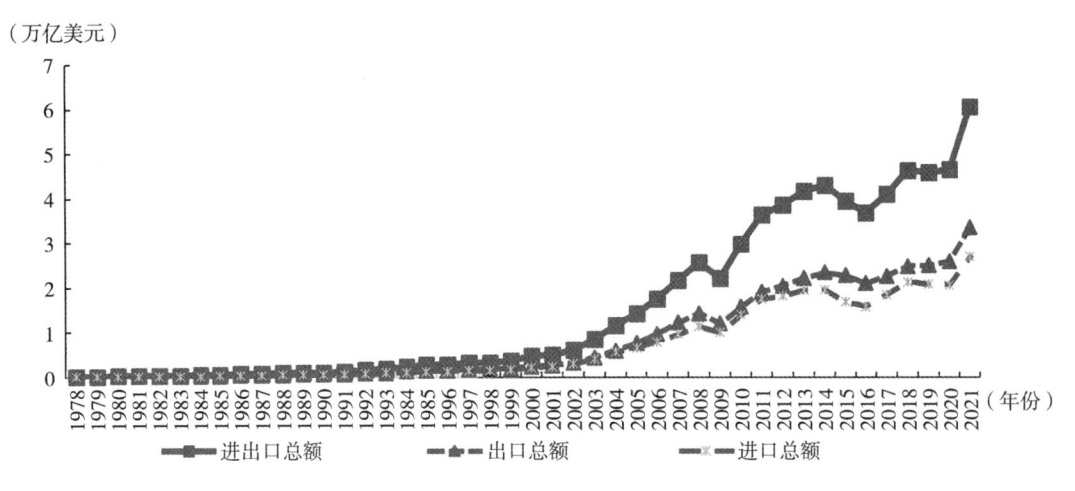

图15-1 1978—2021年中国进出口规模

资料来源：中国国家统计局。

（二）对外贸易产品结构

第一，进口产品结构变化。贸易规模不断扩大的同时，我国进口结构也在发生变化。如图15-2所示，初级产品和工业制成品在总进口中所占比重没有发生明显的变化，并且工业制成品一直处于主要地位。但1985年之后，工业制成品的进口比重出现下降的趋势，而初级产品进口份额总体保持着向上波动的态势。图15-3反映了1980—2021年中国进口商品结构的详细变化情况。在我国初级产品的进口中，1980—2021年进口额发生变化比较大的是食品类和矿物燃料、润滑油及有关原料。食品及主要供食用的活动物的进口份额呈现出下降的态势，而矿物燃料、润滑油及有关原料的进口份额自1985年开始呈现持续攀升状态。在工业制成品进口份额中，发生较大变化的为机械及运输设备类产品，1980—2018年我国机械及运输设备进口份额波动明显，但总体上保持着上升趋势，我国进口产品的三至四成都属于机械及运输设备。原本在进口中所占比例排名第二的是轻纺产品、橡胶制品以及矿冶产品，占进口产品的二成以上，但是20世纪90年代中期之后，该类产品进口份额持续下降至2018年的7.08%。随着国内产业结构的不断升级，我国的进口商品结构也在不断优化。

第二，出口产品结构变化。1978年中国出口贸易额为97.45亿美元，仅列全球第30位，2001年中国出口贸易额为2661.0亿美元，位列全球第6位，2021年上升到2.5万亿美元，位列全球第1位。总体来看，1978—2021年，中国出口贸易总额年平均增长率为14.6%（美元名义价），经济全球化以及中国经济的逐渐成熟为出口贸易的迅猛发展提供

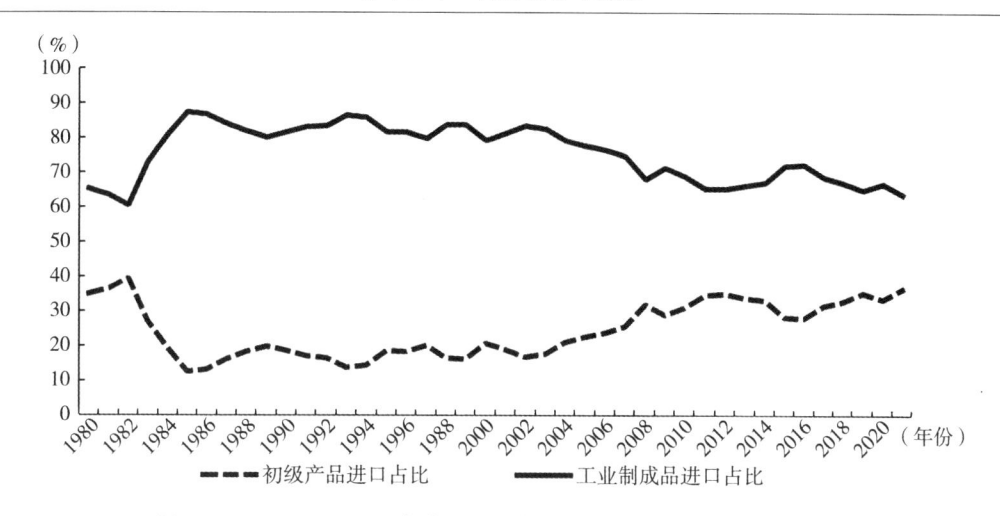

图 15-2 1980—2021 年中国进口初级产品与工业制成品变化情况

资料来源：中国国家统计局。

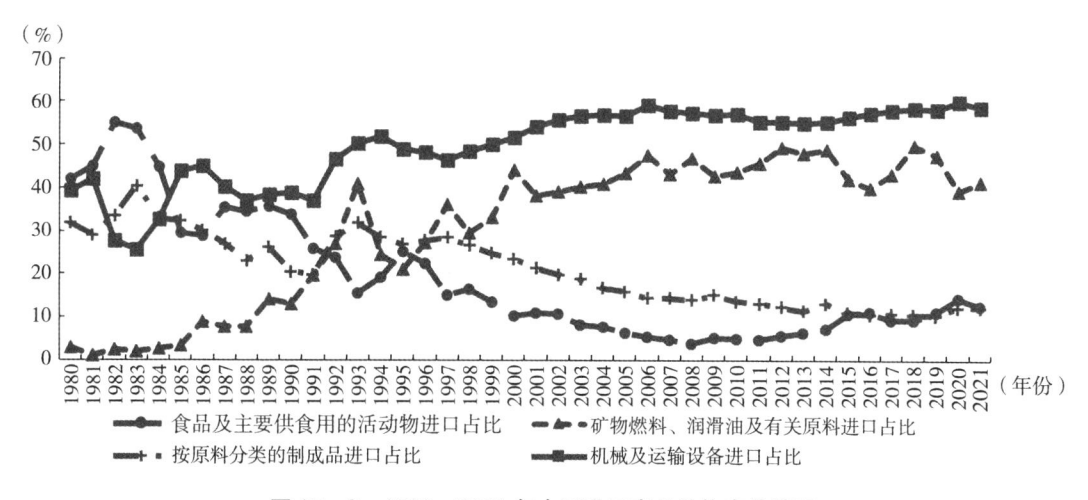

图 15-3 1980—2021 年中国进口商品结构变化情况

资料来源：中国国家统计局。

了良好的契机与环境。图 15-4 将我国出口结构的变迁过程大体上分为两个阶段。第一阶段是 1980—1986 年，总体上初级产品占比略微高于工业制成品，但工业制成品出口份额在缓慢上升。改革开放后的 10 年，经济处于复苏阶段，对于出口产品的技术含量要求低，初级产品的出口比重更大。第二阶段是 1986 年至今，工业制成品出口比重快速增长，成为主要出口产品。自 20 世纪 80 年代后半期起，中国出口结构开始逐渐以工业制成品出口为主，其出口比重从 1990 年的 74.41% 上升至 2021 年的 95.84%，成为推动中国出口贸易发展的主要动力。而初级产品出口比例大幅下降，2021 年，初级产品出口仅占总出口额的4.16%。伴随着中国出口结构的变化，工业制成品结构也发生着变化。从图15-5可以看出，机械及运输设备的出口比重快速增加，逐渐成为推动工业制成品出口的主要驱动力。工业制成品内部结构变化也可分为两个阶段：第一个阶段是1980—2005年，整体上工业制成品以劳动密集型产品出口为主，但从20世纪90年代开始，这一局面开始发生变化，资本、技术密集型产品的出口比重逐渐上升，2000年，机械及运输设备的出口比重已经超过了轻纺织产品的出口比重。第二个阶段是2005年至今，资本、技术密集型产品成为主要的出口产品，机电化工等技术含量较高的产品出口额快速增长，资本、技术密集型产品成为推动工业制成品出口的主要力量。中国出口产品的技术含量不断增加，出口结构不断优化升级。

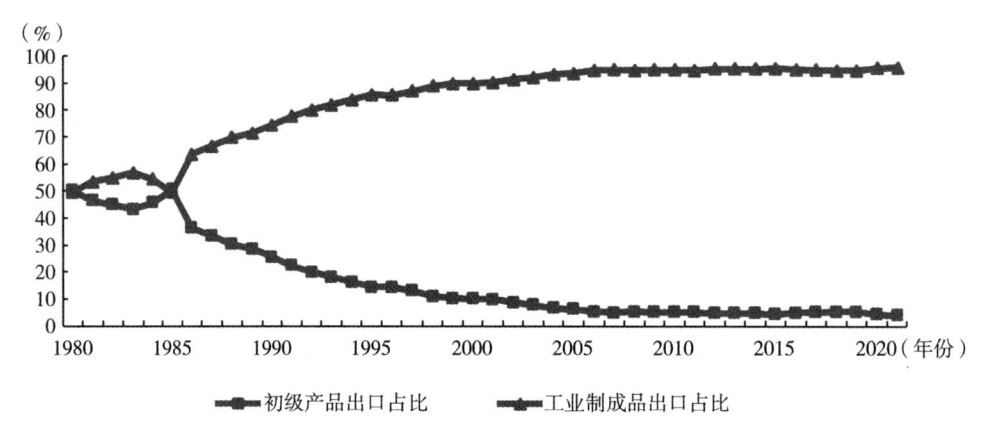

图15-4　1980—2021年中国出口商品结构变化情况

资料来源：中国国家统计局。

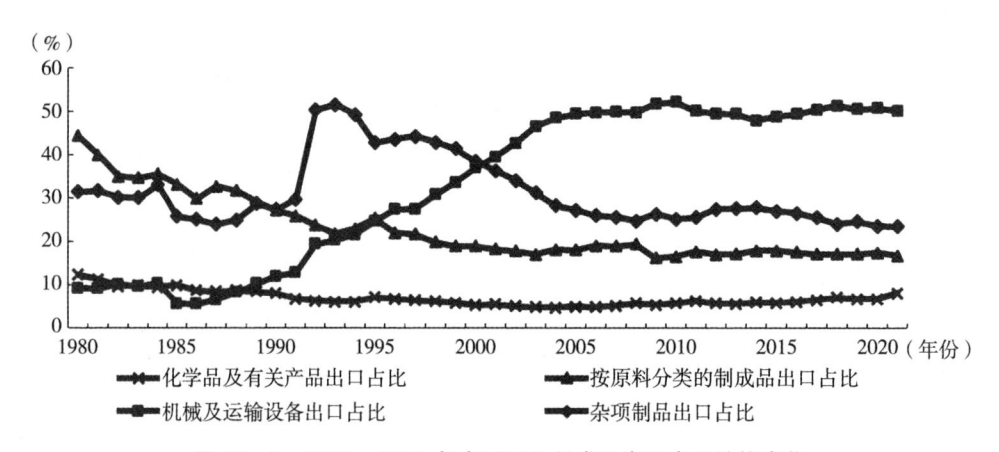

图15-5　1980—2021年中国工业制成品出口商品结构变化

资料来源：中国国家统计局。

二 世界工厂的变迁

何为"世界工厂"？简而言之，"世界工厂"就是为世界市场大规模提供工业品的生产制造基地，它是一个国家大规模工业化的结果。数百年来，在人类工业化进程的大舞台上，先后涌现出英国、美国、日本和中国四个世界工厂的典型代表。第一次工业革命之后，英国出现了蒸汽机，机器工业代替了手工工业，大大地提高了工业生产率，源源不断的货物从英国送往世界各地，英国成为"世界工厂"；第二次工业革命的过程中，电力的发明和广泛应用使美国在制造业的各个领域内都位居世界前列，美国取代了英国成为"世界工厂"；继美国之后，日本凭借其机械电子产品成为新的"世界工厂"；现今中国取代了日本，成为新的"世界工厂"，承载着"中国制造"标志的产品在各国流通，中国的经济也进入了前所未有的发展阶段。世界工厂的形成与演变既是一部兴衰更替史，也是一部全球产业迁徙史。

英国的世界工厂。1637年轰动一时的"郁金香"事件加速了荷兰帝国由盛转衰的步伐，自17世纪中叶开始世界经济的重心便逐渐由荷兰转向英国。18世纪后期，蒸汽机成为工业生产最重要的动力机器，英国在第一次工业革命浪潮中率先完成制造业改造升级，以占世界2%的人口贡献了全球工业生产的一半。工业制成品达到全球总产量的40%，其中煤产量占到世界2/3，铁产量占到1/2，棉织品产量相当于整个世界所有其他国家的总和，成为当时首屈一指的制造业大国。1901—1918年，英国"世界工厂"的地位得到前所未有的巩固，通过从殖民地获取廉价劳动力、原材料和市场，英国输出工业品制成品，并借助不平等贸易使英国财富迅速增长，英国成为蒸汽时代世界工厂的典型代表[1]。

美国的世界工厂。19世纪70年代至20世纪初，以电力的广泛应用和内燃机的发明为主要标志的第二次工业革命使人类历史迈入电气时代。美国抛弃英国以纺织业为代表的轻工业模式，建立起以钢铁、汽车工业为代表的重工业体系，并采用"标准化生产方式"和流水作业开辟了工业化大批量生产的新时代。至第二次世界大战结束时，美国以工业总产值占整个资本主义世界56%的比重、以汽车产量占全世界汽车总产量85%的巨大优势，迅速取代英国成为新一代的全球制造业霸主。20世纪上半叶，美国牢牢抓住第二次工业革命和两次世界大战带来的机遇，将科学理论突破与工业化实践紧密结合，一举摘得了"世界工厂"的新桂冠，成为电气时代世界工厂的典型代表[2]。

日本的世界工厂。20世纪60年代后，美国"世界工厂"的地位遭遇日本的强力挑战。在电子革命的推动下，日本加大科技创新，成功实施重化工业战略，制造业迅猛发展。在半导体设备与材料、消费型电子产品和家用电器、机器人制造等领域形成了遥遥领

---

[1] [英]安格斯·麦迪森：《世界经济千年史》，伍晓鹰等译，北京大学出版社2003年版。
[2] 刘昌黎：《论中国世界工厂及其对策》，《中国工业经济》2002年第10期。

先于美英的竞争优势，制造业崛起呈不可抵挡之势，"日本造"开始风靡全球。最终，日本在20世纪七八十年代凭借汽车、电子工业荣登世界工厂宝座，成为继英美之后举世公认的第三个世界工厂。

中国的世界工厂。20世纪90年代后，中国凭借廉价的要素资源，吸引了超过80%的世界500强企业前来投资办厂，逐渐成为亚洲乃至全球的主要生产制造基地，成功改写了世界制造业的版图。作为制造业新贵，中国工业以前所未有的速度破浪前行，年均11%的工业增速跃居全球之冠。据世界银行数据显示，按现价美元测算，2010年中国制造业增加值首次超过美国，成为全球制造业第一大国，自此以后连续多年稳居世界第一，2019年中国制造业增加值占世界的份额高达27.2%，成为驱动全球工业增长的重要引擎。此外，联合国统计资料显示，在全球500种主要工业产品中，中国有220多种产量位居世界第一，"Made in China"更是家喻户晓、享誉世界。在发展的广度方面，中国拥有39个工业大类，191个中类和525个小类，是当今世界唯一拥有联合国产业分类中全部工业门类的国家，中国制造业产值已经超过了排在第二位到第四位的美国、日本和德国之和。与此同时，中国工业国际竞争力不断增强，自2009年起，中国已连续多年稳居全球货物贸易第一大出口国地位。中国已经成为全球最大的产品生产国和出口国，是继日本之后名副其实的"世界工厂"。

三　中国成为世界工厂的原因

中国为何可以成为当之无愧的"世界工厂"？这背后主要有五个原因。第一，不断深化的对外开放政策环境。首先，2001年成功加入世界贸易组织，极大地扩大了我国对外贸易的市场范围，并在同一年实施了"走出去"的对外开放战略。其次，不断改善营商环境，尤其是外商营商环境。除了通路、通电等硬件基础设施不断改善，软件基础设施也逐步完善。地方政府长期来都将引进外地特别是外商投资列为重要的工作目标，出台了一系列退税免税政策、优先审批办理的政策以及给予土地补贴、降低企业落地成本的政策等，这些政策的推出成功吸引了外资的目光，中国成为外资投资的大国。

第二，抓住了技术转移的机遇。一方面，全球特别是周边先进经济体在20世纪八九十年代基本上完成了工业化，低端产业需要转移，我国由于地理较近、文化相通，成为这些产业转移的首选目的地。另一方面，1997年东南亚金融危机之后，中国周边国家或地区的货币贬值很大，一些国家达到50%，而人民币没有跟随贬值，这样中国购买这些国家的原材料、半成品等中间投入品就非常合算，极大地推动了我国最终产品的生产及其升级。

第三，人口红利显著。中国是世界上人口最多的国家，有着丰富的且受过较好基础教育的劳动力资源，而且劳动力成本低、遵守规则，适合大规模生产，这一点吸引了许多劳动力密集型的产业来华投资建厂。

第四，工业基础较好。中国当前是世界上工业产业最齐全的国家，实际上在改革开放之前，由于受到西方国家的封锁，逼得我国经济发展不得不走上独立自主的道路，由此有了工业门类齐全的基因。门类齐全对于企业发展有很大好处，那就是能够找到配套产业，比如，一家做成衣的企业，能够很方便地找到做缝纫机、纽扣之类的企业。对于整个国家或地区来说，产业门类也更有利于实行"大推动"式的发展。

第五，资源相对丰富。中国不仅是一个人口大国，也是一个资源大国。许多发达国家在经历了工业化之后，由于过度耗费资源而导致国家的资源匮乏，这不得不让他们在国内减少资源依赖型的产业，将这些产业设在他国，在众多国家中他们选择了中国这样一个资源相对丰富的国家。现今许多产品的原料产地就是中国，在中国设厂，靠近原料产地，不仅可以节省运输费用，而且可以减少对自己国家资源的使用。

近二十年，中国一直是无可争议的"世界工厂"。那么，"世界工厂"为中国带来了什么？最大的改变就是中国经济的快速发展。要了解这一点，需要我们理解贸易与发展的关系。

第二节　对外贸易与发展的理论观点

大量的经验证据表明，出口绩效是一个国家或地区与 GDP 增长关系最为密切的指标。在本节中，我们讨论一些对外贸易与发展的理论观点，首先要讨论贸易的利益，然后依次介绍普雷维什—辛格假说、技术差距论和对外贸易战略等与发展相关的贸易理论观点。

一　贸易的利益

贸易的利益分为静态利益和动态利益。静态利益就是那些按照（静态）比较优势产生于国际专业化的利益，它实质上是通过贸易的方式使国内生产的资源配置在生产可能性边界以外以获得更好的社会福利。动态利益是指由贸易对整个经济的生产可能性边界所产生的影响而获得利益，规模经济、国际投资和技术知识的传递都是动态利益的例子。也就是说，动态的利益是对外扩张一个国家或地区的生产可能性边界，改变其资源禀赋集，重塑其比较优势，这种比较优势又叫动态比较优势。此外，贸易还为剩余商品提供出路，它使未被使用的资源得到利用，也就是使原本处于生产可能性边界内部的点尽量移动到生产可能性边界上。

（一）贸易的静态利益

贸易静态利益的理论基础是比较优势理论，该理论由英国古典经济学家大卫·李嘉图在其《政治经济学及赋税原理》①中第一次提出。李嘉图的比较优势理论表示的是,即使一个国家可能在每种商品生产上都有绝对的生产率(成本)优势,也仍然使一个国家值得专业化于那些有比较优势的商品,也就是说,在国际贸易中,每一国家应当遵循"两优相权取其重,两劣相衡取其轻"的原则来生产与进行贸易。不同国家的生产率或成本优势来自哪里呢?两位瑞典经济学家伊莱·赫克歇尔②和伯特尔·俄林③发展的要素禀赋理论解释了这一问题。要素禀赋理论显示,生产率与成本差异源自要素禀赋差异,劳动力丰富而资本稀缺的国家在生产和出口劳动密集型商品上具有生产率与成本比较优势,资本较丰富而劳动力相对稀缺的富国应在生产和出口资本密集型商品上具有生产率与成本比较优势。

一国如何通过开展国际贸易获得静态利益呢?假定有 A、B 两个国家,同时生产 X、Y 两种商品,而 A 国具有生产 Y 的优势,B 国有生产 X 的优势,根据比较成本学说,应当进行国际分工,由 A 国专业化生产 Y,B 国专业化生产 X。当 X、Y 商品在满足了本国需要后有剩余的情况下,A、B 两国可以进行贸易。其各自的比较成本可以用 X 与 Y 的生产可能性线斜率的边际转换率来度量。依照自由竞争原则,这时,X、Y 两种商品的价格比率将等于其边际转换率,如果不等,就会发生一种商品生产向另一种商品生产的转换(如减少 X 增加 Y,或减少 Y 增加 X),直至二者比率相等。

在图 15-6 中,A、B 两国按各自的成本或要素禀赋优势生产不同组合形式的 X、Y 商品,假定各自的生产要素都得到了充分使用,生产率相等,那么生产可能性就是线性的,即边际转换率为常数。曲线 I、曲线 II 是无差异曲线,表示一国的福利水平。现在假定,A 国的 X 和 Y 商品的边际转换率是 10/8,B 国则是 10/2,表明 A 国生产 Y 相对成本低,B 国生产 X 相对成本低,因而 A 国可以集中进行 Y 的专业化生产,B 国集中进行 X 的专业化生产。在发生贸易之前,每个国家都在无差异曲线 I 上生产 X、Y 两种商品的组合,如 A 国在点 a,B 国在点 b 生产,两国产出水平和福利水平都相等。在贸易产生之后,A、B 两国生产水平扩大,如 A 国将 Y 的产出扩大到 a_1,B 国将 X 的产出扩大到 b_1,这样,A 国将自己剩余的 Y 产品 oa_1 用来同 B 国交换 X 产品,可以使自己对 X 产品的消费由 oa 扩大到 oc,B 国将自己剩余的 X 产品 ob_1 用来交换 A 国的 Y 产品,可以使自己对 Y 产品的消费从 ob 扩大到 oc_1。这样,两国都扩大了自己的生产能力,使各自的无差异曲线由 I 提高到 II 位置,福利水平也由 I 提高到 II 上。由此可见,生产专业化将使贸易国双方都受益,使其在既定资源下产出量和福利都达到最大。

---

① [英]大卫·李嘉图:《政治经济学及赋税原理》,郭大力、王亚南译,北京联合出版公司 2013 年版,原版为 1817 年。
② Heckscher, Elif, 1919, "The Effect of Foreign Trade on the Distribution of Income" (in Sewedish), *Ekonomisk Tidskrift*, 21 (2).
③ [瑞典]伯特尔·俄林:《区际贸易与国际贸易》,逯宇铎等译,华夏出版社 2017 年版,原版为 1933 年。

(a) A国

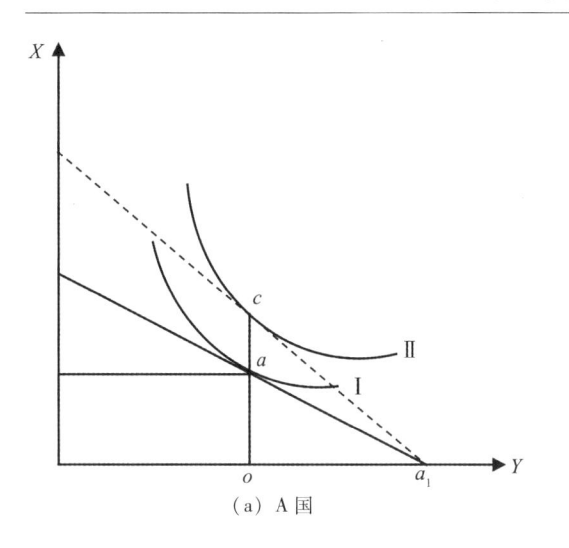

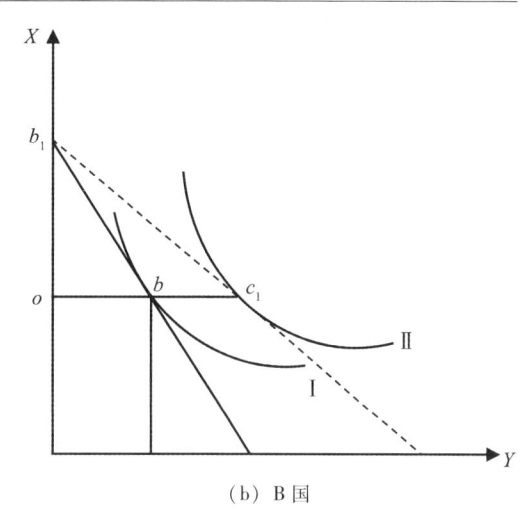

(b) B国

图 15-6 国际贸易的比较优势

(二) 贸易的动态利益

贸易的主要动态利益就是出口市场扩大了一国生产者的总量市场，而市场规模的扩大会由于规模收益递增或其他原因导致生产可能性边界向外扩展。如图 15-7 所示，国际贸易使生产可能性边界由 X_1Y_1 外移到 X_2Y_2，生产点由点 A 移动到点 B，导致社会更高的福利水平。

实际上，古典经济学家们早就注意到了贸易的动态利益。约翰·穆勒在《政治经济学原理》中写道："一个国家要为一个比自身更大的市场生产产品，能够引进扩大的劳动分工，使用更多的机器，并在生产过程中进行发明和改进。"①

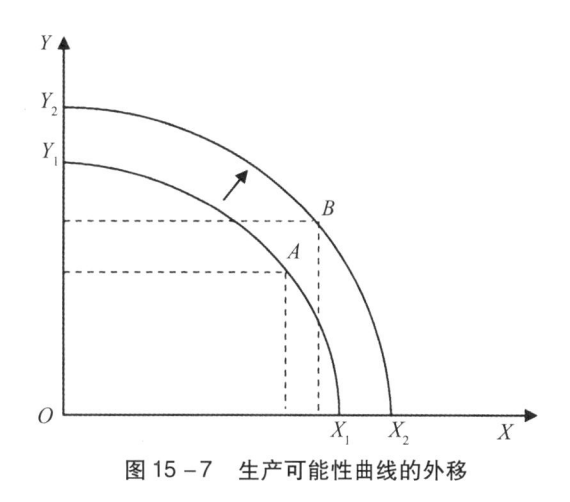

图 15-7 生产可能性曲线的外移

贸易的动态利益形成的原因或机制主要有两个：一是因规模报酬递增导致的规模经济，也就是随着总体经济规模的扩大，生产率会提高，生产成本会下降。导致总体经济规模报酬递增的可能很多，分工是最为常见的一种。亚当·斯密在《国富论》②中阐明的市场规模与分工的双向动态关系论断（这种关系被称为斯密悖论）。斯密认为，分工提高生产率，因此分工决定了市场规模的大小但是分工反过来又受到市场规模的限制，也就是说

---

① [英] 约翰·斯图亚特·穆勒：《政治经济学原理》，金镝、金熠译，华夏出版社 2009 年版，原版为 1848 年。
② [英] 亚当·斯密：《国富论》，郭大力、王亚南译，商务印书馆 2015 年版，原版为 1776 年。

市场规模的扩大促进分工。所以,当一个国家扩大了对外贸易,它的市场规模也就扩大了,而这进一步促进了专业化分工,从而提高了生产率,可能导致规模报酬递增。"干中学"等各种正外部性也可能导致总体经济规模报酬递增。卖油翁的故事告诉我们,熟能生巧,越干越能干。在经济生活中也是如此。当一个企业投资生产时,不但提升了它自己的生产率,别的企业通过"学习"该企业也会提高生产率。其结果就是,每一企业的生产率水平与全社会的平均资本存量(更广义来说是平均经济发展水平)正相关。二是贸易会产生各种经济刺激。对外贸易的发展,可以产生许多经济刺激,培养竞争意识、获得新技术和新知识、树立新观念、增加获得流动资本的可能性、提高专业化程度并导致采用更成熟的生产方法、促进技术的传播、引起制度和态度方面的转变,等等。这些新的经济刺激,可以使一国的传统经济得到根本改造,从而增强一国潜在的生产能力。

(三)作为剩余出路的贸易

按照古典的国际贸易理论,发展对外贸易可以使贸易国双方产出与收入达到最大,并使资源得到充分利用。但事实上,发展中国家由于现有资源(包括人力资源)未得到充分利用,生产能力存在着闲置甚至浪费(表现为国内市场有限、产品不能完全售出)。以劳动力闲置为例,发展中国家除了和发达国家一样存在城市的公开失业,还有大量的农村剩余劳动力、伪装的失业以及城市非正规就业等劳动力不得其用的劳动力资源闲置。在这种情况下,发展中国家可以通过扩大外贸出口来扩大生产量,充分利用闲置资源,生产出更多的产品进行出口,换回更多的进口产品,从而提高该国的消费和福利水平,这就是通常所说的"剩余出路理论"。

剩余出路理论可以用图 15-8 来说明。如图 15-8 所示,贸易发生之前,在封闭经济条件下,某一发展中国家的资源未能充分利用,表现为该国生产发生在生产可能性曲线以内的点 V,生产和消费 OX 数量的初级品和 OY 数量的制成品。该国打开国外市场以后,就给那些未能充分利用的资源(通常是过剩的劳动和土地)提供了刺激,从而使可出口的初级品生产从 OX 数量向 OX' 数量扩张,国内生产由生产可能性曲线的内点 V 向生产可能性曲线上的点 B 移动,表明国内资源已经充分利用。给定国际商品比价 P_a/P_m,则 XX' 数量的初级品出口换回 YY' 数量的制成品进口。其结果,最终消费达到点 B,从而该国在消费与以前同样多的初级品的同时,可以进口 YY' 数量的制成

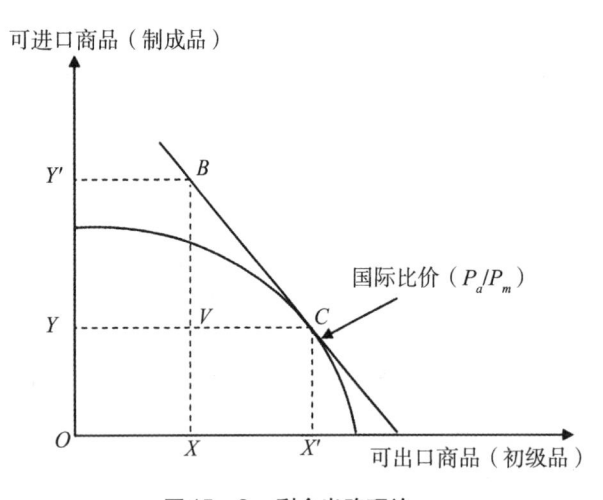

图 15-8 剩余出路理论

品。把剩余资源转化为进口能力，不仅有可能扩大该国的消费可能性（进口消费品），而且有可能扩大其生产可能性（进口资本品）。与比较成本学说相比，剩余出路理论可以更好地解释发展中国家在早期发展阶段出口的快速增长。因为，第一，如果没有未利用的资源，扩张过程就不可能持续；第二，比较成本理论不能解释为什么两个相似的国家，一个能发展出重要的出口部门，而另一个则不能，剩余出路理论则提供了一种可能的解释；第三，剩余出路理论更适合于解释贸易的开始，因为我们很难想象，一个没有剩余的小农会按照比较利益法则参与专业化分工，以期达到更高的消费可能性。

二 普雷维什—辛格假说

1950年劳尔·普雷维什和汉斯·辛格几乎同时提出，发展中国家的初级产品出口贸易条件持续恶化，发展中国家经济难以持续增长，形成了世界经济分工中以工业化国家为中心、以发展中国家为外围的"中心—外围"格局。这就是普雷维什—辛格假说。普雷维什—辛格假说质疑了国际分工对发展中国家的互利性。

所谓商品的贸易条件，是指一国出口产品的价格指数与进口产品的价格指数之比。发展中国家大多以出口初级产品为主，如石油原油、农产品、矿产品等，进口的大多是工业制成品。所以发展中国家的贸易条件表现为初级产品出口价格与工业制成品进口价格之比。例如，一个发展中国家可能出口咖啡和茶，同时进口很多制成品。如果咖啡和茶的价格降低，如从100元降到90元，而工业制成品上升，如从100元上升到110元，那么净贸易条件就从1.00（或100元）降到0.82（或82元）。100元的出口起初可以买到100元的进口，但现在只能买到82元的进口。

发展中国家的贸易条件持续恶化背后的原因主要在于以下几点：第一，初级产品需求的收入弹性比工业制成品要低。随着收入增长，对初级产品需求要比对制成品需求增长得慢。除非初级产品供给急剧减少（这几乎是不可能的），否则初级产品的价格就保持在较低水平，而工业制成品的价格则提高得比较快。第二，技术进步没有带来相应的好处。在工业化国家里，技术进步产生较高的劳动生产率，这就会降低工业制成品的成本和价格。然而，相对较高的劳动力需求、工会压力以及产品市场的垄断本质保证了出口产品的价格并没有降低。然而对于发展中国家来说，面对初级产品较低的市场需求和竞争比较激烈的世界市场，更先进技术的结果就是下降的工资和价格。第三，第二次世界大战结束以后，存在一种人工合成材料替代自然资源的趋势，这就减少了工业化国家对发展中国家产品的需求。另外，更有效率的生产减少了很多工业制成品的原材料。第四，工业化国家的保护主义为发展中国家产品进入工业化国家市场设置了很多壁垒。

三 技术差距论

不同国家在技术水平上有着较大的差距，这种技术差距是在技术、资本、人力资源、信息和管理、研究与开发等方面的差距的集中体现。技术差距论（Technological Gap Theory）以技术和产品创新及扩散为基础，从不同国家之间存在的技术差距来讨论国际贸易的产生，特别是解释国际技术转让和技术引进的动因机制。技术差距理论首见于20世纪60年代，它的创始者是波斯纳（Posner）①，之后胡弗鲍尔（Hufbauer）②等也进行了相关研究。

技术是一种独立的生产要素，并且技术变动中包含时间维度。已经完成技术创新的国家（创新国），不仅取得了技术上的优势，而且凭借其技术上的优势在一定时期内在某种产品的生产上取得了垄断地位，从而形成了与未进行技术创新的其他国家间的技术差距，并且导致了该技术产品的国际贸易。随着该技术产品国际贸易的扩大，为进一步追求更多利润，技术创新国家可能会通过多种途径和方式进行技术转让，其他国家（模仿国）也会因该项技术（产品）在经济增长中的示范效应，或进行研究与开发，或进行技术引进，最终掌握该技术，从而导致技术差距的缩小。由于技术差距的缩小，导致技术引进国与技术创新国该项技术产品间国际贸易的下降，直到引进国能生产出满足其国内需求数量的产品，两国间该产品的国际贸易终止，技术差距最终消失。

因此，国际贸易产生的关键在于技术模仿时滞。国际间的技术差距，不能简单地用各国间拥有技术的时间特征（或拥有技术产品、技术装备的时间特征）来衡量，而要用技术创新成果完成至引进国掌握该项创新技术所需要的时间来表示。掌握技术的标志是该国不再进口由该项技术生产的产品。从技术创新开始到由该项技术引起的国际贸易完全终止之间的时间间隔称为模仿时滞，而这种模仿时滞的时间间隔分为两个阶段，即反应滞后阶段和掌握滞后阶段（见图15-9）③。

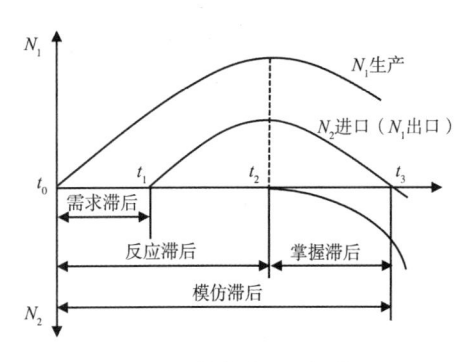

图15-9 技术差距图解模型

图15-9中，t_0为技术创新国（N_1）完成技术创新并开始生产该技术产品，此时产生了技术差距；t_1为技术引进国（N_2）对该技术产品产生需求并开始从N_1进口；t_2为N_2开始生产该技术产品并开始减少从N_1的进口；t_3为N_2停止该产品从N_1的进口并开始出口，此后技术差距消失。整个$t_0 \sim t_3$为模仿时滞，它又分为两个阶段：$t_0 \sim t_2$为反应滞后阶段，即N_1完成技术创新并开始生产该技术产品，到N_2模仿其技术开始生产该种产品的时间间隔；$t_2 \sim t_3$为掌握滞后阶段，即N_2开始生产该技术产品，到

---

① Posner, M. V., 1961, "International Trade and Technical Change", *Oxford Economic Papers*, *New Series*, 13 (3): 323-341.
② Hufbauer, G. C., 1966, *Synthetic Materials and the Theory of International Trade*, Harvard University Press.
③ 谭崇台：《发展经济学概论》（第二版），武汉大学出版社2008年版。

N_2 停止该技术产品进口时的时间间隔。另外，在反应滞后阶段的初期，对 N_2 来说，还存在着一个需求滞后（$t_0 \sim t_1$）阶段，即 N_1 完成技术创新并开始生产该技术产品，到该技术产品开始向 N_2 出口时的时间间隔。

需求滞后阶段的长短，主要取决于 N_2 居民的收入水平和市场容量。新产品刚刚出口到其他国家并不会立刻得到其他国家居民的认同，必须经历一个广告宣传和消费示范从而逐渐替代原来的产品的过程。两国居民的收入差距越小，N_2 的市场容量越大，则需求滞后的时间越短。一般而言，需求滞后的时间短于反应滞后的时间。而反应滞后时间的长短，又主要取决于企业家的创新精神、风险意识和该项技术产品的规模效益，以及关税、运输成本、市场容量、居民收入水平和需求弹性等因素。掌握滞后时间的长短，主要取决于 N_2 消化、吸收和掌握该项技术创新的能力。

技术差距理论显示，落后国家或地区可以通过技术转让实现赶超。显而易见，赶超能否实现，以及赶超时间的长短，取决于落后国家或地区吸收先进技术的意愿与能力。

四 对外贸易战略

发展中国家要缩小同发达国家之间的差距，要实现工业化，就必须实施相应的贸易战略。第二次世界大战以来，许多发展中国家在独立之初采用了进口替代战略，随后则转向出口导向战略，但 1997 年东南亚金融危机则引起了人们对出口导向战略的质疑，从而引发了一场对出口导向战略与进口替代战略孰优孰劣的争论。但有的学者认为，进口替代战略和出口导向战略都各有不足，尤其是对于一个发展中的大国来说都不适宜，因而提出了一种适用于发展中大国的贸易发展战略，即保护性出口促进战略，也叫内撑外开型的贸易战略，意即以国内市场为支撑与促进对外开放。

（一）进口替代战略

进口替代战略是指一国采取各种措施，限制某些外国工业品进口，促进国内有关工业品的生产，逐渐在国内市场上以本国产品替代进口品，为本国工业发展创造有利条件，实现工业化，是内向型经济发展战略的产物。

进口替代战略是第二次世界大战后初期许多发展中国家寻求经济独立和平等发展目标的一种举措，一是为了消除发展中国家发展民族经济的障碍，获得经济上的独立；二是为了消除贸易条件不利对发展中国家的影响，为实现工业化和经济发展创造有利条件。因此，当时，一些拉美国家，如阿根廷、巴西、哥伦比亚、墨西哥等率先实施了进口替代战略，随即，南亚及中东欧一些国家也开始发展进口替代工业。到 20 世纪 60 年代，进口替代已成为发展中国家占主导地位的发展战略。

实施进口替代战略的经济理论依据涉及如下几种理论观点。第一，幼稚产业保护理论。发展中国家工业产业发展起步晚，在国际市场上竞争力弱，被称为幼稚产业。幼稚产业应在其发展早期阶段加以保护，通过"干中学"培育其竞争力，当这些幼稚产业有了国际竞争力后再在国内外市场上与国外企业进行竞争。第二，刘易斯无限劳动供给理论。发展中国家农村剩余劳动力供给具有无限弹性。要想城市工业吸纳这些剩余劳动力，只有通过政府计划和保护主义干预，促进城市民族工业的发展，替代以前需要进口的产品。第三，赫尔希曼的联系效应理论。不同产业之间具有前向和/或后向的联系效应，如果采用保护主义措施，实现制造品和中间品产业进口替代，那么就可以带动其他一系列上下游产业的发展。第四，普雷维什—辛格的贸易条件持续恶化论或"中心—外围"模式。发展中国家贸易条件不断恶化，因此，如果实行自由贸易，发展中国家只会越来越丧失贸易所应带来的收益，并在经济上成为发达国家的附庸，为此政府必须采取措施实现进口替代，建立本国工业体系。

进口替代一般需要经历两个阶段。第一阶段是建立和发展一批最终消费品工业以替代进口品，如替代服装、鞋、家电及其投入品，如纺织纤维、皮革和木材等，原因是这些商品适合发展中国家在工业化初期的条件，比如它们是非熟练劳动密集型的，其产出的效益规模相对较小，生产不需使用复杂的技术与零部件供给网等。这个阶段也为幼稚产业发展提供了适当的保护。第二阶段是当最终消费品的进口替代工业发展到基本满足国内市场需求时，进口替代由最终消费品升级为国内需要的资本品、中间品的生产。

进口替代战略的一般工具包括关税、限额或数量限制、汇率以及价格控制等其他国内政策。到20世纪70年代，进口替代战略产生了事与愿违的结果，造成了外汇短缺、国内金融压制下的储蓄缺口约束了进口替代产业以致整个经济的发展、经济效率低下、进口替代产业经济带动作用不大、不利于发挥国内资源优势、进口限制诱发了更多的寻租活动等问题。但是，有经济学家认为，进口替代的失败并不是因为这一战略本身，而是由于具体政策失当所致[1]。

（二）出口导向战略

出口导向战略，是指一国采取各种措施扩大出口，发展出口工业，逐步用轻工业产品出口替代初级产品出口，用重、化工业产品出口替代轻工业产品出口，以带动经济发展，实现工业化的发展战略。其基本思路是利用本国自然资源和劳动力丰富的比较优势，发展劳动密集型的制造业产品，并扩大这类产品的出口，以此增加就业，提高人均收入。

与进口替代战略相比，出口导向战略主要是发展加工业和制造业以扩大出口。扩大出口有利于改善贸易条件，并有利于克服进口替代战略所带来的国际收支恶化、经济效益低下、出口萎缩和经济内向化发展等问题，其中最主要的是，有利于纠正资源配置的扭曲状况，提高资源的利用效率。正是由于出口导向比进口替代具有上述优势，从20世纪60年代开始，拉美和一些东南亚国家和地区纷纷转向出口导向的外向发展战略，并取得了很大的成就。《1987年世界发展报告》[2] 集中分析了47个国家的对外贸易政策，基本结论为，采取外向型经济的国家经济绩效更好。

---

[1] 林恩：《发展经济学》，格致出版社2009年版。
[2] 世界银行：《1987年世界发展报告》，世界银行，1987年。

然而，一些经济学家并不赞成出口导向战略倡导者所宣称的市场自由主义理由[1]。一般观点认为，20世纪90年代之前的亚洲四小龙经济奇迹是出口导向型政策的典范。但是实际上，韩国的对外贸易政策是进口替代与出口导向的组合，中国台湾地区则通过补贴进口来促进出口，并且还有选择地为特定的出口者提供税收优惠，新加坡也对出口行业提供了税收优惠。也就是说，实际实施出口导向战略过程中，也对对外贸易采取了非常大的政策干预，进口替代战略与出口导向战略之间的差距，并没有理论倡导者所宣称的那样巨大。

（三）保护性出口促进战略

所谓保护性出口促进战略就是以国际比较优势为依据，以国内市场为依托，以适度保护为辅助，全面对外开放的贸易战略。它强调保护本国工业，但更强调促进出口[2]。

保护性出口促进战略的理论依据在于：第一，贸易自由化。贸易自由化是经济全球化、金融全球化中国际贸易发展的必然选择，已经形成了一个不可逆转的趋势。发展中国家在贸易自由化的背景下，为了自身经济发展的需要，必然要充分发挥自身的国际比较优势，走开放性的发展道路。第二，发达国家的绿色贸易壁垒、技术贸易壁垒等非关税壁垒方式兴起，给发展中国家的外贸出口造成了很大影响。发展中国家势必应采取发展的保护或保护中求发展的应对之策。这些保护手段，一是要采取符合国际规则的适度保护措施。如WTO中的反补贴、反倾销、保障条款和技术标准等，尤其对于发展中国家来说应充分利用WTO给予发展中国家的优惠待遇，在宽限期内适当采用一些传统的贸易保护手段。二是应注意将贸易保护"内部化"，即把一些直接排斥外国商品进口的贸易政策，转变为旨在规范和调控国内经济活动的产业政策和市场政策等。第三，发展中国家有广阔的国内市场，足以支撑对外贸易的发展。

我们用如下的模型来说明保护性促进战略。首先，我们将整个经济分为三个部门：出口部门（X）、进口部门（M）和非外贸的国内部门（H）。贸易政策影响两个外贸部门间的相对价格以及外贸部门与国内部门之间的相对价格，并由此影响国内生产。假定两种外贸品的生产函数为：

$$X = f(P_{m/h}, P_{x/h}); M = f_g(P_{m/h}, P_{x/h})$$

其中，X和M分别为可出口商品和可进口商品的生产，$P_{m/h}$和$P_{x/h}$分别为可进口商品和可出口商品对国内商品的相对价格。两个外贸部门生产受到自身部门相对价格的正面影响，受到对方部门相对价格的负面影响（生产的交叉价格弹性为负，例如如果其他因素不变，可进口商品相对不可贸易商品价格上升，意味着出口部门的出口商品相对不可贸易商品价格下降，也即出口商品相对进口商品价格下降。其原因在于不同部门之间存在资源的相互竞争）。

图15-10说明了在三部门经济中，贸易部门可出口商品和可进口商品生产之间的关

---

[1] 林恩：《发展经济学》，格致出版社2009年版。
[2] 张培刚：《发展经济学教程》，经济科学出版社2001年版。

系。图中任意一点，均代表两种相对价格的一种特定组合，如在点 E，$P_{m/h}$ 和 $P_{x/h}$ 都等于 1，表示出口部门和进口部门价格与不可贸易部门价格一致，此时 $P_{m/h}$ 和 $P_{x/h}$ 都等于 1，可进口商品与可出口商品生产分别为 M_0 和 X_0。相对价格大于 1 时则表明该部门受到正向的刺激。

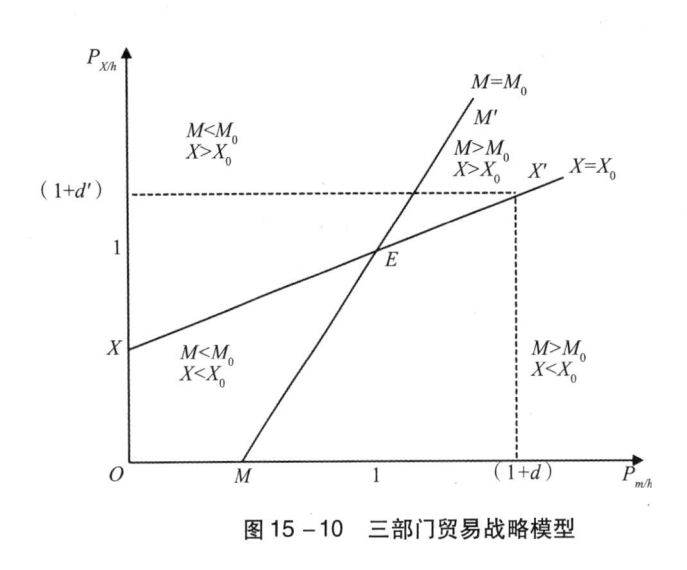

在图 15-10 中，XX' 表示使可出口商品生产维持在 $X = X_0$ 水平的相对价格组合。例如，如果进口关税 d 使 $P_{m/h}$ 由 1 增长到 $(1+d)$，则 $P_{x/h}$ 也必会相应地由 1 增长到 $(1+d')$，才能保持 $X = X_0$（注意我们上文提到的两外贸部门生产函数中的两个相对价格的影响都是一正一负的）。相似地，MM' 表示维持 $M = M_0$ 的相对价格组合。MM' 也是向上倾斜的，并且比 XX' 更陡，因为其自身价格作用比交叉价格作用更大。位于 XX' 上方的任何点的价格组合下 $X > X_0$，这时刺激了出口；在 MM' 右边的任何点上，$M > M_0$，这时刺激了进口部门的生产。

图 15-10 三部门贸易战略模型

根据生产结构划分出五种贸易战略选择①。一是 E 代表"外贸中性"战略，即不论出口还是进口替代活动都得不到任何刺激。二是 XEM' 区域，"实际上的出口促进"战略，出口上升，进口下降（$X > X_0$，$M < M_0$）。三是 XEM 区域，"实际上的进口促进"战略，既不鼓励进口替代又不主张出口，其结果是出口下降，进口上升（$X < X_0$，$M > M_0$）。四是 $X'EM$ 区域，进口替代战略，进口替代刺激大于出口刺激，进口上升而出口下降（$M > M_0$，$X < X_0$）。五是 $M'EX'$ 区域，即为保护性出口促进战略。在 $X'EM'$ 区域，两种外贸品相对价格均大于 1，表示同时存在对进口替代和对出口的刺激；进口与出口均高于自由贸易时的水平（$M > M_0$，$X > X_0$）。

值得强调的是，在这种分类中，有两种贸易战略在现实生活中很重要，但传统分类又未予以反映。一是"保护性出口促进"，同时并存对进口替代和出口促进的正面刺激，可称为战略。该战略的关键是对出口和进口替代双管齐下地促进，国内厂商一方面在本国市场受到保护，另一方面更在政策激励下参与国际竞争。二是"实际上的进口促进"战略。许多国家在国内仍有闲置资源的条件下采取该战略，由此而陷入国际收支失衡和债务危机

---

① 由于交叉价格弹性为负，生产结构与政策刺激结构有所偏离。例如，在 $M'EX'$ 区域的正上方和在 $M'EX'$ 区域的刺激类型是相同的，但是其生产结构不同。生产结构代表了刺激的实际效果。

的困境中。

保护性出口促进战略结合了进口替代战略的行业导向与出口促进战略的市场导向，即以进口竞争产业为主导产业，以培养出口能力为发展目标，努力在资源配置最优化与促进适意的结构变化和开发未来战略资源，这两种需要之间达成平衡。其新意不在于采取何种前所未有的刺激措施，而在于它在出口促进和进口替代两套刺激体系之间进行了协调，从而更大限度地推动了生产、出口和经济增长。越来越多的研究表明，包括"亚洲四小龙"在内的"强烈外向型"国家或地区的成功发展，与其说是单纯出口促进的结果，不如说是奉行保护进口竞争与推进出口完美结合的典范。可见，保护性出口促进的贸易战略部分弥补了进口替代和出口导向战略的不足，它所提出的战略思想对于一国贸易政策的制定有一定的现实意义，值得发展中国家借鉴。近期我国提出的双循环发展新格局与保护性出口促进战略有颇多相似之处（见专栏15-1）。

专栏15-1　　　　　　　　开放发展与双循环

开放发展是2015年提出的五大发展理念之一。这表明自改革开放以来，中国继续坚持对外开放，进一步深度融入世界经济，积极参与全球经济治理，解决发展内外联动问题。这一发展理念向世界表明中国开放的大门永远不会关上，中国经济发展将继续为世界带来巨大的正面外溢效应。

2020年5月14日，中共中央政治局常委会会议提出"构建国内国际双循环相互促进的新发展格局"。同年10月，党的十九届五中全会《中共中央关于制定国民经济和社会发展第十四个五年规划和二〇三五年远景目标的建议》再次提出，"加快构建以国内大循环为主体、国内国际双循环相互促进的新发展格局"。这是在近期国内外经济形势变化后对我国经济发展战略、路径做出的重大调整完善。

五　贸易自由化、贫困与不平等

通常我们认为，更多的贸易带来更快的经济增长，更快的经济增长会有助于更多人脱贫并且降低贫困率，因此贸易自由化对解决贫困与收入分配不平等是有利的。但现实情况是，一个国家从贸易中获得的利益往往不能在国内平等分配，一些人可能会有绝对的损失，由此有时可能会恶化贫困问题与收入不平等问题。当前欧美等发达国家纷纷出现反对贸易自由化思潮，就是因为这些国家低技能、低收入阶层受到了对外贸易的负面冲击。

贸易自由化对贫困的影响主要取决于其对就业和价格的影响。工人以三种主要方式受到贸易自由化的影响：工资率、就业和他们消费的商品的价格。如果自由化提高了生产率，而且实际工资提高，工人将会获益。然而，商品进口可能会破坏就业并降低工资。在肯尼亚，棉花种植和纺织生产受到自由化的严重冲击。棉花生产在20世纪80年代中期到90年代中期下降了70%，并且10年间纺织业就业岗位从12万个下降到8.5万个。自从1994年签署NAFTA自由贸易协定以来，墨西哥200万个种植玉米的农民失去了工作，因为他们竞争不过来自美国的享受补贴的玉米。2019年11月，印度不签署《区域全面经济伙伴关系协定》（RCEP），其原因就是担心开放市场后第一产业受到澳大利亚等国产品的打压，第二、第三产业受到中国和日本产品的冲击。

实际收入也依赖于消费品的价格。对外贸易会影响产品和服务的相对价格，而价格变动会带来分配效应。如果食品价格下降，穷人要比富人收益更多，因为他们在食品上的花费占他们收入的比例较高。然而，如果自由化提高了食品的价格，例如由于消除了补贴，穷人的实际收入会下降。

收入不平等的主要原因是有技能和无技能工人间的工资不平等。正统的贸易理论（如赫克歇尔—俄林理论）认为，发展中国家在生产和出口非技能商品方面具有比较优势，因此，相对于有技能工人，贸易会使无技能工人的工资提高，从而缩小工资不平等。但是这种缩小没有发生。米拉诺维奇（Milanovic）的研究发现①：第一，开放度的提高减少了10等份中后6等份的收入份额。第二，一国人均收入越低，开放度对不平等的不利影响就越大。贸易自由化恶化、收入工资不平等主要有四个原因。第一，穷国之间的相互竞争。传统贸易理论采用两国是一富国和一穷国。墨西哥和美国的贸易，相对于墨西哥国内的有技能工人，会提高无技能工人的工资。但是墨西哥与另外一个发展中国家如巴西的贸易会降低墨西哥国内的无技能工人的工资。第二，穷国有技能工人的需求增加。如外国直接投资流入穷国，发达国家把技能密集型商品生产转移到穷国，或向穷国外包，以降低生产成本。第三，技术进步的技能型偏向。为了提高产品竞争力，或因为从富国进口机器的增加，发展中国家与贸易相关技术进步可能是技能偏向型的，从而增加对有技能工人的需求。第四，国家收支变化。如果贸易自由化导致国际收支问题以及由此引起经济收缩，这会更大限度上减少对无技能工人的需求并且降低了相对工资。

第三节　对外贸易与全要素生产率

一　进出口对全要素生产率的影响

研究发现，我国外资企业进口的增加是推动中国全要素生产率提高的格兰杰原因，即

---

① Milanovic, B., 2005, "Can we Discern the Effect of Globalization on Income Istribution? Evidence from Household Surveys", *The World Bank Economic Review*, 19 (1).

进口增加能提高全要素生产率①。进口主要通过扩散或溢出效应以及竞争效应这两个渠道对进口国全要素生产率产生影响。进口的溢出效应是指通过进口贸易,进口国能够有更多的机会获得蕴含在进口品之中的国外先进知识和技术,从而提高自身的技术水平和生产效率。进口的竞争效应则是指随着进口规模的扩大,进口品在质量、价格以及种类上的优势将加剧国内企业之间的竞争,从而加剧国内市场的优胜劣汰行为,最终只有生产率较高的企业能够存活下来,从而使国内生产企业全要素生产率得以提升。

(一)进口的技术扩散或技术溢出效应机制

第一,中间投入品和资本设备增加机制。一方面,按照熊彼特的创新理论,进口新的中间投入品,将其引入国内市场和国内生产过程,本身就属于技术进步的一种方式。例如,如果本国不能生产5nm手机芯片,通过进口这一制程的芯片,本国可以生产出性能更好的手机终端产品。另一方面,技术通常嵌入在资本设备之中,例如农业无人机体现了与传统农业生产方式完全不同的农业生产技术。因此,通过进口资本设备可以获得更为先进的生产技术,从而提高全要素生产率。

第二,学习与模仿机制。一方面,进口贸易提供了本国企业学习外国企业先进技术、产品设计、组织管理方式等方面的知识和信息的机会,而通常并不需要为此付出专门的成本。随着进口贸易往来逐步增多,本国企业也会逐渐了解到国际上技术进步的新水平和新动态,从而刺激和促进国内相关的技术创新活动。另一方面,本国企业可通过逆向工程的方法反求内蕴于进口产品中的技术知识,然后模仿、复制他国先进的技术、设计和产品,乃至对其进行创新。模仿被很多理论文献②认为是发展中国家获得技术进步的重要方式。对于进口国而言,这是一种类似于发明新产品的过程,唯一的不同就是,这种模仿创新活动比发明一种新产品所耗费的成本更小,从而能够显著地提高经济的全要素生产率。

第三,消除重复研发机制。无论是引进资本设备从而引进技术,还是模仿提高本国技术水平,都会产生另外一个效果,那就是本国无须从头开展重复研发,转而可以将稀缺的研发资源投入更有生产率的领域。

(二)进口的竞争效应机制

一方面,进口产品通常在质量、种类以及价格上存在着优势,因此国内企业要想获得生存与发展,不得不想方设法地降低成本,提高效率。同时,国内市场竞争的加剧也迫使进口国政府和企业加大研发投入,最终有利于整个行业甚至整个国家全要素生产率的提高。另一方面,进口的增加可能产生挤出效应,击垮国内企业或者阻碍原本具有较高潜在生产效率的行业进入,阻碍进口国全要素生产率的提高。

---

① 符宁:《人力资本、研发强度与进口贸易技术溢出——基于我国吸收能力的实证研究》,《世界经济研究》2007年第11期。

② Grossman, G. M., E. Helpman, 1991, *Innovation and Growth in the Global Economy*, Cambridge, MA: MIT Press.

二 出口影响全要素生产率的途径

表 15-1 表明，我国出口贸易引致技术进步率年均为 1.259%，占总技术进步的比重为 13.683%，占全要素生产率提升的比重为 13.296%[①]。东部地区出口贸易引致技术进步率占比最高，中部地区最低。与进口贸易相似，出口贸易对全要素生产率的作用机制主要包括技术溢出效应和要素重置效应。

表 15-1 全要素生产率组成成分的比较　　　　　单位：平均值，%

	效率变动率占全要素生产率的比重	技术进步率占全要素生产率的比重	外生技术进步率占技术进步率的比重	引致技术进步率占技术进步率的比重	引致技术进步率占全要素生产率的比重
东部地区	0.084	99.916	85.224	14.776	14.764
中部地区	2.702	97.298	85.275	14.725	14.327
西部地区	6.009	93.991	89.016	10.984	10.324
全国	2.831	97.169	86.317	13.683	13.296

注：全要素生产率变动由效率变动率与技术进步率组成，而技术进步包括外生技术进步和由进口引致的技术进步两项。

资料来源：赖永剑：《出口贸易的技术进步效应研究》，博士学位论文，暨南大学，2012年。

（一）技术溢出效应机制

出口企业一般是一国较有竞争力的企业，对别的企业乃至别的行业有较强的技术溢出效应。从渠道上分，可以分为水平溢出和垂直溢出两种。水平溢出也即行业内溢出，其溢出的渠道有多种。第一，在国际市场中，出口企业可能接触到更加先进的技术，可能要面对更为苛刻的贸易伙伴，这不仅仅能够使这些出口企业通过"出口中学"机制提高其技术水平，而且能够通过日常交流向其他企业传播新技术信息。第二，通过示范效应，其他企业通过模仿出口企业的管理、技术、产品设计、服务等，从而提高自身技术能力。第三，其他企业可以通过雇用出口企业工作过的人员，从而获得技术水平或研发能力的提升。第四，出口企业较强的市场竞争力，会给国内其他企业造成较大的竞争压力，迫使其他企业积极利用资源，开拓创新，提升自身的竞争力。

垂直溢出又称为行业间溢出，即通过投入产出联系，出口企业对其上游企业生产率的影响。出口企业为了能够更好地满足海外市场对高质量产品的需求，他们可能会为上游企业提供技术或管理方面的支持，甚至经常需要派技术人员对上游供应商进行技术指导，在

[①] 赖永剑：《出口贸易的技术进步效应研究》，博士学位论文，暨南大学，2012年。

这一过程中很自然地就产生了技术溢出①。而且，不断扩张和变化的国际市场，可能会对上游部门生产的中间投入品产生更多更新的需求，这必然会促进上游企业提高创新能力，以应对下游出口贸易企业的需求。

值得注意的是，出口贸易对企业的技术溢出作用可能是正向的，也可能是负向的，最终的净效应取决于正向作用与负向作用的加总。为了更好地在市场中获得领先地位，出口企业不但会限制知识和人员向其他企业流动，反过来会从其他企业挖取高质量的人才。过快扩张的出口贸易市场，会增加其他企业的劳动力和专门的中间投入品成本。出口使市场竞争加剧，这也可能会使部分竞争力较弱的企业被市场淘汰，对全社会产出造成负面影响。

（二）要素重置效应机制

稀缺的资源从低生产率企业或者行业流动到高生产率的企业或者行业，可以在不增加要素什么投入的情况下提高产出，从而提高整个社会的全要素生产率。这一要素流动过程被称为要素重置，如资本、劳动力、中间投入、企业家等生产要素重置都会提高生产率，它背后的机理与我们前面第二章讲的要素错配以及第十章讨论的二元经济结构改善提高全要素生产率是一致的。贸易产生的对要素需求的竞争作用可以在企业间产生两种突出的要素重配过程，一方面，要素会在具有类似要素密集程度的企业群体内部进行流动；另一方面，要素会在资本密集型企业和劳动力密集型企业之间重新配置，也就是说出口贸易对要素的重配效应不仅仅发生在进入和退出市场过程，而且也发生在在位经营企业之间。

近年来，新贸易理论在企业异质性框架下分析提出出口等国际贸易活动对于企业间的要素配置起着非常重要的作用，从而促进加总生产率的增长；根据他们的模型，出口等国际贸易活动可以挤出低生产率的企业，导致要素向高生产率企业流动，从而促进高生产率企业的发展，进而提升总量生产率。

本章小结

1. 中国已成为世界贸易大国，贸易结构不断优化，尤其是出口商品结构中，初级产品的出口比例大幅下降。"世界工厂"就是为世界市场大规模提供工业品的生产制造基地，英国、美国、日本和中国是工业革命以来人类社会的四个世界工厂。

2. 发展中国家贸易的利益包括：改善资源配置的静态利益、扩张生产可能性边界的动态利益、使闲置资源得以利用的"剩余出路"。

3. 普雷维什—辛格假说认为，发展中国家的初级产品出口贸易条件持续恶化，发展中国家经济难以持续增长，形成了世界经济分工中以工业化国家为中心、以发展中国家为

---

① Perez-Aleman Paola, 2002, "Decentralised Production Organisation and Institutional Transformation: Large and Small Firm Networks in Chile and Nicaragua", *Cambridge Journal of Economics*, 6: 789–805.

外围的"中心—外围"格局。技术差距论以技术和产品创新及扩散为基础，从不同国家之间存在的技术差距来讨论国际贸易的产生，特别是解释国际技术转让和技术引进的动因机制。

4. 发展中国家对外贸易战略包括替代战略、出口导向战略和保护性出口促进战略三种类型。进口替代战略是指一国采取各种措施，限制某些外国工业品进口，促进国内有关工业品的生产，逐渐在国内市场上以本国产品替代进口品，为本国工业发展创造有利条件，实现工业化，是内向型经济发展战略的产物。出口导向战略是指，一国采取各种措施扩大出口，发展出口工业，逐步用轻工业产品出口替代初级产品出口，用重、化工业产品出口替代轻工业产品出口，以带动经济发展，实现工业化的发展战略。保护性出口促进战略就是以国际比较优势为依据，以国内市场为依托，以适度保护为辅助，全面对外开放的贸易战略。它强调保护本国工业，但更强调促进出口。保护性出口促进战略可能是广大发展中国家较为现实的选择。

5. 贸易自由化有时可能会恶化贫困问题与收入不平等问题。贸易自由化对贫困的影响主要取决于其对就业和价格的影响。贸易自由化也并不必定降低有技能和无技能工人间的工资不平等。

6. 进口主要通过扩散或溢出效应以及竞争效应这两个渠道对进口国全要素生产率产生影响。出口贸易对全要素生产率的作用机制主要包括技术进步技术溢出效应和要素重置效应。

思考题

1. 从规模和产品结构两个角度论述中国对外贸易的发展。
2. 试述"世界工厂"的变迁历程与基本特征。
3. 贸易的静态利益与动态利益之间的区别的实质是什么？
4. 普雷维什—辛格假说针对贸易是经济增长的发动机的反对观点是什么？其依据是什么？
5. 简单论述"技术差距理论"。
6. 试比较进口替代与出口导向的优缺点。
7. 简述"保护性出口促进"战略及其新意。
8. 论述贸易自由化对贫困与不平等的影响。
9. 进口如何影响全要素生产率？
10. 出口如何影响全要素生产率？

第十六章 利用外资与经济发展

学习目标
1. 理解外资的作用。
2. 掌握双缺口模型。
3. 理解外资对全要素生产率的作用机制。
4. 了解全球化对发展中国家的积极作用和消极影响。

利用外资是对外开放的另一重要方面。本章分三节依次介绍我国利用外资情况、双缺口模型以及 FDI 对全要素生产率的作用,并在最后的第四节中讨论全球化对发展中国家的影响,以此结束本篇。

第一节 外部资源的作用

一般认为,外部资源主要有外援和外资两类。外援即外国援助,外资即外国投资。外援是指通过"让与条件"而非"市场条件"对贫穷国家实行以发展为目的的资源转移,实施主体大多为国际组织、援助国政府等官方机构,具有利息较低、偿还期长、非商业性等特点。外国投资是指"一国从国外获得资产的活动"。资产的表现形式主要有金融和实物两种,金融形式的资产主要有股票、债券、银行存款、贷款等,实物形式的资产主要有机器设备、原材料、中间产品等。外国投资分为外国直接投资(Foreign Direct Investment,FDI,又称外商直接投资)和外国间接投资。外国直接投资主要是指外商以合资或者独资形式在本国直接从事的生产经营活动,外国间接投资主要是指国际证券投资和国外贷款。在开放经济中,尤其是对发展中国家而言,外国投资是促进本国经济增长的重要因素之一。

一 中国外资引进历程

外资经济在我国市场经济中占据着重要的地位,在税收、就业、技术进步、管理经验、结构升级、市场拓展、对外贸易等多个方面发挥着重要的作用,为我国开放型经济新制度的建立做出了很大的贡献。2019 年商务部发布的《跨国公司投资中国 40 年报告》显示①，截至 2018 年年底，我国累计设立外商投资企业 96.1 万家，实际吸收外商投资达 2.1 万亿美元，已经成为世界上最大的外商投资东道国之一。目前，我国实际利用外资以外商直接投资为主②。

在过去的二十多年里，我国吸引外商直接投资一直走在世界前列，成为外资流入量最大的发展中国家，也是仅次于美国的世界第二大外资接收国。图 16-1 展示了 2015—2019 年全球外国直接投资（FDI）流入量前十的国家或地区。从中可见，我国的外国直接投资流入量一直处于世界领先水平，并且这五年的流入量变化相对较为稳定。2020 年全球 FDI 总额约为 8590 亿美元，与 2019 年相比缩水 42%。中国 FDI 逆势增长 4%，达 1630 亿美元，在这一年中国超过美国成为全球最大外资流入国③。

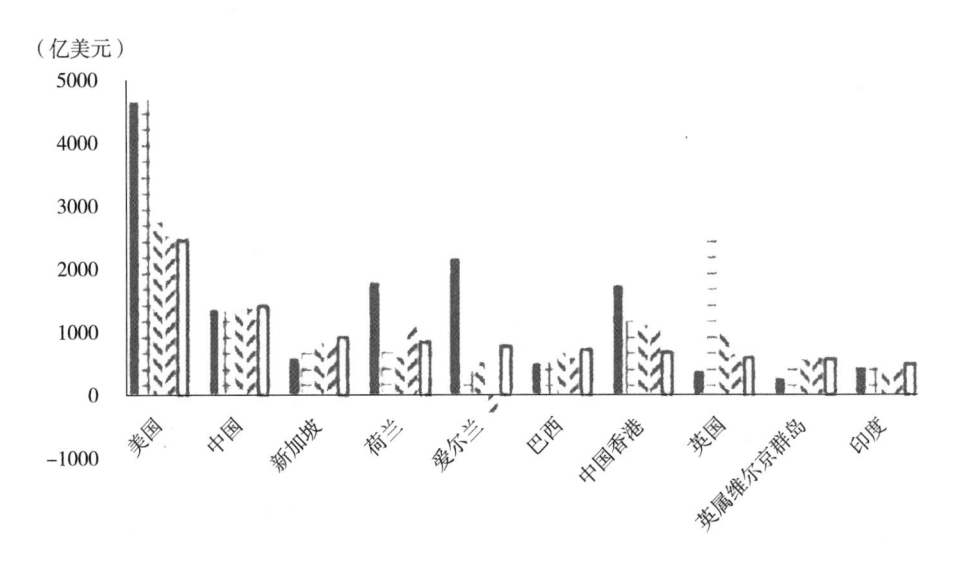

图 16-1　2015—2019 年全球外国直接投资流入量前十的国家或地区

资料来源：联合国贸易和发展组织（UNCTAD）数据库。

改革开放以来，我国的外商直接投资总体呈上升趋势，但也呈现出明显的阶段性特征（见图 16-2）。具体而言，我国的实际利用外商直接投资主要经历了四个阶段的变化。

第一个阶段，1992 年以前，我国的实际利用外商直接投资使用额数量处于较低水平，

---

① 中国政府网，http://www.gov.cn/xinwen/2019-10/21/content_5442696.htm。
② 实际利用外资额包含实际直接利用外资额和实际利用外商其他投资额，其中外商其他投资的"其他"项中含当年对外发行股票额。
③ 刘馨蔚：《数字经济重塑贸易格局　中企全球化发展获更多便利》，《中国对外贸易》2021 年第 10 期。

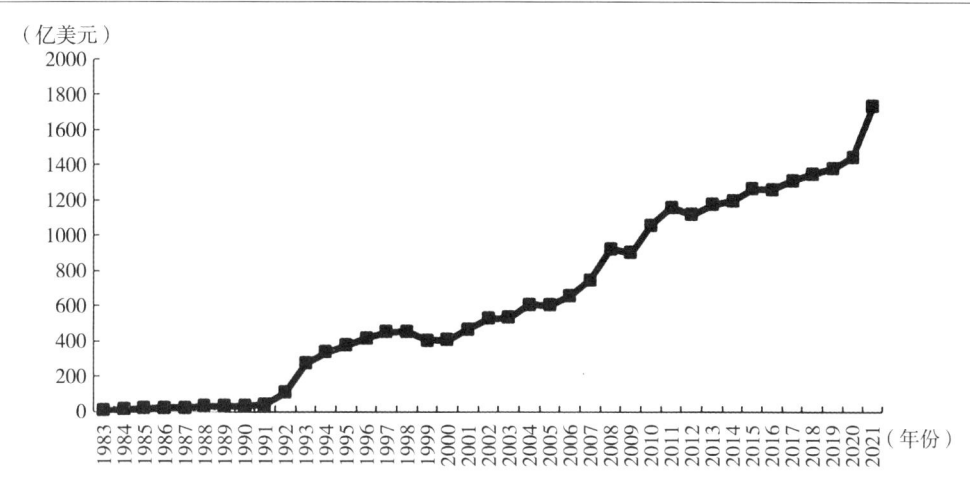

图 16-2　1983—2021 年中国实际利用外商直接投资金额

资料来源：中国国家统计局。

且增长幅度缓慢。1979 年《中华人民共和国中外合资经营企业法》正式颁布，允许外国投资者和国内企业组建合资企业，标志着我国利用外商直接投资的开始。此后，国家通过试办经济特区，大力吸引外资发展劳动密集型出口加工业。1989 年以后，外商直接投资开始超过对外借款。"以市场换资金、以资源换技术"是当时外资使用的典型特征。外商直接投资区域以点、线的形式逐渐在沿海开放地区发展，但尚未扩展到内陆地区。

第二个阶段，1992—2001 年我国的实际利用外商直接投资使用额波动较大。1992 年邓小平发表南方谈话和党的十四大正式决定了建立社会主义市场经济体制，明确了利用外资是对外开放发展经济的重要举措之一。此后，外资大规模涌入国内，投资领域从出口加工业扩大到高新技术等产业，从制造业扩大到服务业。投资区域也开始向全国范围内迅速扩张，以沿海开放城市为中心，形成了长三角、珠三角、环渤海湾等开放区。1997 年我国实际利用外商直接投资使用额达到 452.57 亿元。由于受到 1997 年东南亚金融危机的影响，我国进入了通货紧缩时期，外商直接投资流入有所减少，进入一段回落时期。2000 年，根据新的经济环境，我国对《中华人民共和国中外合资经营企业法》《中华人民共和国外资企业法》《中华人民共和国中外合作经营企业法》三部涉及外资政策的重要法律进行了全面的修订，外商投资政策进入逐步完善时期。

第三个阶段为 2001—2013 年。2001 年我国正式加入世界贸易组织（WTO），经济发展和对外开放均步入新的发展阶段，外商直接投资项目数量和利用外商直接投资使用额均呈现高速增长，国外资金流入速度加快。在此期间，我国政府调整了外商投资法律和政策，扩大服务业对外开放，鼓励外国投资者到中西部地区投资。2007 年新的《中华人民共和国企业所得税法》取消了涉外税收优惠。2008 年国际金融危机爆发后，我国的外资流入虽受到短暂影响，但恢复速度较快，且之后一直保持高速增长。在此阶段，我国利用外资重点发生明显变化，从原来的注重数量转向注重质量。同时，外商投资领域也进一步扩张，投资地域也进一步扩展。

第四个阶段为2013年至今，我国外商直接投资规模增长，但增速明显放缓。外商投资领域更多集中在新兴产业，第三产业利用外资的比例进一步提高。2019年颁布的《中华人民共和国外商投资法》是我国历史上第一部全面系统的外资立法，标志着我国迈进了制度型开放的新阶段，对扩大对外开放和促进外商投资具有里程碑式的意义。2021年我国实际利用外商直接投资达到1734.8亿美元。

分产业来看，2005年以来，我国第一产业的实际利用外商直接投资金额一直处于较低水平且变化幅度不大（见图16-3）。第二产业虽有波动，但相对而言稳定在中等水平。第三产业的实际利用外商直接投资金额呈现出明显的逐年增长趋势，且上升速度很快。

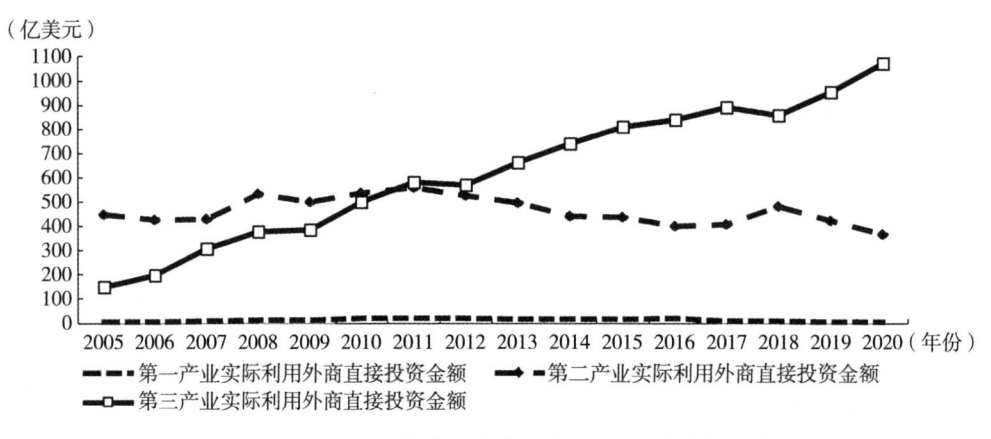

图16-3 2005—2021年中国分产业实际利用外商直接投资金额
资料来源：中国国家统计局。

我国最重要的外资来源是海外华人。20世纪90年代初，我国所吸引的外商直接投资绝大多数都来源于中国香港、澳门、台湾地区，占外资总流入量的2/3左右。近年来，随着经济的不断开放和发展，在成功利用海外华人资本的同时，我国的外资来源也逐渐呈现多元化趋势，来自中国港澳台地区的外资所占份额已下降到40%—45%，来自日本、韩国、新加坡等其他亚洲国家和地区的比重在不断上升，来自欧洲、北美洲等发达地区的外资比重也总体呈现上升趋势。

二 外资对经济增长的影响

第一，外资提供了资金来源。对于发展中国家而言，发展早期常常会由于资金不足而陷入发展困境。外资引入可以在一定程度上帮助填补资金缺口，通过外国投资拉动本国的经济增长。我国是世界上通过利用外国直接投资促进经济发展的代表国家之一，尤其是在20世纪90年代的经济起飞时期，外国直接投资对国内的资本积累起到了很大的促进作用，其中，如前所述，来自海外（包括中国港澳台地区）的华人在当时作出了很大贡献。

第二，外资创造了就业机会。外资企业的生产经营活动将会促进资金流入国的就业，尤其是熟练工人的就业。由于外资企业主要看中的是发展中国家丰富且相对廉价的劳动力资源，且大多进入的是劳动密集型行业，因而相对于本国企业而言，外资更容易吸纳就业。据国家统计局数据测算，1992—2011 年，外资企业在我国创造了 1928 万个城镇新增就业，占同期全部城镇新增就业的 10.68%，虽然外资企业数量占全部企业数量的比重长期不足 3%，但外资企业就业人数占全国城镇就业人数的比重从 1.2% 上升到 2011 年的 6%。

第三，外资带来了技术转移与溢出。技术转移是指外资企业对国内企业进行的直接技术转让，技术溢出是指外资企业通过技术转移在内的多种途径提高了国内企业的技术效率。一般而言，外资企业尤其是跨国企业的生产技术水平都要高于发展中国家企业，因而除了引进资本和增加就业，很多发展中国家引入外资的另一个目的是为了获得技术溢出效应，提高本国的生产技术水平。

三 利用外资的弊端

尽管利用外资会对一国的经济发展带来利益，但在得到利益的同时也有代价。如果外资引进过多或利用不当，该国的经济发展也会受到负面影响。其主要表现在：第一，大量引进外资在一定程度上会造成本国对国外资源的技术依赖，致使国内的技术创新势头不足。先进生产方法和技术集中在外资企业，地方企业和外资企业的技术差距将会不断扩大，甚至导致技术的畸形发展。第二，外资企业的种种制度（如技术专利制度、技术保密制度、禁止向附属企业无偿转让技术制度等）限制了生产技术从资金流出国向资金流入国的转移，强化了国内企业和外资企业之间、国内企业和国内企业之间的技术封锁，从而阻碍了国内生产技术的革新，削弱了国内企业的竞争力。例如，可口可乐公司选择在印度建厂生产可口可乐，而非向其让给可口可乐的生产配方。第三，引进外资时如果忽略本国国情，引进不适宜于本国的技术、产品和生产方式，将对本国经济发展造成适得其反的效果。例如，跨国公司在本国建立子公司时往往会引进资本密集型设备，生产资本密集和技术密集型产品，这将会增加本国的失业而非就业。第四，由于示范效应的存在，引进外资时，外国人士、外资企业工作人员、技术管理人员等的消费方式将对本国人民的消费方式和消费结构产生不利影响，导致因为模仿外国消费方式而造成的消费早熟现象，从而造成本国消费结构的畸形发展，影响本国的消费储蓄率，进而影响资本形成率的提高。第五，过量引进外资将引起本国工资水平、土地价格、地租等生产要素价格的过快上升，造成收入分配差距的扩大，同时也可能造成外资企业与国内同行企业的过度竞争，导致生产能力过剩。

第二节 双缺口模型

钱纳里和斯特劳特的"双缺口模型"（Two-gap Model）较为系统地从理论上阐述了发展中国家引入外资发展经济的必要性和作用①。这一模型的核心思想是：发展中国家实现经济发展目标所需资源的计划需求量和国内的实际有效供量给存在着缺口，即储蓄缺口和外汇缺口。要想补全缺口，引入外资是最为直接有效的方式。

一 基本模型

发展中国家要想实现经济均衡发展目标，必须要积累足够的资本，达到计划期望的资本形成率。但是发展中国家的资本形成过程中会受到三种形式的约束：一是吸收能力约束，又称技术约束，主要是指发展中国家由于缺乏必要的技术、企业家和管理人才，无法有效地吸收和利用各种资源，进而阻碍了本国生产率的提升和经济的发展。二是储蓄约束，又称投资约束，主要是指国内储蓄不足，难以满足投资的扩大，阻碍了经济发展。三是外汇约束，又称贸易约束，主要是指出口收入小于进口支出，有限的外汇难以满足国内的进口需要，阻碍了国内生产和出口的发展。一般而言，发展中国家在发展过程中均会遇到这三类约束，并且最初主要遇到的是吸收能力约束，其次是储蓄约束、外汇约束。发展中国家只有依次克服了这些约束，才能顺利实现经济发展。

"双缺口"模型主要考察的是储蓄约束和外汇约束。利用支出法核算国民生产总值可得：

$$Y = C + I + G + X - M \tag{16-1}$$

其中，Y 是国民生产总值，C 是消费，I 是投资，G 是政府购买，X 代表出口额，M 代表进口额，$X - M$ 代表净出口，即国外对本国商品和劳务的净购买。利用收入法核算国民生产总值可得：

$$Y = C + S + T \tag{16-2}$$

其中，S 是储蓄，是政府收入。假设政府预算平衡，收入等于支出，即 $T = G$。根据国民经济核算恒等式可知，总收入等于总支出，即：

$$C + I + G + X - M = C + S + T \tag{16-3}$$

$$I + M - X = S \tag{16-4}$$

由此可得：

$$I - S = M - X \tag{16-5}$$

（16-5）式的左端（$I - S$）即为"储蓄缺口"，是投资和储蓄的差额。右端（$M - X$）

---

① Chenery, H., A. M. Strout, 1966, "Foreign Assistance and Ecomomic Development", *American Economic Review*, 8.

即为"外汇缺口",是进口和出口的差额。这个式子表明,储蓄缺口应等于外汇缺口。也就是说,当国内出现储蓄缺口,即投资大于储蓄时,必须使用外汇缺口进行平衡,即进口必须大于出口(从国外获得储蓄)。

增长要求有投资品,投资品要么由国内生产,要么由国外进口。国内生产要求有储蓄,国外进口要求有外汇。当国内资源和国外资源缺乏替代性时(这是该模型非常关键的一个假设,也是比较符合实际情况的假设),增长将会受到储蓄或外汇这两个因素中限制最大的因素的制约。由哈罗德增长模型,增长与储蓄的关系是由增量资本-产出比(c)决定的,C是资本平均生产率(p)的倒数。g为增长率,s为储蓄率,则:

$$g = s/c,\ 或者\ g = sp \qquad (16-6)$$

同时,增长率还可以表示成边际产出—进口比($\Delta Y/M = m'$)和投资品进口—收入比($M/Y = i$)乘积,即:

$$g = im' \qquad (16-7)$$

实际增长率由(16-6)式和(16-7)式中较低的确定。例如,如果由外汇达到的增长率比国内储蓄达到的增长率低时,增长将受到外汇缺口的限制,即该国为外汇约束型,部分储蓄将无法使用。假设储蓄率(s)和资本生产率(p)的乘积能够使增长率(g)达到5%,而边际产出—进口比(m')和投资品进口—收入比(i)的乘积只能使增长率(g)达到4%。则最大增长率就被限制在了4%。相反,当由国内储蓄达到的增长率比外汇达到的增长率低时,增长将受到储蓄缺口的限制,如果该约束不被消除的话,部分外汇将无法使用,即对于既定的边际产出—进口比(m'),有一部分可得外汇量无法以增长的目的被吸收。

二 缺口的调整与平衡

需要注意的是,"双缺口"模型涉及的四个变量——投资、储蓄、进口、出口,它们是独立决定、独立变动的,投资由企业决策,储蓄由家庭或个人决策,进口规模由国内的经济增长决定,出口规模由国外的经济增长决定。因而,互不相关的四个独立变量无法实现统一变动,储蓄缺口和外汇缺口并不一定相等。故而为了达成等式两边的平衡,必须对缺口进行适当调整。调整方法主要有不利用外资的消极调整和利用外资的积极调整。

不利用外资的消极调整会出现两种情况。其一,当储蓄缺口大于外汇缺口,即$I-S > M-X$时,通过对等式左边进行调整,减少国内投资或增加国内储蓄,可以实现等式两边的重新平衡。但减少国内投资将会降低国内经济增长率,增加国内储蓄显然也不是一蹴而就的事情。其二,当外汇缺口大于储蓄缺口,即$I-S < M-X$时,通过对等式右边进行调整,减少进口或增加出口,也可以实现两缺口的重新平衡。但减少进口同样也会降低国内经济增长率,增加出口短期内也很难实现。

因此,当储蓄缺口和外汇缺口不存在互补性时,不适合采取减少国内投资或者压缩进口的方法,而应采用利用外资的积极调整,在促进经济增长率提高的情况下实现两个缺口的平衡。利用外资的积极调整具有双重效应，例如一笔外资以机器设备的形式从发达国家转移到发展中国家，一方面，从供给来看，表示从国外进口了资本，但由于这笔进口不需要用增加出口来支付，即可被认为减轻了外汇不足的压力；另一方面，从需求来看，这笔进口又是投资品，这笔进口的投资品不需要用国内储蓄提供，也可以被认为减轻了国内储蓄不足的压力。因此，利用外资的积极调整既能解决国内资金不足的问题，又能缓解国内外汇不足的压力，从而满足国内经济增长对投资和进口的需求。

假定一国确定了一个目标增长率 r，则达到目标要求的储蓄比率 s^* 为 rc，达到目标要求的进口比率 i^* 为 $i^* = r/m'$。当国内实际储蓄小于目标水平时，则可以认为该国在时间 t 上存在着一个投资—储蓄缺口，公式表达为：

$$I_t - S_t = s^* Y_t - s Y_t = (rc) Y_t - s Y_t \tag{16-8}$$

同理，当该国为投资用的最大外汇收入水平（i）低于目标最低进口量时，则可以认为该国在时间 t 上存在着一个进口—出口缺口或外汇缺口，公式表达为：

$$M_t - X_t = i^* Y_t - i Y_t = (r/m') Y_t - i Y_t \tag{16-9}$$

如果想要达到目标增长率，则外国资本的流入必须填补投资—储蓄缺口或外汇缺口中最大的一个。两个缺口是不相加的。当外汇缺口更大时，填补外汇缺口的外资也将填补投资—储蓄缺口。当投资—储蓄缺口更大时，填补投资—储蓄缺口的外资也将填补外汇缺口。由此可以发现，当外汇是主要约束时，利用外资的优势主要表现在双重效应上：一方面，补充国内储蓄的不足；另一方面，补充外汇的不足。利用外资进行积极调整既能满足国内经济增长对于投资和进口的要求，又能同时减轻国内外汇不足和储蓄不足的压力，实现两个缺口的平衡。

"双缺口"模型采用了结构主义分析方法，通过分析发展中国家在发展过程中存在的资源不足、结构失衡等问题，揭示了积极引入外资是发展中国家克服储蓄约束和外汇约束、提高经济增长率的重要途径以及经济改革、调整经济结构的必要性。它强调了经济计划和政府调节的重要作用。双缺口模型的政策含义在于：第一，发展中国家应积极实行对外开放，切忌闭关自守、自给自足，要积极引入外资。第二，发展中国家要制订好相应的外资引进计划，政府需对外资的规模进行宏观调控，使需要引进的外资规模和国内需要追加的资源规模相符。第三，发展中国家需采取适当的措施在外资的分配、管理、控制等方面起到调节作用，控制跨国财团、企业等机构在本国的活动。第四，发展中国家应进行经济改革，调整经济结构，大力发展外向型经济、提高出口创汇能力，同时尽可能提高国内投资效率、提升国内储蓄水平。

三　双缺口模型的一个数值案例

我们用一个数值例子来分析双缺口模型对一个国家的应用。我们用（16-8）式来估计投资—储蓄缺口，用（16-9）式估计外汇缺口。假设该国政府在2020—2025年五年计划的目标年增长率（r）为5%，资本—产出比（c）为3，时期 t 的投资要求可写成：

$$I_t = (rc)Y_t = c\Delta Y = 3\Delta Y \tag{16-10}$$

假设10%的收入被纳为储蓄，则有：

$$S_t = 0.1Y_t \tag{16-11}$$

确定上述信息和每年的目标收入水平 Y_t，每年的收入水平可用目标增长率乘以基期收入水平（$Y_0 = 1000$）获得，未来每一年的投资—储蓄缺口就可以被估计出来，如表16-1所示。

表16-1 双缺口模型的一个数值模拟

	基年 Y_0 2020年	Y_1 2021年	Y_2 2022年	Y_3 2023年	Y_4 2024年	Y_5 2025年
GDP	1000	1050	1102.5	1157.6	1215.5	1276.3
储蓄	100	105	110.2	115.8	121.5	127.6
投资	140	150	157.5	165.3	173.7	182.4
投资—储蓄缺口	40	45	47.3	49.5	52.2	54.8
出口	210	216.3	222.8	229.4	236.3	243.4
进口	250	262.5	275.6	289.4	303.9	319.0
外汇缺口	40	46.2	52.8	60.0	67.6	75.6

注：假定GDP的增长率为5%。

对于进口需求，假定该国边际产出—进口比（m'）为0.2，则有：

$$M_t = (r/m')Y_t = i^* Y_t = (0.05/0.2)Y_t = 0.25Y_t \tag{16-12}$$

假设一个预测的出口是每年3%的指数增长率，则有：

$$X_t = X_0 e^{0.03t} \tag{16-13}$$

外汇缺口的计算结果也在表16-1中列出。我们可以发现，虽然国民收入账户在基年2020年的两缺口是相等的，但是预期的缺口随时间产生了差别，外汇缺口相较于投资—储蓄缺口而言更大。所以该国如果想要达到目标增长率，则必须每年有外资流入以填补两缺口中更大的一个。

四 双缺口模型的扩展

发展中国家在经济发展过程中会依次遇到吸收能力约束、储蓄约束、外汇约束这三类约束，"双缺口"模型重点考察了储蓄约束和外汇约束。此基础上，我们可以进一步将"双缺口"扩展为"三缺口""四缺口"模型[1]。

---

[1] 谭崇台：《发展经济学》（研究生教学用书），山西经济出版社2001年版；张培刚：《发展经济学教程》，经济科学出版社2001年版。

"三缺口"模型认为，发展中国家的经济发展除了储蓄和外汇两个缺口，还存在着第三个缺口，即技术、管理和企业家方面的缺口。该模型认为，针对发展中国家而言，最关键的约束并不在于资本稀缺，而在于技术方面的缺乏，主要表现在缺乏必要的技术知识、管理和企业家的才能。从现实来看，发展中国家目前的国内资源并不足以填补第三个缺口，因而必须引进外国资源。需要注意的是，在引进外资的同时，发展中国家必须也要注重对国外适宜技术、管理知识和人才等软件的配套引进，才能使外资得到充分有效的利用。

在"三缺口"模型的基础上，"四缺口"模型引进了"税收缺口"。发展中国家的经济发展需要国家通过经济计划等方式进行干预，而经济计划的实施则需要政府的财政支出来推动。但是对于相对落后的发展中国家而言，政府的税收计划目标和实际税收之间存在着一定的差距，即"税收缺口"。因此，政府必须通过向跨国公司等外资企业的利润征税，在金融上积极参与外资企业在当地的生产经营活动，通过征税、入股经营、财政参与等形式，为政府筹集公共金融资源，才能填补税收缺口，顺利实现经济发展计划。

第三节 外商直接投资与全要素生产率

就目前的国际资本流动而言，外商直接投资是外国投资最主要的组成部分。外商直接投资一般是指在发展中国家以直接投资建立生产经营实体的方式进行国与国之间的资源转移，包括技术、资金和管理经验等。外商直接投资以获取长期利润为目的，核心是控制企业的经营管理权。其中，跨国公司又是外商直接投资的主体。对发展中国家而言，外商直接投资已经是其对外开放和经济发展的重要推动力量。2001 年全世界有 6 万多家跨国公司，下属 80 万家分支机构，控制着 90% 以上的外商直接投资。

外商直接投资是促进一国全要素生产率进步的重要原因之一。总体来说，外商直接投资对全要素生产率的影响可以分为直接效应和间接效应。数据显示，就直接效应而言，外资进入规模每提高 1%，行业全要素生产率就会提高 1.08%；就间接效应而言，外资企业产出比重每提高 1%，可以带动行业总产出增加 1.99% 左右，外资企业投资于制造业行业的资本积累每增加 1%，能带动行业产出增加 0.05% 左右①。

一 直接效应

直接效应是指外商投资企业作为东道国生产体系中的一个重要组成部分，其使用的生产技术一般会高于东道国的内资企业。通过外商投资企业母子公司的技术联系与内部的技术转让或技术转移，先进技术的使用和人力资本的作用将会从客观上提高东道国特定产业

---

① 夏玉华：《外商直接投资与中国技术进步》，博士学位论文，厦门大学，2007 年。

的全要素生产率,从而直接促进东道国的技术进步。就我国而言,通过跨国公司的内部技术转移网络,外资企业获得了来自母公司的技术支持,很多中外合资企业的技术水平要明显高于国内的其他企业,国内外相应产品的生产技术水平差距也在不断缩小。

技术转移的最直接表现是随着跨国企业使用了国外先进设备而引进了新技术,也就是说技术是嵌入在了资本设备之中。这种与特定资本结合的技术进步被称为体现型技术进步(embodied technological progress)。新技术不但可以嵌入在物质资本之中,还可以嵌入在软件和人力资本之中。更新版本的软件产品代表一种新的更好的技术。技术需要人掌握,所以,新技术嵌入在前沿科学家和工程师的人力资本中。中华人民共和国成立之初,钱学森等一大批顶尖科学家归国实际上就是一次重大的技术转移。

二 间接效应

外商直接投资的间接效应主要表现在技术溢出效应上。技术溢出的途径主要有竞争效应、示范效应、关联效应、人力资本流动效应。显而易见,这些效应中有一些与国际贸易的溢出效应极为相似。

竞争效应是指外资企业通过增加行业内部竞争,促使国内企业提高生产技术水平。在面对外资企业竞争压力的情况下,为了避免原有市场份额的丢失或者被挤出市场,国内企业会努力采用新的技术提高自身生产效率。但是,这种途径存在着较大的争议,虽然通过增加竞争、施加压力可以催化国内企业加大研发投入,起到一定程度上正外部性的作用,但是也可能会由于外资企业实力雄厚、规模庞大导致国内企业被挤出市场,造成外资企业的卖方垄断。因而,增加行业竞争能否提高技术水平根本上还是取决于国内企业已有的技术能力。

示范效应主要体现在技术的平行外溢上,是指外资企业对国内企业的技术创新和管理方法进行示范、刺激和推动。外资企业的进入为内资企业带来了先进的生产技术和管理经验,通过和外资企业的接触,内资企业可以学习到跨国公司产品创新的信息、观察到外资企业为了适应本国环境在本土化策略和新型组织管理模式上的设计改良,从而减少内资企业由于对创新活动的成本和收益等信息了解有限而产生的畏惧风险、不愿投资的情况。示范效应具有准公共产品的外部性特征,其产生的学习和模仿活动将对内资企业的技术创新、组织管理模式变革甚至劳动力分工形式的调整都产生影响。21世纪初,我国的微电子、移动通信、轿车、制药、工程机械等行业前十大企业60%以上的席位都被外商投资企业占据,这些外商投资企业的进入,在加剧了市场竞争的同时,也通过示范效应在很大程度上改变了当时某些产业"低、小、散"的竞争格局,改善了通过价格战等方式进行恶性竞争的状况,优化了产业结构、提高了产业的组织效率。同时,外资进入的竞争效应迫使了当时很多内资企业通过兼并重组等方式提升了企业的规模实力,加速优化提升了产业的组织结构和运行效率,大大地提升了产业的规模经济水平。

关联效应主要表现在垂直外溢上,是指外资企业通过前后向联系,对国内的上下游关联企业进行技术进步的示范、援助和带动。尤其是当外资企业在东道国设立的子公司的生产逐步从初加工阶段进入深加工阶段时，由于规模的扩张和避免规模不经济的考量，子公司不得不将一部分生产委托于当地的供应商。一般来说，外资企业子公司会有以下几种途径对东道国后向关联企业形成垂直外溢效应：协助当地供应商进行原材料和中间产品的采购并建立生产性设施；通过提供技术支持、人员培训或共同开发产品等方式向当地供应商进行技术知识等生产要素的转移；通过对产品的质量和供应服务等方面提出较高要求以激励本地供应商改进生产过程，提高产品和服务的质量；指导当地企业进行管理模式和组织结构的调整；对生产中间投入品的需求增加促进当地供应商实现生产的规模经济。例如，大众集团在进入我国之初，为了实现零部件的本地化配套，先后动员了全球多家零部件企业在华投资，此后上海大众也在国内培养并带动起来一批国内优质零部件企业，一起构成了我国汽车工业最初的供应链体系。1985 年上海大众开始批量生产桑塔纳，1987 年该车的国产化率仅为 2.7%，但到 1989 年该车的国产化率迅速提高到了 60.09%，1991 年达到 70%。

人力资本流动效应是指利用人才流动将外资企业先进的管理技能和知识技术引进国内企业。过去我国的人才流动呈现出单向特征，由于当时外资企业的待遇要好于内资企业，因而人才大多从内资企业流向外资企业，外溢效果较弱。但随着我国经济不断发展，人才的双向流动逐渐频繁。当本地劳动力从外资企业流入内资企业或自创公司时，其在外资企业学到的各种技术、管理等知识也随之外流，对本地企业的外溢效果相比从前大大加强，国内企业受益也越来越多。以我国的汽车产业为例，自改革开放以来，合资汽车企业培养了大量的技术和管理人才，目前我国本土汽车企业的技术和管理骨干在很大程度上都得益于合资企业的培养。就奇瑞、吉利、一汽奔腾、上汽荣威等本土企业和自主品牌来说，其管理和技术负责人几乎都有在合资企业工作历练的经历。

但需要注意的是，外资的引入也可能带来逆外溢效应。外资企业的进入可能会挤占内资企业的市场份额，挤压当地企业的生存空间，同时也有可能造成当地的人才和技术流向外资企业。此外，当外资企业在本土市场上占据较大份额之后，很有可能会利用其经济力量对市场进行垄断，对本土企业的生产带来不利影响。

值得注意的是，我们在第二章中讨论的"技术阻塞"和第八章中讨论的"技术转移的障碍"等因素会阻碍技术的跨国外溢，在此不再赘述。

第四节　全球化与发展中国家

一　全球化与"逆全球化"

"全球化"（globalization）一词首先出现在 20 世纪 80 年代。1992 年，当时的联合国秘书长加利在联合国日的致辞中说道："第一个真正的全球化时代已经到来。"① 全球化已经成为当今时代的基本特征之一。

国际货币基金组织在其 1997 年的报告中称："全球化是指跨国商品与服务贸易及国际资本流动规模和形式的增加，以及技术的广泛迅速传播使世界各国经济的相互依赖性增强。"② 总体来说，经济全球化是指资本、商品、技术、人才、信息、服务等生产要素跨国跨地区的流动和扩散，世界经济活动通过对外贸易、资本流动、技术转移、提供服务等方式相互依存、相互联系形成一个全球范围内的有机经济整体。经济全球化促进了资源在全球范围内的优化配置，同时也使市场中的买方和卖方数量增加，促进了市场竞争，在地理意义上扩大了市场广度的同时，也在经济意义上增加了市场的深度。1921 年世界货物贸易总额达到 22.4 万亿美元，服务贸易总额达到 6.1 万亿美元，外国直接投资（FDI）达到近 1.65 万亿美元，2022 年 10 月每天的外汇交易高达 7.5 万亿美元。资本、商品、人员、服务、知识，都开始了大规模的跨国界流动。可以说，经济全球化是当代世界经济的重要特征之一，也是世界经济发展的重要趋势。

一般认为，全球化有四大支柱：市场经济是全球化的本质动力，跨国公司是全球化的急先锋，资本流动是全球化的载体，高新技术是全球化的助推器。经济全球化有三大主要特征，即生产全球化、资本全球化、市场全球化。

生产全球化的背景是，全球化使资源可以在全球范围内进行优化配置，生产要素的跨国流动促使了国际分工日益深入发展，国家间工业生产过程中的协调和联合趋势加强，形成了世界范围内的新的生产体系，企业内部分工国际化的跨国公司因此也得以快速发展。在生产全球化的趋势之下，很多国家的公司、企业纷纷制定全球化发展战略，在全球范围内扩大生产和经营规模，不断拓宽国内、国际市场份额，越来越多地选择在多国投资设厂，充分利用本公司资本、专有生产技术、管理、营销网络等要素，同东道国当地的资本、技术、劳动力、市场等优势要素结合，进行生产和经营，并希望以此方式实现生产要素的最佳配置和利润最大化。例如，美国的英特尔公司在中国大陆、菲律宾、哥斯达黎加等地建厂生产 CPU；在韩国、日本、德国生产内存；在中国大陆或中国台湾生产显卡；在美国、马来西亚等地制造无线网卡。来自世界各地的零件最后组装成了英特尔公司的产品，这也是生产全球化的产物。尤其是 20 世纪 90 年代以来，一场大规模的跨行业、跨地区、跨国企业兼并的浪潮席卷了世界多国，企业的生产活动不再局限于眼前，而是扩大到了世界各个角落。这些跨国企业群体也推动了全球生产体系的形成，进一步深化了生产的全球化发展。

资本全球化是指，由于金融的自由化和国际化趋势不断加强，各国纷纷放宽了对金融业的限制，取消外汇管制，不断扩大金融市场的开放范围，国际金融市场得以快速发展。

---

① 彭青龙：《反思全球化、数字人文与国际传播——访谈欧洲科学院院士王宁》，《上海交通大学学报》（哲学社会科学版）2022 年第 2 期。
② 欧阳峣、汤凌霄：《构建中国风格的世界经济学理论体系》，《管理世界》2020 年第 4 期。

全球性的金融机构网络高速扩张，大量的金融业务跨国进行，跨国贷款、跨国证券发行和跨国并购体系等已经形成，为广大企业筹融资从事跨国生产和经营活动提供了极大的方便，也为国际游资通过国际金融市场套利提供了可能性。世界各主要金融市场在时间上相互接续，在价格上相互联动，几秒钟内就能实现上千亿美元的交易。尤其是外汇市场已经成为世界流动性最强的全天候的市场。

全球化同时也是一个市场化的过程。市场是世界经济发展的基础，也是推动世界经济增长的主要动力。就目前而言，国际市场，尤其是发达国家对商品和服务的吸纳力增长已经超过了生产力的增速，成为世界经济最活跃的动因之一。随着贸易、投资、金融、生产等活动的全球化，各国在经济、贸易、金融等领域的相互联系和依存不断加深，各国的市场开放程度也在日益扩大。市场越来越突破国界的限制，逐渐发展成为全球的市场。许多跨国公司也将自己的营销放眼国际，开始以国际市场为目标确定产品的营销策略。美国第一大家庭日用品生产商宝洁，经营300多个品牌的产品，畅销140多个国家和地区，这家公司打出的口号是："世界一流产品，美化您的生活。"

然而全球化的进程并不是一帆风顺的，全球化的同时也伴随着"逆全球化"的兴起。最新一波的"逆全球化"浪潮与2007年美国次贷危机以及由此引发的国际金融危机有关[1]。此前，美国主导了全球化进程，但是，美国新保守主义指导的"反恐战争"试图将美国价值观借助外部全球化环境予以推广的图谋落空，"次贷危机"极大地削弱了美国的国家综合实力，美国开始修正全球化路径。从奥巴马时代的美国"去全球化"的转型、二十国集团机制的形成，到美国TPP谈判、不承认中国市场经济地位以及与世界主要央行相左的货币政策，最后到2016年美国大选成为全球化的转折点，民粹主义思潮在美国社会爆发，以"美国优先"为口号的特朗普一举废除TPP谈判成果，美国从全球化的领导者转身为"逆全球化"的领导者。欧洲的"逆全球化"态势以英国2016年举行的全民公投中决定脱离欧盟为标志，此后大选中发生的"勒庞现象"等事件都是欧洲"逆全球化"的具体表现。

"逆全球化"态势的出现，背后经济原因有[2]：第一，经济全球化的收入极化效应。在国家间收入方面，既有的国际分工巩固了"中心—外围"发展格局，广大发展中国家更多定位在加工制造环节，甚至遭遇全球价值链的"低端锁定"。与之相适应的是，国际投资资本流向资本相对丰裕但却有更高的投资收益的发达国家，而不是流向资本更为稀缺的发展中经济体。在国内收入分配方面，国际贸易导致各国间劳动报酬均等化，即发展中国家劳动要素报酬增加导致国内收入分配更加均等，而发达国家则出现劳动要素报酬下降、国内收入分配趋于恶化的趋势。兼之20世纪90年代以来，跨国公司加速推动全球价值链分工及国际生产外包，大量工作机会由发达国家转移至广大发展中国家，进一步加剧发达国家的国内收入不平等。第二。经济全球化的运行"失灵"。全球化运行的内在机制及目

---

[1] 唐辉：《"逆全球化"态势研究》，博士学位论文，华中师范大学，2017年。
[2] 黎峰：《逆全球化浪潮：内在逻辑、发展前景与中国方略》，《经济学家》2022年第11期。

标存在难以兼容的矛盾与冲突。全球化的各种努力，如降低关税，大大降低了国际交易成本，但也限制了各国政府通过自主实施国内经济政策弥补民众安全感弱化的能力。资本、政府和市民社会这三种力量之间存在天然的紧张关系，我们不能在拥有超级全球化的同时拥有国家自主权来保护普通市民的利益，而最多只能在三者中取二。此为全球化"三元悖论"。

二 经济全球化对发展中国家的影响

在经济全球化的进程中，越来越多的发展中国家也加入了进来。经济全球化对于发展中国家而言，既带来了不少机遇，也存在很多的风险和挑战。经济全球化对发展中国家的影响既有积极的一面，也有消极的一面。

（一）积极影响

经济全球化为发展中国家的发展带来了难得的机遇，有利于发展中国家利用资金、技术、管理、人才等外部资源，充分发挥"后发优势"，进而加快国内经济体制的改革。经济全球化促进了资本的跨国流动，外资引入可以帮助填补发展中国家的国内资金缺口。经济全球化还加快了生产技术转让和产业结构调整的步伐，世界产业结构不断升级调整，有利于发展中国家引进发达国家的先进技术和生产设备，实现生产技术的转型升级和产业结构的优化调整，从而在技术上缩小和发达国家间的差距。管理、人才等生产要素在全球范围内的流动也有利于发展中国家引进具有先进的管理经验和具有高素质的管理人才，为发展中国家摆脱不发达状态创造条件。此外，虽然在经济全球化的过程中，经济制度较为完善、金融发展较为健全的发达国家占据着主导优势，但是具备后发优势的发展中国家也会不断加快经济体制改革，完善本国的经济发展制度，从而改善国内的投资环境、提高本国的经济发展水平，在国际市场中打破被动的发展状态。

经济全球化还为发展中国家跨国公司的发展提供了机会，使在国际市场上的竞争力日益增强。20 世纪 80 年代以后，发展中国家的跨国企业逐渐兴起，但发展极不平衡，有的企业发展较快，已开始参与国际市场竞争；有的企业则发展较慢，尚处于刚刚起步阶段。但总体而言，发展中国家跨国企业的投资规模较小、生产规模有局限性且大多为低附加值产品。经济全球化有利于发展中国家的跨国企业把握机遇，在更广阔的国际市场上参与竞争，不断向纵深方向发展。

经济全球化也有利于发展中国家发挥比较优势，增强发展中国家对外资的吸引力。虽然发展中国家在资金、技术、人才等方面较为匮乏，但却拥有着丰富的劳动力资源、基础原材料资源和市场优势，具有承接发达国家劳动密集型产业的天然优势。经济全球化背景下，发展中国家可以扬长避短，充分发挥本国的比较优势，在技术资源不足、经济发展水平较低的情况下也能吸收大量外资，促进本国经济进一步发展。此外，经济全球化有利于提高贸易自由化程度、扩大贸易自由化范围、降低国家间贸易壁垒，帮助发展中国家更好地开拓国际市场，发展对外贸易。同时，发展中国家要想适应经济全球化的需要，也必须不断根据国内外的市场需求进行生产调整，才能生产出适销对路的出口商品。

（二）消极影响

经济全球化在将市场经济的积极方面全球化的同时，也将消极方面全球化了，如污染全球化、移民全球化、生态破坏全球化等。全球化在西方发达国家的主导下，产生了新的问题和新的矛盾，对发展中国家也产生了不利影响。

经济全球化导致并加剧了经济发展的不平衡，发达国家和发展中国家之间的差距持续扩大。在经济全球化的进程中，也带来了全球竞争。全球范围内的激烈竞争对于消费者而言意味着更容易获得物美价廉的产品，但对于经营者来说却意味着将面临更残酷的经营环境和更低的收益率，对于劳动就业者来说意味着更激烈的就业竞争。由于发达国家在资金、技术、人才、管理以及贸易、投资、金融等方面具有主导优势，因此它们成为经济全球化最大的受益者，但广大发展中国家由于长期发展水平不足，科技创新水平较低，产业也尚未形成完整体系，经济发展能力较差，在国际经济关系中处于被支配地位，因而不可避免地导致发达国家和发展中国家之间的贫富差距越来越大。1991年，高收入国家GDP占全球比重为近80%，人口占比则为24%，低收入国家GDP占全球比重近0.86%，人口占比则为4.8%，高收入国家人均GDP是低收入国家的18.2倍。而在2021年，高收入国家GDP占全球比重为近61.9%，人口占比则为15.8%，低收入国家GDP占全球比重为近0.55%，人口占比则近9%，高收入国家人均GDP是低收入国家的63.9倍[1]。

经济全球化对发展中国家的主要产业甚至整个经济的发展带来了威胁。在经济全球化进程中，跨国公司是主要推动力。虽然跨国公司可以促进技术等生产要素的全球流动，但其对发展中国家进行技术转让的条件十分苛刻，且其投资往往会损害东道国的利益。因此跨国公司在促进东道国经济发展的同时也在冲击着东道国的市场，使发展中国家民族经济面临着越来越大的压力和挑战。此外，由于发展中国家在国际经济关系中的被动地位，严重的经济风险也往往伴随着发展中国家的发展历程。市场竞争不认特权，也不易受政府管辖，因而全球化背景下通过资源流动等可以有效规避政府管制，削弱国家主权对市场力量的制服能力。同时，发展中国家由于经济发展的经验不足、市场机制薄弱、金融体系不健全、抗冲击能力较弱，因而发展中国家如若对国际资金的使用和防范不当，很容易对其金融市场造成冲击，甚至可能会导致金融危机，严重威胁到发展中国家的经济安全。20世纪90年代，发展中国家连续发生的三次影响深远的金融危机（1994年年底、1995年年初爆发的墨西哥金融危机，1997年下半年爆发的东南亚金融危机和1998年年底、1999年年初爆发的巴西金融危机）均是由在对外开放如对外贸易和利用外资等方面的失误造成的，因而在经济全球化背景下，发展中国家发展外向型经济的过程中面临着外部冲击和巨大的金融风险。

---

[1] 根据世界银行WDI数据库中的数据计算所得。

三 重建国际经济秩序

一般认为,国际经济秩序是国际范围内各种类型的国家之间的经济关系,以及全部国家经济体系与制度的总和,目前的国际经济秩序主要涉及南北关系。

由于对旧有南北关系的不满,1964年召开的第二届不结盟国家首脑会议上第一次提出了建立国际经济新秩序的口号,要求在国际经济领域的贸易、金融、经济合作、技术转让、援助等方面建立一种新型的南北关系,重新建立新的世界经济体系。此后,1974年的第六次联合国特别会议和特别联大等会议通过了有关建立国际经济新秩序的一系列文件,发展中国家在和发达国家建立新型国际经济合作关系的同时,也通过斗争维护了自身的利益。

20世纪90年代以来,由于经济全球化的非均衡性特征,发达国家和发展中国家这两类不同的经济体在世界经济地位上有着悬殊的差别,产生了很多不平等问题,加剧了南北关系的矛盾。矛盾主要表现在两个方面,一是全球两极分化加剧,贫富差距进一步扩大;二是由于经济全球化的收益和损失非对称,发达国家享受着更多的好处而发展中国家承担着更大的风险和成本。联合国开发计划署颁布的1999年《人类发展报告》中显示,从经济全球化中受益的发展中国家还不到20个,有80个国家的收入相较10年前有所降低。总体来看,经济全球化趋势仍然建立在国际经济旧秩序之上,虽然其中有符合全球共同利益的一面,但大体规则仍由西方发达国家主导制定,具有明显的亲西方属性,发展中国家并不具有太多发言权。同时,由于目前国际经济组织也在很大程度上受控于一些主要发达国家,发展中国家在特定领域内必须服从国际机构的领导协调,这也导致发展中国家在一定程度上不得不作出让步,国家主权因此遭受侵蚀。发展中国家反对的不是全球化,而是全球化中不合理的规则和秩序。

进入21世纪,国际经济关系发生了重大变化,尤其是2008年国际金融危机发生之后,世界经济进入了深度调整时期,国际石油价格波动、国际贸易投资下降、世界经济增长乏力,对世界各国的经济发展都造成了极大的影响。但在以美国为首的西方发达国家的干预下,国际经济秩序不仅没有好转,反而一度面临崩溃。随着世界经济的持续低迷,排他性的区域贸易安排和规则碎片化现象不断出现,各种贸易保护势力抬头。英国脱欧之后,"逆全球化"潮流愈演愈烈,建立在自由市场经济理念上的全球自由贸易体制出现脱轨。此外,美国大选也表现出鲜明的民粹主义,特朗普上台之后施行了购买美国商品、雇用美国工人、限制海外投资、提高关税壁垒等一系列"美国优先"贸易保护主义政策,脱离了经济全球化的发展轨道,对多边自由贸易制度构成了极大挑战,对经济全球化发展产生了恶劣的影响。

在应对经济低迷等全球性问题上,应通过重建国际经济秩序,加大国际合作,提高全球治理能力等方式,而非转向孤立主义和保守主义。在新的国际经济秩序建设上,我国提出建立平等、开放、合作、共享的全球经济治理体系,积极推动全球经济治理体系变革和模式创新，为解决全球经济问题、实现世界经济稳定健康发展寻求出路。"一带一路"和亚洲基础设施投资银行等都是中国方案的杰出代表。2013年习近平主席在访问哈萨克斯坦和印度尼西亚期间提出建设"丝绸之路经济带"和"21世纪海上丝绸之路"的合作倡议，2015年我国发表了《推动共建丝绸之路经济带和21世纪海上丝绸之路的愿景与行动》，确定了"一带一路"建设的发展蓝图、实施路径和政策措施。目前，已有一百多个国家和国际组织积极参与和支持"一带一路"建设，我国也已同四十多个国家和国际组织签署了共建"一带一路"合作协议。2015年成立的亚洲基础设施投资银行（以下简称"亚投行"），是首个由我国倡议设立的多边金融机构，57个创始成员国中，不仅有来自域内各国，还有英国、法国、德国、意大利、加拿大等欧美发达国家参加。截至2022年8月，亚投行成员国已经达到105个。亚投行的成立促进了亚洲区域互联互通化和经济一体化建设的进程，并且大大加强了我国及其他亚洲国家和地区间的合作。

重建国际经济新秩序是一个长期的过程，发达国家和发展中国家都承担着不可推卸的责任。只有尽快建立有利于稳定全球经济的新规则，加强国际金融监管，因势利导，兴利除弊，才能重新建立稳定的国际经济新秩序。

本章小结

1. 外国投资分为外国直接投资（FDI）和外国间接投资。外资对经济增长的影响包括：提供了资金来源、创造了就业机会、带来了技术转移与溢出。外资引进过多或利用不当，都会产生负面影响。

2. 发展中国家实现经济发展目标所需资源计划需求量和国内的实际有效供给量存在两个缺口，即储蓄缺口和外汇缺口。"双缺口"采用结构主义分析方法，分析发展中国家在发展过程中存在的资源不足、结构失衡等问题，揭示了积极引入外资是发展中国家克服储蓄约束和外汇约束、提高经济增长率的重要途径以及经济改革、调整经济结构的必要性。

3. FDI对全要素生产率的影响分为直接效应和间接效应，其中直接效应是指，外商投资企业作为东道国生产体系中的一个重要组成部分，其使用的生产技术一般会高于东道国的内资企业。间接效应主要表现在技术溢出效应上。技术溢出的途径主要有：竞争效应、示范效应、关联效应、人力资本流动效应。

4. 全球化有四大支柱：市场经济是全球化的本质动力，跨国公司是全球化的急先锋，资本流动是全球化的载体，高新技术是全球化的助推器。经济全球化为发展中国家的发展带来了难得的机遇，有利于发展中国家利用资金、技术、管理、人才等外部资源，充分发挥"后发优势"，进而加快国内经济体制的改革。全球化对发展中国家的消极影响为：加剧了经济发展的不平衡，发达国家和发展中国家之间的差距持续扩大；对发展中国家的主要产业甚至整个经济的发展带来了威胁。

思考题

1. "双缺口"模型对发展理论的主要贡献是什么？
2. 发展中国家如何吸引外资？
3. 解释外国直接投资的动机。
4. 请讨论观点：外国贷款只是把资源从穷国转移到富国的有害手段。
5. 引用外资和使用内资的区别是什么？
6. 中国有大量资金，为什么还需要引入外资？
7. 使用外资的过程中如何避免债务危机？
8. 国家能尽可能多地借款吗？借款的可持续水平是什么？
9. 在早期的文献中，有一种理论认为，如果外资将利润全部汇回母国，则外资会导致发展中国家的"贫困化增长"，即经济总量增加了，但国内工资水平没有提高。请给出这个理论的一个解释。
10. 经济全球化和逆经济全球化对发展中国家的影响如何？发展中国家应如何应对？

第七篇 共享篇

我们最终的目标是实现共同富裕。早在20世纪50年代，毛泽东在《关于农业合作化问题》中就明确提出了要实现共同富裕。2021年，《中共中央国务院关于支持浙江高质量发展建设共同富裕示范区的意见》的发布，标志着实现共享发展进入新阶段。

共享是发展的出发点和落脚点，但是不同阶段实现共享所要解决的具体问题是不同的。本篇分两章介绍与共享相关的发展经济学知识，其中第十七章介绍贫困问题，第十八章介绍收入分配问题。

第十七章　贫困与发展

学习目标
1. 了解中国反贫困的成绩，掌握贫困的度量方法。
2. 了解贫困的特征或原因，理解贫困的功能性影响。
3. 了解我国精准扶贫政策，理解精准扶贫政策的绩效。

发展的反面就是贫困。贫困问题在发展经济学中一直居于核心位置。前面我们介绍的经济增长、结构变化等问题，实际上是从总体上解决发展中国家的贫困问题，或者说通过宏观上的经济增长来解决普遍性贫困问题。尽管有了经济增长不一定能解决贫困问题，但是当一个国家或地区处于经济发展早期阶段时，大多数人都是贫困人口，这时加快经济增长对于解决贫困问题是必要甚至是唯一的选择，而探讨贫困的个体特征意义不大，因为无论哪种特征的个体，几乎都是贫困的。例如，纳克斯所指的"贫困恶性循环"之类的贫困陷阱就是指的这种总体意义上的贫困。而当经济发展到一定程度后，大部分人脱离了贫困状态，这时研究个体意义上的贫困就变得必须了。本章分三节介绍经济发展过程中的贫困问题，第一节为贫困的度量，第二节为贫困特征与功能性影响，解释贫困与经济发展之间的互动关系，第三节以广东省财政教育精准扶贫资金为例，对我国精准扶贫的绩效进行分析。

第一节　贫困的度量

一　贫困线的确定

要衡量一个国家或某种群体的贫困程度，首先是要搞清楚哪些人属于贫困人口。为此我们要确定一个收入或消费标准，收入或消费低于这个标准的人就属于贫困人口。这个标准就叫贫困线或者贫困标准。

贫困线如何确定，取决于要研究、解决的是哪种贫困问题。根据贫困程度的不同，贫困分为绝对贫困和相对贫困。绝对贫困又叫生存贫困，意指处于这种贫困状态下的个人或家庭不能维持其基本的生存需要。需要注意的是，基本生存需要也是会随着时间与空间而变动的。比如，在城市里生活，公共交通是生活的基本需要，而在农村并不一定需要公共交通；30年前手机也不会是生活的基本需要，而现在手机成了生活必需品。相对贫困就是指家庭收入或消费低于社会平均的某种状态。绝对贫困不会长期存在，可以完全消除，但是显而易见，相对贫困是与收入分配相联系的，它会长期存在。

与绝对贫困相对应的贫困标准就是绝对贫困线，与相对贫困相对应的贫困标准就是相对贫困线。一般中低收入国家或地区的贫困线是绝对贫困线，高收入国家的贫困线是相对贫困线。无论是绝对贫困线还是相对贫困线，都有很多具体的确定方法。一般来说，在政策层面上需要清晰且相对稳定的贫困线，而在学术研究中更加强调的是贫困线的科学性与准确性。应当明确的是，在中国的政策层面上，贫困都是指的农村贫困，脱贫也仅限于农村贫困人口的脱贫，但在学术研究上，有时也把城市低保对象纳入贫困问题研究范畴。下面我们简单介绍国际上通用的三种确定贫困线的方法，即营养摄入法、恩格尔系数法、相对收入法（收入比例法）。

营养摄入法，又称基本需要法或马丁法，它是一种反映绝对贫困问题的贫困线，适合发展中国家或地区。这一方法是先确定一个成年人正常情况下每天需要消耗的能量，然后将这个能量转化成本地的常见食物数量，再根据食物价格计算出要购买这些食物需要的支出，最后加上其他生活必要支出，如必要的衣着、交通、住房、子女教育等，所得花费金额就是贫困线。关于这种方法，世界银行专家马丁·瑞瓦利昂（Martin Ravallion）[1] 做了大量的工作。

恩格尔系数法就是根据恩格尔系数来确定贫困线，属于绝对贫困线。恩格尔系数就是食物支出与总支出之比，它随着收入增加而下降，收入越低的人恩格尔系数越高。国际粮农组织提出，恩格尔系数在60%以上属于贫困，用这个比例求出的消费支出即为支出贫困线。

相对收入法，又称为收入比例法，属于反映相对贫困的贫困线，是高收入国家普遍采用的方法。这种方法就是将平均收入或中位收入的一定比例确定为贫困线。例如，国际经济合作与发展组织（OECD）提出：一个国家或地区社会中位收入或平均收入的50%—60%作为这个国家或地区的贫困线。

中国农村贫困标准的确定大体上采用营养摄入法，但与国际上通行的消费贫困线略有不同的是，我国确定的是收入贫困线。首先，确定"食物贫困线"。根据当年中国农村住户抽样调查分户资料计算低收入组的食品消费清单，根据营养学家建议的每人每天2100大卡必需的营养标准调整食品消费量，再乘以对应的价格并求和，即可得到食物贫困线。其次，确定"非食物贫困线"。1995年以前，主要根据非食品消费支出比重来计算非食物贫困线。1995年开始，国家统计局实际上采纳了世界银行的建议，根据食品消费支出函数回归模型来客观计算低收入群的非食物消费支出。在实际计算时，同时考虑了不同地区人们的消费习惯、家庭结构、生产结构等因素对居民的消费支出，特别是食品支出产生的影

---

[1] Martin Ravallion, 2016, *The Economics of Poverty: History, Measurement, and Policy*, Oxford University Press.

响。最后,食物贫困线和非食物贫困线之和就是贫困线。

随着经济社会的发展,我国贫困标准适应新的社会形势而不断提高。1986 年的绝对贫困标准为 206 元,2007 年为 785 元。除了绝对贫困标准,我国政府还设定了低收入标准,自 2000 年起开始公布,以便监测刚实现基本温饱的贫困人口的动向,并进行贫困的国际比较。2000 年的低收入标准为 865 元,2007 年年底为 1067 元。2008 年,绝对贫困标准和低收入标准合一,统一使用 1067 元作为国家扶贫标准。到 2010 年贫困标准增加到 1274 元,2011 年更是一次性提高到 2300 元,与世界银行的国际贫困标准线（2015 年后上调至 PPP1.9 美元）大致相当。2011 年之后以此为基础根据通货膨胀逐年进行调整,2019 年贫困标准为 3747 元,2020 年贫困标准为 4000 元。与此相对应,不同时期的贫困标准有不同的内涵,20 世纪 80 年代的国家贫困标准线相当于"吃饭线",是以卡路里计算得到的。而目前中国国家扶贫标准已经发展到了多维度,不仅保障贫困人口的吃饭问题,还要使贫困人口获得教育、医疗、住房、社会保障等诸多方面的公共服务。实际上,中国当前的脱贫标准为"一超过、两不愁、三保障",比贫困线标准更高,其中"一超过"即为贫困户的收入稳定超过贫困线,"两不愁"是指不愁吃、不愁穿,"三保障"是指义务教育、基本医疗、住房安全有保障。

二 贫困的度量方法

确定了贫困线后,我们就可以用不同方法来度量一个国家或地区的贫困严重程度。度量贫困的指标有单一指标和多维指标,单一指标分别度量了贫困广度（贫困人口数、贫困发生率）、贫困深度（贫困差距、收入缺口等）和贫困强度（P2）。多维贫困指标主要是联合国的 MPI。

（一）贫困人口数与贫困发生率

贫困人口数反映贫困人口的规模。贫困人口总数越大,在一定程度上说明了贫困问题越严重。但是贫困人口数没有考虑到人口基数所产生的差异,贫困发生率（Head Count Ratio,HCR）解决了这一问题。贫困发生率公式如下：

$$HCR = q/n \qquad (17-1)$$

其中,q 为贫困人口数,n 为全部人口数。这个比重越大,说明社会中处于贫困线以下的人越多,社会的贫困面越广。

贫困人口数和贫困发生率均反映了贫困人口数量特征,但是它们并没有告诉我们贫困人口离贫困线的差距有多远。显而易见,贫困人口的收入比贫困线低 1 元与低 1000 元所代表的含义是不同的。如图 17-1 所示,A、B 两国贫困标准和贫困人口数或贫困发生率都相同,A 国贫困人口收入水平与贫困线的差距比 B 国更大,则将处于贫困线以下的每个人提高到贫困线所需的总收入更大,这反映出 A 国贫困程度更深。

（二）贫困差距与贫困缺口

贫困差距指标用来测量贫困人口收入与贫困线之间的总体差额,也就是是贫困人口的

(a) 较大的贫困差距　　(b) 较小的贫困差距

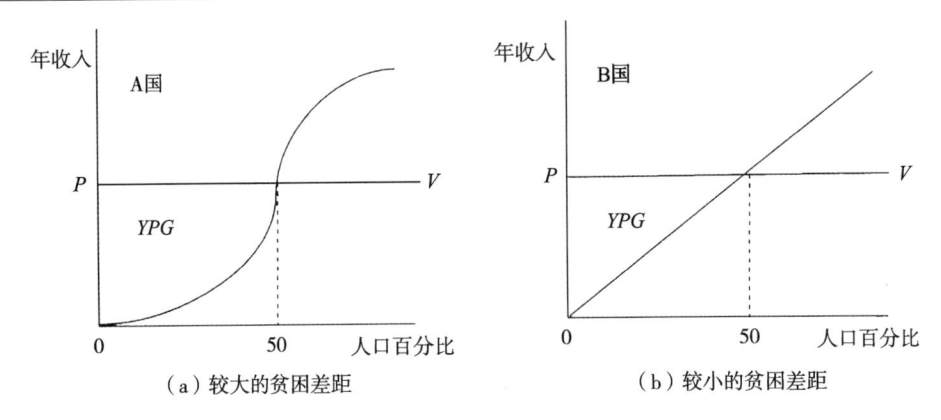

图 17-1　不同大小的贫困差距对比

总体贫困深度,其公式如下:

$$TPG = \sum_{i=1}^{q}(Y_p - Y_i) \quad (17-2)$$

总贫困差距也就是通过将每个贫困人口的收入 Y_i 离绝对贫困线 Y_p 的差距进行加总。总贫困差距与总人口规模有关。要消除人口规模的影响,我们可以将总贫困差距除以总人口,得到平均贫困差距(APG),公式如下:

$$APG = \frac{TPG}{n} \quad (17-3)$$

这个指标反映了贫困程度的平均水平。平均贫困差距除以贫困线,得到标准化贫困差距(NPG),表示相对于贫困线的贫困差距大小,该度量值在 0 和 1 之间,公式如下:

$$NPG = APG/Y_p \quad (17-4)$$

上面的 APG 和 NPG 对贫困人口数量不敏感,我们可以用 AIS 和 NIS 解决这一问题。平均收入缺口(AIS)是用总贫困差距除以贫困人口数,表示贫困人口收入低于贫困线的平均水平,是另一个衡量贫困差距的重要指标,公式如下:

$$AIS = TPG/q \quad (17-5)$$

平均收入缺口除以贫困线,得到标准化的收入缺口(NIS),表示相对于贫困线的收入缺口大小,公式如下:

$$NIS = AIS/Y_p \quad (17-6)$$

以上指标均对贫困人口的收入分布不够敏感,下面的 FGT 指数和 Sen 指数解决了这一问题。

(三) Sen 指数

经济学家阿马蒂亚·森首先找到把贫困发生率与贫困缺口指数综合的测量法,使贫困人口的分布和收入分配都得到了很好的体现。森把贫困看作穷人的贫困差距的加权平均,其公式为:

$$p = A(n,q,Y_p) \sum v_i g_i \tag{17-7}$$

其中，v_i 是第 i 个人的贫困差距 $g_i = Y_p - Y_i$ 的权重，取决于这个人与同一参照组中其他人的相对地位。如果参照组是贫困人组，那么相对地位就是第 i 个人在贫困人集合中的排序 $r(i)$。$A(n,q,Y_p)$ 是一个正规化参数，它依赖于总人口 n、穷人人数 q、贫困线 Y_p。

Sen 指数是一个有效弥补贫困发生率和贫困差距方法不足的测度贫困程度的综合指数法，但能否在实践中应用这种方法还需要根据政策的需要和采集数据的可能性、可靠性做出选择。

(四) FGT 指数

FGT 指数 (Foster-Greer-Thorbecke Index) 是由经济学家 Foster、Greer 和 Thorbecke 在 1984 年提出来的贫困测量指数，其公式为：

$$p_a = \frac{1}{n} \sum_{i=1}^{q} \left(\frac{Y_p - Y_i}{Y_p} \right)^a \tag{17-8}$$

其中，Y_i 为第 i 个穷人的收入，Y_p 为贫困线，n 为总人口，a 是一项参数，$a \geq 0$，在研究中一般使用 $a = 0$ 或 1 或 2。根据 a 的值，p_a 呈现不同的形式。如果 $a = 0$，分子等于 q，得到贫困发生率 q/n。如果 $a = 1$，得到标准化的贫困差距。如果 $a = 2$，则穷人的收入增加对测算的贫困的影响与该人到贫困线的距离成正比。如果 $a = 2$，得到的测量值 p_2 可以改写为：

$$p_2 = \left(\frac{q}{n} \right) [NIS^2 + (1 - NIS)^2 (CV_p)^2] \tag{17-9}$$

其中，p_2 包含穷人收入变异系数 (CV_p) 的度量，并且满足所有四个贫困公理[1]。显然，只要 q/n，NIS 或 CV_p 增加，p_2 就会增加。从公式中可以看出，当标准化的收入缺口较小时，贫困人口的收入分配 (CV_p) 更加受关注，而 NIS 较大时，对贫困人口的收入分配的关注就越小。p_2 已成为世界银行和其他机构使用的收入贫困衡量标准，并且由于其对贫困深度和严重性的敏感性，因此已用于收入贫困的实证研究。

(五) 多维贫困指数

联合国开发计划署 (UNDP) 从人类生存生活的几个重要方面度量贫困，测算得到人类贫困指数 HPI。HPI 建立在三个主要指数基础上：预期不会活到 40 岁的人口所占比例 (P_1)；成人识字率 (P_2)；建立在以下三个变量平均数基础上的剥夺指数 (P_3)：没有获得安全饮用水的人口百分比；没有获得医疗保健服务的人口百分比；5 岁以下儿童低于平均体重的百分比。人类贫困指数显示被剥夺和痛苦的程度，以及人类贫困的各个方面，公

---

[1] 森首先提出评价贫困指数的公理化方法，同时由一些学者拓展形成这一公理性标准体系：一是单调性公理：在现有收入分配的基础上，减少任何一个贫困成员的收入时，贫困指数增加，整个社会的贫困程度将更严重。二是转移性公理：若其他条件不变，把收入从任何一个贫困成员转移给另一个相对较富有的成员时，将增加整个社会的贫困程度。三是转移敏感性公理：贫困成员的收入水平越高，从他们那里进行相同水平的收入转移时，对全社会贫困程度的影响越小；反之，则越大。四是子集单调性公理：如果任何部分成员的贫困程度加重，则整个社会的贫困程度也加重；如果任何一部分成员的贫困程度减轻，则整个社会的贫困程度也随之减轻。参见 Sen, A., 1976, "Poverty: An Ordinal Approach to Measurement", *Econometrica*, 44 (2)。

式如下：

$$\text{HPI} = \left[\frac{1}{3}(P_1^3 + P_2^3 + P_3^3) - 3\right]^{1/3} \qquad (17-10)$$

2010 年 UNDP 发布的多维贫困指数（MPI）代替了 1997 年开始使用的人类贫困指数（HPI）。MPI 是对 HPI 的发展和改进，考虑到贫困的多维性和人们遭受多重贫困时会产生消极的相互作用，更加接近贫困的现实状况。MPI 测量多维贫困的方法是：第一，设立一个指标体系，确定每个指标的临界值，将未达到临界值的指标判断为不达标指标。具体来说，MPI 从家庭层面建立指数，从三个维度识别了家庭层面上的叠加剥夺，维度指标包括健康（营养和儿童死亡率）、教育（受教育年限和儿童入学率）和生活标准（做饭用燃料、厕所、饮用水、电、屋内地面材质和财产）。每个维度的权数是相等的，维度内的每个指标权数也是相等的。第二，加总每个个体不达标的指标个数，并判断该个体是否贫困。当一个家庭的不达标指标加权分数大于等于 1/3 时，这个家庭被认为是多维贫困。第三，计算多维贫困发生率，即贫困个体数量占全部个体数量的百分比；再计算所有个体平均不达标程度，即不达标指标个数占全部指标个数的比重。第四，计算多维贫困指数，等于多维贫困发生率与平均不达标程度的乘积，相当于贫困广度和平均深度的乘积。

一些发展中国家在 2017—2018 年的多维贫困度量结果如表 17-1 所示。中国的多维贫困指数相对较低，为 0.016，剥夺强度为 41.3%，即我国有 3.9% 的人口处于多维贫困，这部分贫困人口在教育、健康、生活条件方面有 41.3% 达不到要求。其中教育的剥夺对整体贫困程度的贡献较高，为 39.2%，其次健康的剥夺对整体贫困程度的贡献接近教育，为 35.2%，而生活的剥夺对整体贫困程度的贡献较低，为 25.5%。考虑到我国庞大的人口数，我国多维贫困状况需要得到重视，其中教育和健康方面的剥夺尤其要引起重视。同时随着贫困自身的演变和贫困研究的深入，多维贫困的应对将会是包括中国在内的各国反贫困的趋势和重要课题。

表 17-1　2017—2018 年部分发展中国家的多维贫困状况

人类发展指数			多维贫困指数			每种维度的剥夺对整体贫困程度的贡献		
排名	国家	值	值	人数占比（%）	剥夺强度（%）	健康（%）	教育（%）	生活水平（%）
63	塞尔维亚	0.799	0.001	0.3	42.5	20.6	42.7	36.8
69	阿尔巴尼亚	0.791	0.003	0.7	39.1	28.3	55.1	16.7
76	墨西哥	0.767	0.025	6.3	39.2	67.0	14.1	18.8
79	巴西	0.761	0.016	3.8	42.5	49.8	22.9	27.3
82	秘鲁	0.759	0.053	12.7	41.6	20.3	23.7	56.0
85	中国	0.758	0.016	3.9	41.3	35.2	39.2	25.5

续表

人类发展指数			多维贫困指数			每种维度的剥夺对整体贫困程度的贡献		
排名	国家	值	值	人数占比(%)	剥夺强度(%)	健康(%)	教育(%)	生活水平(%)
119	巴勒斯坦	0.690	0.004	1.0	37.5	53.3	32.8	13.9
129	印度	0.647	0.123	27.9	43.9	31.9	23.4	44.8
135	孟加拉国	0.614	0.198	41.7	47.5	23.5	29.2	47.3
158	尼日利亚	0.534	0.291	51.4	56.6	27.0	32.2	40.8
170	阿富汗	0.496	0.272	55.9	48.6	10.0	45.0	45.0
189	尼日尔	0.377	0.590	90.5	65.2	20.3	37.3	42.4

资料来源：《2019 年人类发展报告》。

三 中国反贫困成绩

改革开放以来，中国农村扶贫政策经历了体制改革下的救济式扶贫（1978—1985年）、开发式扶贫制度化和八七扶贫攻坚阶段（1986—2000 年）、农村扶贫综合开发阶段（2001—2013 年）、脱贫攻坚和精准扶贫阶段（2014—2020 年）四个阶段。

第一阶段（1978—1985 年），改革开放废除了人民公社，建立了以家庭联产承包经营制为基础的双层经营体制，放开农产品价格和市场，乡镇企业得到快速发展，极大地解放和发展了生产力，使农村贫困问题大面积缓解，同时为解决农村贫困问题奠定了基础。这一阶段扶贫政策目标主要以区域瞄准为主，关注"老、少、边、穷"地区的贫困问题，扶贫制度和政策的目标瞄准聚焦于具有普遍性贫困特征的农村地区，以及极端贫困集中的连片贫困区，具有明显的区域性色彩。采用的是直接转移资金的"输血式"的扶贫方式，具有救济性特征。

第二阶段（1986—2000 年），20 世纪 80 年代中期，中国市场经济改革的继续展开，针对农村体制改革的边际效应下降，中西部和东部沿海地区农民的收入差距逐渐扩大，农村内部收入不平等程度加剧，而城乡收入差距也从 1988 年开始再次拉大。为提高减贫效果，政府开始实施有组织、有计划、大规模的开发式扶贫。其标志是从中央至地方政府官方的农村扶贫机构的成立。这一时期的目标瞄准采用了县级瞄准机制。1986 年，中央政府首次确定国定贫困县标准。1994 年，国务院制定并颁布了《国家八七扶贫攻坚计划》[其中"八七"是指：对当时全国农村 8000 万贫困人口的温饱问题，力争用 7 年左右的时间（1994—2000 年）基本解决]，并且明确提出从救济式扶贫转向开发式扶贫，通过专项扶贫政策形成了一套相对固定的开发式扶贫机制。

第三阶段（2001—2013 年），经过"八七扶贫攻坚计划"之后，贫困县的贫困人口数量和比例下降非常迅速，中国贫困人口的分布从区域分布逐渐转向点状分布，贫困人口在空间上逐渐分散。2001 年，国务院颁布并实施了《中国农村扶贫开发纲要（2001—2010）》，扶贫开发的重点转向贫困村，进行农村扶贫综合开发。2005 年，党的十六届五中全会提出建设"社会主义新农村"，此后把农村的教育、文化、医疗、社会保障、基础设施建设等民生工程列入"十一五"经济社会发展的主要指标，新型农村合作医疗、农村最低生活保障制度、农村社会养老保险制度相继建立。2011 年，《中国农村扶贫开发纲要 2011—2020》颁布，这一时期我国扶贫开发的主战场又转向了集中连片特困地区①，开始片区攻坚阶段。在这两份扶贫纲领性文件的指引下，逐渐形成了多部门参与农村扶贫的"大扶贫"格局。

第四阶段（2014—2020 年），随着整个宏观经济环境的变化，严重的收入不均和区域发展不平衡导致经济增长的减贫效应下降，中国扶贫开发逐渐进入了精准扶贫和精准脱贫阶段。新的扶贫开发工作目标除了延续片区攻坚外，着重强调对建档立卡的贫困户瞄准，通过"六个精准"的方式，动员全社会的力量，采取综合性的脱贫手段帮助贫困户、贫困村和贫困县的"脱贫摘帽"。2015 年 12 月，《中共中央国务院关于打赢脱贫攻坚战的决定》（以下简称《决定》）目标要求到 2020 年确保我国现行标准下农村贫困人口实现脱贫，贫困县全部摘帽，解决区域性整体贫困。《决定》阐述了精准扶贫的内涵、外延，形成了一系列政策安排。精准扶贫这一思想和方法论被放到了扶贫开发工作，乃至国家新时期发展战略中的最核心位置。

总体来看，通过以上不同阶段、四十多年扶贫工作的不懈努力，我国减贫事业取得了巨大的成就。按照现行农村贫困标准，从 1978 年年底中国贫困人口数量的 7.7 亿人、贫困发生率 97.5%，至 2020 年年底我国农村贫困人口清零，四十多年累计减贫 7.7 亿多人。其中，第一阶段农村贫困人口从 1978 年年底的 7.7 亿人减少到 1985 年年底的 6.6 亿人，农村贫困发生率从 1978 年年底的 97.5% 下降到 1985 年年底的 78.3%；第二阶段和第三阶段的扶贫开发，贫困人口减少 5.6 亿多人，到 2012 年年底为 9899 万人，下降了 85.0%，农村贫困发生率下降到 10.2%，比 1985 年年底下降了 68.1 个百分点；第四阶段，农村贫困人口清零，年均减贫 1237 万人，中华民族千百年来的绝对贫困问题有望得到历史性解决。

中国反贫困是人类历史上规模最大、速度最快的反贫困斗争。中国减贫的做法和成就也加速了世界减贫进程，为全球减贫事业作出了巨大贡献。全球极端贫困人口从 1990 年的 19 亿降至 2020 年的近 7 亿，中国的贡献率超过 70%，成为首个实现联合国减贫目标的发展中国家。中国有组织有计划大规模的扶贫开发，尤其是精准扶贫方略的实施，走出了中国特色扶贫开发道路，为全球减贫提供了中国智慧和中国方案（见图 17-2）。

---

① 中国 14 个连片特困地区包括：六盘山区、秦巴山区、武陵山区、乌蒙山区、滇桂黔石漠化区、滇西边境山区、大兴安岭南麓山区、燕山—太行山区、吕梁山区、大别山区、罗霄山区、西藏自治区、四省藏区、新疆南疆三地州。这些地区多是革命老区、民族地区、边疆地区，基础设施和社会事业发展滞后，生态环境脆弱，自然灾害频发，贫困人口占比和贫困发生率高，脱贫任务重、脱贫难度大。

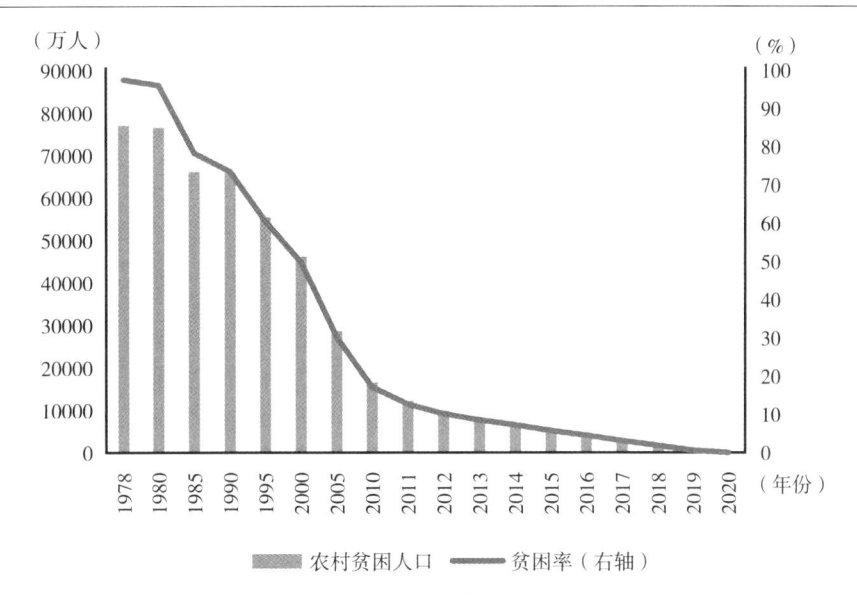

图 17-2 1978—2020 年中国反贫困成绩

资料来源：国务院扶贫办网站、中国网，http://finance.china.com.cn/news/special/ggkf40years/20180903/4749990.shtml。

第二节 贫困的特征与功能性影响

一 贫困的特征或成因

虽然我们通常认为"幸福的家庭都是相似的，不幸的家庭各有各的不幸"，但是从统计上看，贫困地区与贫困家庭有一些共同特征，这些特征有的是贫困的表现或结果，有的又是贫困的原因，或者与贫困互为因果关系。我们分别讨论贫困地区和贫困家庭的特征或原因。个人和家庭的生存状况不能脱离当地的经济社会环境，地区贫困实际上是家庭致贫的外部宏观环境。

（一）贫困地区的特征

第一，自然条件恶劣。地方层面的自然资源和地理条件的限制导致了地区性的贫困，使生活在这些地区的人们面临生产生活困难。贫困人口主要聚居于自然条件恶劣、经济落后的深山区、石山区、高寒山区、干热河谷区和少数民族地区、边境一线，这些地方山高坡陡，缺水少土，可利用资源贫瘠，自然灾害频繁，生存环境恶劣，生产和生活条件差，自然条件恶劣是贫困的直接致因。此外，自然条件差还表现在区位条件差。贫困地区都较为偏僻，远离经济中心地区，交通受阻，地理位置十分不利，影响当地与外部人员物质信息的流通，阻碍了当地获得外部的资源和发展机会，因此当地的贫困状况通常也不容易改变。

第二，软硬基础设施落后。贫困地区的教育、医疗底子薄弱，水、电、路、通信等基础设施状况较差，很多地方还没有打通"最后一公里"。造成这一局面既有当地财政力量薄弱的原因，也有体制方面的宏观原因。为得到更多的积累资金来支撑国家工业化和城市化的发展，我国在相当长的时期内实行了工农业剪刀差制度。这一制度安排使财政资源的配置偏向于城市，农村地区软硬基础设施只能靠当地以类似于"集资"方式或村镇级公共财政资源来解决，导致贫困地区普遍性公共服务供给不仅数量少而且质量差。

第三，历史文化制约。地方历史文化特性也是导致地区性贫困的重要环境。贫困地区的经济社会文化落后也有很大程度的历史原因，特别是一些边疆地区特有的少数民族，许多是从原始社会末期或奴隶社会直接进入社会主义社会的，少数民族地区从原始社会脱胎出来的思维方式、生产方式、生活方式，不可能在短期内就能得到根本的改变。更多的情况是，当地旧的社会意识形态、文化传统等沉淀下来，这些地区旧有的习惯势力内化到劳动者身上，对地区生产力的发展起到了顽固的抗拒作用。

（二）贫困家庭的特征

贫困通常有一些普遍的人口特征。如果说贫困地区特征是家庭贫困的外部特征或成因，那么贫困家庭内部状况可以说是贫困的内在特征或成因。

那些家庭成员收入低于贫困线的家庭要比平均家庭的规模大一些。张昭使用2013年中国综合社会调查（CGSS）数据发现，我国农村贫困人口的平均家庭规模（3.34人）要略高于非贫困人口的平均家庭规模（3.23人）[①]。大家庭，特别是孩子数多的家庭，被抚养人口的比率要高一些，人均收入自然较低，更容易发生贫困。应当注意的是，家庭规模不仅是贫困的原因，而且也是贫困的结果，这是因为穷人有激励去生更多的孩子来分担家庭劳动，这会增大家庭中被抚养人口比率，进一步诱发贫困。与此同时，贫困家庭的孩子缺乏家庭资源的支撑来接受适当的家庭和学校教育，人口素质较差，贫困往往容易在代际间延续。

贫困的一个非常自然的特点是缺乏生产性资产。这一点也在上述研究中有所体现，即贫困个体与非贫困个体拥有的房产数量存在差异，贫困人口拥有的房产数量略低。生活在贫困线以下的穷人很大程度上只有自身的劳动力，以供投入生产和转换为生活物资，所以往往只能从事非正式部门就业或自我雇用，如建筑工、街头小贩、小规模农业经营等，通过这些方式获得的收入较低且不稳定，并且缺乏相关法律保护，结果自然是穷人的生活难以保障。当遇到一些意外冲击，如疾病或自然灾害等，穷人会受到重大的打击。应当注意的是，缺乏资产所有权和贫困之间也不是一种单向的因果关系。资产的缺乏可能会导致贫困，贫困的发生也会导致资产缺乏。还需要注意，穷人拥有的物质资源与穷人获取和利用资源的能力也有相互依赖关系，生产性资源缺乏会导致穷人能力发展不足，能力欠缺也会

[①] 张昭：《中国农村贫困人口多维特征分析》，《西北农林科技大学学报》（社会科学版）2017年第3期。

限制穷人对资源的获取和利用。

与缺乏物质资产一样甚至更严重的现象是穷人的人力资本非常低。大部分穷人没有人力资本，或只有很少人力资本，具体表现为穷人的知识技能文化水平低和健康状况差。上述研究表明，贫困人口中平均年龄（58.28 岁）要显著高于非贫困人口中的平均年龄（46.38 岁），平均受教育程度（4.82 年）要显著低于非贫困人口（7.48 年），健康状况显著地比非贫困人口状况差。贫困个体父母的平均受教育程度（1.59 年）要显著低于非贫困人口中个体父母的平均受教育程度（3.31 年）。这一现象很容易理解，在收入很低时，个人很难给自己及其家庭成员供应充足的食物和营养消费。营养不良的后果尤为严重，会导致肌肉萎缩，发育不良，以及不断增加的疾病易感性，也可能会影响认知的能力。因此，穷人的身体和智力都因贫困受到很大的局限。同时，贫困和低人力资本之间也有一种内在联系，低人力资本水平对个人的工作能力有反馈性的负面影响，从而进一步强化了人们所处的贫困状态。另外，低人力资本通常也是短期难以改善的，可见低人力资本对贫困的长期影响。

综上可知，贫困问题涉及众多因素，这些因素往往也不是互相独立的，而是相互作用共同加深贫困的维度和深度。最近流行的一个经济学分支——实验经济学，对于贫困的特征或成因，进行了一些有趣的探索（见专栏 17-1）。

专栏 17-1　　　　　　关于贫困的实验经济学研究

2019 年诺贝尔经济学奖由麻省理工学院的阿比吉特·班纳吉、艾丝特·杜芙若和哈佛大学的迈克尔·克雷默获得，他们最主要的贡献在于，使用随机田野实验的方法去评估发展中国家反贫困卫生和教育项目的政策绩效。

班纳吉发现，贫困人员在经济上无法承受较长时间的收获期，因此他们更乐于追求立竿见影的回报效果，学习在他们看来，投资回报过程很长，他们缺乏耐心去等待兑现，也没有信心去收获这个效果。

在健康上也同样是这样，班纳吉和杜芙若发现，贫困人员往往缺乏必备的医疗和卫生知识，往往会等到病发展到一定程度才去看医生，这种重视治疗轻预防的态度，让很多贫困人员经济紧张，并且健康受到隐性的影响。

而在理财上，班纳吉的研究也表明，贫困人员往往需要借小贷、短期贷款，然后付出极高的利息，其背后原因也是因为其收入的不稳定性，又无法从银行获得支持，所以更加依赖于这些高息的小额贷款。而反过来，这些高息的小额贷款又让他们拥有更少的储蓄来抵抗风险，从而陷入恶性的经济循环。

实验方法的优势是能够获得比较可信的因果关系。以威斯康星大学的曼尼等学者2013 年发表在《科学》杂志上的实验研究为例，为了研究贫困对认知能力的影响，作者们在印度的一个乡村进行了田野实验。由于该地区农民收入的六成以上取决于种植甘蔗的收成，农民的贫困状况在每年丰收前后会有较大不同。作者采访了这些农户，要求他们在丰收前和丰收后进行两次认知能力测试，结果发现，农民在丰收后所得的表现显著好于丰收之前。按照实验的结果测算，高低收入组之间因为贫困造成的认知能力的平均差异大约相当于一个晚上没睡觉对人的认知能力造成的影响。这个研究的结果突破了传统常识中我们对贫困的影响的认识，贫困不仅仅意味着物质上的缺陷，还影响人们的思维能力。

从方法论来看，贫困的实验经济学研究具有浓重的新古典传统的个人主义以及市场中心主义色彩，它试图通过考察贫困人员面对不同激励时所做的反应，寻找贫困人员与非贫困人员行为机制的异同。这种方法及其结论有助于发展中国家反贫困政策效率的提升。实际上，依靠市场机制反贫困并不是一个新话题、新观点，涓滴效应（trickle down effect）等观点早有所论及。从反贫困实践来看，谁能给予人数众多的贫困人员持久的激励呢？对很多完全信奉自由主义的落后经济体来说，这个规模庞大的最初推动力有点类似于牛顿的"上帝之手"。

二 贫困的功能性影响

贫困人员家无余财，这一点与他们所处社会环境和市场制度相结合，剥夺了他们与其他人同等生存与发展的权利和机会，这便是贫困会带来的功能性影响。在经济领域，贫困的功能性影响集中体现在贫困人员进入市场的能力受到限制，尤其是信贷市场、保险市场与劳动力市场。

（一）信贷

信贷市场对穷人往往失灵。即使贷款可以被投资于生产性活动并改善穷人的生活，穷人也往往无法获得这些贷款。这种信贷市场失灵的原因如下。

首先，穷人缺乏可以被用于偿还贷款的贷款抵押。贷款抵押是放贷人为防止借贷人无法归还贷款或是有意赖账的保险措施。失去贷款抵押的可能性会降低人们不还款就跑掉的激励。由于穷人没有能力提供合适的贷款抵押，这就使他们被排斥在信贷市场之外。其次，穷人还贷的激励是有限的。由边际效用递减原则可知，穷人手中增加的每一单位的货币对穷人的意义比富人手中增加的一单位货币对富人的意义要大得多。因此，当还贷的时间到来时，穷人赖账带来的收益更大，自然会倾向于赖账。下图说明了为什么情况会是如此。

在图17-3中，Y_p 为穷人的收入，Y_r 为富人的收入，我们看穷人与富人归还同样的贷款 L 的情况，由于效用函数表现为边际效用递减的特点，显然穷人还贷的部分所致的效用损失（由 A 沿曲线向左水平移动 L 单位对应的效用的下降）比富人还贷的效用损失（由 B 沿曲线向左水平移动 L 单位对应的效用的下降）要大得多。这表明穷人有更强的激励去不偿还贷款。对信贷机构来说，贷款给穷人是更加不可靠的，因此它们会降低信贷市场对穷人的可达性或者对穷人提出更高的利率要求。

总之，正规商业信贷机构一般由于担心穷人赖账而不愿意给他们提供贷款（当然也有贷款规模小、成本高的原因）。穷人无法进入信贷市场不但意味着他们失去了一些改变自身状况的机会，也意味着国家总产出的损失。孟加拉国格莱明银行（见专栏5-2）试图通过小组贷款与监督机制解决穷人贷款问题，其创始人穆罕默德·尤努斯因此获得了2006年的诺贝尔和平奖。

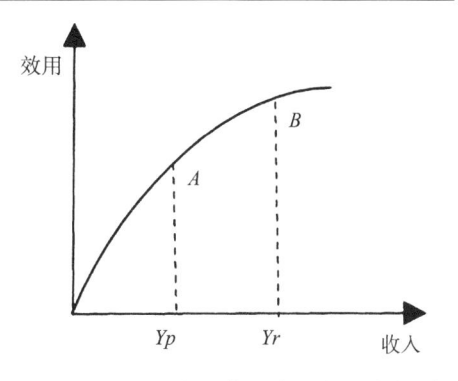

图17-3 穷人和富人的还贷激励的比较

（二）保险

类似信贷市场，穷人一般也难以进入保险市场。进入保险需要满足一定的条件，第一个条件是你所保险的东西必须是可以证实的，至少在某种程度上应该如此；第二个条件是你所要保险的东西必须不受到道德风险①问题的制约。对于贫困地域和贫困人员，前面提到的保险条件一般很难达到。贫困人员所在地区一般比较落后，这些地区正式的法律运转缓慢，而且水平也很低，加上证实的能力又十分有限，往往很难甚至不可能获得对事故的可证实记录，比如很难确定某人土地上庄稼收成的好坏程度，而缺乏这些信息也加重了道德风险问题。由于存在这些巨大的困难，对于穷人的正式的保险计划一般较少。

与正式保险相对的是，在很多情况下，穷人所需要的是非正规的保险方式。在经济发展水平较低的农村地区，往往会出现一些村级的互助组织或习俗，这其实是一种非正规保险。由于成员之间很容易获得信息，这些非正规保险往往展现出在既有生产力条件下相当好的效率。举一个具体例子，我国很多地区有熟人间遇到"生老病死"时随礼的习俗，而且在越落后的地区，随礼占收入的比重越高。这种习俗在我国进入市场化之前其实是充当了熟人社会的风险分担功能。

（三）人力资本、工作能力和劳动力市场

贫困对人力资本形成有负面影响。这主要表现在两个方面，一是贫困会导致营养不良，最终表现为身体健康状况欠佳，如肌肉萎缩、发育滞后、疾病增加、易于感染等；二是受教育程度较低。这两个方面都会影响工作能力，而工作能力决定了个人在劳动力市场中的竞争力以及通过劳动力市场获得的收入。简而言之，"贫困—人力资本—工作能力—劳动力市场—低收入"构成了一个贫困的恶性循环或低收入陷阱，如图17-4所示。图中曲线表示收入对工作能力的影响，也就是说工作能力是收入的函数。此外，工作能力又会最终呈现为工作收入。点A和点C是稳定均衡，其中点A为低收入均衡，表示由于贫穷导

---

① 道德风险是在信息不对称条件下，不确定或不完全合同使负有责任的经济主体不承担其行动的全部后果，为最大化自身效用的同时而做出不利于他人行动的现象，典型案例见于保险领域。

致的低工作能力（人力资本）并最终又呈现为低收入的稳定均衡。在第七章中，我们已经说过人力资本与收入之间互为因果关系，正是这种双向影响，造成了工作能力与收入之间的非线性关系。

（四）贫困的家庭内部分担

在极端、长期贫困的条件下，家庭的行为可能与我们日常观察到的有很大差异，如溺婴和弃老。在世界上很多地方都曾有过溺婴的习俗，其中女婴一般占比更高。重男轻女的思想固然是不对的，但它却是我们祖先在长期的极端贫困的条件下为了种族繁衍不得不作出的最优选择，因为在狩猎与农耕等生产活动中，男性的生产力一般会高于女性。电影《楢山节考》中描述的日本弃老习俗，在道德上看是无法接受的，但那是日本在长期极端贫困的部落生活中不得不做出的集体理性行为，否则部落就会消失。新冠疫情暴发后，西方许多国家鼓吹的群体防疫，更有一些西方媒体直接说出意图靠疫情去除掉对经济没有贡献的老人，实际上也是这些人类在极端贫困条件下形成的遗俗作祟。

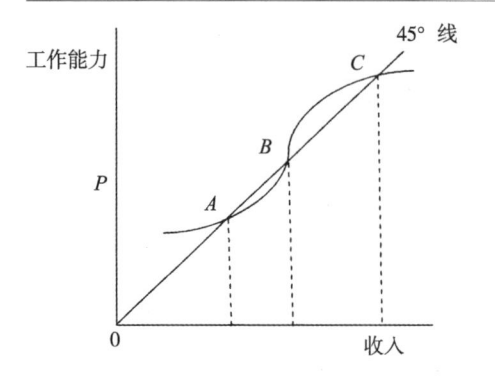

图17-4 工作能力与收入关系

极端贫困会导致家庭内部不平等其实道理很简单。在极度贫困的情况下，家庭资源的平等分配也许会使所有人都受损，因为平均下来的数量太少了，这会导致家庭总体上长期不利的后果。而不平等分配的潜在优点是使家庭中受到优待的成员能够具备更高的生产力。那么谁是那些得不到家庭资源的人呢？长期来看，往往是那些潜在生产力较低的人，如女性、老人、病人等，有时候也包括儿童。

第三节　精准扶贫绩效分析

一　中国精准扶贫政策概述

精准扶贫是指针对不同贫困区域环境、不同贫困农户情况，运用科学有效的程序对扶贫对象实施精确识别、精确帮扶、精确管理的治贫方式。为什么会提出精准扶贫的要求呢？我国始于20世纪80年代中期的扶贫开发，经过近30年不懈努力取得了举世公认的成就，但是，长期以来贫困居民底数不清、情况不明、针对性不强、扶贫资金和项目指向不准的问题较为突出，扶贫中的低质、低效问题普遍存在，同时，新时期要实现全面建成小康社会的战略目标，解决好贫困问题成为重点突出任务。在这一背景下，2013年11月习近平总书记在湖南湘西花垣县十八洞村考察时首次提出精准扶贫，以改变原来粗放低效的扶贫方式，切实解决贫困群众的困难，让贫困群众早日脱贫奔小康。

我们可以通过一些重要政策文件了解精准扶贫提出的过程和要求。2011 年，中共中央、国务院印发《中国农村扶贫开发纲要（2011—2020 年）》（以下简称《纲要》），强调我国扶贫形势从解决生存型贫困转变成转型性贫困，扶贫任务从解决温饱问题到"两不愁三保障"[①]。为了配合《纲要》的顺利实施，《中共中央国务院关于打赢脱贫攻坚战的决定》等一系列党中央、国务院和相关部门的政策文件密集发布，这些政策文件对新的扶贫形势作出了准确判断，也对精准扶贫的内容和要求作出了明确规定。与以往相比，在这一时期，扶贫脱贫问题被摆在了全国经济社会发展事项中更加突出和紧迫的位置，并提出了打赢脱贫攻坚战的口号，根据新形势新情况新特点，提出了精准扶贫、精准脱贫的战略。此外，更加注重全方位立体扶贫，要求全面提高贫困地区人口的发展能力，在教育、医疗卫生、基础设施等方面加强投入，不断完善社会保障体系，健全贫困地区的公共服务体系，实现贫困地区公共服务和基本权利的均等化。这些新特点新内容也就是精准扶贫的基础和内涵要求，这些政策文件也就为精准扶贫的提出提供了认识基础，成为精准扶贫推进的行动指南。

精准扶贫提出的目的就是要改变以往扶贫中的粗放低效、不精准的现象，精准扶贫必须要解决好"扶持谁""谁来扶""怎么扶"这三个问题，就是要瞄准扶贫对象，进行重点施策，使扶贫开发工作落实到具体的人，提高扶贫的精准度和有效性。扶贫要找到"贫根"，对症下药，靶向治疗。为了更好地推进精准扶贫精准脱贫，中央和有关部门提出了"六个精准""四个施策""五个一批""十项工程"。"六个精准"即对象、项目安排、资金使用、措施到户、因村派人和脱贫成效精准；"四个施策"即坚持分类、因人因地、因贫困原因和因贫困类型施策；"五个一批"即通过扶持生产和就业发展一批，通过易地搬迁安置一批，通过生态保护脱贫一批，通过教育扶贫脱贫一批，通过低保政策兜底一批；"十项工程"即干部驻村帮扶、职业教育培训、扶贫小额信贷、易地扶贫搬迁、电商扶贫、旅游扶贫、光伏扶贫、构树扶贫、致富带头人创业培训、龙头企业带动。

在以上方法当中，主要体现精准扶贫思想的为"六个精准"，"六个精准"又可以归纳为三个内容，分别是精准识别、精准帮扶和精准管理。其中精准识别是前提，这一步就是"建档立卡"工作，要求扶贫部门对农村地区的贫困户进行精准识别，即要精准地找到哪些人是真正需要扶贫的，并找出贫困的原因，将贫困户的信息汇入电子信息档案，以便精准施策。精准帮扶是重点，要对症下药，而不是盲目简单地实施统一标准，提出通过"五个一批"的分类方法帮助农民脱贫。精准管理是关键，其中因村派人精准和扶贫成效考核精准是两个重要方面。

---

① 扶贫对象不愁吃、不愁穿，保障其义务教育、基本医疗和住房。

二 精准扶贫绩效分析

精准扶贫的绩效如何，在实际执行中是否精准有效，存在什么问题？这些关乎精准扶贫成效的问题，是精准扶贫工作要着重考虑的，也是精准扶贫达到精准的内在要求。我们以 2016—2017 年广东省财政教育精准扶贫资金为例[1]，分析精准扶贫实施的绩效情况。

自 2016 年以来，广东省委、省政府全面启动实施精准扶贫精准脱贫工作，制定了《关于新时期精准扶贫精准脱贫三年攻坚的实施意见》（粤发〔2016〕13 号），财政教育精准扶贫作为"八项工程"之一。为贯彻该意见，2016 年年底，广东省扶贫开发领导小组要求以建档立卡贫困人口为重点，实施学生资助惠民政策，要求提高对贫困学子的资助水平。采用利益相关群体满意度调查和专家打分作为评价方式，对 2016—2017 年广东省财政教育精准扶贫资金进行量化目标实证检验。

从 14 项财政教育精准扶贫绩效具体指标的得分率来看（见图 17-5），得分较高的包括资金到位（91.5%）、实施程序（91.4%）和预算（成本）控制（89.8%），较低的是财政教育扶贫精准（76.8%）、完成进度及质量（79.8%）与目标科学性（81.4%）；指标间得分极差达 14.7%。可以看出，2016—2017 年广东省财政教育精准扶贫资金使用存在扶贫对象瞄准效果不佳、完成进度及质量不佳、目标制定科学性不足等问题，这必然对资金（政策）的绩效有不利影响。产生这些问题的原因主要为：补助机制顶层设计与部门实际不符导致目标数据对接不畅；过多监管、重复监管与监管低效；忽视对公众满意的关注。

指标	得分率
财政教育扶贫精准	76.8
财政教育投入充足	87.3
完成进度及质量	79.8
预算（成本）控制	89.8
专项监管	82.8
实施程序	91.4
财务合规性	89.3
资金支付	85.0
资金到位	91.5
制度措施	81.5
组织机构	84.1
目标科学性	81.4
目标完整性	87.7
论证决策	88.8

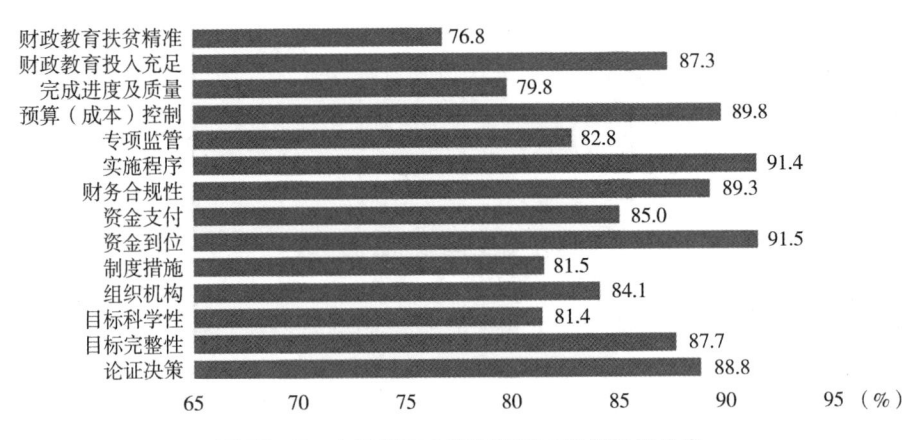

图 17-5 市县级资金管理绩效三级指标得分率

---

[1] 廖逸儿：《财政教育精准扶贫：绩效目标及其实证检验》，博士学位论文，华南理工大学，2019 年。本小节所有数据均来自该文。

从教师、学生及家长对财政教育精准扶贫的态度来看（见表17-2），仅有五到七成的公众认为财政教育精准扶贫"很满意，没有问题"，整体对政策的满意度偏低。这一点在学生中体现得尤为明显，仅58.4%学生认为财政教育精准扶贫没有问题。与此同时，非困难学生获补与困难学生不愿意申请补助的情况较为突出，超过一成的学生认为非困难学生获得了财政教育精准扶贫补助，近一成的师生与家长认可"困难学生不愿意申请补助"。此外，"困难学生未获得补助""补助覆盖面窄""补助发放不及时""补助作用不大"等也是普遍反映的问题。可以看到，扶贫对象相关主体主观感知的绩效偏差，反映了政策客观绩效偏差的事实。出现这一结果的原因主要包括，教育精准扶贫经费投入不足、教育精准扶贫对象自尊强与扶贫干部阶段性考核间的矛盾、教育精准扶贫补助化、扶贫信息管理条块化与系统维护不足等。

表17-2 不同身份人群对财政教育精准扶贫的态度   单位:%

态度	教师占比	学生占比	家长占比	职业为农民的家长占比
1. 很满意，没有问题	75.7	58.4	60.0	62.2
2. 非困难学生获得补助	4.5	13.4	6.1	6.5
3. 困难学生未获得补助	4.5	11.3	6.0	6.2
4. 补助遭挪用	0.3	2.3	1.2	0.9
5. 冒领补助	0.4	3.2	1.3	1.0
6. 困难学生不愿意申请补助	13.3	11.6	9.3	8.2
7. 补助发放不及时	3.1	4.4	2.3	1.7
8. 补助发放不公平	1.0	3.3	1.7	1.7
9. 补助作用不大	5.6	5.3	3.5	3.3
10. 教育扶贫覆盖面太窄	17.0	7.6	9.4	8.9
11. 其他	2.3	6.4	4.3	3.4

从扶贫对象（贫困户家长及学生）对财政教育精准扶贫满意度的影响因素来看（见表17-3），扶持力度对于扶助对象满意度的影响起主要作用，而扶持力度采用主观感知的方式测量，说明扶助对象的满意度取决于其对于扶持力度的主观感知。政策执行其他因素对扶贫对象的满意度都不具有统计学意义上的影响，在一定程度上也说明这些因素与扶贫对象生活的脱离，那么如果要提高扶贫绩效就需要提高扶贫政策执行力度和其他因素对扶贫对象的帮扶作用。户籍在一定程度上会影响到扶助对象的满意度，且外地户籍满意度更高，但其影响较小，这可能是由于外地户籍的扶贫对象与其原先所在地对比，对于政策的感知更明显。身份背景其他因素对扶贫对象满意度都没有影响，说明扶贫绩效对于不同身份的扶贫对象基本上没有差异。

表17-3 扶贫对象满意度影响因素回归结果

指标	身份背景			政策执行						
	城市	户籍	年收入	政策宣传	扶贫资格认定	扶贫干部服务	补贴标准	补助发放及时性	扶持力度
标准回归系数	0.051	0.098	0.088	-0.004	-0.079	0.204	-0.135	0.098	0.920
Sig（显著性）	0.705	0.095	0.181	0.969	0.682	0.298	0.432	0.492	0.013
重要性	0.009	0.003	-0.003	-0.001	-0.028	0.078	-0.048	0.033	0.954

从贫困户和扶贫干部对当地近3年教育精准扶贫工作成效满意度看，80.47%贫困户表示"改善很大"，13.28%表示"有所改善"，1.56%表示"变化不大"。相比之下，扶贫干部对教育精准扶贫工作的满意度明显较高，高达95.00%的扶贫干部认为教育精准扶贫状况"改善很大"，另有5.00%扶贫干部认为"有所改善"。这也反映出教育精准扶贫干部对于扶贫效果过于乐观，也反映出教育精准扶贫供给方与需求方在认知上的差异，验证了进一步提升教育精准扶贫效果的必要性。

总体来看，精准扶贫政策相关利益主体的评价比较肯定，可见精准扶贫在实践中的成效是值得肯定的，但绩效不突出的状况也需要客观认识，其中存在的扶贫对象不精准、扶贫方法不当、管理和认识不足等问题需要重视。不过我们有理由保持乐观，在精准扶贫的政策安排下，对精准的重视和追求会推动我国扶贫工作的不断改进和完善，也会使精准扶贫的效益提高，真正解决我国的绝对贫困问题。

本章小结

1. 发展的反面就是贫困。贫困分为绝对贫困和相对贫困，前者是指不能维持基本的生存需要的状态，后者是指收入或消费低于社会平均或某一相对标准的状态。

2. 要衡量一个国家或某种群体的贫困程度，首先要确定贫困线或贫困标准。确定贫困线的方法主要有营养摄入法、恩格尔系数法、相对收入法。

3. 贫困发生率为贫困人口占总人口比例。贫困差距是贫困人口收入与贫困线之间的总体差额。平均收入缺口表示贫困人口收入低于贫困线的平均水平。Sen指数和FGT指数综合考虑了贫困发生率与贫困缺口。多维贫困指数考虑到健康、教育与其他方面被剥夺的情况。

4. 贫困地区往往因为自然条件恶劣、软硬基础设施落后、历史文化等因素而制约着发展。贫困家庭往往人口多、缺乏生产性资产、人力资本非常低。

5. 贫困的功能性影响意即贫困影响到了通常的市场与社会功能的发挥，主要包括：人口参与市场的能力受到限制，如信贷、保险、就业等市场；贫困导致的家庭内部行为失常。

6. 精准扶贫是指针对不同贫困区域环境、不同贫困农户情况，运用科学有效的程序对扶贫对象实施精确识别、精确帮扶、精确管理的治贫方式，具体是要做到"六个精准"，即对象、项目安排、资金使用、措施到户、因村派人和脱贫成效精准。我国不断完善精准扶贫政策体系，不断提高精准扶贫绩效，最终彻底解决了我国的绝对贫困问题。

思考题

1. 何为确定贫困线的马丁法？
2. 度量贫困的不同方法有何优缺点？
3. 如何看待我国扶贫绩效？
4. 贫困人口的人口学特征有哪些？
5. 贫穷如何影响穷人的信贷可及性的？

第十八章 不平等与收入分配

学习目标

1. 掌握收入分配基本概念和度量方法,了解我国收入分配政策与现状。
2. 了解经济发展与收入分配之间的关系——库兹涅茨曲线。
3. 理解收入不平等的原因。
4. 理解收入分配不平等对经济增长的影响。
5. 了解中等收入陷阱及其成因。

计划经济的实践告诉我们,完全平等的收入分配不利于激励民众的工作热情,适度的收入分配不平等不仅是无害的,而且有利于一个国家的健康发展。然而,任何事情的发展都有正反两方面的后果。收入不平等如果达到很严重的水平,就可能反过来阻碍经济增长。在20世纪90年代之前,受库兹涅茨曲线的影响,经济学家通常把收入分配不平等的增加看作一定时期内经济增长的副产品。90年代之后,对东亚和其他地区的研究发现,东亚各经济体比较平均的财产和收入分配、较轻的社会分层,对应了东亚的多数经济体都保持了持续的经济增长,于是经济学家越来越关注不平等和经济增长之间的关系问题。收入分配、不平等及其与经济增长的关系也是我们感兴趣的主题,本章将对相关内容进行探讨。

第一节 中国收入分配现状

一 收入分配的概念与度量

(一)基本概念

(1)国民收入分配与个人收入分配

从宏观和微观的角度来看,收入分配的层级结构可以划分为国民收入分配和个人收入分配。宏观层面的国民收入分配则是指一国在一定时期内(通常是1年)国民收入在各经济主体(政府、企业、居民等)之间的分配。国民收入分配格局是指各经济主体所取得的收入在总国民收入中所占的比重,反映出在经济发展中的主要倾斜对象,如果国民收入分配中，居民收入比重相对较高，说明在这段时期内经济发展主要依靠居民消费带动；如果政府的比重相对较高，表明经济增长主要依靠政府主导的市场行为。微观层面的个人收入主要来源于三个方面：一是工资、薪金和自营职业报酬；二是资产收入，包括来自投资、土地等的收益；三是其他收入，如政府发放的社会福利。个人收入分配主要指居民之间的收入分配，它反映出社会各群体之间的收入分配比例关系，以及不同群体所得在个人收入总额中的比重。一般用于说明社会收入分配的差别状况、反映收入分配的公平程度的指标，主要包括工资总额、居民消费额以及居民可支配收入和基尼系数等指标。

（2）功能性分配与规模性分配

按分配的依据和结果，收入分配还可以分为功能性收入分配和规模性收入分配。功能性收入分配的来源最早可以追溯到亚当·斯密、李嘉图等古典经济学家提出的按要素投入取得相应报酬。所以功能性收入分配也称作要素收入分配，主要是从收入来源构成的角度，研究资本、劳动以及土地等生产要素所有者按要素投入的数量和贡献取得的收入份额，其重点在于说明各生产要素价格（工资、利息和租金等）的形成以及各生产要素在国民收入中的份额是否合理，一般用于研究与经济效率相关的问题，主要的衡量指标是工资率和利润率。规模性收入分配主要是研究家庭、个人在国民收入中的收入份额大小，属于微观领域的分配，所以也称个人收入分配或家庭收入分配。规模性收入分配着重从收入所有者的角度，比较不同收入阶层、不同群体及个人之间的收入总量上的差距，一般用于研究收入分配差距的合理性问题，倾向于通过洛伦兹曲线和基尼系数大小来研究收入分配差距。

（3）初次分配与再分配

按分配的过程，收入分配可以分为初次分配和再分配。初次分配是国民收入直接与各生产要素（劳动、资本、土地等）相联系的分配，即国民收入是在各要素所有者之间的分配。在市场经济条件下，这些要素的报酬取得主要依据各生产要素在生产活动中的贡献，即按照效率原则，进而形成了要素提供者的初次分配收入。无论何种形式的企业，其初次分配中一部分以税金形式成了国家收入，另一部分以工资形式分配给个人，形成个人收入。所以很多国家的国民收入初次分配一般都分解为劳动者报酬（雇佣者所得）、企业所得和政府收入（间接税）三个部分。再分配是在初次分配结果的基础上进行的。再分配的主体是政府，其方式是通过财产税、个人所得税等税收政策、社会福利与社会救济等社会保障体系以及其他转移支付而进行的，从而实现现金或实物在居民之间的一种收入再次分配的过程。所以，再分配也成为社会转移分配。

（二）收入不平等的度量

一般而言，收入分配差距衡量指标包括洛伦兹曲线、基尼系数、变异系数等，常用的是洛伦兹曲线和基尼系数。

（1）洛伦兹曲线

按照收入多少，把一个国家的总人口参照"从低至高"递增趋势予以排序，测算不同收入的百分比人口所得报酬占总报酬比重的比例大小，然后将计算出的人口与收入累计百分比二者之间的关系，绘制在图上即为洛伦兹曲线，如图18-1所示。图中的横轴是人口按收入由低到高排列的累计比例，纵轴是收入占全部人口总收入的累计比例。洛伦兹曲线就是表示累计人口和累计收入之间关系的曲线。如果这条线和45°线重合，则任何比例的人口的收入占总收入的比例等于其人口比例，此时，收入分配完全均等化。由于横轴上的人口是按收入由低到高排列的，因此，只要存在任何的收入分配不均，洛伦兹曲线必然在45°线以下。在图中实线显示的洛伦兹曲线上，最穷的10%的人口只拥有4%的全部收入，而最穷的30%的人口只拥有14%的收入。显然，曲线离45°线越远（如图中虚线的位置），则收入分布就越不平等。因此，通常运用洛伦兹曲线的弯曲程度来推断一个国家或地区收入分配的公平性大小。假如洛伦兹曲线弯曲的程度越大，代表收入分配差距的公平性越低；反之，则收入分配较为公平。

用洛伦兹曲线来表示收入分配的好处是它满足四个直观的准则，即匿名准则、人口准则、相对收入准则和道尔顿准则。所谓匿名准则，是指这条曲线的位置只与收入分布有关，而与特定的某个人拥有的收入无关。人口准则是指，如果人口增加，而各累计人口的收入比例不改变，则曲线不变。相对收入准则是指，洛伦兹曲线和一个国家或地区的绝对收入没有关系，而只与收入分布有关系。满足以上两个准则使我们可以进行收入分配的国别比较。在图18-1中，不管人口是1000万还是1500万，也不管人均收入是1000元还是10000元，只要10%的人口占有收入的4%、30%的人口占有收入的14%，等等，则洛伦兹曲线就不会改变。也就是说，大国和小国之间、穷国和富国之间都可以进行比较。最后，道尔顿准则是指，如果收入进行累退式转移，即由穷人向富人的转移，则不平等程度上升。显然，这样的收入转移降低穷人收入的占比，增加富人收入的占比，从而洛伦兹曲线会下移（如移至图中虚线的位置），不平等程度上升。

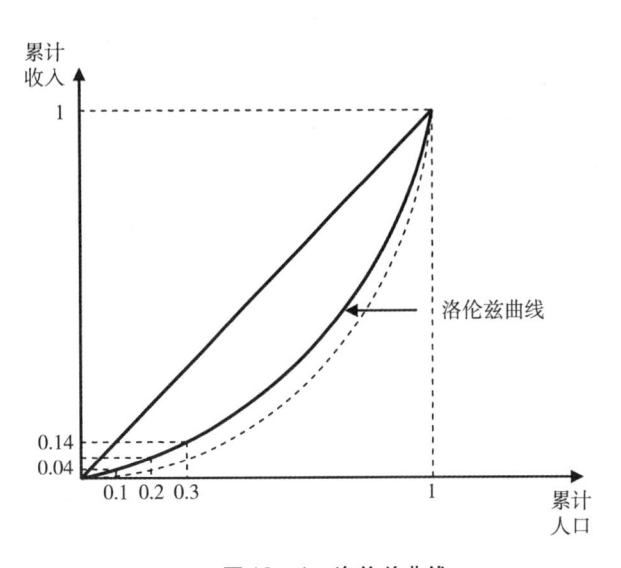

图18-1 洛伦兹曲线

洛伦兹曲线也可以用来表示财富、受教育程度等的分布，衡量一个国家（地区）人均或家庭财富的不平等程度。但是，洛伦兹曲线无法对所有收入（或财富）分布给出完全排序；如果两个国家的洛伦兹曲线交叉（见图18-2），则我们无法判断哪个国家的收入分配更不平等。这时，基尼系数就可以弥补其不足。

（2）基尼系数

基尼系数是洛伦兹曲线和45°线之间所围成新月形的面积占45°线下方与横轴围成的三

角形面积的比例。基本公式为：
$$G = A/(A+B)$$
其中，A 代表不平等面积，A 与 B 之和代表完全不平等面积。由于该三角形的面积是 0.5，基尼系数就等于新月形面积的两倍。很显然，基尼系数的取值范围在 0 和 1 之间，值越大，则收入分配越不平等。特别地，当洛伦兹曲线是 45°线时，基尼系数为 0；当只有一个人拥有全部收入，其他所有的人的收入都是 0 的时候，基尼系数为 1。

和洛伦兹曲线一样，基尼系数也可以用来衡量收入或财富分布的不平等程度。如果有对全国居民的收入随机抽样调查数据，则我们就可以做出全国的洛伦兹曲线，并直接计算出基尼系数。当数据量比较少的时候，可以用下面的公式近似地计算基尼系数：

$$G = 1 + \frac{1}{N} - \frac{1}{N^2 m}(y_1 + 2y_2 + 3y_3 + \cdots + Ny_N), y_1 \geq y_2 \geq \cdots \geq y_N$$

其中，N 是人口数，y_i 是收入排名第 i 位的个人的收入，m 是人均收入。

基尼系数的优点是具有一定的理论基础，可以反映收入分配的整体情况，而且简单直观。它的缺点是对处于极端位置的收入人群不太敏感。比如，在图 18-2 中，A、B 两条洛伦兹曲线相交，但二者的基尼系数相等。二者的区别是，低收入人群的收入在曲线 A 上占的比例比在曲线 B 上要低，反过来，高收入人群的收入在曲线 B 上占的比例比在曲线 A 上要低。在这种情况下，一般人都会倾向于认为，收入分配 B 比收入分配 A 好一些。因此，一个国家在公布基尼系数的时候，一般也会同时公布最富有的 20% 的人口占全部收入的比例和最贫穷的 20% 的人口占全部收入的比例之类的指标。

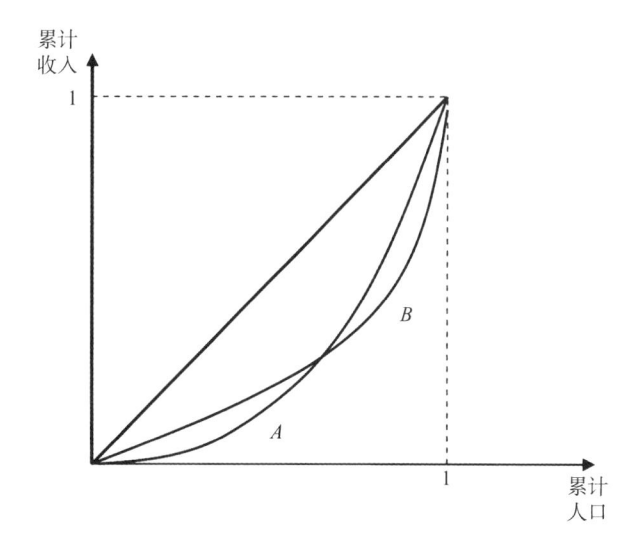

图 18-2 基尼系数

一般认为，当一个国家的基尼系数超过 0.4 的时候，这个国家的收入分配就是比较不平等的；超过 0.5，则这个国家就是非常不平等的。目前，北欧国家是世界上收入分配最平等的国家，那里的基尼系数大多在 0.3 以下；而最不平等的国家主要在非洲和拉丁美洲，那里有些国家的基尼系数超过 0.55；亚洲国家（地区）处于二者之间，通常为 0.4—0.5。

二 中国收入分配制度与收入分配状况

(一) 中国收入分配制度

中华人民共和国成立后,我国人民的生活水平得到了明显的改善,但在改革开放前的三十年时间里,我国实际上实行的是平均主义分配方式。在计划经济体制下,社会的收入分配绝大部分都是通过国家的指令性和指导性的行政计划来实现的,没有个体的选择和自由。长此以往劳动者的积极性和主动性受到严重制约,也影响了社会生产力的发展。1978年召开党的十一届三中全会是收入分配制度改革的起点,自此进入了恢复和重建按劳分配的阶段。在总结反思平均主义的弊端下,邓小平提出了要"坚持按劳分配",基本思路是打破平均分配的状态,调动起劳动者的生产积极性,推动中国经济快速增长。接着是,党的十三大至党的十五大提出和坚持按劳分配为主,多种分配方式并存的分配制度。党的十三大首次系统地阐述了社会主义初级阶段理论,明确提出了实行以按劳分配为主体,其他分配方式为补充,在提高效率的前提下保证社会公平。这是我国收入分配制度一次重大的突破,使居民收入的来源变得多样化。党的十四大明确经济体制改革的目标是在坚持公有制和按劳分配为主体、其他经济成分和分配方式为补充的基础上,建立和完善社会主义市场经济体制,提出要兼顾效率与公平。党的十四届三中全会更进一步提出要坚持效率优先、兼顾公平。党的十五大提出,"坚持按劳分配为主体、多种分配方式并存的制度。把按劳分配和按生产要素分配结合起来,坚持效率优先、兼顾公平……允许和鼓励资本、技术等生产要素参与收益分配",创造性地指出了生产要素可以在社会主义市场经济条件下参与收入分配,极大地促进了我国的生产力水平的发展与生产效率的提高,国民经济持续较快增长。

经过前面阶段收入分配制度的实践和经济的发展,党的十六大到现在对按劳分配为主体、多种分配方式并存的分配制度不断完善和深化。党的十六大明确提出,要在初次分配中注重效率,再分配中注重公平。党的十七大更进一步指出,初次分配和再分配都要处理好效率与公平的关系,进一步完善了我国的收入分配制度,从而明确了共同富裕的目标导向。党的十八大以来又是推动发展成果由人民共享的阶段(见专栏18-1)。党的十八大报告明确了我国收入分配改革思路,提出"初次分配和再分配都要兼顾效率和公平,再分配更加注重公平",要通过"两个同步""两个提高"[①]、完善初次分配和再分配机制,以实现发展成果共享,把保障和改善民生作为经济和社会发展的出发点和落脚点,收入分配制度改革的重心由"做大蛋糕"向"分好蛋糕"转变。党的十九大报告进一步指出,中国特色社会主义进入新时代,新时代的共同富裕是使经济发展的成就惠及人民,再次明确"两个同步",其核心内涵就是将效率和公平原则贯穿于收入分配各环节。

[①] "努力实现居民收入增长和经济发展同步、劳动报酬增长和劳动生产率提高同步,提高居民收入在国民收入分配中的比重,提高劳动报酬在初次分配中的比重。"

党的二十大报告指出，分配制度是促进共同富裕的基础性制度，扎实推进共同富裕；坚持按劳分配为主体、多种分配方式并存，构建初次分配、再分配、第三次分配协调配套的制度体系；坚持多劳多得，鼓励勤劳致富，促进机会公平，增加低收入者收入，扩大中等收入群体。

改革开放以来，按照"初次分配强调效率，再分配强调公平"的主导原则，我国逐步建立起以按劳分配为主体、多种分配方式并存的中国特色社会主义收入分配制度，并在实践中不断完善深化，这一制度也极大地促进了生产力的发展，推动了中国经济高速增长，改善了社会民生和公共服务。

专栏 18-1　　　　　　　　　　　　共享发展

2015年，党的十八届五中全会提出了"共享发展"的理念，指出"坚持共享发展，必须坚持发展为了人民、发展依靠人民、发展成果由人民共享，作出更有效的制度安排，使全体人民在共建共享发展中有更多获得感，增强发展动力，增进人民团结，朝着共同富裕方向稳步前进"。

共享发展具有以下要求：一要坚持人民的主体地位，一切工作的出发点和落脚点都是人民的根本利益，提高人民的获得感和生活幸福指数；二要坚持社会的公平和正义，无论是制度设计，还是政策安排抑或是规则的制定，都要体现人人平等、社会正义、结果公平；三要实现共同富裕，共享发展的目标是实现共同富裕，消除城乡、地区发展差距和贫富两极分化，使所有居民的收入实现倍增。可见，共享理念实质就是坚持以人民为中心的发展思想，体现的是逐步实现共同富裕的要求。

共享发展理念内涵主要有四个方面。一是共享是全民共享。这是就共享的覆盖面而言的。共享发展是人人享有、各得其所，不是少数人共享、一部分人共享。二是共享是全面共享。这是就共享的内容而言的。共享发展就要共享国家经济、政治、文化、社会、生态各方面建设成果，全面保障人民在各方面的合法权益。三是共享是共建共享。这是就共享的实现途径而言的。共建才能共享，共建的过程也是共享的过程。要充分发扬民主，广泛汇聚民智，最大激发民力，形成人人参与、人人尽力、人人都有成就感的生动局面。四是共享是渐进共享。这是就共享发展的推进进程而言的。"一口吃不成胖子"，共享发展必将有一个从低级到高级、从不均衡到均衡的过程，即使达到很高的水平也会有差别。我们要立足国情、立足经济社会发展水平来设计共享政策，既不裹足不前、该花的钱不花，也不好高骛远、透支未来。这四个方面相互贯通，需要我们整体理解和把握。

(二) 中国收入分配状况的变化

改革开放激发了我国经济的高速增长,但收入分配差距较大等问题逐渐凸显。宏观层面,主要表现为劳动者报酬、社会保障、民生和公共服务水平、公平正义的社会环境在整体上与经济和社会财富增长不相匹配。中观和微观层面,城乡之间、区域之间、行业部门之间以及居民个体之间的收入差距较为明显。党的十八大以来,我国经济由高速增长转向中高速增长,经济结构转型加快,一些低端的传统产业受影响较大,这些产业里的职工和农民工群体以及城市低收入居民的收入都有待提高。与此同时,我国的再分配机制主要是依靠税收和社会保障、转移支付等手段进行的收入和支出方面的调节,而长期以来在再分配领域收入和支出方面的不均衡在一定程度上也影响了城乡居民的收入差距问题。

从基尼系数来看,我国收入分配差距经历了显著扩大,然后逐渐小幅收窄的过程,如图 18-3 所示。从基尼系数的变化的趋势来看,1982—1998 年基尼系数加速上升,由 0.250 上升到 0.438,平均每年上升 4.7%。1998—2008 年基尼系数减速上升,由 0.438 上升到 0.491,平均每年上升 0.53%。2008—2019 年基尼系数开始缓慢下降,由 2008 年的最高 0.491 缓慢下降到了 2020 年的 0.468,平均每年下降 0.24%。其中,1995 年我国居民的基尼系数就超过了 0.4,表示贫富差距较大。到 2008 年的前后接近 0.5,到了差距悬殊的边缘。虽说 2008 年后基尼系数在下降,但仍在 0.46 以上,远超 0.4 的警戒线,这说明我国居民的贫富差距还相当严重,因此缩小居民的贫富差距是党和政府的一项重要工作,也是经济学者需要研究的重要课题。

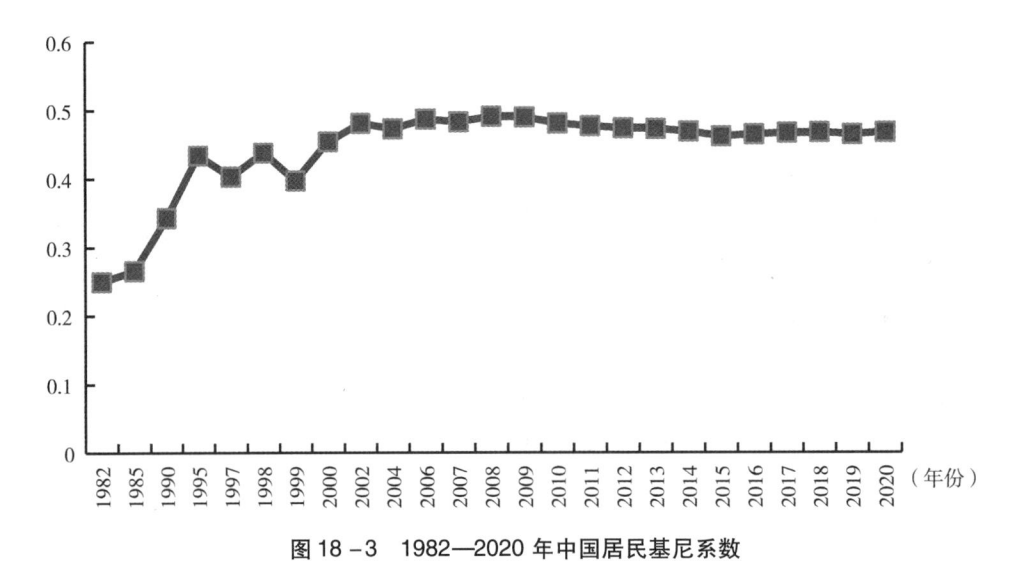

图 18-3 1982—2020 年中国居民基尼系数

资料来源:1982—2002 年数据来自张彦峰《我国居民收入分配基尼系数变化趋势分析》,《商业经济研究》2019 年第 16 期;2003—2020 年数据来自中国国家统计局。

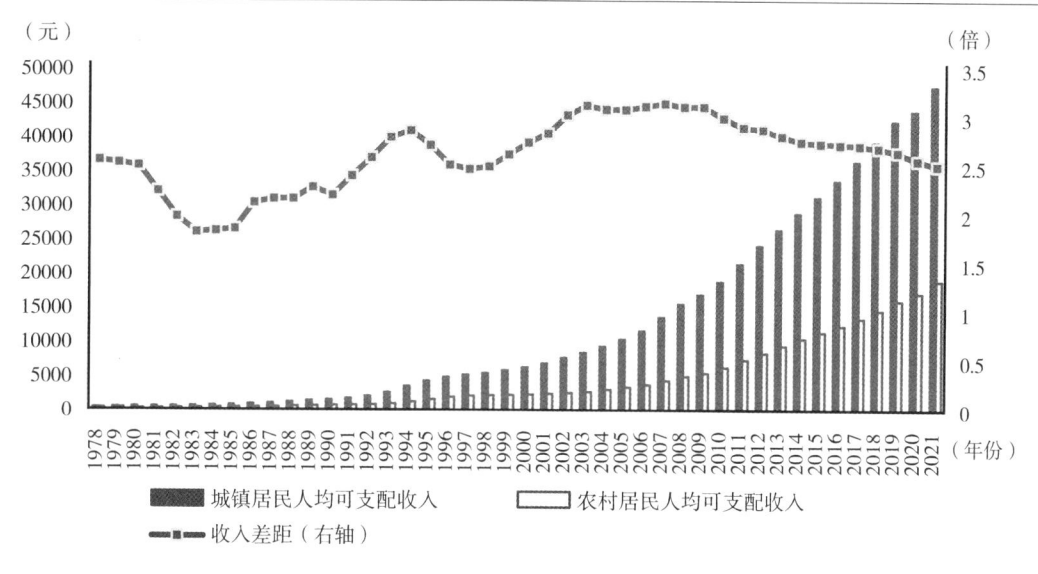

图 18-4　1978—2021 年中国城乡居民收入

资料来源：中国国家统计局。

收入分配差距主要表现在城乡、地区、行业间，其中收入差距的一半以上来自城乡，因此我国居民收入分配差距主要表现为城乡收入差距。如图 18-4 所示，从城乡居民收入差距的绝对值来看，1978 年城乡居民的收入差额是 209.8 元，2021 年城乡居民的收入差额是 28481 元，城乡差距非常明显；从城乡居民收入差距的相对值来看，1978 年城乡居民收入差距比是 2.56:1，2002—2009 年超过 3:1，此后有所回落，到 2021 年仍为 2.5:1，与改革开放之初相当，我国城乡收入差距仍远高于发达国家 1.5 倍左右的水平，这进一步说明了城乡二元结构的持续性。

从初次分配阶段的劳动者报酬来看，劳动者报酬占比从 1992 年开始到 1998 年略有上升，然后就逐步下降，特别是 2003—2008 年劳动者报酬所占比重经历了一个较为迅速的下降过程，劳动者报酬所占份额下降的同时对应着政府部门和资本所得会发生相应的变化，此后居民部门收入比重有所上升，从 2008 年的 57% 上升到 2019 年的 61.4%，但仍明显低于 20 世纪 90 年代的水平，如图 18-5 所示。相关研究指出，劳动者报酬占比在 1995—2006 年下降了将近 10 个百分点[1]，即便是进行了某种调整的计算，也有 5 个百分点的下降。可见普通劳动者收入增长相对缓慢，这反映了收入分配中的失衡，导致大多数普通民众与拥有资本等高回报要素的少数富人的收入差距扩大。可见，贫富差距大仍然是我国迈向共同富裕道路上亟待解决的重要问题，要把提高劳动者报酬水平作为改善国民收入分配的重要途径，努力实现居民收入增长与经济发展同步。

---

[1] 白重恩、钱震杰：《国民收入的要素分配：统计数据背后的故事》，《经济研究》2009 年第 3 期。

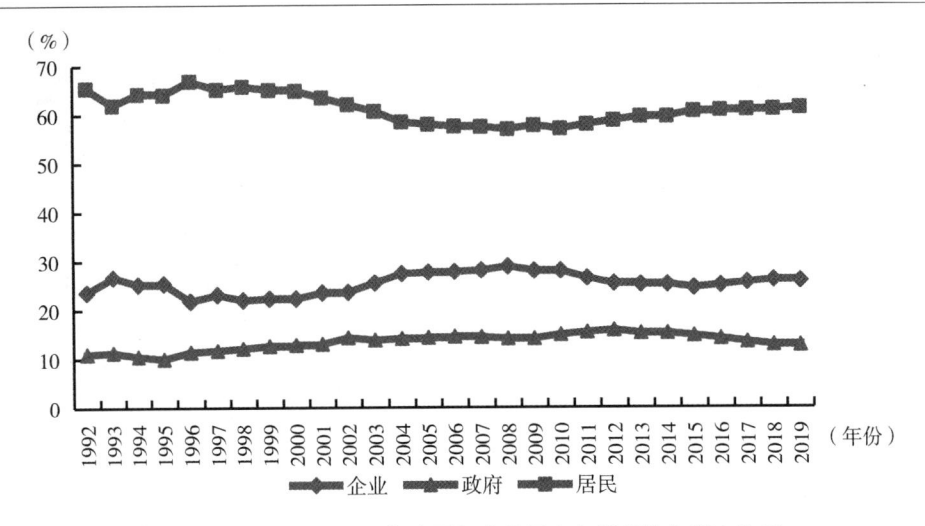

图 18-5 1992—2019 年中国初次分配中各部门收入所占比重

资料来源：王玉玲：《劳动报酬占比变动轨迹及其经济效应分析——兼谈对中国经济转型发展的现实影响》，《技术经济与管理研究》2015 年第 10 期。

第二节 收入分配与经济发展

一 库兹涅茨曲线

西蒙·库兹涅茨（Simon Kuznets）在 20 世纪 50 年代研究英国的历史数据的时候，发现英国的收入不平等和人均收入之间呈现一个倒"U"形关系，即当收入较低的时候，不平等程度随着收入的增加而提高，当收入超过一定水平之后，不平等程度随着收入的增加而下降[1]。后人把这个发现称为"库兹涅茨曲线"，即收入分配倒"U"形曲线。在很长的时间里，经济学家因此把不平等看作经济增长的副产品，而不去研究它对经济增长可能产生的反向作用。那么，为什么会出现库兹涅茨曲线呢？

从纯经济的角度来看，库兹涅茨曲线的形成与人口的分化和趋同有关。在一个国家经济起飞之前，人口的分化不明显；而在市场经济条件下，经济起飞的基础是市场在深度和广度上的扩展，从而人口分化加深，收入不平等自然增加。市场经济条件下人口分化的一个重要表现是财富的货币化进程。当经济不甚发达的时候，个人财富往往仅仅是消费来源而已，而不能带来更多的财富；随着市场的扩展，财富（既包括现金，也包括土地、房产等非现金财富）的变现和互换变得更加灵活和多样，因此比较容易带来新的财富，从而扩

---

[1] Kuznets, S., 1955, "Economic Growth and Income Inequality", *American Economic Review*, 45 (1).

大个人之间差距。随着收入水平的提高,资产的影响越来越小,人力资本的作用越来越大,而人力资本的积累较资本的积累来得容易一些,因而其差距比资产的差距要小很多,因此不平等会下降。

从政治角度来看,库兹涅茨曲线与民主化以及再分配政策有关。19世纪,西欧经历了民主化的过程,其特征是精英向普通百姓让渡权利,政府的决策不再被少数精英垄断,而是要通过民主的程序由民意决定。在这种情况下,社会再分配就会增加,普通人得到更多的机会提高教育水平,从而导致收入不平等的下降。

库兹涅茨曲线是从英国一个国家的历史数据总结出来的,它在其他国家成立吗?由于多数国家缺乏收入分配的历史数据,要进行分国别的检验是非常困难的。一个替代是做跨国的比较,看收入不平等是否在国家之间呈现倒"U"形曲线。图18-6显示了部分国家2005—2009年平均人均国民收入和平均基尼系数的散点图以及趋势线和包络线。从趋势线来看,基尼系数和人均收入之间呈现弱倒"U"形关系,而从包络线来看,倒"U"形关系非常明显。因此,总体而言,库兹涅茨曲线是存在的。

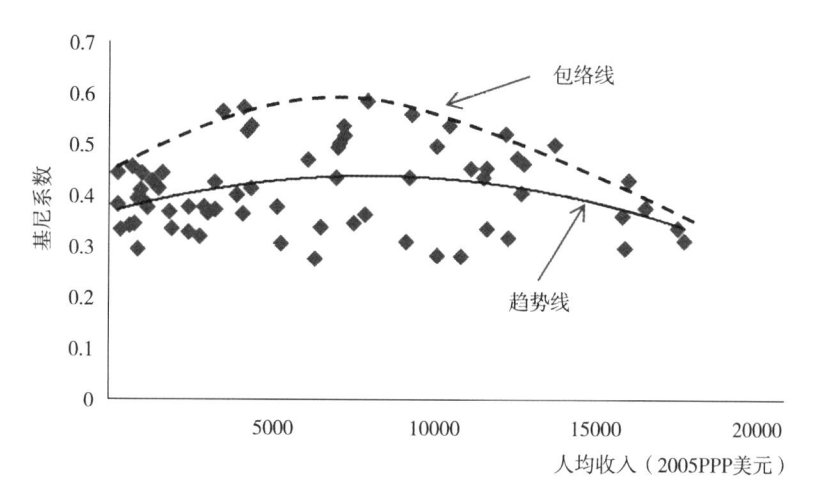

图18-6 2005—2009年世界人均收入和基尼系数的关系
资料来源:姚洋:《发展经济学》,北京大学出版社2013年版。

二 中国库兹涅茨曲线

从图18-3中国基尼系数演变可以看出,我国居民基尼系数变化趋势基本符合库兹涅茨曲线。曲线在1982—2008年是上升的,其中1982—1998年上升较快,表示贫富差距加速拉大,1998—2008年上升较慢,表示差距拉大的速度在减小;到2008—2016年,曲线由平稳开始缓慢下降,表示贫富差距没有继续扩大,而是开始缓慢减少。这一变化趋势与库兹涅茨倒"U"形曲线大致相似。实证研究方面,李绍东对中国1978年以来的基尼系

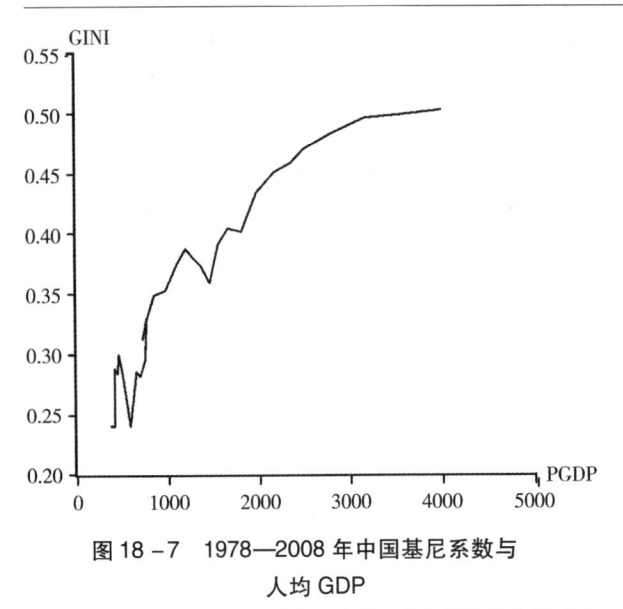

图 18-7 1978—2008 年中国基尼系数与人均 GDP

资料来源：李绍东：《中国库兹涅茨曲线的拐点何时出现？——基于基尼系数的预测》，《重庆工商大学学报》（社会科学版）2010 年第 3 期。

数和调整后的人均 GDP 数据进行拟合，如图 18-7 所示，发现中国收入差距的变化趋势很好地验证了库兹涅茨倒"U"形曲线，并且通过对拟合方程的估算，预测中国库兹涅茨曲线的拐点大致出现在 2010—2015 年①。邵红伟和靳涛的研究也表明了倒"U"形曲线对中国 1978 年以后的收入分配演变具有很好的解释力，并且中国的经济发展数据和实证结果的对比显示，中国大致在 2011 年以后已经进入倒"U"形曲线的拐点区，收入差距有望在维持一段时期的稳定后逐渐缩小②。这些研究说明，我国基尼系数的变化趋势基本符合库兹涅茨倒"U"形曲线假说。

那么我国收入差距随经济增长的这种演变关系背后的事实原因是什么？我国自改革开放以来收入差距不断迅速扩大，与库兹涅茨曲线上升段相吻合，这一时期是我国自然性收入差距、结构性收入差距和制度性收入差距同时扩大的时期。自然性收入差距扩大是由于市场化改革打破了平均主义，如农村实行的家庭联产承包责任制拉开了农村居民收入差距、城市实行的市场工资制拉开了城市居民收入差距；结构性收入差距扩大是由于越来越多的人群进入现代部门，获得了高收入而成为富人，而传统部门的收入增加有限；遗留或新起到了一些推动收入差距扩大的制度，如劳动以外的其他要素参与分配迅速拉开了财产收入差距，城乡分割和不同福利待遇在原有差距上进一步拉开了城乡差距，行业垄断的存在拉开了行业差距，地区不平衡发展战略拉开了地区差距，而贪腐、国有资产流失和共有自然资源贱卖等都加剧了收入差距扩大。

2008 年之后，中国居民收入差距呈下降趋势，初步显现出库兹涅茨曲线的下降段，这一时期主要是周期性、市场性和制度性因素作用导致收入差距的缩小。周期性因素，主要是指金融危机等外部冲击导致股票、房地产等资产的持有者财富缩水，企业生产的资本性收入下降，从而使中国收入差距缩小。市场性因素，主要是指劳动力市场供求关系发生改变，随着

---

① 李绍东：《中国库兹涅茨曲线的拐点何时出现？——基于基尼系数的预测》，《重庆工商大学学报》（社会科学版）2010 年第 3 期。
② 邵红伟、靳涛：《收入分配的库兹涅茨倒 U 曲线：跨国横截面和面板数据的再实证》，《中国工业经济》2016 年第 4 期。

中国低技能劳动力数量的减少以及高等教育人口的迅速增长，部分省市低技能劳动力尤其是服务业方面的人口需求相对提高，导致收入差距缩小。制度性因素，主要指政府采取的缩小收入差距的一系列政策措施，包括2008年后正式实施了新《中华人民共和国劳动法》提高劳动者收入，持续推进西部大开发和中部崛起战略，逐步完善社会保障制度等，对缩小社会收入差距起到了作用。当前我国经济正处在向高质量、中高速的发展过程中，人们的收入也在逐步提高的过程中，在党中央一系列政策的调控下，社会正在走向更加的公平和公正，在确保适当的制度安排和政策调控下，可以预期今后收入差距将继续降低，以回归到合理范围。

第三节 收入不平等的成因

一 教育不平等

一方面，教育不平等通过劳动要素报酬差异影响收入不平等。通过教育形成人力资本是个人获得收入的重要途径，因此，教育不平等对收入不平等的影响是最重要的。受教育程度低的人将获得较少的技能，因此和那些接受教育较多的人比较起来，工资也比较低。另一方面，教育程度差异会通过经济社会的参与程度差异影响收入分配。受教育程度的人和受教育较多的人比较起来，更不太可能参与经济社会与政治决策，因为他们难以获得关乎其自身利益的信息。而这些决策过程决定了获取资源的可能性。因此，教育不足会使教育与收入的不平等得以持久延续。表18-1提供了收入不平等性和教育（用识字率衡量）有关的数据，尽管二者之间的关系不如预期的那样强，但二者之间确实存在一些关系。非洲收入不平等性很高，其识字率也最低；东亚识字率很高，其收入不平等性也比较低。然而需要注意的是，南亚的识字率甚至比非洲低，但其收入不平等性比之非洲则更低。拉丁美洲的收入不平等性最高，它的识字率也很高。

表18-1 教育与收入不平等性 单位:%

	2009年的识字率	1995—2010年的基尼系数
撒哈拉以南非洲	62.3	46
中东和北非	74.4	37
拉丁美洲和加勒比	91	50
南亚	61	33
东亚和太平洋	93.5	39
东欧和中亚	97.9	31
高收入OECD	98.8	31

资料来源：[美] 热若尔·罗兰：《发展经济学》，金志农译，中国人民大学出版社2016年版。

我国的城乡教育不平等状况如图 18-8 所示，男性比女性的教育水平高，但年轻组的差距明显缩小；此外，城市各年龄组的平均教育水平都高于农村同年龄组的平均教育水平，而且，差距没有随时间下降的趋势。平均而言，城市的教育水平比农村高出 2.8 年，微观数据研究表明，我国初中以上每增加 1 年教育，收入就会提高 10% 左右，则城乡平均教育年限差异这一项就意味着城市收入平均比农村收入高出 28%，可见教育不平等对收入不平等的影响之大。

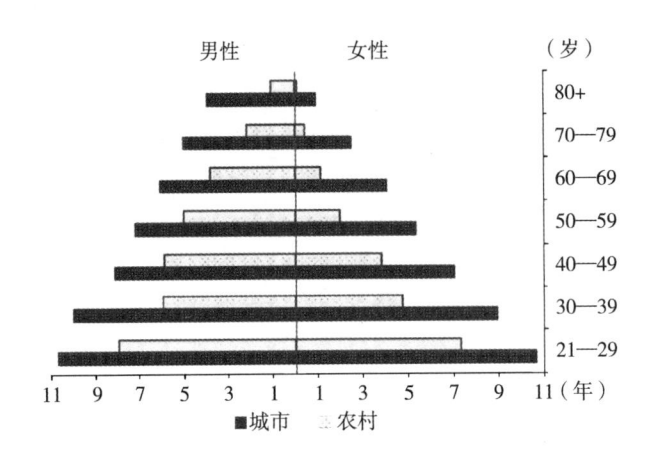

图 18-8　城乡教育对比

资料来源：姚洋：《发展经济学》，北京大学出版社 2013 年版。

二　土地不平等

收入不平等的另一个决定因素是财产所有权的历史性不平等。在发展中国家，土地所有权的分配非常重要，因为这些国家的农业生产在经济中仍然发挥着重要作用。正如 Frankema 的研究所发现的，土地基尼系数（表示土地所有权分布的不平等性）和收入基尼系数之间存在明显的正相关性[①]。许多地区土地基尼系数极高，这表明很小一部分人拥有绝大多数的土地。不同国家土地所有权的模式存在显著差异，拉丁美洲的土地分配极不公平，而亚洲则比较公平。财富的不平等导致收入的不平等，拥有大量土地的人，收入往往也很高；而那些拥有很少或没有土地的人，收入也往往很低。

---

① Frankema, E. H. P., 2006, "The Colonial Origins of Inequality: Exploring the Causes and Consequences of Land Distribution", Working Paper, Groningen Growth and Development Centre, University of Groningen.

三 地理集聚

经济地理理论显示，由于城市具有规模经济，集聚是经济发展的必然趋势之一。如果所有的要素流动都是充分自由的，则集聚的效果是同时提高各种要素在全国的整体回报率。但是，在集聚的过程中，一些生产要素比另一些生产要素的流动性更大，更容易产生集聚。这里最重要的差别是在资本和劳动力流动性之间的差异。资本在一国内部的流动基本没有限制，因此很容易集聚到城市地区；而劳动力的流动总是要受制于一些非经济因素，如家庭、文化和社会认同等。这样导致的结果是，城市居民所拥有的资本就会高于农村居民所拥有的资本，从而获得较高的工资收入。

资本和劳动两种要素还只是流动性程度有所差异，更进一步来看，有些影响经济发展的要素却基本上是不可流动的，如政府服务。政府服务更高效的地方，会吸引更多资本流入，随后也会吸引更多高层次人才的流入，这将导致这样的地方与其他地方收入差异越来越大。

四 技术进步

我们在第九章中以技术进步偏向为题详细讨论过技术进步对收入分配的影响。技术进步除了会偏向资本或劳动某一要素，还会在所有劳动者中偏向某一特定程度的技能，这被称为技能偏向。无论是要素偏向还是技能偏向，都是技术进步影响到了收入分配。在第九章中我们已经较为详细地解说了要素偏向，在此以信息技术或数字技术为例来简要说说技能偏向。

信息技术或数字科技是最近数十年来世界各大国经济增长主要推动力，但是信息技术提高了受教育程度高的工人的工资的回报率。信息技术更大程度上增强了受过更好教育工人的劳动技能，使他们的生产率更高，而提高未受教育工人所做的工作的生产率却很少。2019 年的《世界发展报告：工作性质的变革》指出：

> 技术正在重塑工作所需要的技能。市场对技术可以取代的较低技能的需求量正在降低。同时，市场对高级认知技能、社会行为技能及与更高适应能力相关的技能组合的需求量在持续增加。在发达国家中，这种模式显而易见；在某些发展中国家中，这一模式也初见端倪。2000 年至 2014 年期间，玻利维亚的高技能职业就业的比例增加了 8 个百分点。埃塞俄比亚的这一比例增加了 13 个百分点。这些变化不仅仅体现为新工作取代旧工作，而且体现在既有工作所需技能的持续变化上。[1]

---

[1] 世界银行：《2019 世界发展报告：工作性质的变革》，世界银行集团 2019 年版。

五 国际贸易

国际贸易改变了生产中不同投入要素的相对稀缺性和相对报酬，从而在两个层面上可能会加剧收入分配不平等程度。在产业层面，由于国际竞争更为激烈等原因，参与国际贸易更多的产业，它们的生产率更高，工人工资也比那些不参与国际贸易行业的工人的工资更高，这会拉大收入分配差距。同样道理，国际贸易会影响地区层面的收入分配。对外开放程度更高的地区，工人工资通常比那些封闭的地区增长得更快，从而拉大地区收入差距。例如，随着中国在过去四十多年开放国际贸易，沿海省份的经济优势相对于内陆空间有所增加。

第四节 收入分配不平等对经济增长的影响

一 收入不平等与储蓄

不平等与社会总储蓄率有关，原因很简单，个人储蓄率往往随收入上升。也就是说，一个人的收入越高，他或她的储蓄率就可能越高。一个国家的储蓄总额是所有不同收入类别的人们储蓄的总和。收入越不平等，也就是说，富人所赚取的总收入中所占的比例越高，储蓄总额就越高。更多的不平等将导致更高水平的资本积累。我们已经知道，储蓄导致物质资本的积累，可以显著促进经济增长。储蓄率较高的国家的人均稳态收入水平较高，而储蓄率提高的国家在向新的稳定状态过渡时将经历过渡时期的增长。

任何事情都有适度的范围，超过这个适度范围就会产生相反的效果。过高的不平等会通过抑制消费而不利于经济增长。根据凯恩斯的消费理论，边际消费倾向（因而平均消费倾向）随着收入的增加而下降。低收入者可能将其收入的90%甚至更多用于消费，许多极贫困者不得不靠借债维持消费，而高收入者的消费可能只占其收入的20%，且富人的消费往往追求高端小众产品而不是低端大众产品。在这种情况下，收入不平等增加、收入向高收入者集中，则全社会的消费倾向就会下降。根据凯恩斯的消费乘数理论，消费倾向越高，经济运转速度越高，则经济增长也越快。因此，收入不平等降低经济增长速度。

二 收入不平等与信贷

收入不平等对信贷的影响与我们在上一章中讨论的贫困对信贷的影响是一致的。收入的不平等会降低投资机会，尤其是低收入群体的投资机会。原因在于，个人可获得的投资机会取决于个体资产及收入水平，而在信贷市场不完善的条件下，低收入者融资的成本和障碍较高，穷人不能获取充足资本投入生产或资本增值、选择高回报率职业，提升个人能力以进入高收入行业，进一步加剧收入不平等趋势，从而固化原有经济发展模式。也就是说，在不完善的资本市场中，收入不平等状况具有自我增强的趋势，较大的收入差距会限制低收入者参与经济活动的机会，进而阻碍经济长期发展。对比两个经济体，一个经济体无法借贷的穷人有很多，收入分配很不平等；另一个经济体穷人很少，能够借贷的人有很多。可见，在收入分配更为公平的经济体中的人可以获得更多的信贷，因此他们能够比处在更加不平等经济体中的人更好地拓展自己的经济活动，这样经济体的经济增长状况会更好。

三 收入不平等与人力资本

沿着前面第七章家庭生育"质量—数量替代"的理论逻辑[1]，我们可以得出如下结论：不平等降低全社会人力资本积累速度。一方面，穷人会倾向于让子女少接受教育，因此，在不平等的社会里，穷人的教育水平会比较低；另一方面，富人教育水平的提高无法弥补穷人教育水平低下所带来的负面影响。一个原因是，富人的人数很少，他们教育水平的提高对全社会平均教育水平的影响有限。另一个原因是，教育的边际回报上升较快的阶段是高中和大学，大学之后趋于平缓甚至下降，因此，富人教育水平提高所增加的生产力无法弥补穷人教育水平低下所损失的生产力。

我们换一个角度来看，即从人力资本与物质资本权衡的角度来看，也会得出类似结论。假定每个人可以进行两种投资：人力资本或实物资本。个人投资于人力和实物资本的数量与这些投资所赚取的边际产品之间的关系如图18-9所示。人力资本的边际产品的线是向下倾斜的，表示人力资本投资的边际产品下降。代表有形资本边际产品的线是水平的，表示有形资本的边际产品不随个人的投资额而变，这是因为任何一个人的投资相对于国家资本水平都微不足道。两条曲线相交处的投资水平标记为 I^*。为了获得尽可能多的投资回报，少于 I^* 的人将全部财富投资于人力资本；拥有超过 I^* 的人将把 I^* 投资于人力资本，

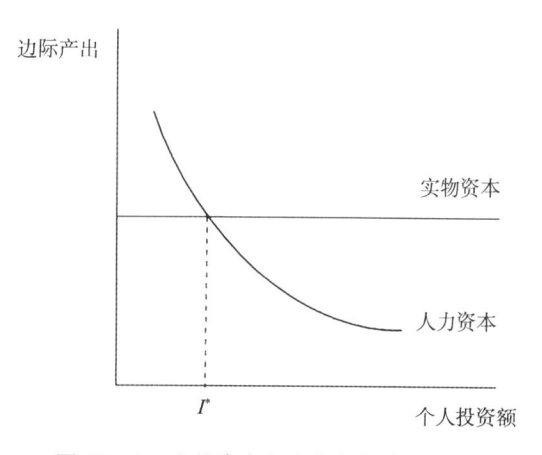

图18-9 实物资本和人力资本的边际产出

---

[1] Becker, G. S., 1960, "An Economic Analysis of Fertility", *Demographic and Economic Change in Developed Countries*, National Bureau of Economic Research, pp. 209–231; Becker, G. S., Barro R. J., 1988, "A Reformulation of the Economic Theory of Fertility", *Quaterly Journal of Economics*, 103(1): 1–25.

其余的财富投资于物质资本。注意，穷人最后投资的美元的边际产品高于富人投资的最后美元的边际产品。如果将收入从有钱人重新分配给穷人，人力资本积累将增加，因为穷人将在人力资本上投入更多的钱，而富人将减少对物质资本的投资；总产出将增加，因为穷人投资的人力资本的边际产品高于富人投资的物质资本的边际产品。因此，收入分配不平等会影响社会的人力资本积累，并使社会总资本的总产出低于相对平等状态的总产出。

四 收入不平等与技术创新

技术创新是经济产出和人均收入要想保持稳定且持续增长的最重要因素。技术进步可以提高劳动生产率，能够解决"人口红利"逐步消失以及由此带来的资本报酬递减的制约，技术进步也实现技术的新旧交替，新技术的应用引起新兴产业会淘汰原有技术所涉及的产业，由此导致经济结构调整。由此，技术进步会使经济资源配置优化、利用率提高。

收入分配不平等带来的是居民消费降低，需求大小决定了创新活动的方向与数量。收入分配主要通过作用消费结构、需求规模提升技术进步；同时也通过可用资本量促进技术进步。具体来说，当市场规模扩大的时候，居民收入差距的加剧伴随着消费率的降低，消费量降低的直接作用就是抑制了技术创新，与此同时带来的是资本收入的增加。较高和较低的居民收入都会对技术创新产生不利的影响，较低的居民收入会导致市场规模缩小，则科技进步的空间很难得到提升；较高的居民收入，资本收入水平较低，从而降低了企业的现金流量及可用资本，同样也不利于实行技术创新。过大的收入差距会降低整个社会消费需求，特别是中等收入群体消费力，引发市场规模的缩小，企业自主研发的热情遭受一定程度的阻碍，从而遏制了技术创新。

五 收入不平等与产业结构

居民收入分配差距通过产业结构演进作用于经济增长。收入分配差距通过两个方面影响产业结构演进，从产品市场视角来看，收入分配在产品市场通过劳动收入作用于产业结构：不同收入报酬决定消费者偏好，构成需求结构差异，居民消费偏好关联企业生产和发展，从而关系到产业结构升级。在收入结构不合理条件下，中低收入群体比例大，消费范围较窄，集中在中低端商品，在一定程度上妨碍高端品行业发展，不利于新技术的采用和新产品的开发，影响产业结构优化和升级。从要素市场的视角来看，不同收入水平导致生产要素在整个社会的逐利性流动和配置，形成要素供给结构的变动，某一产业边际报酬率低，生产要素逐渐流出，产业发展缓慢，这些产业在经济中比重逐渐降低；某一产业生产要素逐渐流入，产业发展速度加大，这些产业在经济中比重逐渐增大，由此导致产业结构转变。因此，在市场经济条件下，居民收入分配状况的变化会通过产品市场和要素市场对产业结构发挥作用，通过促进产业结构的合理化和高级化影响经济绩效。

六 再分配与效率

收入不平等不仅影响生产要素的积累,还会影响使用这些要素的效率,从而影响经济增长。不平等影响生产效率的一种方式是通过收入再分配的渠道,即政府从高收入群体手中夺走钱,然后将其分配给低收入群体的过程。当收入不平等时,政府将面临重新分配收入的压力。中位投票者理论认为,民主社会所采纳的政策总是中位投票者所偏好的政策。所谓"中位投票者",就是处在一个分布(财产、收入和社会意向等)的中位数上的选民。在多数原则下,中位投票者代表多数人的意见,因此他的偏好得到采纳。在不平等的收入分布下,多数原则就可能导致过多的再分配,如图 18-10 所示。该图显示的是一个社会的收入分布密度。在通常情况下,收入分布偏向低收入一侧,即中位数收入低于平均收入。收入分布越是不平等,密度函数就越集中在低收入一侧,中位数收入和平均收入之间的差距也越大。但是,处在中位收入上的人是中位投票者,如果允许再分配,则他们和所有处在中位收入者左侧的人都会要求再分配,这样社会中超过一半的人的再分配要求会促使政府实行再分配的政策。再分配提高了全社会的消费,但是同时也减少了储蓄,前者提高经济增长率,后者降低未来的经济增长率。当再分配不是很严重的时候,前者的正面作用会超过后者的负面作用,但是当再分配很严重的时候——此时往往也是收入分配很不平等的时候——后者的负面作用就可能大于前者,则不平等现象会间接降低效率水平,进而降低产出水平。

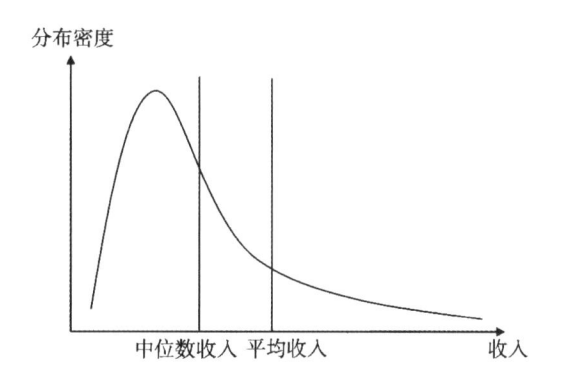

图 18-10 收入不平等和再分配

不平等影响生产效率的另一种方式是通过资源与生产力之间的错配。在一个民主体制里,资源配置与利益集团的游说能力有关,优势集团的游说能力更强,因此能够得到更多的资源。但是,它们的生产力未必比弱势群体的更高,此时就会出现资源和生产力之间的错配,从而损失效率。在一个非民主体制里,谁能得到更多的资源取决于政府的选择。此时,平等可以促进中性政府的产生。在一个不平等的社会里,政府必须面对强势集团的挑战,为了保住自己的统治地位,政府就必然要把更多的资源分给强势集团,但是,和一个民主社会一样,强势集团的生产力未必比其他集团的高,从而也会发生资源的错配。相反,在一个平等的社会里,不同群体之间可以保持均势,政府因此无须照顾任何群体,从而会更关注经济增长,因为增长为它自己带来利益。

七 收入不平等与社会稳定性

一个国家维持经济长期增长的必要条件是良好社会秩序和稳定社会环境,反过来,假若社会秩序混乱,社会动荡不安必定会扰乱正常经济发展。形成社会不稳定的原因很多,收入分配不平等便是其中之一。基本表现为:当一国居民间收入差距过大,低收入群体无法找到摆脱该状态的机会或者摆脱低收入命运的难度较大时,势必会激发一部分试图改变自身低收入状态人群的不公平感,这些人更倾向于进行寻租或其他影响社会不稳定活动,如暴力、抗议等,甚至产生极端的仇视富人心理,加大社会犯罪概率,干扰市场经济有序运行。同样,社会不稳定还打击了投资者意念,不仅来自政治、法律环境导致不稳定因素,而且也打乱正常市场活动、劳工关系,劳动生产率下降,减缓经济增长。甚至这种不满上升至社会、政治方面,有碍于稳定社会及民心,制约了经济增长进程。

第五节 收入分配与中等收入陷阱

一 中等收入陷阱

现实中不仅存在贫困陷阱,而且存在中等收入陷阱。"中等收入陷阱"的基本含义是人均收入水平达到中等收入阶段以后,前期在快速经济增长下隐藏的各种问题与结构矛盾交织在一起,导致社会结构发生深刻变动、社会矛盾激化等,由经济、政治、社会等方面原因导致的经济增长动力不足、停滞,甚至是倒退,最终难以顺利步入高收入行列。因此,"中等收入陷阱"本质上是经济增长问题,是一种增长停滞的陷阱,是经济发展过程中的一个特殊时期。研究如何跨越或跳出"中等收入陷阱"就是研究如何保持经济可持续增长的问题。世界银行按照人均年国民收入将世界各经济体划分为低、中、高收入组,2019年世界银行的新划分标准是,年人均国民收入不足1035美元的国家为低收入组,中等收入组为年人均国民收入在1036—12535美元,高收入组为年人均国民收入在12536美元以上。其中,中等收入组细化为"中等偏下收入"和"中等偏上收入",其标准分别是1036—4045美元和4046—12535美元。我国2010年的人均GDP超过4000美元,进入世界银行的中高收入国家行列。

从世界各国的发展历程上看,许多国家在进入中等收入行列之后,会面临两种情况:一种是顺利进入高等收入国家;另一种是在中等收入行列中徘徊不前。"中等收入陷阱"说的就是后一种情况,其特点是一国经济体达到中等收入之后,国内的贫富差距拉大引发社会稳定程度下降、产业结构升级出现困难、城市化进程过快导致城市问题凸显、对外经济依赖程度高而易受外部经济冲击等。国际上公认成功地跨过"中等收入陷阱"的经济体有日本、韩国、中国台湾和中国香港等少数国家或地区,而陷入这一陷阱的经济体以拉美国家最具代表性。

表18-2是112个国家1980—2009年的收入转移矩阵。这里的收入分组不是按照相对收入分的,而是按照绝对收入分的,因此更能反映一个本身的增长情况。很明显,一些低收入国家处在贫困陷阱里:在1980年的15个低收入国家当中,12个到2009年仍然属于低收入之列。同时,在1980年的46个中低收入国家和25个中高收入国家当中,到2009年分别有34个和17个国家的分类没有变化或降低了一个档次,可以说,这51个国家处在中等收入陷阱之中。

表18-2　1980—2009年世界收入转移矩阵

	低收入	中低收入	中高收入	高收入	合计
低收入	11	4	0	0	15
中低收入	12	22	12	0	46
中高收入	0	2	15	8	25
高收入	0	0	0	26	26
合计	23	28	27	34	112

资料来源:姚洋:《发展经济学》,北京大学出版社2013年版。

为什么会发生中等收入陷阱呢?这主要有下面的几个原因。首先,达到中等收入之后,剩余劳动力和其他未加充分利用的资源全部被动员起来,单纯的资本积累必然面临边际报酬递减规律的制约,不再能够支撑一个国家的持续经济增长。其次,低技术产业的发展达到饱和状态,其他低收入国家加入竞争行列,挤压本国低技术产品的国际空间。最后,技术进步和人力资本的积累没有跟上,从而使产业升级后继乏力。总之,当一个国家进入中等收入行列之后,以往单单靠扩大外延的增长模式已经不适用了,需要寻找新的、以技术进步为主导的增长模式,因而科技投入和人力资本的积累变得非常重要。

二　收入分配与中等收入陷阱

简单地环顾世界就会发现,陷入中等收入陷阱的国家大都是不平等程度很高的国家,如拉美在20世纪八九十年代的情况。这种不平等直观地体现在收入分配上,更深层的则体现在政治和社会不平等上,收入分配不平等往往是政治和社会不平等的后果。而收入分配不平等与中等收入陷阱之间的关联性已经在现实和研究中被发现,收入分配不平等会作用于中等收入陷阱的形成。那么,为什么收入分配不平等会导致一个国家陷入中等收入陷阱呢?以下提供的解释与第四节一致,这里关键的是,中等收入国家收入分配不平等对经济增长的不利影响更突出。

收入分配不平等通过资本积累和消费促进或阻碍中等收入国家经济增长。当一个国家的收入较低时，最缺乏的是资本，消费市场不是最大的问题，而资本主要靠富裕人群积累，穷人的收入基本上用于消费，因而一定程度的不平等可能有利于经济增长。当一个国家进入中等收入之后，劳动力成本上升，产品的国际竞争力减弱，国内市场因此变得更重要，此时，不平等会抑制消费直接减缓经济增长，并使居民消费更多地集中在低端需求，从而打击了企业创新的动力，导致企业的产品集中于附加值较低的行业，阻碍产业优化升级，间接影响经济增长。

收入分配不平等可以通过妨碍低收入者提高教育水平而限制中等收入国家的经济增长。一个国家教育投资的多寡，取决于这个国家的收入水平；收入水平较低时可用于教育投资的资源也比较少，随着收入水平的提高，能够用于教育投资的资源也相应地提高。这样，在经济发展的早期阶段，社会全部教育投资较低，教育投资集中分配比平均分配更能获得社会产出，富裕家庭更可能把较多的投资用于子女的教育，此时不平等的教育资源分配对经济增长是有利的。随着收入水平的提高，如当社会进入中等收入的时候，社会的全部教育投资较高，这时，让穷人和富人获得同等数量的教育投资对经济增长更有利。如果不平等状况持续下去，则富人教育投资的回报必然受到边际报酬递减的限制，经济增长就会放缓。

收入分配差距的扩大还会直接加剧社会政治环境的不稳定程度，尤其在中等收入阶段。在这一时期，由于贫富分化，大量的贫困者与少数的富有人群并存，容易使收入群体对当前的社会经济状况表示出强烈的不满，盗窃、暴力冲突、抢劫、绑架、谋杀等各种社会治安案件增加，从而威胁到社会的安定团结和经济的健康发展。

总之，一个国家进入中等收入之后，更加平等的收入和财富分配有利于扩大国内市场、提高国民的人力资本水平，促进社会和谐稳定，从而保持持续的经济增长；反之，收入分配不平等较严重将不利于经济持续增长，甚至可能陷入中等收入陷阱。

本章小结

1. 收入分配可以分为国民收入分配与个人收入分配、功能性分配与规模性分配、初次分配与再分配等不同层次概念。规模分配通常用基于洛伦兹曲线的基尼系数来度量。

2. 改革开放以来，我国基尼系数先显著扩大后逐渐小幅下降。在此期间，按照"初次分配强调效率，再分配强调公平"的主导原则，我国逐步建立起以按劳分配为主体、多种分配方式并存的中国特色社会主义收入分配制度。

3. 库兹涅茨曲线即收入分配倒"U"形曲线表明，随着经济发展，收入不平等先恶化后改善。库兹涅茨曲线的形成与人口的分化和趋同有关。

4. 收入不平等的成因包括：教育不平等、土地不平等、地理聚集、技术进步、国际贸易等。

5. 收入分配不平等通过如下途径影响经济增长：储蓄、信贷、人力资本投资、技术创新、产业结构、要素使用效率、社会稳定。

6. 中等收入陷阱是指进入中等收入的经济体难以顺利步入高收入组别行列。中等收入陷阱一般是由经济、政治、社会等方面原因导致的社会结构深刻变动、社会矛盾激化的产物。经济方面的原因包括：剩余劳动力消失、低技术产业的发展达到饱和状态、技术进步和人力资本的积累没有跟上。

思考题

1. 什么是中等收入陷阱？中等收入陷阱的成因是什么？
2. 我国收入分配现状如何？
3. 库兹涅茨曲线的成因是什么？
4. 哪些因素影响了收入不平等？
5. 收入不平等对经济发展有哪些不利影响？